# 汽车电气构造与维修

主　编　涂文彪　杨　骏

参　编　李民和　郭丽丽　袁家政　吴正兴

北京理工大学出版社
BEIJING INSTITUTE OF TECHNOLOGY PRESS

## 内 容 简 介

本书是高等教育汽车运用与维修专业规划教材之一，按照能力教育体系的要求，以情境式教学方法为主，介绍了现代汽车电气设备的特点、基本原理、性能、使用、检测维修与故障诊断等内容。全书共分七个部分十八个情境，内容包括绪论、电源系统、起动系统、点火系统、照明与信号系统、仪表与报警灯信号系统、辅助电气设备。本书以国内常用汽车电气设备为研究对象，并及时介绍了近几年国内外汽车的电气新技术。

本书可作为汽车维修及相关专业的教材，并可供汽车应用、汽车修理、汽车营销、汽车管理等技术人员参考，也可作为汽车维修电工的培训教材。



**图书在版编目（CIP）数据**

汽车电气构造与维修/涂文彪，杨骏主编．—北京：北京理工大学出版社，2018.8
ISBN 978－7－5682－5968－2

Ⅰ．①汽… Ⅱ．①涂… ②杨… Ⅲ．①汽车－电气设备－构造－高等学校－教材 ②汽车－电气设备－车辆修理－高等学校－教材 Ⅳ．①U472.41

中国版本图书馆 CIP 数据核字（2018）第 170916 号

出版发行／北京理工大学出版社有限责任公司
社　　址／北京市海淀区中关村南大街 5 号
邮　　编／100081
电　　话／（010）68914775（总编室）
（010）82562903（教材售后服务热线）
（010）68948351（其他图书服务热线）
网　　址／http：//www. bitpress. com. cn
经　　销／全国各地新华书店
印　　刷／涿州市新华印刷有限公司
开　　本／787 毫米×1092 毫米　1/16
印　　张／19
字　　数／447 千字
版　　次／2018 年 8 月第 1 版　2018 年 8 月第 1 次印刷
定　　价／69.80 元

责任编辑／封　雪
文案编辑／党选丽
责任校对／周瑞红
责任印制／李　洋

# 前　言

进入21世纪，我国汽车工业的迅速发展及汽车保有量的增加，以及汽车技术的不断更新，对汽车维修行业从业人员提出了更高的要求。汽车运用与维修专业领域技能型紧缺人才培养方案的指导思想是：按照培养高等教育汽车运用与维修领域技能型紧缺人才的要求，主要以汽车维修行业人才需求为基本依据，面向汽车后市场相关企业各岗位，以提高学生的职业实践能力和职业素养为宗旨，倡导以学生为本位的教育培训理念和建立多样性与选择性相统一的教学机制，通过综合和具体的职业技术实践活动，帮助学生积累实际工作经验，突出高等教育的特色，全面提高学生的职业道德、职业能力和综合素质。

本教材以情境式教学方法系统地介绍汽车电气设备的特点、基本原理、使用维修与故障诊断等内容。全书共分七个部分十八个情境，内容包括绪论、电源系统、起动系统、点火系统、照明与信号系统、仪表与报警灯信号系统、辅助电气设备。

本教材选用的车型以轿车为主，并以丰田卡罗拉系列轿车为主线，使读者在深入掌握丰田卡罗拉系列轿车电气结构原理与维修的基础上，有针对性地介绍大众、通用、本田、长城、比亚迪等典型车系的电路分析方法。

本教材注重理论与实践的紧密结合，既有汽车电气设备的使用、检测、维修知识，又有电路故障的诊断与排除知识，更有近几年出现的汽车电气新知识、新技术、新观念。全书力求内容广泛，保证汽车电路分析知识的完整性。而且，每个情境都以故障案例来引入，进行情境学习；后面也都安排了相应的思考与练习。

本教材在编写过程中参考了大量国内外技术资料，得到了许多同行的大力支持，在此谨向所有参考资料的作者及关心支持本教材编写的同志们表示感谢。由于编者水平有限，经验不足，书中难免有疏漏和不当之处，恳请广大读者批评指正。

编　者

# 目　录

# 第一部分 绪　论

## 一、汽车电气设备的发展与应用

汽车电气设备是汽车的重要组成部分。随着汽车技术的进步，汽车电气设备的结构与性能也在不断进步，特别是电子技术在汽车上的广泛应用，在解决汽车能耗、行车安全、减少排放污染等方面起着越来越重要的作用。

汽车自问世以来，在很长一段时间内，其技术发展主要表现在机械设备的更新换代上；而电气设备在汽车上的应用则相对较少，只是一些必备的电源和用电设备。20 世纪 50 年代以后，随着电子技术的发展、社会需求的增强，汽车电子技术的运用得到了迅速发展。汽车电子技术的发展经历了四个阶段。

第一阶段：20 世纪 50 年代初到 70 年代初，主要开发的是分立元件和集成电路组成的汽车电子产品，所应用的电子装置代替了传统的机械部件，如汽车最初采用硅整流交流发电机，之后有了电子式电压调节器、电子控制高能点火等。

第二阶段：20 世纪 70 年代中期到 80 年代中期，主要发展的是专用的独立系统，电子装置只是被应用在某些机械装置无法解决的复杂控制功能方面，如电子控制汽油喷射系统（EFI）、电子控制自动变速器（ECT）、制动防抱死系统（ABS）等。

第三阶段：20 世纪 80 年代中期到 90 年代中期，主要开发的是可以完成各种功能的综合系统及各种车辆整体的计算机控制系统。汽车上的电子装置不仅能承担基本控制任务，而且还能处理外部和内部的各种信息，如集发动机控制、自动变速器控制为一体的动力控制系统，制动防抱死/防滑转控制系统。

第四阶段：20 世纪 90 年代中期至今，主要是研究、发展车辆的智能控制技术，模拟人的思维和行为对车辆进行控制，如汽车自动驾驶系统、汽车通信及导航系统、汽车自动防碰撞系统等。

今后汽车电子技术将集中围绕如下几个方面发展：

1）满足用户需求。大幅提高汽车的性能，使之更灵活、方便、安全、可靠。

2）满足社会需求。保护环境，节约能源，节约资源，如大力发展电动汽车等。

3）实现包括道路在内的交通系统智能化，将汽车和人有机地结合起来，如车载 GPS 监视系统能实现对运动车辆的监控等。

进入 21 世纪以来，汽车电子技术获得了更大的发展。可以预见，汽车今后的发展将主要是电气设备及自动控制设备的发展，汽车电气设备将会体积更小、性能更高、维修更简单，以更好地满足汽车用户。

## 二、汽车电气设备的组成

现代汽车的电气设备种类和数量很多，但总的来说可以分为三大部分，即电源、用电设备、全车电路及配电装置。

### 1. 电源

汽车电源有两个：蓄电池和发电机。发电机是主要电源，蓄电池是辅助电源。在发动机停转或起动时，由蓄电池供给电能。当发动机达到某一转速后，即可供电。当发电机向用电设备供电的同时，也给蓄电池充电。发电机供电时采用电压调节器来维持其输出电压的稳定。

### 2. 用电设备

用电设备主要由以下几个系统组成。

（1）起动系统

起动系统用来起动发动机。起动系统主要包括起动机、点火钥匙及其控制电路。

（2）点火系统

点火系统用来产生电火花，点燃汽油机气缸中的可燃混合气。它有传统点火系统、电子点火系统和计算机控制点火系统之分。传统点火系统包括点火线圈、分电器、电容器、火花塞等；电子点火系统包括点火线圈、信号发生器、电子点火器、配电器、火花塞等；计算机控制点火系统包括点火线圈、电子点火器、火花塞、各种传感器、电子控制单元等。（注：前两种点火系统已淘汰）

（3）照明系统

照明系统包括车外和车内照明灯具，可以提供车辆夜间安全行驶的必要照明。

（4）信号装置

信号装置包括音响信号和灯光信号两类，可以提供安全行车所必需的信号。

（5）仪表及报警装置

仪表及报警装置可用来监测发动机及汽车的工作情况，使驾驶员能够通过仪表、报警装置及时检视发动机和汽车运行的各种参数及异常情况，以确保汽车正常运行。它包括车速里程表、发动机转速表、冷却液温度表、燃油表、机油压力表、电压（流）表、气压表和各种警报灯等。

（6）辅助电气设备

辅助电气设备包括风窗清洁装置（刮水器、洗涤器、除霜装置）、空调系统、低温起动预热装置、汽车视听设备、电动车窗、中控门锁、电动座椅、电动后视镜、防盗装置等。车用辅助电气设备有日益增多的趋势，主要向舒适、娱乐、安全等方面发展。

（7）汽车电子控制系统

汽车电子控制系统主要是指用计算机控制的各个汽车系统，包括汽油机电控燃油喷射系统、计算机控制点火系统、电控自动变速器、防抱死系统、驱动防滑系统、电控悬架系统、自动巡航系统、安全气囊、自动空调、汽车车载网络等。电控系统的采用可以使汽车上的各个系统均处于最佳工作状态，达到提高汽车的动力性、经济性、安全性和舒适性，降低汽车排放污染物的目的。

### 3. 全车电路及配电装置

全车电路及配电装置包括中央接线盒、熔断装置、继电器、电线束及插接件、电路开关等，使全车电路构成一个统一的整体。

现代汽车所采用的电控系统越来越多，所占的比例越来越大，汽车电控系统往往也都自成系统，将电子控制与机械装置相结合，形成了较为典型的机电一体化系统，因此，本教材只涉及传统电气设备中的电子控制装置，不涉及诸如电控燃油喷射、电子控制自动变速器、制动防抱死系统，这些计算机控制系统有专门的教材给予介绍。

## 三、汽车电气设备的特点

### 1. 低压电源

汽车电源系统的标称电压有三个等级：6 V、12 V 和 24 V，但以 12 V 和 24 V 居多。汽油车多采用 12 V，柴油车多采用 24 V。这一电压的主要优点是安全性好。

### 2. 直流电源

由于蓄电池的充、放电电流均为直流电，所以发电机输出的也是直流电。

### 3. 并联单线制

汽车电源系统的用电设备很多，为了使各电器相互独立，便于控制和提高电气线路的可靠性，用电设备和电源间均为并联连接。单线制即从电源到用电设备使用一根导线连接，而另一根导线则用汽车车体或发动机机体的金属部分代替。单线制可节省导线，使线路简化、清晰，便于安装与检修。

### 4. 负极搭铁

采用单线制时，蓄电池的一个电极需接在车架上，称为“搭铁”。若蓄电池的负极接车架，称为负极搭铁；反之，称为正极搭铁。负极搭铁对车架或车身连接处的电化学腐蚀较轻，对无线电干扰小。我国汽车电气系统均为负极搭铁。

**【特别提示】** 为了使庞杂的线路布置变得较为合理简洁，现代汽车电气系统线束基本上是分段的结构形式，线束之间用插接器连接。一些汽车上，还设置了公共搭铁导线，用以确保各个电气装置良好搭铁。汽车上通常设置一个或几个集熔断器和继电器的接线盒，使电路的故障查询和维修较为方便。

现代汽车已将汽车车载网络技术用于对传统汽车电气系统布线方式的改革。CAN 总线结构和数据传输方式改变了单线控制模式，使得汽车电器与电子控制装置各控制模块实现信息共享和多路集中控制，简化了传统的汽车线束。这种网络化的汽车多路集中控制系统已经在较多国产车和进口车上得到了应用。

## 四、课程的性质、任务、重要性

本课程是汽车类专业的一门重要专业课，同时也是学好汽车专业其他相关专业课程的基础。其任务是讲解汽车用各种电气设备的构造、基本工作原理、使用与维修方法、故障判断与排除等方面的内容。学生通过学习可以达到以下目的：掌握汽车电气设备的构造、原理和维修，以及全车线路的分析方法；掌握主要电器的使用、维护、调整方法；熟悉汽车电气设备的检测；了解维修专用仪器、设备的原理，并掌握其使用方法；掌握新型汽车电气设备的构造特点及检修方法。

## 五、课程的学习方法和考核方法

在课程的学习中本着理论与实践并重的原则，加强实践环节，要多动手、熟练操作，切实掌握实践技能。

要勤于思考，善于将学到的内容与实际结合、与生产结合、与生活联系，并不断归纳、总结，逐步培养自己举一反三的能力。

对于结构复杂及实践性较强的内容，要充分利用实物，采用边学习、边实践的学习方法，加强对所学内容的理解。

对于理论部分的教学内容，应加强预习和复习，以提高学习效果。

本课程的考核采用：理论 + 实践技能相结合的方法。理论考核的知识点是本章节中需要掌握和理解的内容，技能考核内容是本章节实训内容，考核时随机抽取 1/4 ~ 1/3 的项目进行考核，检验技能的掌握情况。

## 思考与练习

1. 汽车电气设备的组成包括____________、____________及____________三大部分。

2. 汽车电源包括____________和____________。

3. 汽车电气设备的特点是____________、____________、____________和____________。

# 第二部分

## 电源系统

一辆解放牌柴油车（5 t）蓄电池不能正常起动，测试表明蓄电池已经损坏。当换用两只骆驼牌 QAW－100 型新蓄电池后起动机能正常起动工作，但两个月后发动机又不能起动了。于是，再次更换了蓄电池。一个半月后发动机又出现不能起动的现象。

这是 起蓄电池异常损坏的故障，要排除该故障，必须了解蓄电池的结构、工作原理、使用及检查与维护的方法。

汽车电源系统的主要作用是向汽车上的用电设备供电，以满足汽车的用电需要。汽车电源系统主要包括蓄电池、发电机及电压调节器、电流表等。

汽车上所有的用电都是由蓄电池和发电机两个电源提供。

# 情境一 蓄电池的结构与检修

## 一、蓄电池的作用与分类

### 1. 蓄电池的作用

蓄电池俗称“电瓶”，是一种将化学能转换为电能的装置，是一种可逆的直流电源。它在汽车上与发电机并联，向全车用电设备供电，其作用有：

1）发动机起动时，蓄电池可以向起动机提供强大的起动电流，同时给点火系统、仪表、电子控制系统等用电设备供电。

2）发动机低速运转时，蓄电池可以向一切用电设备和发电机励磁绕组供电。

3）发动机中、高速运转时，蓄电池可以将发电机剩余电能转化为化学能储存起来。

4）当用电设备过多时，超过发电机所能提供的电量时，蓄电池可以协助发电机向用电设备供电。

5）稳定电源电压，保护电器部件。它能吸收电路中出现的瞬时过高电压，保护电子元件和集成电路不被击穿，延长其使用寿命。

### 2. 蓄电池的分类

汽车上一般采用铅酸蓄电池（又称铅蓄电池），其主要目的是起动发动机。目前汽车上常用的蓄电池有：普通铅酸蓄电池、少维护或免维护蓄电池、干荷电蓄电池、湿电荷蓄电池、封闭式免维护蓄电池、胶体电解质蓄电池等，此外还有混合型蓄电池和重组式蓄电池。这里主要介绍以下几种。

（1）普通铅酸蓄电池

如图 2.1 所示，这种蓄电池起用时，需要增加电解液再经初充电后才能使用。

（2）少维护免维护蓄电池

免维护蓄电池也叫 MF 蓄电池，目前在汽车上得到广泛的应用。其外观如图 2.2 所示。蓄电池盖上有一检查指示器，它实际是蓄电池内装的比重计，能随时了解电解液的密度、存电情况及液面高度。免维护蓄电池在合理使用过程中无须添加蒸馏水，同时电桩腐蚀轻，内阻小，自行放电少，低温起动性能好，比常规蓄电池使用寿命长。在车上或储存时不需要补充充电。

（3）干荷电蓄电池

干荷电蓄电池在干燥状态下能够长期（一般为 2 年）保存制造过程中所得到的电荷。在规定的保存期内如需使用，只要加入符合规定相对密度的电解液，静置 30 min，即可使用，不需要初充电。干荷电蓄电池外观与普通铅酸蓄电池相同。

（4）湿荷电蓄电池

存放期极板呈湿润状态保持其荷电性的蓄电池，称为湿荷电蓄电池。湿荷是指蓄电池在存放期（约为 6 个月）内，加注标准密度的电解液至规定的高度即可使用，首次放电量可达额定容量的 80%。若存放时间过长，则需经过短时间的补充充电才能使用。

（5）胶体电解质蓄电池

胶体电解质蓄电池如图 2.3 所示，其电解质用经过净化的硅酸钠溶液和硫酸水溶液混合后，凝结成稠厚的胶状物质，故而得名。

图 2.1　普通铅酸蓄电池

图 2.2　免维护蓄电池

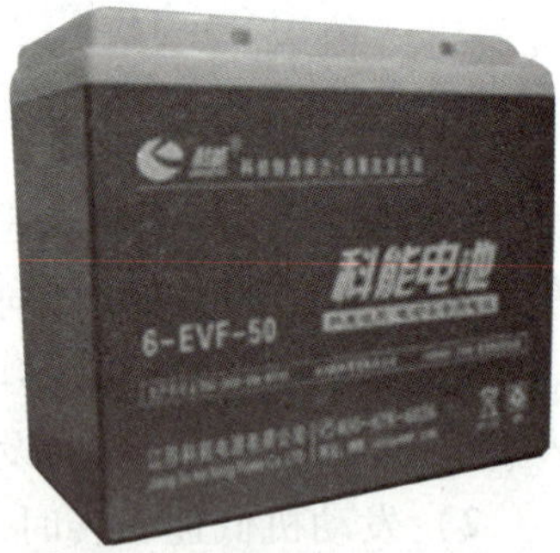


图 2.3　胶体电解质蓄电池

## 二、蓄电池的结构

蓄电池由 3 个或 6 个单格电池串联而成，每个单格电池的电压约为 2 V，串联成 6 V 或 12 V，以供汽车选用。普通铅酸蓄电池主要由极板、隔板、电解液槽、外壳、联条、极桩（也叫蓄电池桩头或极柱）等组成。其构成如图 2.4 所示。

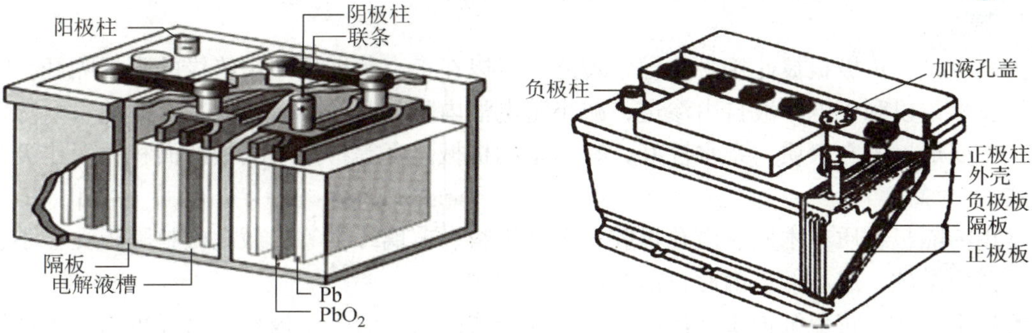


图 2.4　普通铅酸蓄电池的结构

### 1. 极板

极板是蓄电池的核心部分。蓄电池充放电过程中，电能与化学能的相互转换是依靠极板上的活性物质与电解液中的硫酸进行化学反应来实现的。极板的结构如图 2.5 所示。

蓄电池极板分正、负极板，由栅架和活性物质组成。活性物质填充在铅锑合金铸成的栅架上，正极板上的活性物质是褐色的二氧化铅（$PbO_2$），负极板上的活性物质是青灰色海绵状铅（Pb）。

一片正极板和一片负极板浸入电解液中，可得到 2 V 左右的电动势。为增大蓄电池容量，常将多片正、负极板分别并联组成正、负极板组，如图 2.6 所示。

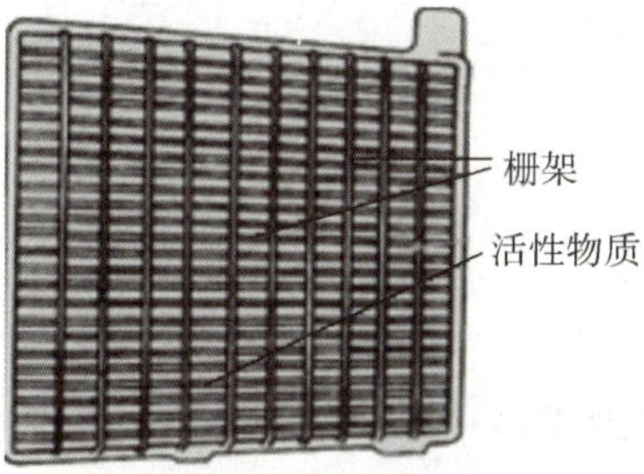


图 2.5　极板的结构

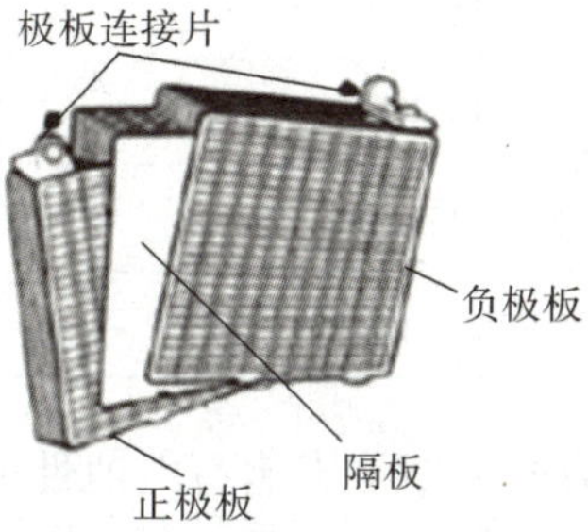


图 2.6　单体电池极板组

在栅架的铅锑合金中，加入锑是为了提高栅架的机械强度和浇铸性能。但是锑会加速氢的析出而加速电解液的消耗，还会引起蓄电池自放电和栅架腐蚀，缩短蓄电池使用寿命。目前国内外已使用铅锑砷合金栅架，提高了栅架的硬度和机械强度，延长了电池的寿命。

因为正极板附近的化学反应剧烈，所以蓄电池使用寿命主要取决于正极板。因此，正极板一般设计得要比负极板厚。一般正极板厚度为 2.2 ~ 2.4 mm，负极板厚度为 1.6 ~ 1.8 mm。近几年出现了薄型极板，厚度为 1.1 ~ 1.5 mm。薄型极板对提高蓄电池的比容量和改善起动性能都是很有利的。

**【注意】** 因为正极板的强度较低，所以在单格电池中，负极板总比正极板多一片，从而使每一片正极板都处于两片负极板之间，保持了其放电的均匀性，防止其变形。

### 2. 隔板

为避免正、负极板彼此接触而导致短路，可以在正、负极板间用绝缘的隔板隔开。隔板具有多孔性，以利于电解液自由渗透，减小蓄电池内阻。此外隔板还应具有耐酸、耐热，不氧化、不变形，不含杂质，亲水性好，有一定的机械强度等特性。隔板的面积一般比极板稍大一些。

常用的隔板材质有木质、微孔橡胶、微孔塑料、玻璃纤维等。微孔塑料隔板孔径小、孔率高，薄而柔软，成本低，因此目前被广泛使用。

近年来，通常将免维护蓄电池的隔板制成袋式隔板，装入正极板，这样可以起到良好的分隔作用，同时还能增大极板的面积，进而增大蓄电池容量。

### 3. 电解液槽

电解液的作用是与极板上的活性物质发生电化学反应，进行电能和化学能的相互转换。电解液由高浓度的1.84 $g/cm^3$ 的化学纯硫酸和蒸馏水配制而成，其标准密度为1.28 ± 0.01 $g/cm^3$（25 ℃时），使用时可以根据当地的最低气温进行适当选择，如表2.1所示。

表2.1 不同地区和气温条件下的电解液密度

| 使用地区气候条件 | 完全充足电的蓄电池在25 ℃时的电解液密度/($g \cdot cm^{-3}$) | |
|---|---|---|
| | 冬季 | 夏季 |
| 冬季温度低于 -40 ℃ | 1.30 | 1.27 |
| 冬季温度高于 -40 ℃ | 1.28 | 1.25 |
| 冬季温度高于 -30 ℃ | 1.27 | 1.25 |
| 冬季温度高于 -20 ℃ | 1.26 | 1.23 |
| 冬季温度高于 0 ℃ | 1.23 | 1.23 |

电解液的纯度是影响蓄电池性能和使用寿命的重要因素。一般工业用硫酸和普通水中，因含有铁、铜等有害杂质，绝对不能加到蓄电池中去；否则蓄电池容易自行放电，且容易损坏极板。因此，蓄电池电解液要用规定的专用硫酸和蒸馏水配制。

使用中应注意，电解液的腐蚀性极强，溅到皮肤上或眼睛里会受伤。如若溅到，应立即用大量清水冲洗，然后请医生处理。

配制电解液时，最好配戴眼镜、戴长胶手套，尽量控制住浓硫酸的飞溅；浓硫酸若飞溅到皮肤上会灼伤皮肤。

配制电解液：配制场地应通风良好，在开口比较大（利于散热）的容器里放入适量蒸馏水，蒸馏水里放入密度计，用胶管从浓硫酸容器中吸出浓硫酸注入蒸馏水表面，并轻轻地搅动蒸馏水，随时观察密度计的读数，直到密度计读数约为1.25 $g/cm^3$ 时，停止注入浓硫酸；之后，等电解液降温至室温时，检测其浓度是否适合，再适当调整电解液密度。

### 4. 外壳

蓄电池外壳用于盛放电解液和极板组，必须耐酸、耐寒、抗振，并有足够的机械强度，一般用橡胶或塑料制成。12 V 电池由 6 个互不相通的单格组成一个整体。为防止极板的活性物质脱落后造成短路，在每个单格的底部都有凸起的肋条以搁置极板组；肋条之间的空隙可以积存极板脱落下来的活性物质。

每个单格电池都有一个加液孔，可以加注电解液或检测电解液密度。孔盖上设有通气孔，便于排出蓄电池内部的 $H_2$ 和 $O_2$，防止外壳胀裂，发生事故。

### 5. 联条

联条的作用是将单体电池串联起来，以提高整个蓄电池的端电压。单体电池的串联方式有传统外露式、内部穿壁式和跨接式三种，如图 2.7 所示。

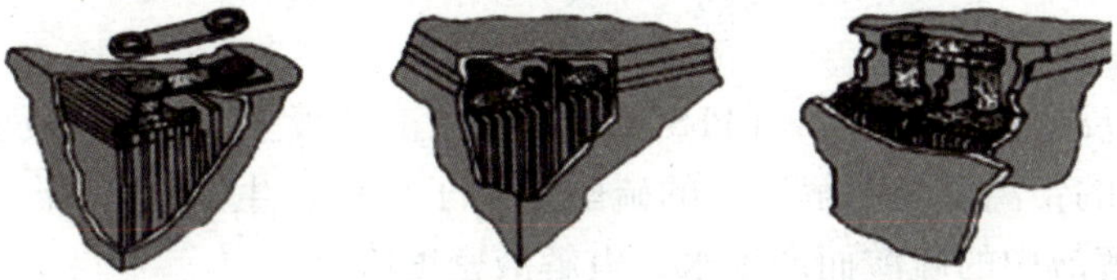

(a)　(b)　(c)

**图 2.7　单体电池的连接方式**

(a) 传统外露式；(b) 内部穿壁式；(c) 跨接式

### 6. 极桩

极桩有锥台形和 L 形等形式，如图 2.8 所示。为便于识别，通常在正极桩的上方或旁边标有“+”（或 P），负极桩的上方或旁边标有“-”（或 N）的标记；或者在正极上涂红色油漆。

(a)　(b)　(c)

**图 2.8　极桩**

(a) 锥台形极桩；(b) L 形极桩；(c) 装配前的 L 形极桩

## 三、蓄电池的工作原理

蓄电池的工作原理就是化学能与电能的相互转化：当蓄电池将化学能转化为电能时，蓄电池向外供电，称为放电过程；而当蓄电池与外部直流电源相连，将电能转化为化学能时，称为充电过程。蓄电池的基本工作原理如图 2.9 所示。

### 1. 放电过程

当蓄电池充满电时，正极板活性物质为二氧化铅（$PbO_2$），负极板的活性物质为海绵状纯铅（Pb）；放电时，蓄电池与外电路接通后，电流在极板电势差的作用下，从正极流出，经过灯泡流回负极，使灯泡发光。

在放电过程中，正极板的铅离子得到来自负极的两个电子后，变成二价铅离子，与电解

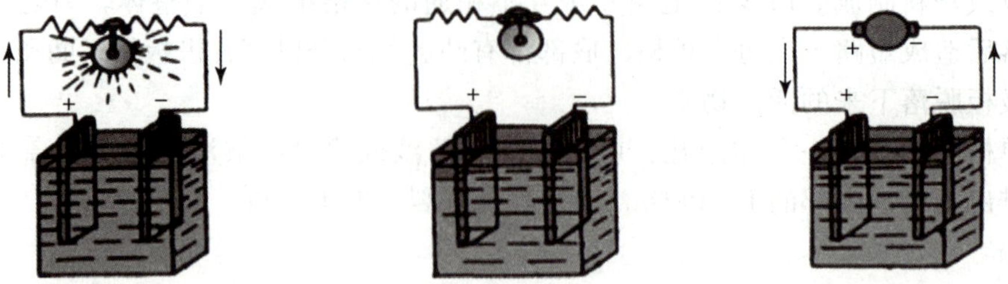

(a) (b) (c)

图 2.9 蓄电池的工作原理

(a) 放电开始；(b) 放电结束；(c) 充电结束

液中的硫酸根离子反应生成硫酸铅（$PbSO_4$，附着在正极板上）；负极板上每个铅原子放出两个电子后，生成的铅离子与电解液中的硫酸根离子反应，生成硫酸铅（$PbSO_4$，附着在负极板上），消耗电解液中的硫酸而产生水，电解液密度降低。

### 2. 充电过程

充电时，在放电后的蓄电池上接一个充电器。当充电器电压高于蓄电池电动势时，电流将从蓄电池正极流入，负极流出。这时正、负极板发生的反应与放电过程相反。

在充电过程中，正极板活性物质由硫酸铅（$PbSO_4$）转变为二氧化铅（$PbO_2$），负极板上的活性物质由硫酸铅（$PbSO_4$）转变为纯铅（Pb）；电解液中消耗了水，生成硫酸（$H_2SO_4$），电解液密度逐渐上升。只要充电过程在进行，上述化学反应就不断进行。当极板上的物质全部转变完成后，蓄电池就充足了电。

总结：蓄电池充放电过程中的化学反应是可逆的，可用下式表示：

$$\underset{(\text{正极板})}{PbO_2} + \underset{(\text{电解液})}{2H_2SO_4} + \underset{(\text{负极板})}{Pb} \underset{\text{充电}}{\overset{\text{放电}}{\rightleftharpoons}} \underset{(\text{正极板})}{PbSO_4} + \underset{(\text{电解液})}{2H_2O} + \underset{(\text{负极板})}{PbSO_4}$$

## 四、蓄电池的使用

### 1. 蓄电池的识别

按照标准 JB/T 2599—2012 的规定，蓄电池的产品型号由三部分组成，其排列如图 2.10 所示。

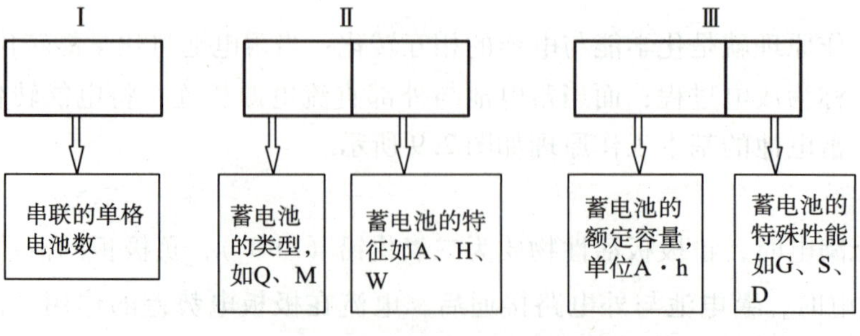


图 2.10 蓄电池的排列

图2.10中“Ⅰ”表示串联的单格电池数，用阿拉伯数字表示，蓄电池的标准电压是该数字的2倍。

图2.10中“Ⅱ”表示蓄电池的类型和特征，用汉语拼音大写首字母表示。第一个大写字母表示蓄电池的类型，如“Q”表示起动用铅酸蓄电池，“M”表示摩托车用；第二个字母表示蓄电池的特征，干封普通极板蓄电池可省略不写，如“A”表示干荷电，“H”表示湿荷电，“W”表示免维护，“S”表示少维护，“J”表示胶体电解液。

图2.10中“Ⅲ”表示蓄电池的额定容量和特殊性能。我国目前规定采用20 h放电率的额定容量，用数字表示，单位为A·h（安培·小时）；特殊性能用大写字母表示，如“G”表示高起动率，“S”表示塑料槽，“D”表示低温起动性好。

**例**：图2.11所示的蓄电池的型号为6－QA－100AH，表示该蓄电池由6个单格组成，额定电压为12 V，额定容量为100 A·h，是采用塑料整体式外壳的起动干荷电蓄电池。

### 2. 蓄电池的正确使用

1）使用起动机时，每次起动时间不应超过5 s，两次间隔时间应大于15 s；如出现连续三次起动不成功时，应查明原因，排除故障后再起动发动机。

2）定期检查蓄电池电解液高度，如电解液不足，要及时进行补充，如图2.12所示。

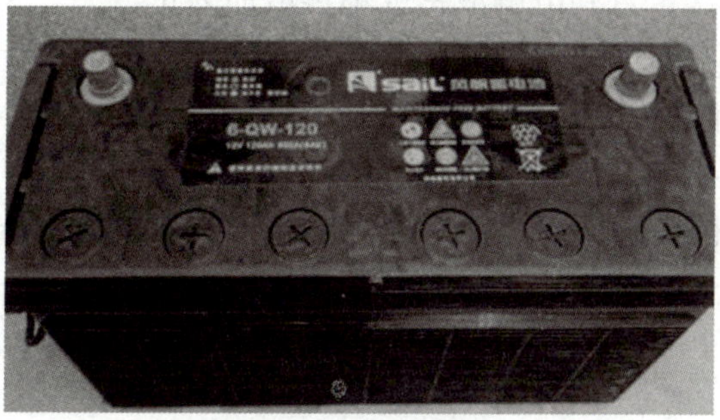


图2.11　蓄电池的型号

图2.12　补加蒸馏水

3）冬季补加蒸馏水时，只能在充电前进行，以便蒸馏水与电解液混合而不至于结冰。

4）要保持蓄电池外部清洁，以防间接短路和电极接线柱腐蚀。

5）要经常检查蓄电池在车上安装是否牢靠，电极接线柱与接线头的连接是否坚固。

6）要经常疏通加液孔盖上的通气孔；检查加液孔盖是否拧紧，以免汽车振动而使电解液溢出。

7）定期对蓄电池进行补充充电，以保证蓄电池始终保持充足电的状态。

8）要经常检查蓄电池的放电情况；放完电的蓄电池应在24 h内及时充电。

9）在车上拆蓄电池时，应先拆负极电缆，再拆正极电缆；安装时则按相反顺序进行，以免拆装过程中造成蓄电池短路。

## 五、蓄电池的充电

### 1. 充电种类

蓄电池的充电种类有初充电、补充充电和去硫化充电等。

（1）初充电

新蓄电池或更换极板修复后的蓄电池在使用之前的首次充电为初充电。初充电过程较复杂，时间也较长，比较难控制，所以一般是由蓄电池生产厂家来完成。

（2）补充充电

蓄电池在使用过程中，如果发现下列情况之一时，都必须进行补充充电。

1）起动机运转无力，灯光比平时暗淡，电喇叭声音小。

2）冬季放电超过25%，夏季放电超过50%。

3）蓄电池电解液密度下降到1.15 $g/cm^3$ 以下。

4）储存不用已近一个月的普通蓄电池。

补充充电电流约为蓄电池额定容量的1/10，需充至冒气泡；单格电压为2.3～2.4 V，电解液密度应达到规定值（如免维护蓄电池的壳体有微热）为止。

（3）去硫化充电

1）当蓄电池发生极板轻度硫化时，可用去硫化充电法加以消除。

首先倒出原有的电解液，并用蒸馏水清洗两遍，再加入足够的蒸馏水。

然后接通充电电路，用1/10额定容量的电流进行充电，当密度上升到1.15 $g/cm^3$ 时倒出电解液，加入蒸馏水再进行充电。如此反复多次，直到电解液密度不再增加为止。

最后，倒出全部电解液，重新加入标准液进行充电，并调节电解液的密度到标准值。

2）当蓄电池发生极板严重硫化时，可用以下方法加以消除：

首先，倒出原有的电解液，并用开水清洗两三遍，然后加入足够的电解液。

其次，接通充电电路，用1/10额定容量的电流进行充电；充电需至冒气泡，单格电压应为2.3～2.4 V，电解液密度达到标准值时停止。

**【特别提示】** 正在充电时，最好不要在充电室内起用明火；否则可能会导致蓄电池爆炸。

### 2. 充电方法

蓄电池的充电方法有定流充电、定压充电和脉冲充电三种。

（1）定流充电

蓄电池在充电过程中，充电电流保持恒定不变的充电方法称为定流充电。由于充电过程中蓄电池的电动势逐渐升高，因此充电过程中要不断调整充电电压。当单格电压升到2.4 V（电解液开始冒泡）时，再将充电电流减小一半后保持恒定，直到蓄电池完全充足。

定流充电时，被充电的蓄电池采用串联接法进行充电，如图2.13所示。

（2）定压充电

在充电过程中，加在蓄电池两端的电压保持恒定不变的充电方法，称为定压充电。

定压充电的特点是：充电开始，电流很大；随着蓄电池的电动势不断提高，充电电流逐渐减小；充电终了，充电电流将自动减小到0。

定压充电具有充电时间短、充电过程中无须调整充电电压的优点，因此适用于蓄电池的补充充电。定压充电时，被充电的蓄电池采用并联接法进行充电，如图2.14所示。

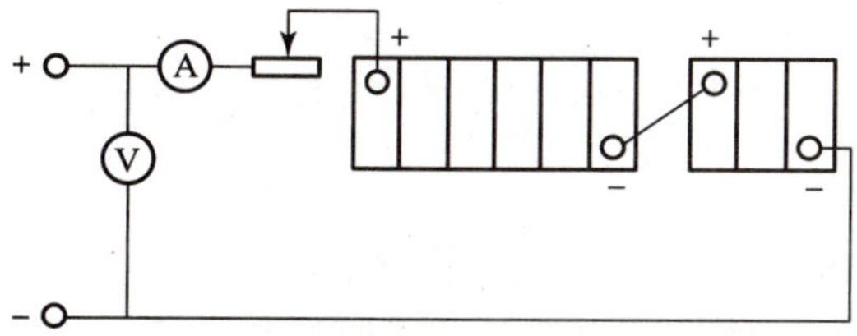


图 2.13　定流充电时蓄电池的连接

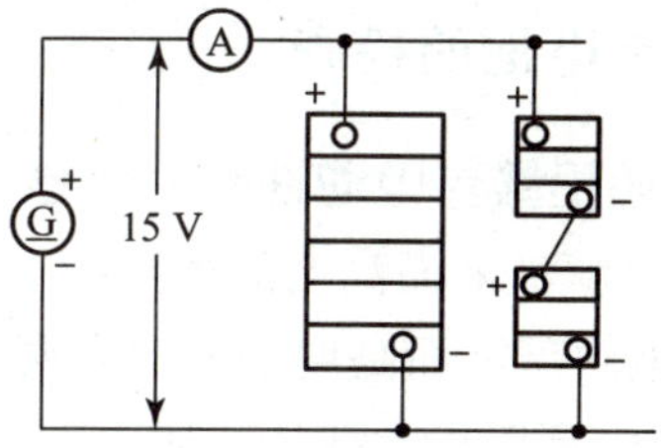


图 2.14　定压充电时蓄电池的连接

（3）脉冲充电

脉冲快速充电法也称为分段充电法。充电初期采用大电流，可以使电池在较短的时间内达到额定容量的60%左右；当单格电压上升到2.4 V，电解液开始分解出气泡时，在充电设备控制下，进行脉冲充电。

脉冲快速充电法的优点是：充电速度快，可缩短充电时间；增加蓄电池容量，极板去硫化明显。缺点是：出气率高，即充电过程中产生大量的气泡；对极板活性物质的冲刷力强，易使活性物质脱落；对蓄电池的使用寿命有一定的影响。

## 六、蓄电池使用的有关事项

### 1. 蓄电池充电完毕的标志

1）电解液中剧烈冒气泡，呈“沸腾”现象或电解液呈“浑浊”现象。

2）端电压上升到最大值2.7 V，且在2～3 h内不再上升。

3）电解液密度上升到最大值，密度为（1.28±0.01）$g/cm^3$（25 ℃时），且在2～3 h内不再上升。

4）蓄电池壳体有轻微的、均匀的发热现象。

### 2. 影响蓄电池容量的因素

蓄电池的容量标志着蓄电池对外供电的能力，是指一完全充足电的蓄电池，在允许的放电范围内所输出的电量。蓄电池的容量分为额定容量和起动容量。影响蓄电池容量的因素包括两个方面。

（1）构造因素对容量的影响

1）极板厚度越薄，活性物质的利用率就会越高，容量就越大。

2）极板面积越大，同时参与反应的物质就越多，容量就越大。

3）同性极板中心距越小，蓄电池内阻越小，容量就越大。

（2）使用因素对容量的影响

1）放电电流：放电电流越大，蓄电池容量就越低，因此起动汽车时应严格按要求操作。

2）电解液温度：电解液温度降低，蓄电池的输出容量就减少，因此冬天易导致起动失败。

3）电解液密度：电解液密度适当增大会增加蓄电池容量，但密度过大会导致蓄电池早期损坏。

## 七、蓄电池的检查

### 1. 普通铅酸蓄电池性能的检查

（1）电解液液面高度的检测

检测电解液液面高度的方法有两种，即液面高度指示线法和玻璃管测量法。

1）液面高度指示线法：对于使用透明工程塑料壳体的蓄电池，可以通过观察液面高度指示线来检查电解液的液面高度，如图 2.15 所示。

2）玻璃管测量法：将一空心玻璃管插在蓄电池电解液内极板的上平面处；用手指按紧玻璃管上端使管口密封；提起玻璃管，此时玻璃管内所吸取的电解液的高度即为液面高度，标准值应为 10～15 mm，如图 2.16 所示。

图 2.15　液面高度指示线法

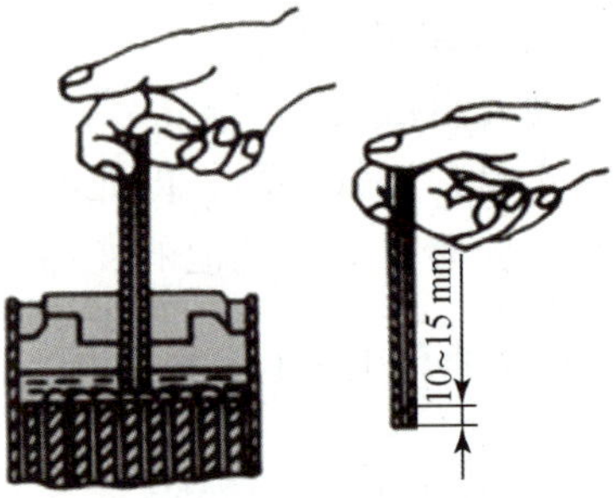


图 2.16　玻璃测量法

（2）蓄电池端电压的检测

用蓄电池高功率放电计测量蓄电池端电压的方法如下：关闭点火开关，将高功率放电计的红色夹（针）与蓄电池的正极相连，将黑色夹（针）与蓄电池的负极相连，如图 2.17 所示；按压高功率放电计开关并保持 5～10 s 后放开，待测试仪上的指针静止不动后读出读数，如图 2.18 所示。此读数即为蓄电池的端电压。

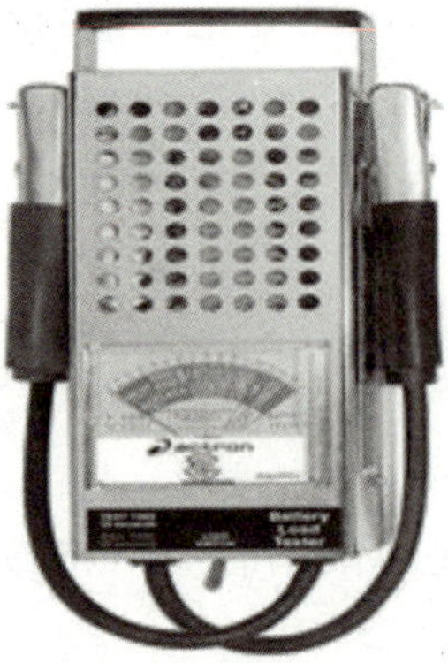

图 2.17　高功率放电计

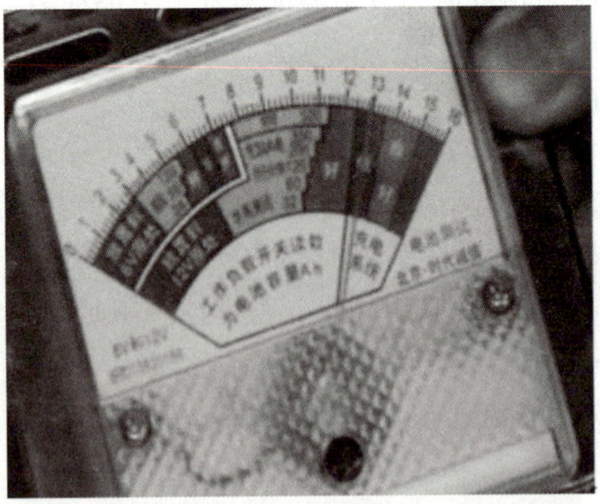

图 2.18　读数

蓄电池的检测如下：

1）如电压≥11.5 V，则表明蓄电池良好。

2）如电压在 9.6～11.5 V，则表明蓄电池较好。

3）如电压 <9.6 V，则说明蓄电池需要充电或存在故障。

4）如电压迅速下降，值较低，则说明蓄电池损坏。

（3）电解液密度的检测

测量前紧捏密度计的橡皮球，排除空气，将橡皮管插入电解液，慢慢放松橡皮球，吸取蓄电池中的电解液，直到浮子浮起，如图 2.19 所示。

可根据浮子高度与浮子刻度线之间的关系，读出高度的数值，如图 2.20 所示。也可通过浮子的彩色标记来粗略估计密度值，判断蓄电池的放电程度。

1）电解液处于黄色区域，说明电解液的密度值在 1.25～1.30 g/cm³，电量充足。

2）电解液处于绿色区域，说明电解液的密度值在 1.15～1.25 g/cm³，电量比较充足。

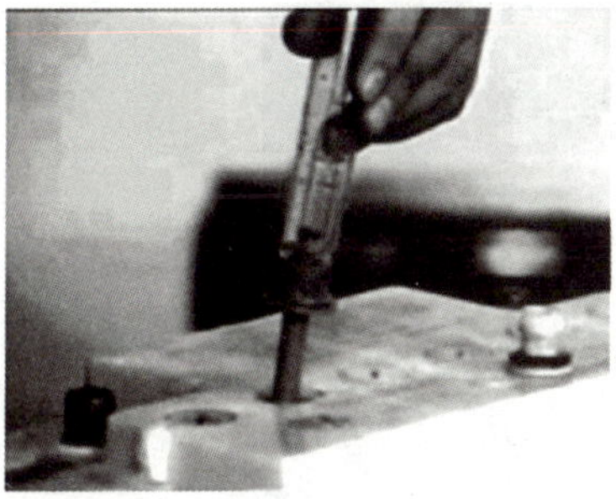

图 2.19　用密度计吸取电解液

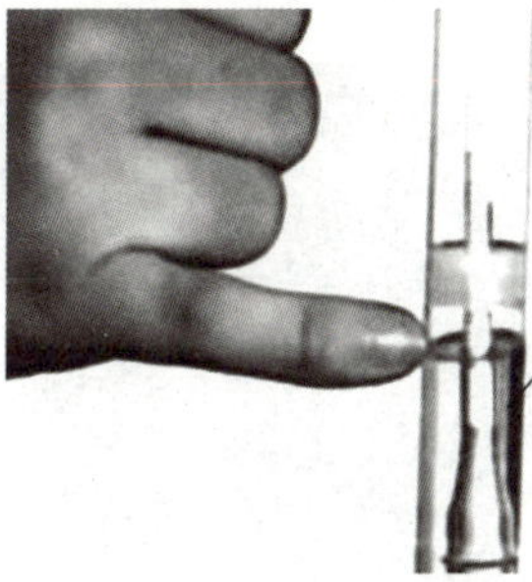


（a）

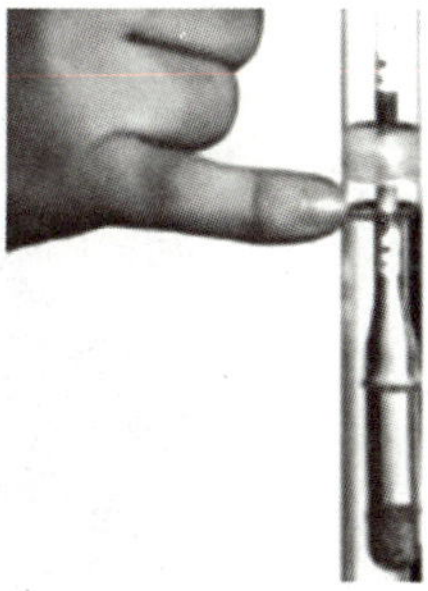

（b）

图 2.20　读数

3）电解液处于红色区域，说明电解液的密度值在 1.10～1.15 g/cm³，电量不足，需充电。

## 2. 免维护蓄电池的检查

对于全密封型免维护蓄电池，由于无加液孔，所以不能采用传统的密度计来测量电解液密度以判断其技术状况；但可以通过顶端的检查孔观察其颜色来判断蓄电池的技术状况，如图 2.21 所示。

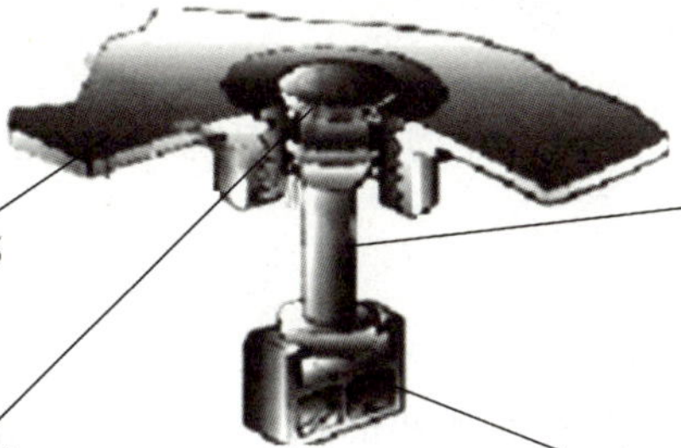


（a）

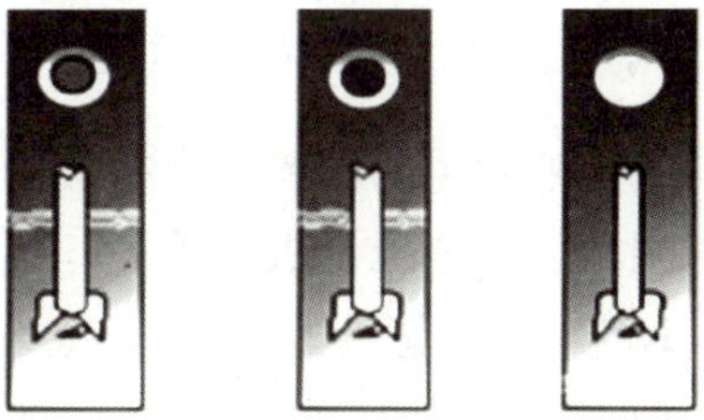


（b）

图 2.21　免维护蓄电池技术状况的检查

**【特别提示】** 目前市场上所有的蓄电池厂家在一个蓄电池上都只安装一个观察孔，但它并不能全面反应蓄电池的技术状况；因为一个蓄电池有 6 格，观察孔只能观察到一个单格电池的技术情况，而另外5个单格电池的技术情况并不能反映出来。所以，在检测免维护蓄电池技术状态时，还要参考其他技术配合检测才能保证完全正确。

### 3. 蓄电池电极桩头的检测

为保证蓄电池在汽车上能给起动机提供足够的起动电流，除蓄电池本身技术状况良好外，蓄电池电极桩头与电缆线的连接非常重要。电极桩头与电缆的连接情况可以通过检测二者间的电压降来确定。如图2.22所示，将万用表的正极一端连接在蓄电池负极桩上，将万用表负极一端连接在负极电缆夹上，起动起动机，使起动机带动发动机运转，这时万用表的读数应小于0.5 V；否则说明极桩与线夹接触不良，将产生起动困难。当极桩与线夹接触不良时，若是两者之间被氧化，应清除氧化物，并涂抹黄油保证以后不会氧化；若是线夹松动，则应重新固定牢靠。

图2.22　蓄电池极桩的检测

正极桩与线夹间的接触不良，检测方法与负极相似，只是万用表的表笔刚好相反。

## 八、蓄电池常见故障及排除方法

蓄电池常见的故障有自行放电、极板硫化、极板活性物质脱落和极板短路、壳体破裂、极桩损坏、蓄电池反极性等。

### 1. 自行放电

（1）故障现象

充足电或正常使用的蓄电池放置几天时间后，在无负荷的情况下，出现电量低，甚至无电。

（2）故障原因

1）电解液不纯，电解液中的杂质沉附于极板上产生局部放电；电解液溢出堆积在盖板上，使正、负极桩之间形成通路。

2）蓄电池内部短路，隔板破裂或极板活性物质脱落；下部沉淀物过多，使正、负极板短路。

3）蓄电池长期放置不用，导致硫酸下沉；下部密度比上部大，使极板上下部发生电位差。

4）与蓄电池相连电路有短路现象；电路漏电。

（3）排除方法

1）关闭所有用电设备，断开蓄电池负极电缆，用试灯（10 W 灯泡做成的）两端分别接在接地电缆与蓄电池负极之间，若试灯一直亮则是电路漏电，应检查电路电器（参考本节“典型故障案例二”的检修方法）；若试灯不是一直亮，则是蓄电池发生故障。

2）打开蓄电池的加液盖，用高功率放电计给蓄电池放电，同时观察电解液。若有电解液不断地冒小气泡，则是活性物质脱落；若电解液里冒青烟，则是蓄电池内部的联条断裂。

3）若是因为电解液不纯、有异物，则可清除杂物，倒出电解液，用蒸馏水反复冲洗，最后加入标准液充电即可。

### 2. 极板硫化

（1）故障现象

1）蓄电池容量降低；用高率放电计检测，单格电压迅速下降。

2）电解液密度下降到低于规定的正常数值。

3）蓄电池开始充电或充电完毕时电压过高，单格可达2.7 V以上。

4）蓄电池在充电过程中不会产生气泡；电解液不会产生浑浊现象。

5）蓄电池在充电过程中温度上升过快、过高，可达45 ℃以上。

6）在极板上生成坚硬、不易溶解的白色大颗粒物。

（2）故障原因

1）蓄电池放完电后长期没有充电；硫酸铅不断在电解液中有溶解与结晶两个相反的过程，并交替进行；经过多次溶解再结晶，便在极板上形成粗大的不易溶解的硫酸铅晶体。

2）蓄电池经常过量放电或小电流深放电，由此导致在极板细小孔隙的内层生成硫酸铅。

3）电解液液面过低，极板上的活性物质露在空气中被氧化，汽车行驶时电解液波动并接触氧化了的活性物质，生成粗晶粒的硫酸铅。

4）初充电不彻底或长期在半充电状态下使用；极板上的放电产物硫酸铅如果长期存在，也会通过再结晶形成粗大的颗粒。

5）电解液不纯或其他原因导致蓄电池自行放电，均会产生硫酸铅，从而为硫酸铅再结晶提供物质基础。

（3）排除方法

排除方法是采用去硫化充电法。

### 3. 极板活性物质脱落和极板短路

（1）故障现象

1）充电时有褐色物质自底部上升，主要是正极板上的 $PbO_2$ 脱落。

2）充电时电解液温度迅速升高，而端电压和电解液密度上升缓慢。

3）用高功率放电计放电时端电压迅速下降；短路的单格有小气泡冒出。

（2）故障原因

1）充电电流过大或过度充电时间长。

2）低温时大电流放电；极板拱曲从而使隔板破裂。

3）蓄电池在使用过程中受到剧烈振动。

4）活性物质大量脱落沉积于蓄电池底部，使极板底部短路。

（3）排除方法

1）若是专业维修蓄电池的技术员，可以采取清洗短路的单格蓄电池，或换单格铅板法来排除故障。

2）若是非专业维修蓄电池的其他人员则要更换整个蓄电池。

### 4. 壳体破裂

（1）故障现象

蓄电池壳体破裂漏水，导致蓄电池不能正常使用。

（2）故障原因

1）蓄电池底部壳体被粗大的石子、螺钉或其他凸出物磨破。

2）因交通事故等冲击行为击破蓄电池壳体。

（3）排除方法

用 70 W 以上的电烙铁焊补破损处，然后补加足够的标准液充满电，即可使用。

### 5. 极桩损坏

（1）故障现象

蓄电池极桩磨损、破裂以致无法正常连接电缆。

（2）故障原因

1）蓄电池桩头由于反复紧固产生磨损或断裂。

2）操作不当使蓄电池正、负极短路；大电流放电使桩头熔化。

（3）排除方法

采用铅焊法重新焊接蓄电池桩头。具体步骤如下：

1）准备材料工具：锉刀 1 把，碳棒 1 颗，大线夹 3 个，粗电缆 1 段，工具刀 1 把，备用蓄电池桩头若干。

2）自制焊具：粗电缆两端各压接一个大线夹。

3）焊接蓄电池桩头：

①用锉刀、工具刀等先对损坏的桩头进行外形加工，以达到能与备用桩头对接为准，之后用锉刀去除桩头上的氧化物。

②打开蓄电池加液盖，用自制焊具的一端夹住没有损坏的蓄电池桩头，另一端夹住碳棒。

③将备用桩头与需焊桩头对接，并用夹子夹紧。

④用焊具上的碳棒在需焊处划动以熔化铅块，直到焊接牢固为止。焊接方法如图 2. 23 所示。

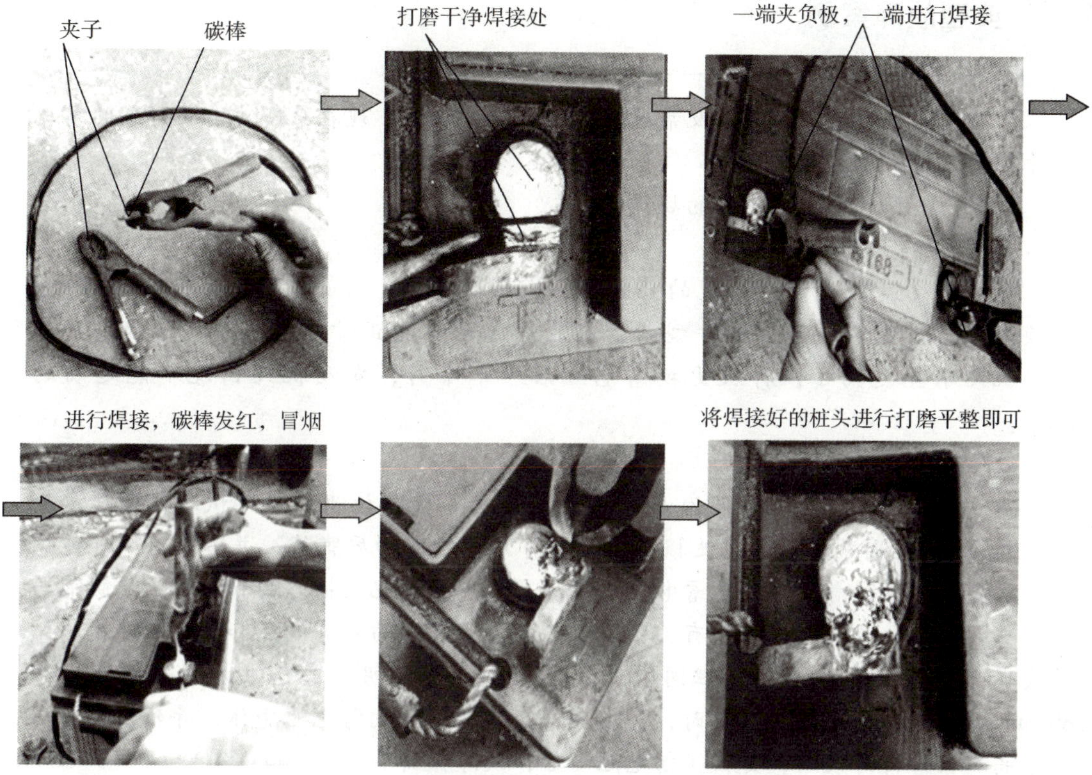


图 2.23　蓄电池桩头的焊接方法——铅焊

### 6. 蓄电池反极性

（1）故障现象

1）蓄电池组电压下降，输出容量下降。

2）极板、极桩颜色异常，严重时会造成活性物质脱落和极板拱曲。

3）用万用表测量蓄电池电压时，得到的电压为负数。

（2）故障原因

1）多个蓄电池串联使用时，如果个别蓄电池或蓄电池单格的容量比其他的蓄电池单格都低，成为一个反极充电电池，则其实质就是放电过量。

2）充电时，蓄电池与充电机接线为反向（充电机“+”极接到电瓶“-”极），会造成充电电流反向。

（3）排除方法

当发现蓄电池有反极性现象时，应立即对反极蓄电池进行单独充电，并对反极蓄电池进行多次充放电循环锻炼，直至其与其他蓄电池一致。

若反极性严重时，则只能更换蓄电池。

## 典型故障案例

掌握了蓄电池的基础知识及常见故障的排除方法后，现在来解决前面遇到的蓄电池异常损坏的故障问题。

**案例一**：蓄电池异常损坏的故障排除。

**故障现象**：

一辆解放牌柴油车（5 t）的蓄电池不能正常起动，测试表明蓄电池已经损坏。当换用两只骆驼牌 QAW－100 型新蓄电池后起动机能正常起动工作；但两个月后发动机又不能起动了；再次更换蓄电池后一个半月，发动机又出现不能起动的现象。

**故障排除**：

用万用表测量蓄电池电压为 10.7 V；用高功率放电计测试仪测试时，电压急剧降低到 2 V，同时观察到蓄电池极板拱曲，有大量活性物质脱落，并不断有小气泡冒出。从测试和观察看，都说明蓄电池已损坏。考虑蓄电池极板弯曲和活性物质脱落与蓄电池的充电电流及使用温度有关，所以又测量了汽车的充电电压和蓄电池温度。结果发现充电电压为 14.8 V。但同时也发现：在排气管朝向蓄电池方向一侧有一个 80 mm 的裂纹；当发动机运转时，高温废气会不断地吹向蓄电池壳体，导致蓄电池温度很高。在焊接好裂纹、更换了蓄电池之后，故障被排除。

**故障分析**：

高温废气不断地给蓄电池加热，导致蓄电池温度超过 45°而引起极板弯曲，这是引起该故障的主要原因。

**案例二**：一辆 JAC 小型货车正常熄火，车主打电话 10 min 后再次起动汽车时，汽车没有任何反应。

**故障现象**：

一辆 JAC 小型货车由于找不到目的地，于是停车熄火，打电话寻问道路，10 min 后起动汽车时，汽车没有任何反应，开大灯也不亮，按喇叭也不响。经与车主交流得知，该车在 2 年内换了 3 个蓄电池，现在车上的蓄电池才换了 3 个月。

**故障排除**：

用万用表测量蓄电池电压，为 0.15 V；根据维修经验，这应是漏电故障；为确定是哪里漏电，进行了以下步骤：

1）给原车蓄电池并联一个充足电的蓄电池，关闭点火开关及一切用电设备，拆开蓄电池负极电缆，在蓄电池负极与负极电缆之间串联一个 10 W 的试灯，结果试灯一直发亮，且亮度较大。这说明汽车线路存在漏电现象。

2）经过仔细观察发现，该货车在起动机 30#接线柱处有两条易熔线，这两条易熔线是供全车用电的；于是，断开这两条易熔线，结果试灯仍然亮。这说明是起动系统主电路有漏电之处。

3）到底是起动机漏电，还是起动机主电路漏电呢？还不能确定，必须进行更深入的检查。于是拆下起动机上的30#线，结果试灯不亮了；再搭上试灯又亮了；取开又熄灭。由此可以确定是起动机漏电。

4）最后拆检起动机发现，是起动机电磁开关内部导电盘与30#接线柱、C接线柱因烧蚀而黏到一起了；当更换电磁开关后故障排除。

**故障分析：**

电磁开关内部导电盘与30#接线柱、C接线柱因烧蚀而黏到一起，这就使30#与C接线柱导通，即使关闭了点火钥匙起动机也会一直在大电流放电，所以出现10 min就放完蓄电池的电的现象。

**案例三：**微型电动汽车加电油门时不能开动。

**故障现象：**

一辆微型电动汽车，打开钥匙时，电量指示灯指示满电；但加电油门时汽车不会动，同时电量指示灯完全熄灭。

**故障排除：**

1）用千斤顶顶起驱动轮，加大油门，车轮会转动，但电量表读数也会下降；油门加得越大，电量表下降越多，直至完全熄灭。

2）一边加油门，一边用万用表逐个测量蓄电池的电压，当测到第二个蓄电池时，电压表指示为6 V，油门加更大时，电压为0 V；而其他蓄电池电压为12 V以上，可见这个蓄电池有故障。

3）打开蓄电池所有加液口，用高功率放电计测试，按压放电按钮时，电压为0 V，同时蓄电池第三格电解液冒出青烟，且有“吱吱”的微弱响声。经仔细观察发现，该格蓄电池的联板已断裂。经过重新焊接（采用铅焊技术）断裂处后，蓄电池恢复了使用功能。

## 知识拓展

### 电动汽车用蓄电池

汽车上所用的蓄电池由于比能量小、需经常充电，因此不宜作为电动汽车的动力电源。电动汽车上使用的蓄电池应符合以下要求：使用寿命长，比能量高；使用持续里程长，质量小；充、放电性能好。目前电动汽车用蓄电池的种类很多，如镉镍电池、氢镍电池、钠硫电池、锂电池、锌—空气电池等，如图2.24所示。

#### 1. 镉镍电池

镉镍电池的比能量可达53 W·h/kg，其比功率超过190 W/kg，可以对其快速充电；另外，其过充放电性能好，深度放电性能好，循环使用寿命长。

#### 2. 氢镍电池

氢镍电池是由以储氢合金作为活性物质的负极、以氢氧化镍作为活性物质的正极以及隔

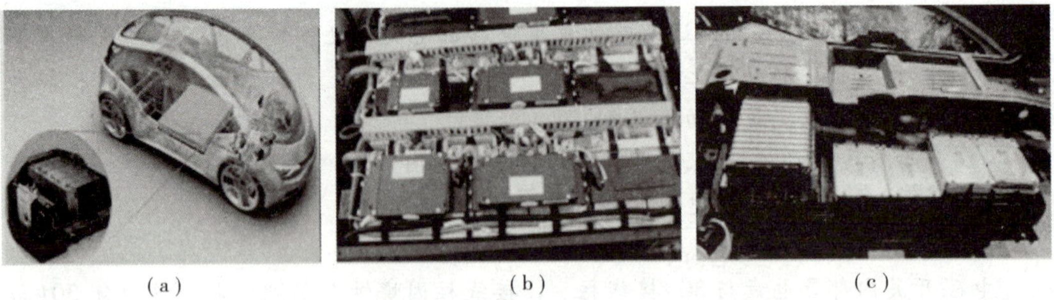

图 2.24 电动汽车蓄电池

膜组成。其比能量可望超过 80 W·h/kg，循环使用寿命可望超过 2 000 次。

### 3. 钠硫电池

钠硫电池是一种新型的高能电池，其理论比能量可高达 760 W·h/kg，目前实际上才达到 300 W·h/kg，而且其充电持续里程长、循环寿命长。

### 4. 锂电池

锂电池（这里主要是指二次锂电池）具有比能量高等一系列优点。锂电池有锂离子电池、高温锂熔盐电池、锂聚合物电池（常温）及锂聚合物固体电解质电池（常温）四种。这里主要介绍下面两种。

（1）高温锂熔盐电池

这种电池的负极是锂合金，正极是硫化铁。硫化铁有两种，即 FeS 和 $FeS_2$。这种电池目前一般为比能量 100 W·h/kg，比功率 100 ~ 120 W/kg，100% 放电时的循环寿命约为 350 次。

（2）锂聚合物电池（常温）

这种电池用锂合金作阳极，用高分子导电材料作阴极，用有机溶剂作电解质。导电材料的种类很多，有聚乙烯、聚苯胺、聚对苯酚等。其中，聚苯胺电池的比能量有望达到 350 W·h/kg，但比功率目前只有 50 ~ 60 W/kg，寿命也只有 300 次左右。另外，此种电池的过充电、快充电、价格等问题还有待解决。

### 5. 锌—空气电池

锌—空气电池的比能量可达 400 W·h/kg。在充电状态，正极是空气电极，活性物质是空气中的氧；负极是纯锌电极，电解液为 KOH 水溶液。充电时，锌—空气电池的工作电压为 1.1 ~ 1.4 V，放电终止电压为 0.9 V。

## 思考与练习

### 一、填空题

1. 电解质溶液引起____________在极板的二氧化铅和____________极板的海绵状

铅之间发生化学反应。

2. 汽车用蓄电池是一种______________的低压直流电，放电时______________能变成电能，充电时电能变成化学能。

3. 汽车蓄电池在完全充电，温度为 25 ℃时电解液的密度为______________。

## 二、选择题

1. 电瓶硫化是汽车电瓶损坏的主要形式之一，电瓶硫化是指（　　）。

A. 铅硬化　B. 硫酸硬化　C. 硫酸铜硬化　D. 硫酸铅硬化

2. 汽车电瓶漏电，电瓶水应加________，而电瓶水蒸发出去后应加________。（　　）

A. 蒸馏水，标准液　B. 补充液，蒸馏水

C. 标准液，蒸馏水　D. 标准液，浓硫酸

3. 两位技术员正在讨论蓄电池的构造：技术员 A 说，12 V 的蓄电池由并联的正极板和负极板组成；技术员 B 说，12 V 的蓄电池由 6 个串联的单格电池组成。他们谁的说法正确？（　　）

A. A 正确　B. B 正确

C. A 和 B 都正确　D. A 和 B 都不正确

4. 关于汽车电瓶桩头上的白色或绿色粉末的有关说法，正确的是（　　）。

A. 绿色粉末是氧化物，而白色粉末不是氧化物

B. 白色粉末是硫酸与铁发生化学反应的生成物

C. 在桩头上抹黄油可以防止白色物的生成

D. 桩头上有白色物后肯定接触不良，易导致起动困难

5. 某 12 V 汽车电压不足，用一个电瓶去搭发动，正确的是（　　）。

A. 两电瓶并联　B. 两电瓶串联

C. 柴油车可以串联起动　D. 电喷汽油车必须并联起动

6. 以下判断电瓶是否损坏的方法中，哪项是对的？（　　）

A. 开大灯 5 min 左右，电瓶电压由 12. 5 V 降到 10 V 左右时，则电瓶损坏

B. 起动时，电瓶电压由 12. 5 V 变到 8. 5 V，则电瓶损坏

C. 充电 10 min 左右，电瓶发烫，则这个电瓶没故障

D. 用放电计放电时，电瓶内部冒青烟，则电瓶损坏

7. 以下关于电瓶的使用，不正确的是（　　）。

A. 电瓶充电时可以用火机照明

B. 电瓶桩头上的白色粉末可用开水冲洗

C. 电瓶硫化时充不进电

D. 电瓶桩头抹黄油可防氧化

8. 以下关于电瓶充满电时的现象描述，不正确的是（　　）。

A. 电解液有浑浊现象，有小气泡冒出

B. 电解液密度达到 12. 8 $g/cm^3$

C. 电瓶有轻微发热

D. 电压为 12. 3 V

9. 某车辆电瓶用万用表测量时电压为 12.3 V，开大灯 3 min 后电压为 10.3 V，则(　　)。

A. 电瓶损坏，有一格不存电　　B. 电瓶只是电压不足，没有损坏

C. 大灯耗电太多而导致电压下降　　D. 电瓶漏水

10. 蓄电池放电过程中，电解液密度和电压的增减变化是（　　）。

A. 电解液密度增大，电压增大　　B. 电解液密度增大，电压减小

C. 电解液密度减小，电压减小　　D. 电解液密度减小，电压增大

11. 关于电瓶水的加注，不正确的有（　　）。

A. 新电瓶必须加注标准液

B. 电瓶液漏掉后可以加补充液

C. 正常干掉的电瓶水可以加蒸馏水

D. 免维护电瓶不用加补充液

12. 铅蓄电池充放电总的电化学反应式为（　　）。

A. $PbSO_4 + 2H + 2e = Pb + 2H_2SO_3$

B. $PbO_2 + H_2SO + 2H_2 + 2e = PbSO_3 + 2H_2O$

C. $PbO_2 + Pb + 2H_2SO_4 = 2PbSO_4 + 2H_2O$

13. 铅蓄电池放电终了的判断标准之一是：单格电池电压下降到放电终了电压（　　）(20 h 放电率)。

A. 1.75 V　　B. 1.5 V　　C. 1.7 V

14. 免维护蓄电池与普通电池相比要________得多，可在较长时间________储存（一般 2 年以上）。

A. 自放电少，干式　　B. 自放电少，湿式　　C. 充电足，干式

15. 蓄电池在放电过程中，消耗了________生成了________，所以电解液密度不断下降。(　　)

A. 水，硫酸　　B. 硫酸，水　　C. 电能，硝酸

16. 免维护铅蓄电池其最大的优点是使用过程中不需要添加（　　）。

A. 硫酸　　B. 电解液　　C. 蒸馏水

17. 干荷电蓄电池在注入电解液后静置________即可投入使用。(　　)

A. 0 ~ 5 min　　B. 10 ~ 20 min　　C. 20 ~ 30 min

18. 配制电解液应将________徐徐加入________中，并不断搅拌，使其混匀和迅速散热。(　　)

A. 硫酸，蒸馏水　　B. 蒸馏水，硫酸　　C. 电解质，蒸馏水

19. 有关蓄电池极板组的说法中，下列哪一项正确？(　　)

A. 正、负极板片数要一致　B. 正极板比负极板多一片　C. 负极板比正极板多一片

20. 冬季使用电解液在不致结冰的前提下，应尽可能采用密度（　　）的电解液。

A. 标准　　B. 稍高　　C. 稍低

21. 电解液的电阻与电解液的温度和密度有关，适当采用________密度和________温度对降低蓄电池内阻是有利的。(　　)

A. 高，提高　　B. 高，降低　　C. 低，提高

22. 蓄电池的放电电流________，端电压下降________，就会使蓄电池端电压急速下降至终止电压。(　　)

A. 越大，越快　　B. 越小，越快　　C. 越大，越慢

23. 蓄电池充足电的特性之一为单格电压上升到（　　）V。

A. 2.7　　B. 2.0　　C. 2.1

24. 可以用高率放电计测量蓄电池（　　）放电时的端电压来判断蓄电池放电程度和起动能力。

A. 无　　B. 小电流　　C. 大电流

25. 铅蓄电池的充放电过程是一种________的________反应。(　　)

A. 不可逆，化学　　B. 可逆，化学　　C. 可逆，电化学

26. 蓄电池在充电过程中消耗了________生成了________，所以电解液密度不断上升。(　　)

A. 水，硫酸　　B. 硫酸，水　　C. 电能，硝酸

27. 电解液的电阻随温度的降低而（　　）。

A. 没有变化　　B. 显著减小　　C. 显著增加

28. 蓄电池负极电缆外表的颜色通常为（　　）。

A. 白色　　B. 黑色　　C. 红色

29. 蓄电池是将（　　）的装备。

A. 化学能转化为电能　　B. 机械能转化为电能

C. 热能转化为化学能　　D. 化学能转化为机械能

30. 起动蓄电池发动机时，蓄电池可在短时间内提供（　　）的起动电流。

A. 10 ~ 60 A　　B. 100 ~ 150 A

C. 200 ~ 600 A　　D. 600 ~ 1 000 A

31. 从汽车上拆下蓄电池时，首先应拆下________电缆；将蓄电池安装在汽车上时，应首先安装________电缆。(　　)

A. 负极，正极　　B. 正极，负极

C. 正极，正极　　D. 负极，负极

32. 蓄电池在汽车上的主要作用是（　　）。

A. 用来吸收发动机的过电压，保护电子元件

B. 用来给起动机供电，起动发动机

C. 做备用电源

## 三、判断题

1. 蓄电池内部短路会导致发电机充电电流过大。（　　）
2. 连接蓄电池与起动机的导线应以工作电流大小来选定。（　　）
3. 电瓶用充电器充电时，电流应调整为电瓶容量的1/10。（　　）
4. 免维护蓄电池在使用过程中不需要补加蒸馏水。（　　）
5. 当蓄电池充电电流过大时，不会使蓄电池电解液过快消耗。（　　）

6. 当蓄电池过充电时，会电解水而产生大量 $H_2$ 和 $O_2$，电解液会过快消耗。 （ ）

7. 免维护蓄电池的指示器呈现绿色则蓄电池一定是好电池。 （ ）

**四、如下图所示，蓄电池桩头“发霉”是什么原因？这样会有什么影响？应怎么预防？**

一辆捷达轿车，当接通点火开关（发动机未起动）时，充电指示灯不亮。

这是一例发电机充电指示灯不亮的故障。要维修该故障，必须先了解发电机的结构组成、工作原理、检修方法，电压调节器的检测方法，电源系统常见故障的检修方法；学会识读电源系统的电路图；等等。

# 情境二　发电机的结构与检修

交流发电机是汽车的主要电源，由汽车发动机驱动。其作用是：在发动机正常工作时，向除起动机以外的所有用电设备供电；当蓄电池存量不足时，向蓄电池及时充电。

## 一、交流发电机的分类

### 1. 按结构不同分类

1）外装电压调节器式交流发电机：此类发电机在载货汽车和大型客车上应用较多，如解放 CA1091 型载货汽车上使用的 JF1522A 型交流发电机。

2）整体式交流发电机（内装电压调节器式）：多用于轿车上，如图 2. 25（a）所示。

3）带泵交流发电机：多用于柴油车，在发电机后端带有真空助力泵，如 JFB1712 型交流发电机，如图 2. 25（b）所示。

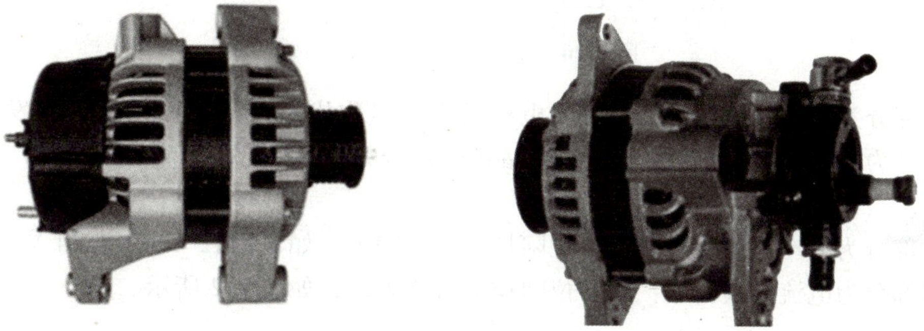

（a）　　（b）

图 2. 25　交流发电机的外形

（a）整体式交流发电机；（b）带泵交流发电机

4）无刷交流发电机：无电刷、集电环结构的交流发电机，如 JFW1913 型交流发电机。

5）磁交流发电机：转子磁极采用永磁材料的交流发电机。

### 2. 按励磁绕组搭铁方式不同分类

1）内搭铁式交流发电机：励磁绕组的一端引出来形成励磁接线柱，而另一端与发电机壳连接（“F”“E”），如 EQ1090 型车用的 JF132 型交流发电机。

2）外搭铁式交流发电机：励磁绕组的两个端子都和发电机壳绝缘，引出来形成两个励磁接线柱（“F1”“F2”），励磁接线柱是通过调节器搭铁的，如 CA1091 型车用的 JF152D 型交流发电机。

### 3. 按安装用的二极管数量不同分类

1）6 管交流发电机：交流发电机的整流器是由 6 只硅二极管组成的。这种形式的应用较广泛，如 EQ1090 型车用的 JF132 型交流发电机等。

2）8 管交流发电机：具有两个中性点二极管的交流发电机。其整流器总成共有 8 只二极管，如天津夏利 TJ7100 微型轿车使用的 JFZ1542 型交流发电机。

3）9 管交流发电机：具有三个励磁二极管的交流发电机。其整流器总成共有 9 只二极管，如北京 BJ1022 型轻型货车使用的 JFZ141 型交流发电机。

4）11 管交流发电机：具有中性点二极管和励磁二极管的交流发电机。其整流器总成共有 11 只二极管，如桑塔纳轿车使用的 JFZ913Z 型交流发电机。

## 二、交流发电机的型号

根据中华人民共和国汽车行业标准 QC/T 73—1993《汽车电气设备产品型号编制方法》的规定，国产汽车交流发电机的型号主要由以下五大部分组成，如图 2.26 所示。

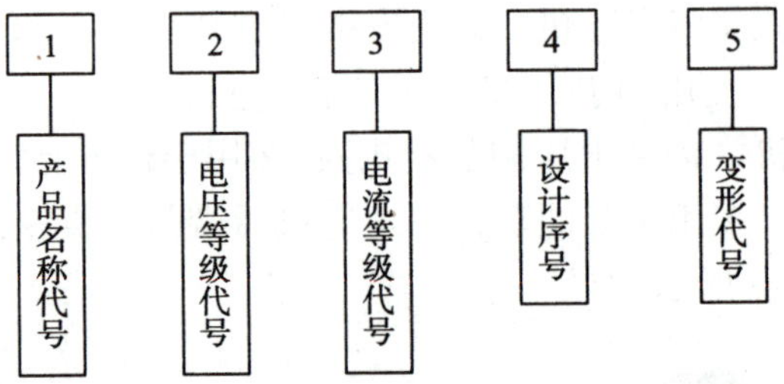


图 2.26　交流发电机型号的组成

第一部分为产品名称代号：交流发电机的产品名称代号为 JF，整体式交流发电机的产品名称代号为 JFZ；带泵交流发电机的产品名称代号为 JFB；无刷交流发电机的产品名称代号为 JFW。

第二部分为电压等级代号：用一位阿拉伯数字表示，如 1 为 12 V，2 为 24 V，6 为 6 V。

第三部分为电流等级代号：用一位阿拉伯数字表示，如表 2.2 所示。

表 2.2　交流发电机的电流等级代号

| 电流等级 | 1 | 2 | 3 | 4 | 5 | 6 | 7 | 8 | 9 |
|---|---|---|---|---|---|---|---|---|---|
| 电流/A | 19 | ≥20～29 | ≥30～39 | ≥40～49 | ≥50～59 | ≥60～69 | ≥70～79 | ≥80～89 | ≥90 |

第四部分为设计序号：按产品设计的先后顺序，用阿拉伯数字表示。

第五部分为变形代号：交流发电机以调整臂的位置作为变形代号。从驱动端看，Y 表示右边，Z 表示左边。

例如，桑塔纳、奥迪 100 型轿车所使用的 JFZ1913Z 型交流发电机，其含义是电压等级为 12 V，输出电流大于 90 A，为第 13 次设计，调整臂位于左边的整体式交流发电机。

## 三、汽车发电机的结构

交流发电机从整体上看，是由一台三相同步交流发电机和硅二极管整流器组成的。下面主要以整体式交流发电机来介绍发电机的结构。

整体式交流发电机的结构如图 2.27 所示。它主要由转子，定子，电刷与电刷架，皮带轮与风扇，前、后端盖，整流器等组成。

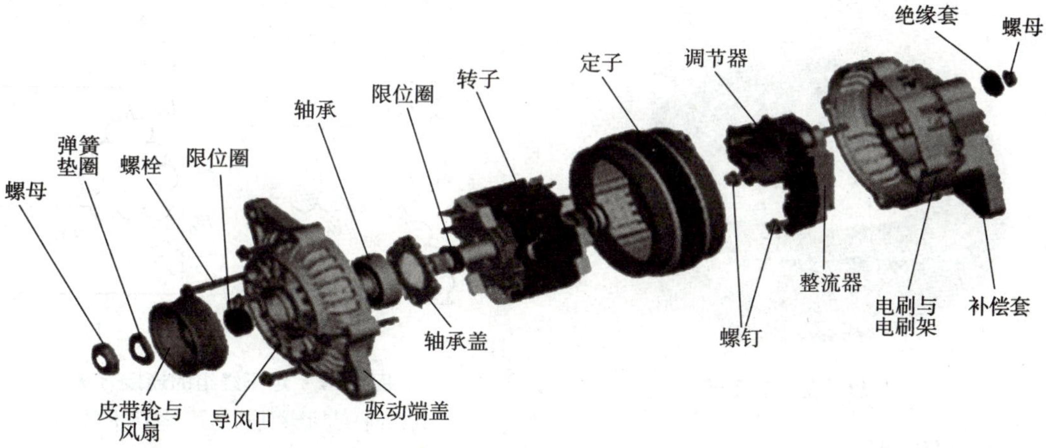


图 2.27　整体式交流发电机的结构

### 1. 转子

转子的作用是产生磁场。转子主要由两块爪极、磁场绕组、转子轴和集电环（也称滑环）等组成，如图 2.28 所示。

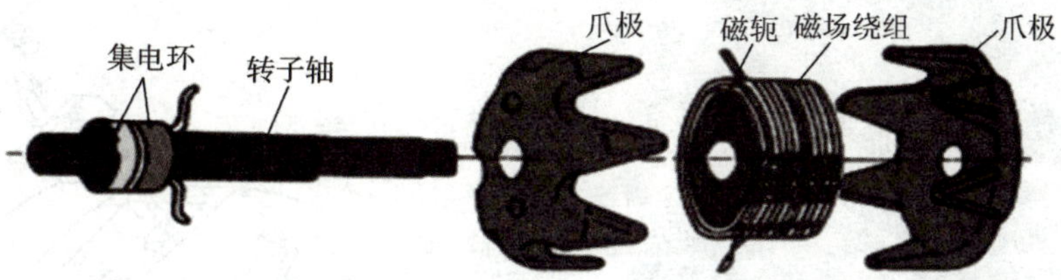


图 2.28　交流发电机的转子

转子轴上压有两块爪极，每块爪极上有 6 个鸟嘴形磁极；在两块爪极的空腔内装有导磁的铁芯（称为磁轭），铁芯上绕有励磁绕组（又称磁场绕组或转子线圈）。励磁绕组的两条引线分别焊接在与轴绝缘的两个集电环上，集电环与装在后端盖上的两个电刷接触。当两电刷与直流电源接通时，励磁绕组中便有磁场电流通过，产生轴向磁通，使得一块爪极被磁化为N极，另一块为S极，从而形成了相互交错的磁极。转子实物如图2.29所示。

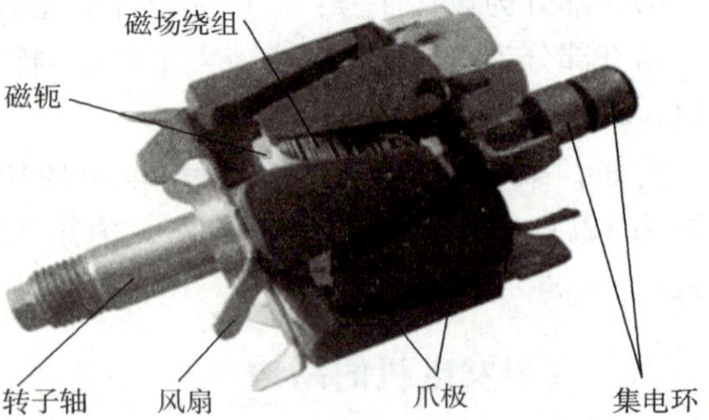


图2.29　转子实物

### 2. 定子

定子又称电枢，其作用是产生交流电动势。定子由定子铁芯和定子绕组组成，如图2.30所示。定子铁芯由相互绝缘的内圆带嵌线槽的圆环状硅钢片叠成。三相定子绕组被对称地安放在定子铁芯槽内。定子绕组的接线法有星形（Y形）和三角形两种接法，如图2.31所示。汽车交流发电机大多采用星形连接。

图2.30　发电机定子

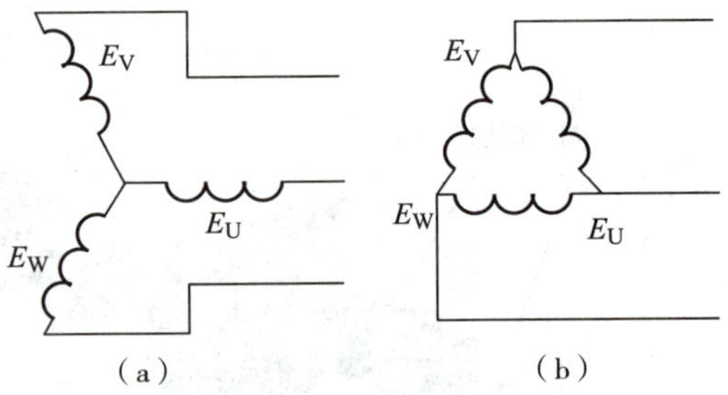


图2.31　定子绕组的连接方法

(a) 星形接法；(b) 三角形接法

### 3. 电刷与电刷架

在发电机的后端装有电刷和电刷架，如图2.32所示。两个电刷分别装在电刷架的孔内。电刷被弹簧推向集电环并与集电环接触，将直流电引入励磁绕组。电刷架的结构有内装式和外装式两种，分别如图2.32和图2.33所示。

图2.32　内装式电刷的结构

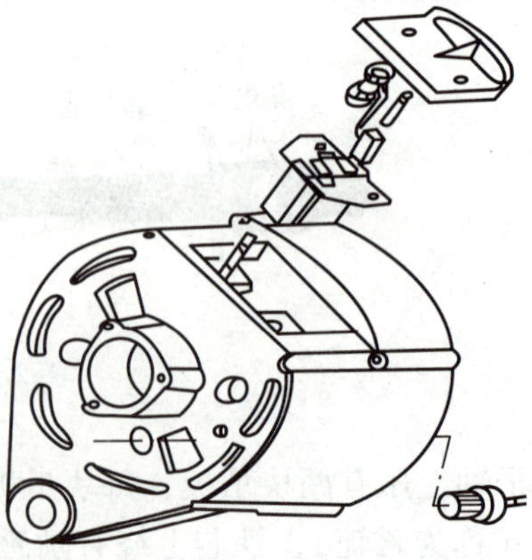

图2.33　外装式电刷的结构

### 4. 前、后端盖

前、后端盖（如图 2.34 所示）均由非导磁材料的铝合金制成，漏磁少，并具有轻便、散热性能好等优点。汽车发电机的前、后端盖上一般设有通风口，以便发电机内部散热。另外，后端盖内装有电刷与电刷架。

### 5. 皮带轮与风扇

皮带轮（如图 2.35 所示）通常用铸铁或铝合金制成，安装在交流发电机的前端。发动机通过皮带轮驱动发电机旋转。

风扇（如图 2.35 所示）一般由钢板冲制或用铝合金压铸而成。其作用是在发电机工作时，强制通风，以对发电机进行冷却。风扇有内装式和外装式两种。

（a）　（b）

**图 2.34　前、后端盖**

（a）前端盖；（b）后端盖

（a）　（b）

**图 2.35　皮带轮与风扇**

（a）皮带轮；（b）风扇

### 6. 整流器

整流器的作用是将发电机定子绕组产生的三相交流电变换成直流电。一般由 6 只硅整流二极管接成三相桥式全波整流电路。整流器与其安装位置如图 2.36 所示。

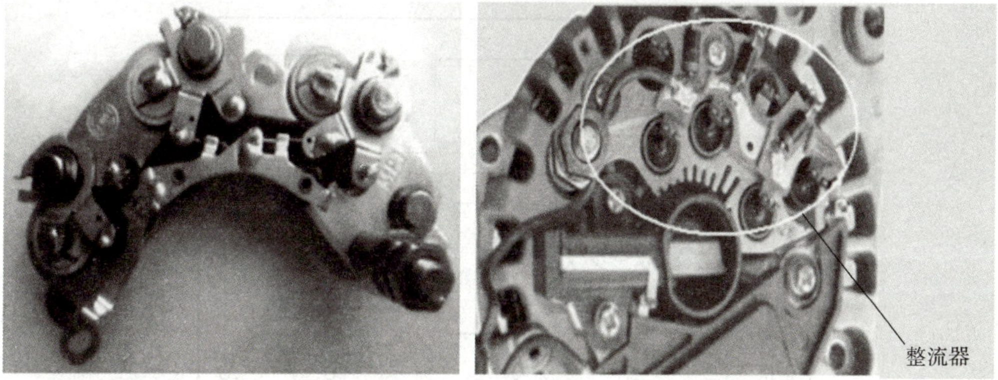


（a）　（b）

**图 2.36　整流器与其安装位置**

（a）整流器；（b）安装位置

交流发电机整流二极管有正极管和负极管之分。外壳为负极、中心引线为正极的二极管，称为正极管，管底壳体上有红色标记。3 只正极管的外壳被压装或焊接在元件板上，由一个与后端盖绝缘的元件板固定螺栓通至机壳外，成为发电机的电枢接线柱“B”或“+”极。

外壳为正极、中心引线为负极的二极管，称为负极管，负极管管底壳体上注有黑色标记。3 只负极管的外壳被压装或焊接在另一元件板上（有些压装在后端盖的 3 个孔内），和发电机外壳一起成为发电机的负极。二极管的安装如图 2. 37 所示。

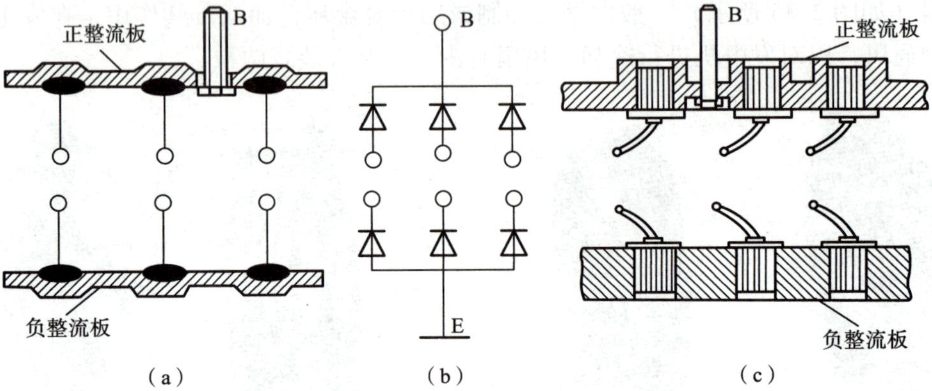


图 2. 37　二极管的安装

（a）焊接式结构图；（b）电路图；（c）压装图

## 四、交流发电机的工作原理

### 1. 交流发电机的发电原理

交流发电机产生交流电的基本原理是电磁感应原理。交流发电机的三相定子绕组是对称的，即每相绕组的个数及每个线圈的匝数都相等，绕组的绕法也相同，且按相同的规律分布在定子铁芯的槽中，它们之间差 120°的电角度。交流发电机的工作原理如图 2. 38 所示。

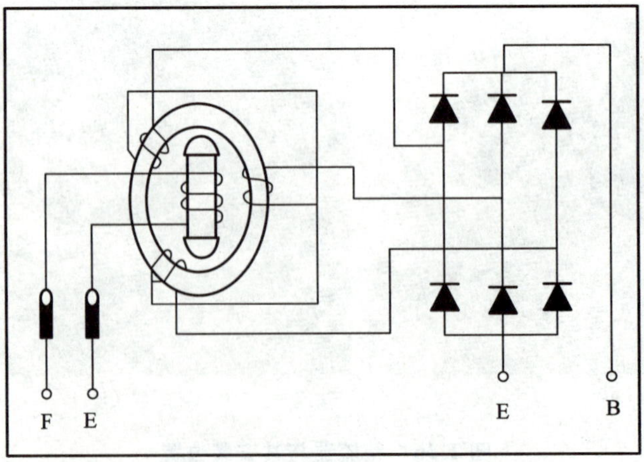


图 2. 38　交流发电机的工作原理

当励磁绕组有电流通过（通过电刷）时，转子的两块爪极被磁化，形成了N、S极相互交错的6对磁极，如图2.39所示。发电机工作时，转子的旋转使磁场同时旋转，于是，定子三相绕组与磁场发生相对运动，定子绕组切割磁极磁感线，在定子绕组内便产生感应电动势。三相定子绕组所产生的感应电动势是频率相同、最大值相同、相位差120°的三相对称正弦交流电动势。感应电动势的大小与每相绕组串联的匝数及转子的转速有关，即匝数越多，转速越高，感应电动势越大。

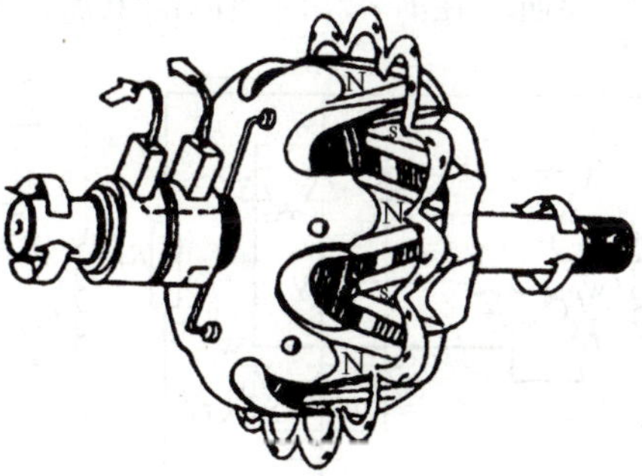


图2.39　转子被磁化成N极和S极

### 2. 交流发电机的整流原理

整流器是利用二极管的单向导电性，将交流电转换为直流电。

（1）二极管的导通原则

1）正极管导通原则：瞬间正极电位最高者导通。

2）负极管导通原则：瞬间负极电位最低者导通。

（2）整流过程

以6个二极管构成的三相桥式整流电路为例，如图2.40所示。3个正二极管$VD_1$、$VD_3$、$VD_5$的负极并联在正整流板上，3个负二极管$VD_2$、$VD_4$、$VD_6$的正极并联在负整流板上。每个时刻有两个二极管（正、负二极管各一个）同时导通，同时导通的两个二极管总是将发电机的电压加在负载两端。

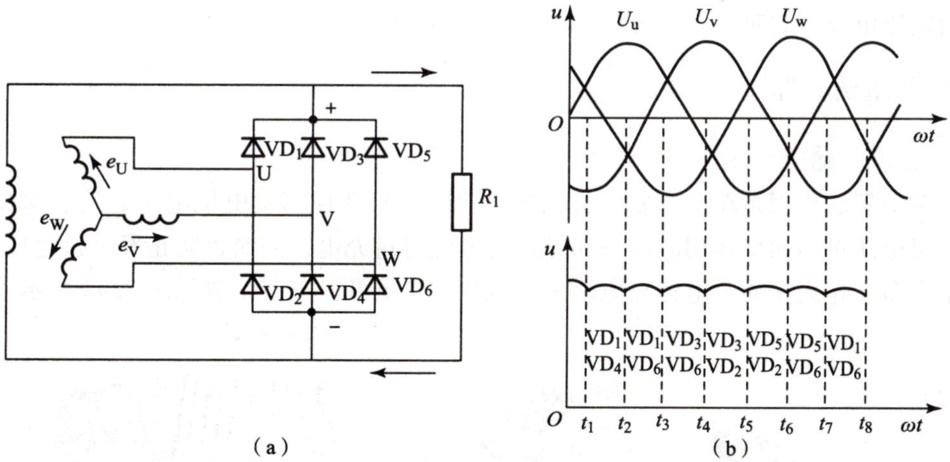


图2.40　三相桥式整流电路

当$t=0$时，C相电位最高，而B相电位最低，所对应的二极管$VD_5$、$VD_4$均处于正向导通。在$0\sim t_1$时间内的电流流向，如图1.41（a）所示。

在$t_1\sim t_2$时间内，A相电位最高，而B相电位最低，所对应的二极管$VD_1$、$VD_4$均处于正向导通。在$t_1\sim t_2$时间内的电流流向，如图2.41（b）所示。

在$t_2\sim t_3$时间内，A相电位最高，而C相电位最低，所对应的二极管$VD_1$、$VD_6$均处于正向导通。在 $t_2 \sim t_3$ 时间内的电流流向，如图 2.41（c）所示。

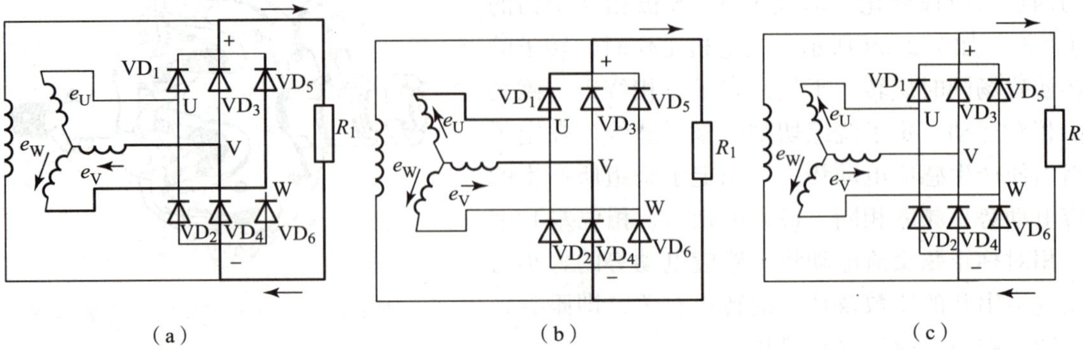


图 2.41　整流过程

(a) $0 \sim t_1$；(b) $t_1 \sim t_2$；(c) $t_2 \sim t_3$

以此类推，周而复始，在负载上便可获得一个比较平稳的直流脉动电压。各时间内的电流流向见图 2.41。

### 3. 交流发电机的励磁方式

交流发电机的励磁方式是：先他励，后自励。

交流发电机开始发电时，由于转子上磁极的剩磁很弱，在低转速下仅靠剩磁产生的电动势不能使二极管导通，发电机不能自励发电，此时必须由蓄电池提供励磁电流，增强磁场，使发电机在低速转动时电压能够迅速上升。

当发电机转速达到一定值时，发电机发电产生的电压达到或超过蓄电池电压时，发电机自己供给励磁电流。此时，发电机就由他励转变为自励发电。

## 五、电压调节器

### 1. 电压调节器的作用

电压调节器的作用是在交流发电机转速变化时，自动控制发电机电压，使其保持恒定，防止发电机电压过高而烧坏用电设备和导致蓄电池过量充电，同时也防止发电机电压过低而导致用电设备工作失常或蓄电池充电不足。电压调节器及其安装位置如图 2.42 所示。

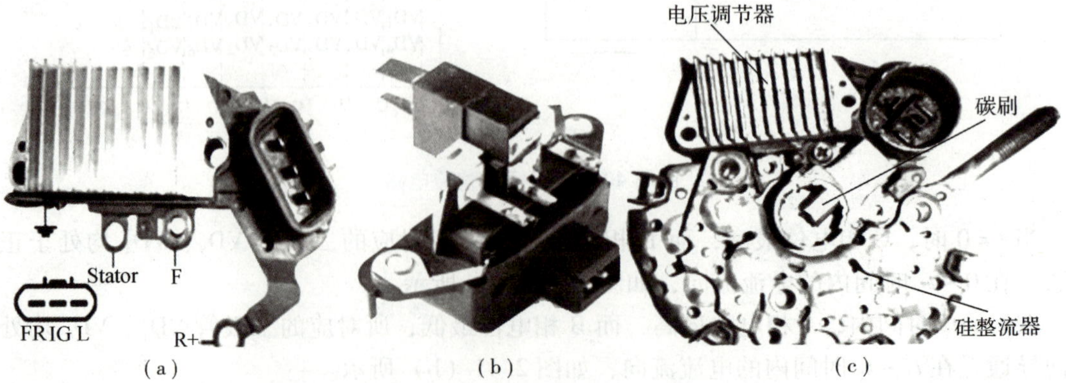


图 2.42　电压调节器及其安装位置

### 2. 电压调节器的分类

（1）按工作原理不同分类

1）触点式电压调节器：有单级触点式和双级触点式两种，但目前已被淘汰。

2）晶体管电压调节器：其优点是晶体管的开关频率高，且不产生电火花；调节精度高；轻巧，寿命长，可靠性高，无线电干扰小；等等。现广泛应用于多种中、低档车型。

3）集成电路电压调节器：除具有晶体管调节器的优点外，还具有体积小、可安装于发电机内部（又称内装式调节器）、减少外接线的优点。现广泛应用于桑塔纳、奥迪等多种轿车上。

4）计算机控制电压调节器：计算机控制调节器是现代轿车采用的一种新型调节器。由电负载检测仪测量系统负载后，向发动机控制单元发送信号；然后由发动机控制单元控制发电机电压调节器，适时接通和断开励磁电路。既能可靠地保证电气系统正常工作，使蓄电池充电充足，又能减轻发动机负荷，提高燃料经济性。别克、本田等轿车上使用了这种调节器。

（2）按搭铁形式不同分类

按搭铁形式不同，可将电压调节器分为内部搭铁式（与内搭铁式交流发电机配套使用）和外部搭铁式（与外搭铁式交流发电机配套使用）两种。

### 3. 电压调节器的型号

按 QC/T 73—1993《汽车电气设备产品型号编制方法》的规定，汽车交流发电机电压调节器产品型号的编制规则如图 2.43 所示。

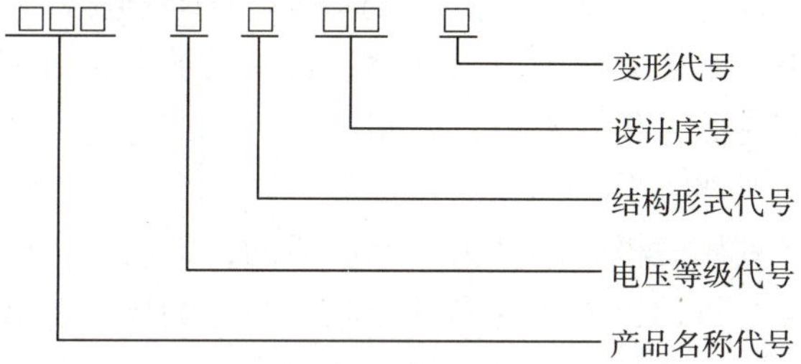


图 2.43　汽车交流发电机电压调节器产品型号的编制规则

（1）产品名称代号

交流发电机电压调节器的产品名称代号有 FT 和 FTD 两种，分别表示发电机电压调节器和电子式发电机电压调节器（字母 F、T、D 分别为发、调、电的汉语拼音首字母）。

（2）电压等级代号

该代号与交流发电机相同，电压等级代号用一位阿拉伯数字表示，即 1 表示 12 V 系统，2 表示 24 V 系统，6 表示 6 V 系统。

（3）结构形式代号

结构形式代号用一位阿拉伯数字表示，如表 2.3 所示。

表 2.3　发电机调节器的结构形式代号

| 结构形式代号 | 1 | 2 | 3 | 4 | 5 |
| --- | --- | --- | --- | --- | --- |
| 发电机调节器 | 单联 | 双联 | 三联 | — | — |
| 电子式发电机电压调节器 | — | — | — | 晶体管式 | 集成电路式 |

（4）设计序号

按产品设计先后次序，用 1 ~ 2 位阿拉伯数字表示。

（5）变形代号

用英文大写字母 A、B、C…顺序表示（不能用 0 和 1）。

例如，FT126C 表示 12 V 的双联机械电磁振动式调节器，第 6 次设计，第 3 次变形。

## 4. 电压调节器的工作原理

当交流发电机的转速改变时，调节器通过调节发电机的励磁电流来改变磁极的磁通量（简称“磁通”），从而控制发电机的输出电压，使之保持恒定。

由交流发电机的工作原理可知，交流发电机三相绕组产生的相电动势的有效值 $E$ 与发电机的输出电压 $U$、发电机的转子转速 $n$、转子磁极的磁通 $\varphi$、发电机的结构参数 $C_e$ 之间的关系如下：

$$U = E = C_e \varphi n$$

上式说明：硅整流交流发电机输出的直流电压 $U$ 正比于交流发电机的感应电动势 $E$，而感应电动势必与转子的转速和磁极的磁通成正比。所以，交流发电机调节器的工作原理是：当交流发电机的转速升高时，调节器通过减小发电机的励磁电流 $I$ 来减小磁通，使发电机的输出电压 $U$ 保持不变。

触点式电压调节器通过触点的开、闭接通和断开励磁电路，来改变励磁电流 $I$ 的大小；晶体管电压调节器则利用大功率晶体管的导通和截止接通和断开励磁电路，来改变励磁电流 $I$ 的大小。

触点式电压调节器由于结构复杂、可靠性差，目前已被淘汰。下面分别对晶体管电压调节器和集成电路电压调节器的工作原理进行介绍。

（1）晶体管电压调节器的工作原理

晶体管电压调节器是利用三极管的开关特性制成的，即将三极管作为一只开关串联在发电机励磁电路中，根据发电机输出电压的高低控制三极管的导通和截止，从而调节发电机的磁场电流，使发电机的输出电压稳定在某一规定范围内。

晶体管电压调节器有内搭铁式和外搭铁式之分，分别与内搭铁式和外搭铁式发电机配套使用。

1）内搭铁式晶体管电压调节器：内搭铁式晶体管电压调节器与内搭铁式发电机配套使用。图 2.44 所示为内搭铁式电子晶体管电压调节器的工作原理，通常由功率开关三极管、信号放大和控制电路以及电压信号的检测电路等三部分电路组成。

电路工作原理：

①当合上点火开关 SW 后，蓄电池电压便加在分压器 $R_1$、$R_2$ 两端，$R_1$ 上的分电压 $U_{AB}$ 通过三极管 $VT_1$ 的发射极加到稳压管 VD 上。由于蓄电池电压低于发电机规定电压值，故此时加在稳压管 VD 上的电压值 $U_{AB}$ 小于其反向击穿电压 $U_{VD}$，稳压管 VD 截止，三极管 $VT_1$ 截止。由于 $R_3$ 的分压作用，使 $VT_2$ 处于导通状态，此时蓄电池便经 $VT_2$ 给发电机励磁线圈提供励磁电流，电路为：蓄电池正极→点火开关 SW→调节器 A + 接线柱→三极管 $VT_2$→调节器 F + 接线柱→发电机 F + 接线柱→励磁绕组→搭铁→蓄电池负极。

随着发动机的起动，发电机转速升高，发电机电压上升；当发电机电压高于蓄电池电压时，发电机开始自励发电。

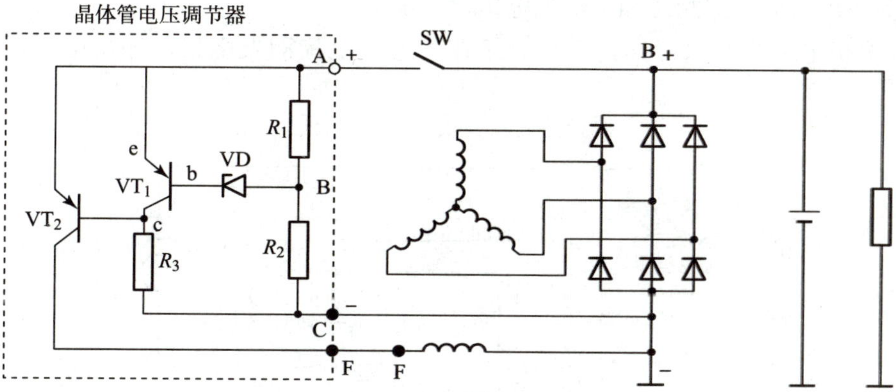


图 2.44　内搭铁式电子晶体管电压调节器的工作原理

②当发电机电压超过规定值时，调节器对电压的调节开始，此时电阻 $R_1$、$R_2$ 上的分压 $U_{AB}$ 达到 VD 击穿电压。于是 VD 导通，$VT_1$ 导通，使 $VT_2$ 的发射极短路；因此 $VT_2$ 截止，从而切断了励磁电路，磁通下降，发电机的输出电压迅速下降。

③当发电机电压下降到低于规定值时，电阻 $R_1$、$R_2$ 分压减小，$U_{AB}$ 下降到 VD 截止电压。于是 VD 截止，$VT_1$ 截止，$VT_2$ 又导通，磁场电路重新接通供电，发电机电压又上升。

重复②、③步，如此反复，使发电机电压始终保持在规定范围内。

2）外搭铁式晶体管电压调节器：外搭铁式晶体管电压调节器与外搭铁式发电机配套使用。调节器内的功率三极管串联在发电机励磁绕组与搭铁之间，发电机励磁绕组无搭铁端，由调节器控制励磁绕组搭铁，如图 2.45 所示。

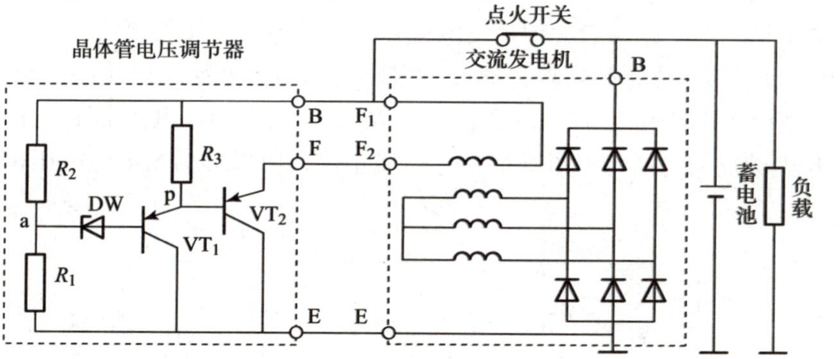


图 2.45　外搭铁式晶体管电压调节器的工作原理

外搭铁式晶体管电压调节器电路的工作原理与内搭铁式晶体管电压调节器的类似，在此不再详述。

（2）集成电路电压调节器的工作原理

集成电路电压调节器也称 IC 调节器，其工作原理与晶体管电压调节器相同。由于集成电路电压调节器具有体积小、质量小、性能可靠、使用寿命长等优点，因此现代汽车大量采用集成电路电压调节器。

集成电路电压调节器被安装在发电机上对集成电路电压的检测方法，可根据电压检测点的不同分为发电机电压检测法和蓄电池电压检测法两种。

1）发电机电压检测法：其特点是直接在发电机上检测发电机的输出电压，如图 2.46 所示。

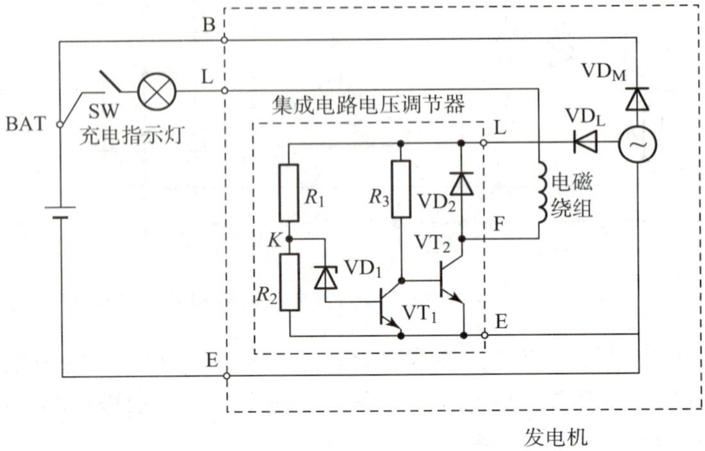


图 2.46　发电机电压检测法

加在分压器 $R_1$、$R_2$ 上的电压是磁场二极管输出端 L 的电压 $U_L$，$U_L$ 和发电机 B 端的电压 $U_B$ 相等，检测点 $K$ 的电压为 $U_K$。由于检测点 $K$ 加在稳压管 $VD_1$ 两端的反向电压与发电机的端电压 $U_B$ 成正比，所以称为发电机电压检测法。

发电机电压检测法的优点是发电机的引出线可以少一根；缺点是在“B”到蓄电池接线柱之间的导线的电压降幅较大（因发电机输出电流大）时，蓄电池的充电电压将会偏低，使蓄电池充电不足。因此，一般大功率发电机宜采用蓄电池电压检测法。

2）蓄电池电压检测法：其特点是通过连接导线检测蓄电池端电压的变化来调节发电机的输出电压，如图 2.47 所示。加到分压器 $R_1$、$R_2$ 上的电压为蓄电池电压，由于检测点 $K$ 加在稳压管 $VD_1$ 上的反向电压与蓄电池的端电压成正比，所以称为蓄电池电压检测法。

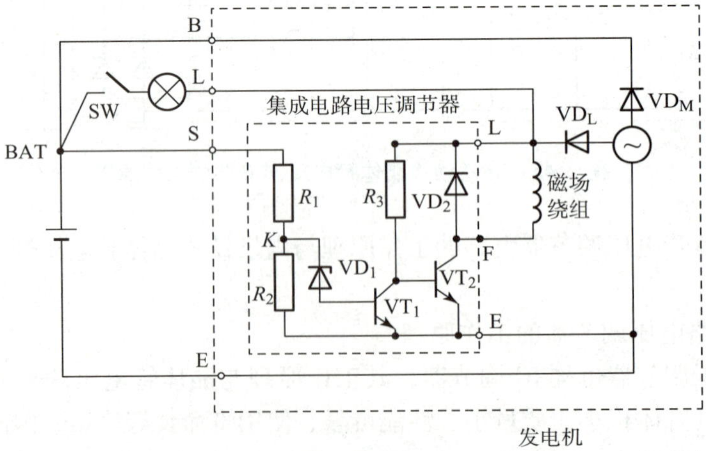


图 2.47　蓄电池电压检测法

采用蓄电池电压检测法时，如“B”到蓄电池接线柱之间，或“S”到蓄电池接线柱之间断线时，由于不能检测出发电机的端电压，发电机的输出电压将会失控。为了克服这一缺点，电路上应采取一定的措施。

集成电路电压调节器实例：天津夏利轿车发电机内装集成电路式电压调节器充电系统的电路如图 2.48 所示。该发电机电压调节器是由一块单片集成电路和晶体管等元件组成的混合集成电路电压调节器，安装于发电机内部，构成整体式交流发电机，电压调节器为内装式外搭铁型。

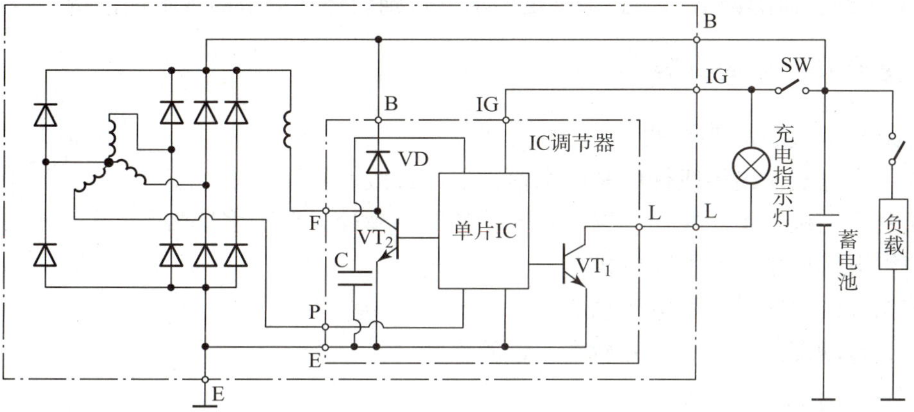


图 2.48　天津夏利轿车发电机内装集成电路式电压调节器充电系统的电路

该电压调节器有 6 个接线端子，其中 F、P、E 三个端子用螺钉直接和发电机连接；B 端用螺母固定在发电机的输出端子“B”上；IG、L 两个端子用金属线引到调节器的外部接线插座上。

1）磁电流控制：$VT_1$ 是大功率晶体管，与励磁电路串联，由集成电路（单片 IC）控制 $VT_1$ 的导通和截止，进而控制励磁电路的通断，使发电机电压得到控制。

2）充电指示灯：充电指示灯串接在 $VT_2$ 集成电路的电极上，$VT_2$ 导通，充电指示灯亮；$VT_2$ 截止，充电指示灯熄灭。在集成电路（IC）中有控制 $VT_2$ 导通和截止的电路，控制信号由 P 点提供，P 点提供的是发电机单相电压的交流信号，其信号幅值大小可反映发电机输出电压的高低。

当发电机的输出电压低于蓄电池的电压时，集成电路（IC）控制电路使 $VT_2$ 导通，充电指示灯亮；当发电机的输出电压高于蓄电池电压时，集成电路（IC）控制电路使 $VT_2$ 截止，充电指示灯熄灭。

## 六、交流发电机及电压调节器的正确使用

1）蓄电池的搭铁极性必须与交流发电机的搭铁极性相同。

2）发电机运转时，不能使用短接“试火”的方法检验发电机是否发电；否则容易损坏二极管及调节器电子元件。

3）交流发电机不发电或充电电流较小时，应及时找出故障并排除；若长期带故障运行，发电机可能会出现严重故障或损坏，蓄电池也可能造成硫化故障。

4）绝对禁止用 220 V 以上的交流电压或绝缘电阻表检验发电机的绝缘性能；否则可能

损坏二极管或电子元件。

5）发电机与蓄电池之间的导线一定要连接可靠。

6）发动机熄火后，应及时断开点火开关，否则蓄电池会通过励磁绕组放电。

7）交流发电机与电压调节器的搭铁形式必须一致。

8）交流发电机与电压调节器的电压等级必须一致。

9）电压调节器与发电机的连接线必须正确，否则会烧坏发电机或调节器。

10）电压调节器的调节功率必须满足要求，否则会烧坏调节器或造成浪费。

## 七、交流发电机的拆装

### 1. 交流发电机总成的更换

1）拧下发电机输出接线柱的紧固螺栓，取出接线。

2）松开发电机的紧固螺栓，以及张紧轮的紧固螺栓，取下多楔带。

3）将发电机摇松，取下发电机。

4）按相反的顺序安装发电机总成。

5）检查传动带是否偏斜，并检查皮带的松紧度。

### 2. 交流发电机的分解与装配

1）用扭力扳手拧出发电机皮带轮的紧固螺母（如图 2.49 所示），取出螺母垫片和半圆键。

2）用拉马拉出发电机皮带轮，如图 2.50 所示。

3）拧下发电机后端盖的整流器罩盖螺栓，如图 2.51 所示；取下后端盖。

4）拧下发电机前、后端壳体各个紧固螺栓，用橡胶锤敲击转子轴，如图 2.52 所示。

5）取出前端盖，如图 2.53 所示。

6）取出止推垫圈、风扇叶轮（如图 2.54 所示）及半圆键。

7）取出转子绕组总成，如图 2.55 所示。

8）按拆解的相反顺序装复。装复后，转动发电机皮带轮。此时转子转动应平顺，无摩擦及碰击声。

图 2.49　拧出发电机皮带轮的紧固螺母

图 2.50　拉出发电机皮带轮

图 2.51　拧下发电机后端盖的整流器罩盖螺栓

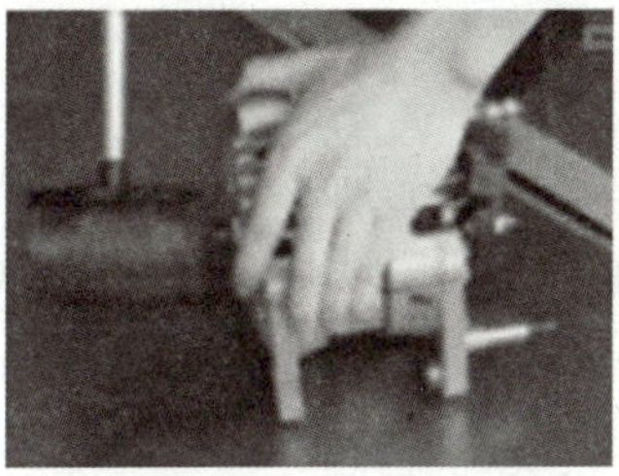

图 2.52　敲击转子轴

图 2.53　取出前端盖

图 2.54　取出风扇叶轮

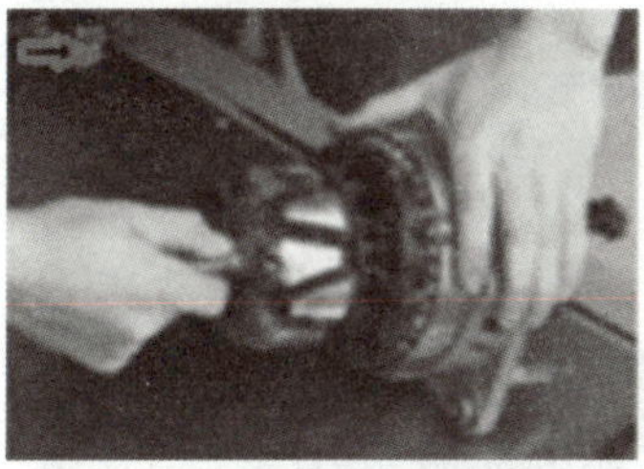

图 2.55　取出转子绕组总成

## 八、交流发电机的检测与维修

### 1. 交流发电机的整机检测

（1）充电指示灯的检查

打开点火开关，不起动发电机时充电指示灯应亮，如图 2. 56 所示。然后起动发动机，当发动机运转正常时充电指示灯应熄灭；否则应检查发电机。

（2）发电机的检查

在发动机运转状态下用一梅花起子检查发电机转子轴有无励磁，如有，说明发电机励磁电路良好；如没有，应检查发电机励磁电路有无输入电压，当无电压时，检查电压调节器及励磁绕组有无损坏。然后检查发电机的输出电压，在发动机转速为 2 500 r/min 时，发电机的输出电压应为 12. 5 ~ 14. 8 V，如图 2. 57 所示；否则应检查硅整流器及定子绕组有无损坏。

图 2.56　充电指示灯

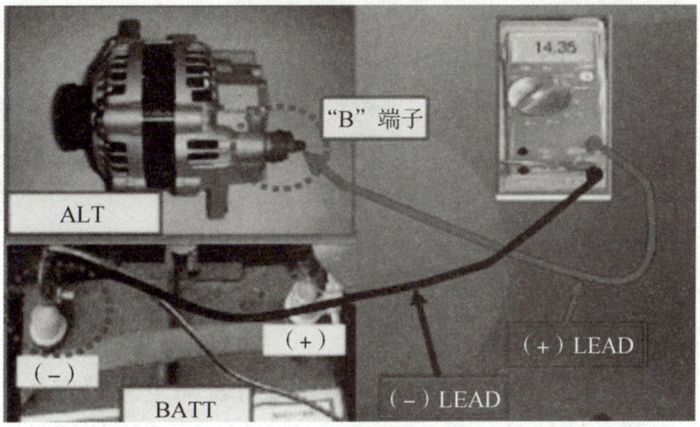


图 2.57　检查发电机输出电压

**2. 交流发电机零部件的检测与维修**

（1）转子的检修

1）励磁绕组短路和断路的检查：将数字万用表的两支表笔分别放在两集电环上，如图2.58所示。电阻正常为2.5~6.0 Ω，如果电阻比标准值小，则说明励磁绕组有短路故障；如果电阻值“无穷”大，则说明励磁绕组有断路故障。

2）励磁绕组绝缘性的检查：检查转子绕组与铁芯（或转子轴）之间的绝缘情况。用数字万用表“蜂鸣”挡检测两集电环与铁芯（或转子轴）之间的导通情况。正常应为“∞”，若万用表发出“蜂鸣”响声，说明搭铁故障，如图2.59所示。

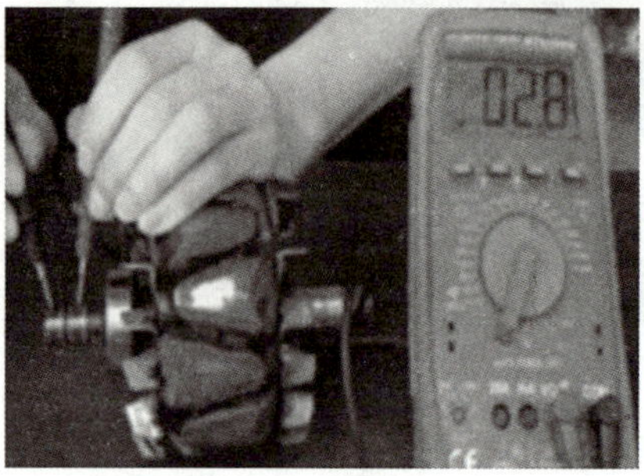


图2.58　励磁绕组短路和断路的检查

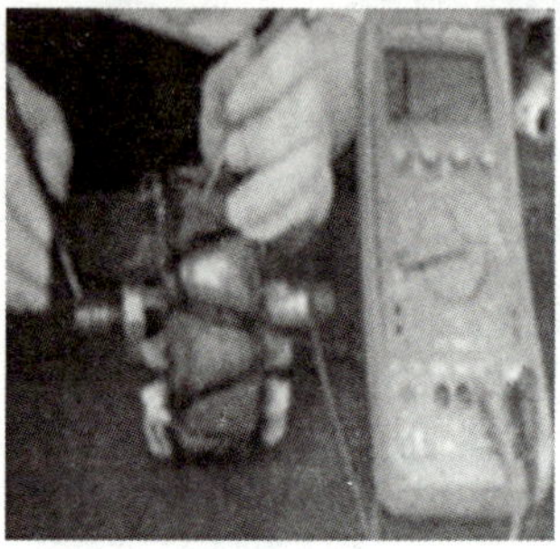

图2.59　励磁绕组绝缘性的检查

3）集电环的检修：集电环应光滑平整，若有划伤或沟槽可用细砂布磨光，如图2.60所示。用游标卡尺测量集电环的外径，其值应不小于标准直径的0.5 mm，集电环厚度应≥1.50 mm。

（2）定子的检修

1）定子绕组短路与断路的检查：将数字万用表置于“Ω”挡，检测定子每两个绕组端头之间的电阻。正常时阻值应小于1 Ω且相等。若阻值为“∞”，则说明断路；若阻值为0，则说明短路，如图2.61所示。

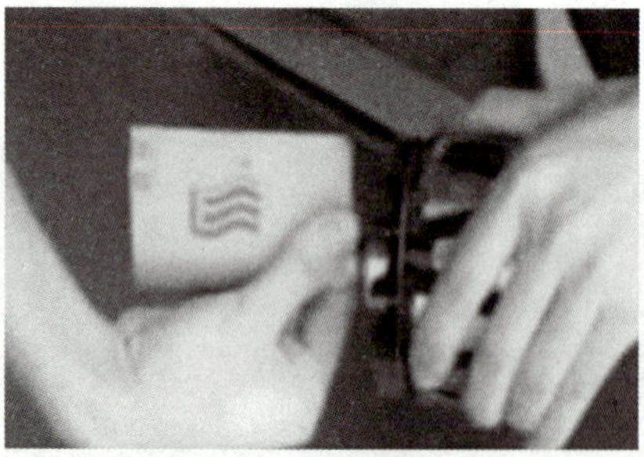

图2.60　集电环的打磨

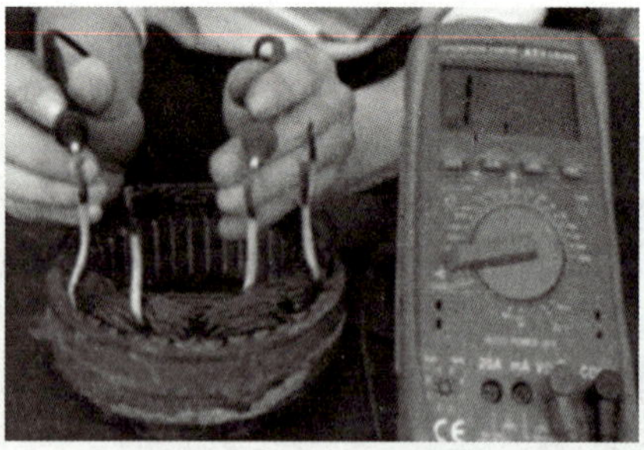

图2.61　定子绕组短路与断路的检查

（3）整流器的检查

1）正极管的检测：将数字万用表调至“蜂鸣”挡，将黑表笔接元件板，红表笔分别接整流器各接线柱，数字万用表均应导通；否则说明该二极管断路。调换两表笔进行测试，此时数字万用表均不导通；否则说明二极管短路，如图2.62所示。

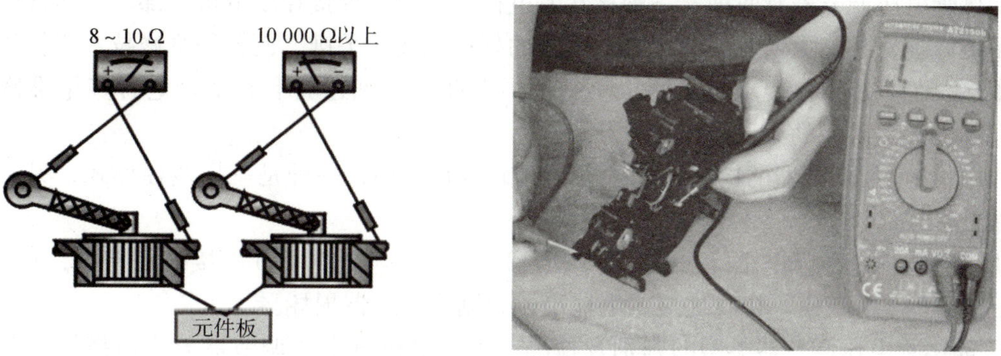


(a)　　(b)

**图 2.62　正极管的检测**

(a) 测量示意图；(b) 实物测量示意图

2）负极管的检测：将数字万用表调至“蜂鸣”挡，将红表笔接发电机后端盖，黑表笔分别接整流器各接线柱，数字万用表均应导通；否则说明该二极管断路。调换两表笔进行测试，此时数字万用表均不导通；否则说明二极管短路，如图 2.63 所示。

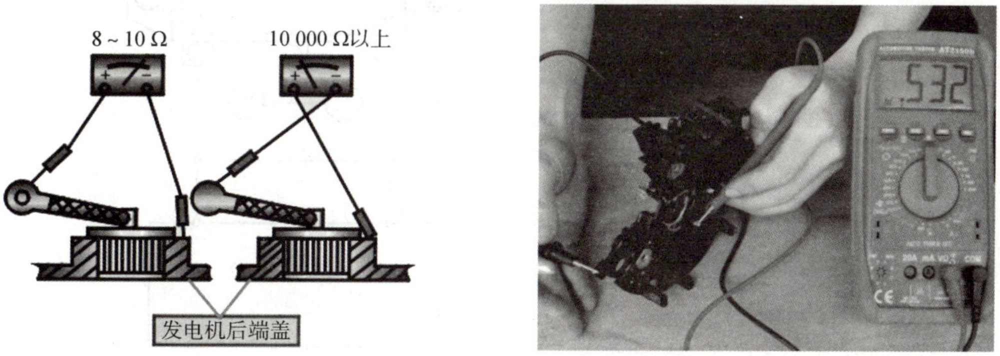


(a)　　(b)

**图 2－63　负极管的检测**

(a) 测量示意图；(b) 实物测量示意图

(4) 电刷组件的检测

电刷表面不得有油污，且应在电刷架中活动自如，电刷外露长度一般不小于 7 mm，电刷架应无裂纹，弹簧应无腐蚀或折断的现象；否则更换电刷或电刷弹簧。电刷外露长度的检测，如图 2.64 所示。

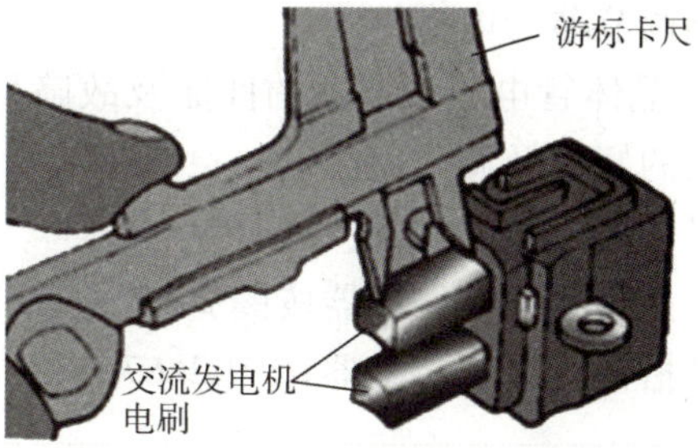


**图 2.64　电刷外露长度的检测**

(5) 晶体管电压调节器的检修

晶体管电压调节器由于使用不当或质量不佳，会出现发电机不发电，发电机电压过高，充电电流过大，蓄电池电解液沸腾、消耗过快等故障。

晶体管电压调节器有两种，一种接在发电机外，另一种接在发电机内部。晶体管电压调节器不能修理，只能更换。因此判断调节器的好坏就成为关键，而各种维修技术资料的方法步骤很多，工具、条件要求也多，很不适用，在此不再细述。下面结合笔者多年维修的经验，总结出几点实用的方法供读者分享。

1）外接电压调节器的检修：外接电压调节器有两种，一种是三接线柱形式，另一种是五接线柱形式。

①三接线柱电压调节器，如图2.65所示。当“B（或‘+’）”接线柱有电，且“-”接线柱良好时，则“F”接线柱应有电输出；否则为调节器损坏。

a. 晶体管电压调节器类型的判别及检测：由于晶体管电压调节器分为内搭铁式和外搭铁式两类，且两类线路连接方法不同，为此在检测前必须明确其类型。国产的两类晶体管电压调节器从外观上无法区分，一般均有“+”“F”和“-”，或“B”“F”和“E”三个接线柱。其判别方法是模拟调节器的工作电路，用试灯进行判别。

将晶体管电压调节器的“+”“-”端分别接蓄电池分压器或直流稳压电源的“正”“负”极，将电压调至12 V，如图2.66所示。

图2.65　三接线柱电压调节器

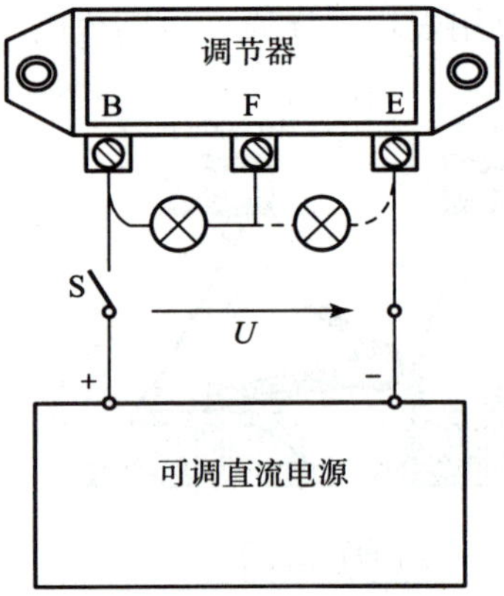


图2.66　晶体管电压调节器类型的判别与性能检测接线图

用一试灯代替发电机磁场绕组，一端接调节器的“F”接线柱，另一端先后触试调节器的“+”和“-”接线柱：当试灯接“+”接线柱时试灯亮，而接“-”接线柱时试灯不亮，则调节器为外搭铁式；当试灯接“-”接线柱时试灯亮，而接“+”接线柱时试灯不亮，则调节器为内搭铁式。

b. 晶体管电压调节器的性能及故障检测：在判定调节器的类别后，应进一步检测电压调节器的好坏及调节电压。

具体检测步骤如下：

内搭铁式电压调节器按图2.67（a）所示连接线路，试灯接“-”接线柱和“F”接线柱；外搭铁式电压调节器按图2.67（b）所示连接线路，试灯接“+”接线柱和“F”接线柱。

接通开关，然后由0 V逐渐调高直流电源电压$U$，观察小灯泡的工作情况：

若小灯泡L的亮度随电压的升高而增强，且当电压$U$调到调节电压值（14 V调节器为13.5～14.5 V）或略高于调节电压值时，小灯泡熄灭，则说明调节器工作正常；若小

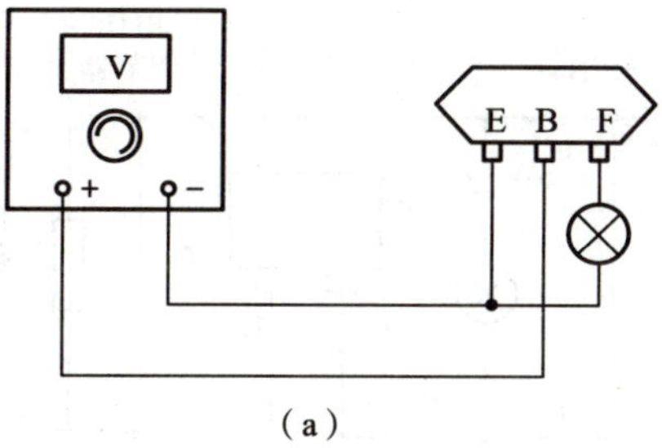


**图 2.67 晶体管电压调节器电路检测**

(a) 内搭铁式电压调节器的接线；(b) 外搭铁式电压调节器的接线

灯泡 L 始终发亮，则说明调节器已损坏；若小灯泡 L 始终不亮（灯泡未坏），也说明调节器已损坏。

②五接线柱电压调节器如图 2.68 所示。红色线接“+”端，黑色线接“-”端，白色（或黄色）线接充电指示灯“L”端，蓝色线接励磁“F”端，绿色线接中性线“N”端。发动机运转时，如果调节器的“+”接线柱有电，“-”接线柱良好，其他接线也良好，而此时发电机不发电，可以短接发电机上的“B”“F”接线柱；如果这时发电机发电了，则是发电机电压调节器损坏。

**图 2.68 五接线柱电压调节器**

2）内接电压调节器的检修：内接电压调节器安装在发电机内部。由于各种发电机的电压调节器结构不一致，因此，给检修带来了麻烦，都需分解发电机才能取出电压调节器。笔者常用排除法来判断这类调节器的好坏。方法如下：

当发电机不发电时，检查以下三项。若各处均正常，不发电则是因调节器有故障。

①发电机的“B”“F”接线柱在点火钥匙位于“ON”挡时有电（注意：“F”接线柱有部分车型只有瞬间低电压）。

②定子、转子、电刷、整流二极管的常规检查均正常。

③接线柱连接良好。

另外，若发电机发电电压过高，发动机在 2 000 r/min 以上，充电电压超过 15.0 V，则一般都是电压调节器的故障，更换调节器即可。

### 3. 9 管交流发电机典型电源电路分析

汽车电源系统电路包括点火开关（或点火钥匙）、蓄电池、电压调节器、交流发电机及仪表放电警告灯等。如图 2.69 所示的电源电路分析同上，9 管交流发电机控制仪表放电警告灯电路工作情况如下：接通点火开关，电流从蓄电池“+”极→点火开关“S”→放电警告灯“HL”→调节器“+”接线柱→磁场“F”接线柱→发电机励磁绕组→搭铁→蓄电池“-”极，构成回路。当放电警告灯亮，表示发电机不发电。

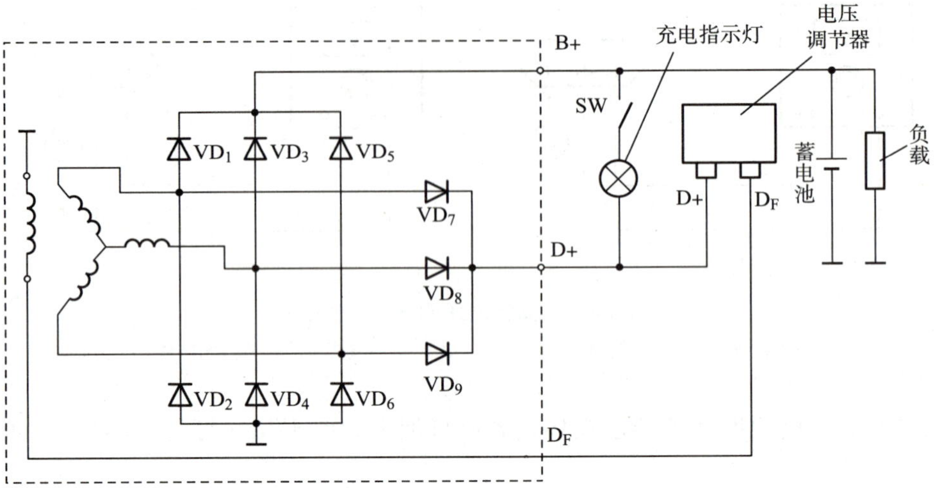


图 2.69　9 管交流发电机控制仪表放电警告灯电路

当发动机起动后，仪表放电警告灯受蓄电池电压和磁场二极管输出端电压的差值所控制。随发电机转速的升高，“D+”处电压升高，仪表放电警告灯两端的电势差减小，灯就会熄灭；此后，“B+”与“D+”等电势的放电警告灯一直熄灭，发电机对蓄电池充电。

## 九、汽车电源系统常见故障的检修

### 1. 电源系统不充电故障的诊断与排除

（1）故障现象

起动发动机并以中速以上速度运转时，充电指示灯仍亮，或者电流表始终指示不充电，则说明电源系统存在故障，发电机不能正常地给蓄电池充电。

（2）故障原因

1）发电机故障。

①整流二极管烧坏。

②滑环脏污，电刷架变形使电刷卡住，电刷磨损过甚，等等。

③转子绕组或定子绕组有断路、短路或搭铁现象。

2）调节器故障。

①调节器的调节电压过低。

②调节器损坏。

3）其他故障。

①发电机连线断路。

②发电机驱动皮带打滑。

③充电指示灯损坏。

（3）故障诊断与排除

电源系统不充电故障的诊断流程如图 2.70 所示。

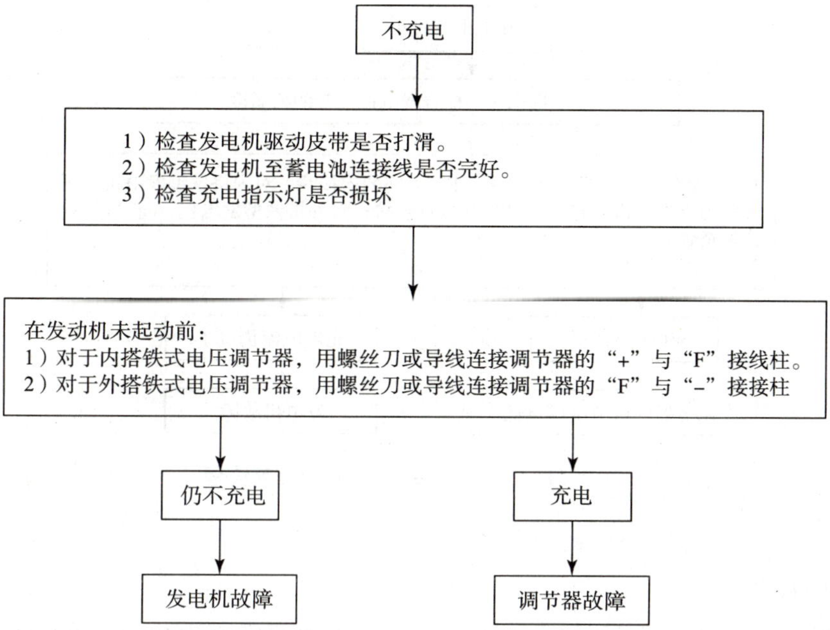


图 2.70　电源系统不充电故障的诊断流程

### 2. 充电电流过小故障的诊断与排除

（1）故障现象

1）若将发动机转速由低速逐渐升高至 1 500 r/min，打开大灯时其灯光暗淡，按喇叭时其声量小，且充电指示灯亮，则说明充电电流过小。

2）在发动机中速时，测量充电电流的大小。如果电流表指示的充电电流为 8 ~ 12 A，则正常；如果电流表指示的充电电流小于 5 A（在蓄电池电量不足的情况下），则说明电源系统存在充电电流过小的故障。

（2）故障原因

1）发电机故障。

①个别整流二极管损坏。

②定子三相绕组局部短路或有一相接头断开。

2）调节器故障。

调节器电压过低。

3）其他故障。

①发电机皮带过松、打滑。

②线路接触不良，接触电阻过大。

（3）故障诊断与排除

充电电流过小故障的诊断流程如图 2.71 所示。

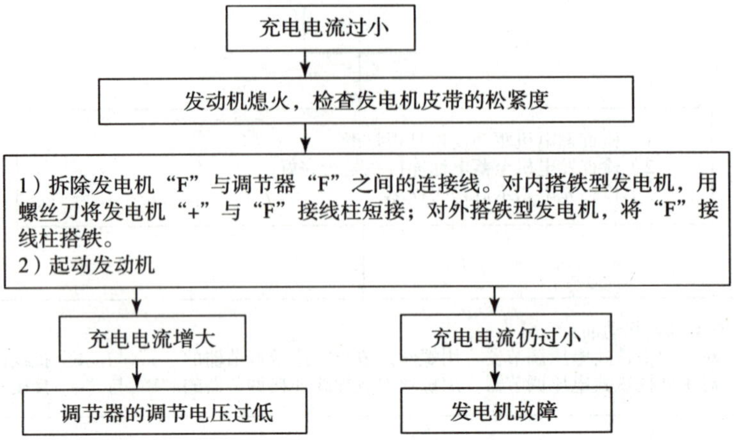


图 2.71　充电电流过小故障的诊断流程

### 3. 充电电流过大故障的诊断与排除

（1）故障现象

电源系统在发动机正常运转时，蓄电池电压达到额定充电电压，但充电电流仍然在 10 A 以上，蓄电池电解液损耗过快。

（2）故障原因

1）发电机电刷与元件板短路，造成调节器不起作用。

2）调节器失调。

（3）故障诊断与排除

1）将发电机上“F”端接线取下，提高发动机转速，观察是否仍有充电电流。若有，则说明发电机内部电刷与元件板短路，应更换发电机；若没有，则说明调节器有故障。

2）更换调节器。

3）对晶体管电压调节器的充电系统应检查发电机与调压器是否匹配。

### 4. 充电指示灯故障的诊断与排除

（1）故障现象

以图 2.69 所示的 9 个二极管控制的充电电路为例。将点火开关打到“ON”，充电指示灯“不亮”，或者起动发动机运转到 600～800 r/min，充电指示灯仍“亮”。

（2）故障原因

1）将点火开关打到“ON”，若充电指示灯“不亮”，则表明充电指示灯回路断路。

2）当发动机运转到 600～800 r/min，若充电指示灯仍“亮”，则说明“B+”和“D+”间存在电压降。

（3）故障诊断与排除

1）检测充电指示灯灯泡是否良好。若充电，则说明指示灯灯泡正常，再继续检测充电指示灯电路：检查调节器是否断路，检查点火开关是否损坏，检查磁场绕组是否断路，检查连接线路有无断路，等等。

2）检查发电机定子是否单相搭铁，整流正二极管是否有一只短路或励磁二极管是否有短路、断路的情况。

## 典型故障案例

掌握了发电机的维修知识后，现在解决前面遇到的捷达轿车充电指示灯不亮的故障问题。

**故障排除：**

1）根据上述现象和电路原理（见图 2.72），检查 S16 熔丝，结果正常。

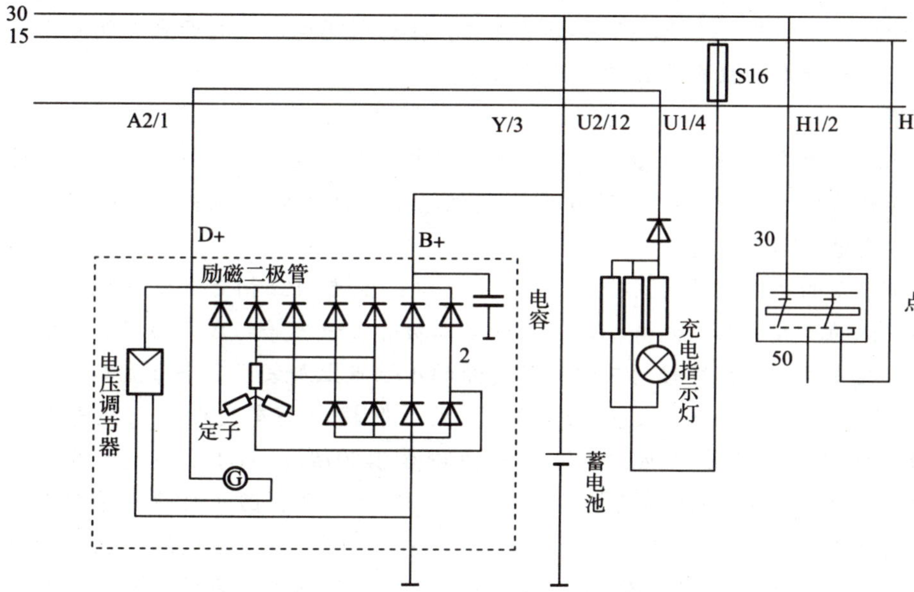


**图 2.72　捷达轿车充电系统的电路原理**

30#线：蓄电池正极通过插头 Y/3 引入中央继电器内的 30#线，再由中央继电器从相应插脚引出，供全车使用。15#线：中央继电器内的 30#线通过 H1/2 插头给点火开关供电，点火开关给 15#线供电，再通过 H1/4 插头供给中央继电器盒内的 15#线，然后再由中央继电器从相应插脚引出，供全车使用。

2）检查发动机与车身、蓄电池与车身以及发电机线路的连接情况，均正常。

3）关闭点火开关，用万用表检测继电器盒 U4/1 端子、U2/12 端子、A2/1 端子的对地电压，结果均在正常范围。

4）检查发电机电压调节器。捷达轿车的发电机电压调节器采用的是内装混合式晶体管电压调节器，可在不拆卸发电机的情况下单独拆下进行检查。检查结果表明，它与发电机的连接情况良好，搭铁可靠。

用通电法检查发电机电压调节器的工作情况：将蓄电池与发电机电压调节器、试灯接成回路，当接上 12 V 直流电源时，试灯亮；当接上 16 ~ 18 V 的直流电源时，试灯熄灭。检查结果表明，发电机电压调节器工作正常。

5）检查电刷长度。经检查电刷长度在正常值，电刷弹簧压力也正常。

6）检查励磁绕组。用万用表的表笔分别接触转子两滑环，检查励磁绕组的电阻为2.8～3.0 Ω，也在规定的范围内；然后用一支表笔接触滑环，而另一支表笔接触发电机外壳，电阻为“∞”大，说明励磁绕组无搭铁故障。

7）上述检查均正常，于是怀疑充电指示灯电路有故障。断开发动机舱内的接头，将接线的一端接到充电指示灯的蓝色导线上，另一端接地；打开点火钥匙，充电指示灯亮，说明指示灯电路无故障。

拆掉发电机“D+”端子的导线，检测“D+”与负极电压为11 V左右，且励磁绕组有磁力，那么可以肯定正整流二极管中至少有一个二极管损坏。经过检查，确实有一个二极管被击穿短路。当更换了整套整流器，接好所拆电路，打开点火钥匙，充电指示灯点亮，起动发动机充电正常，故障排除。

**故障分析：**

整流正二极管中有一个二极管被击穿短路，蓄电池电压经过该二极管后，又通过小功率二极管到达发电机“D+”，使发电机充电指示灯两端的电压相等，所以点火钥匙接通时，充电指示灯不亮。

捷达轿车采用的是内调节器式11管整流发电机，主要由三相交流发电机、与碳刷支架连成一体的集成电路、发电机调节器和硅二极管整流器等组成。为提高发电机的输出功率，在发电机星形连接的三相定子绕组的中性点上加装了2个整流二极管。

图2.72中所示，蓄电池与发电机“B+”处并联提供全车用电，点火开关在“ON”挡时，励磁电流从蓄电池“+”→中央继电器30#线→H1/2→点火开关→H1/4→中央继电器15#线→S16→充电指示灯（并联2个电阻，防止灯泡断路后无励磁电流进入发电机）→U1/4→中央继电器→A2/1→“D+”→励磁绕组、电压调节器→负极搭铁，形成回路。当发动机不运转时，“B+”处电压高于“D+”处电压，充电指示灯点亮；当发动机运转、发电机发电时，“B+”与“D+”两端的电压相等，充电指示灯熄灭。

该车充电系统电路的特点是：硅整流发电机除用8只硅整流二极管输出整流外，还增加了3只小功率硅（磁场）二极管，专门用来供给励磁电流，这样可以提高发电机的电压调节精度。由于采用磁场二极管，充电指示灯直接串入点火开关和励磁绕组的输入端，仅用简单的充电指示灯即可指示发电机的发电情况，省装了一只充电指示灯继电器。该指示灯不仅能反映发电机的工作情况，还能在停车时提醒驾驶员勿忘断开点火开关。

## 知识拓展

### 混合励磁永磁同步发电机

相对于电励磁同步发电机来说，永磁同步发电机取消了电刷装置，结构简单，运行可靠，由于没有励磁损耗，效率也得以提高。但另一方面，电励磁发电机的磁场控制可以方便地通过励磁电流的调节来实现。而永磁同步发电机制成以后，无法调节气隙磁场，且永磁材料的温度系数较大，在负载发生变动或者环境温度发生变化时容易引起发电机输出电压的波动，影响负载的正常工作。新型发电机采用的混合励磁结构，综合了电励磁发电机和永磁发电机的优点，可以很好地解决永磁发电机的磁场调节问题。

### 1. 混合励磁永磁同步发电机的结构

混合励磁永磁同步发电机除了以转子上的永磁体提供励磁磁通外，其定子上还有一套直流励磁绕组产生磁通；两者在气隙中合成。当调节直流励磁的大小或方向时，合成气隙的磁密（磁感应强度）也会相应地增大或减小。它综合永磁发电机和普通电励磁发电机的优点，在结构上，发电机仍然是无刷的，可靠性高，易于维护。气隙磁场可由直流励磁调节，使磁场控制很容易实现。混合励磁永磁同步发电机的结构如图 2. 73 所示。

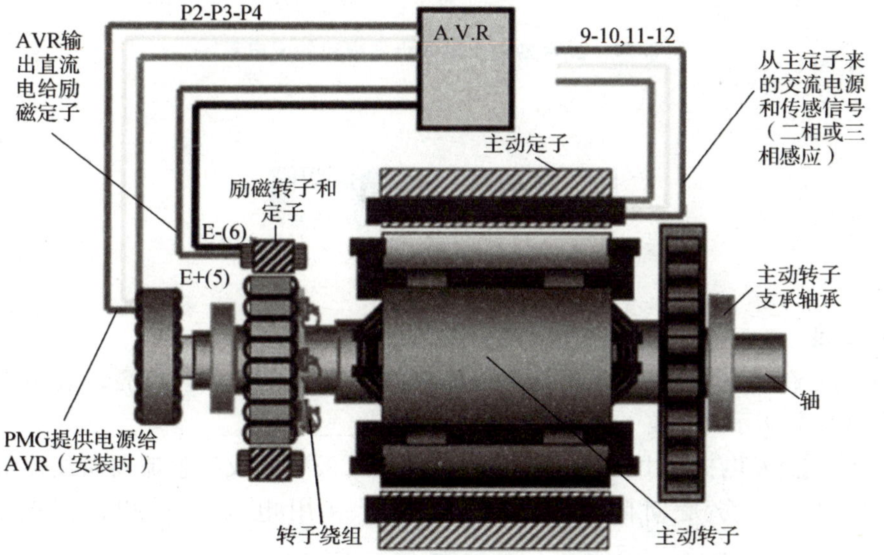


图 2. 73　混合励磁永磁同步发电机的结构

### 2. 混合励磁永磁同步发电机的工作原理

由于混合励磁永磁同步发电机的结构特殊，其工作原理与一般发电机有所区别。这种发电机有两个磁动势源：一个是永磁体；另一个是直流励磁绕组。两者的磁路是相对独立的，通过并联提供工作磁通；若无直流励磁电流时，则气隙磁场只由永磁体产生。

在混合励磁永磁同步发电机中，定子直流励磁绕组起电压调节作用。混合励磁永磁同步发电机的主要优势在于输出电压可控，通过控制部分可以检测输出电压的变化，同电压设定值进行比较；再通过直流励磁电流的调节可以达到维持输出电压恒定的目的，如图 2. 74 所示。

当发电机转速较低或者负载增大时，输出电压达不到标准电压 14 V，为了满足车辆用电设施及蓄电池的用电要求，此时，若电励磁电流产生的磁极和与之对应的永磁体磁极同向，则能达到增大发电电压的目的。

混合励磁永磁同步发电机是一种新型的发电机，为了减小体积，提高性能，近年来永磁发电机往往采用磁性能高的稀土永磁材料，如钕铁硼或稀土钴等材料。永磁体可以提供发电机工作时的大部分磁通，且直流励磁绕组能起电压调节的作用。但永磁材料的价格昂贵，因此，其用量既决定着发电机的性能，又是决定发电机价格的主要因素。

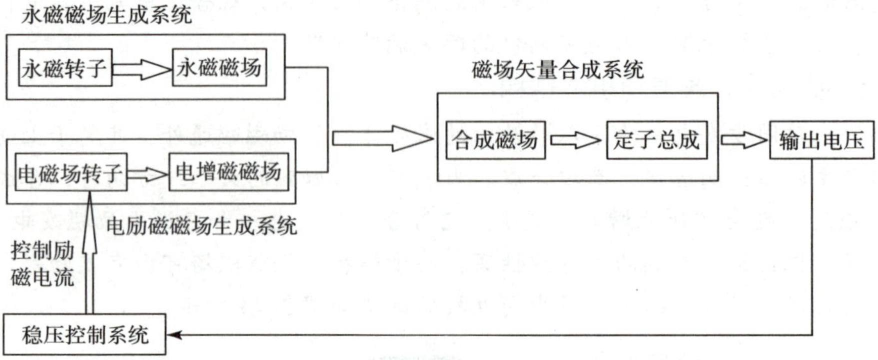


图 2.74　混合励磁永磁同步发电机的发电系统

## 思考与练习

### 一、填空题

1. 点火钥匙在“ON”挡，汽车充电指示灯在汽车没有发动时点亮，表明蓄电池在放电，而汽车起动后指示灯不亮，表明发电机在________________。

2. 汽车用交流发电机是由三相同步发电机和硅二极管构成的整流器所组成的。它是汽车的主要电源，任务是向除起动机以外的所有用电设备供电，同时还向蓄电池________________。

### 二、单选题

1. 交流发电机不充电，经检查发电机无磁性，而且发电机各接线柱电压均正常，则（　　）有故障。

A. 调节器　　B. 发电机　　C. 发电机“B +”至蓄电池连线

2. JF 系列的交流发电机中的三只负二极管应该装在（　　）上。

A. 后端盖　　B. 元件板　　C. 都可以

3. 电流表是用来指示（　　）电流值的大小的。

A. 发电机　　B. 发动机　　C. 蓄电池

4. 充电指示继电器的工作是在发电机（　　）端电压的作用下工作的。

A. “B +”　　B. “F”　　C. “N”

5. 发电机运转时，电流表指示针来回摆动或充电指示灯时亮时熄，则表明（　　）。

A. 充电正常　　B. 不充电　　C. 充电电流不稳定

6. 晶体管电压调节器是利用晶体管的（　　）来控制发电机的励磁电流，从而使发电机电压保持恒定的。

A. 放大 B. 饱和和截止 C. 截止

7. 用万用表“R×1”挡测量二极管时，若测得正、反向电阻值均为无穷大，则说明二极管（　）。

A. 短路 B. 断路 C. 正常

8. 硅整流交流发电机的转子是用来产生________的，定子是用来产生________的。（　）

A. 交变电动势，磁场 B. 磁场，交变电动势 C. 直流电动势，磁场

9. 定电流充电法，可将不同电压的蓄电池（　）在一起，且各个电池的容量应尽量相同。

A. 混联 B. 串联 C. 并联

10. 发电机的正极线、磁场线在发电机上分别标示为（　）。

A. “F”“B+” B. “E”“B+” C. “B+”“F” D. “D+”“B+”

11. 检修发电机转子时，用万用表两表笔分别测量两个铜环间的电阻，阻值为（　）Ω 时表明转子断路。

A. 0 B. 10 C. 100 D. ∞

12. 技术员 A 说，即使在点火开关断开时，对蓄电池也有用电要求；技术员 B 说，在发动机起动后，汽车充电系统开始给蓄电池充电并为电气系统的运行供给电流。他们谁的说法正确？（　）

A. A 技术员正确 B. B 技术员正确

C. A 和 B 技术员都正确 D. A 和 B 技术员都不正确

13. 发动机的转子的作用是产生________，定子的作用是产生________。（　）

A. 电压，电流 B. 磁场，电压 C. 电阻，电压

## 三、多选题

1. 交流发电机按其结构不同可分为（　）。

A. 普通式 B. 整体式 C. 分离式 D. 无刷式

E. 带泵式 F. 永磁式

2. 充电指示灯的控制方法有（　）。

A. 利用中点电压控制 B. 利用发电机输出电压控制

C. 采用 9 管发电机 D. 采用隔离二极管控制

E. 采用稳压管控制 F. 采用晶体管电压调节器控制

3. 交流发电机按照用二极管数量的多少分为（　）交流发电机。

A. 6 管 B. 7 管 C. 8 管 D. 9 管

E. 10 管 F. 11 管

4. 发电机不发电的故障有很多，下列哪些原因可能导致发电机不发电？（　）

A. 外调节器无电输出 B. 调节器损坏

C. “F”线没有电到 D. 整流器中有 1 只负二极管烧断

5. 汽车交流发电机的励磁方式是（　）。

A. 先自励 B. 先他励 C. 后自励 D. 后他励

## 四、判断题

1. 9 管发电机中，三个磁场二极管的作用是改善发电机的输出特性。 （　　）

2. 快速脉冲充电法的特点是充电速度快，初充电时间不多于 5 h，补充电不多于 1 h。 （　　）

3. 硅整流发电机的转子是用来产生磁场的，定子是用来产生交变电动势的。 （　　）

4. 晶体管电压调节器是利用晶体管的导通和截止来控制发电机的励磁电流，从而使发电机电压保持恒定的。 （　　）

5. 交流发电机转子上滑环的作用是将交流电变成直流电。 （　　）

6. 交流发电机的产品代号 JF 表示无刷交流发电机。 （　　）

# 第三部分
## 起动系统

一辆丰田凯美瑞2015款轿车，起动机不工作，估计是起动机内部存在故障。要维修该故障，需要先了解起动机的结构与工作原理，掌握起动机部件的维修方法，以及起动系统常见故障的维修方法。

# 情境一 起动机的结构与工作原理

## 一、起动系统的作用及组成

### 1. 起动系统的作用

起动系统的作用是带动发动机曲轴转动，使发动机曲轴达到必需的起动转速，以使发动机进入自行运转状态。当发动机进入正常运转状态后，起动系统便结束任务，停止工作。

### 2. 起动系统的组成

起动系统包括蓄电池、起动机、起动机继电器、点火开关、空挡起动开关等，如图3.1所示。

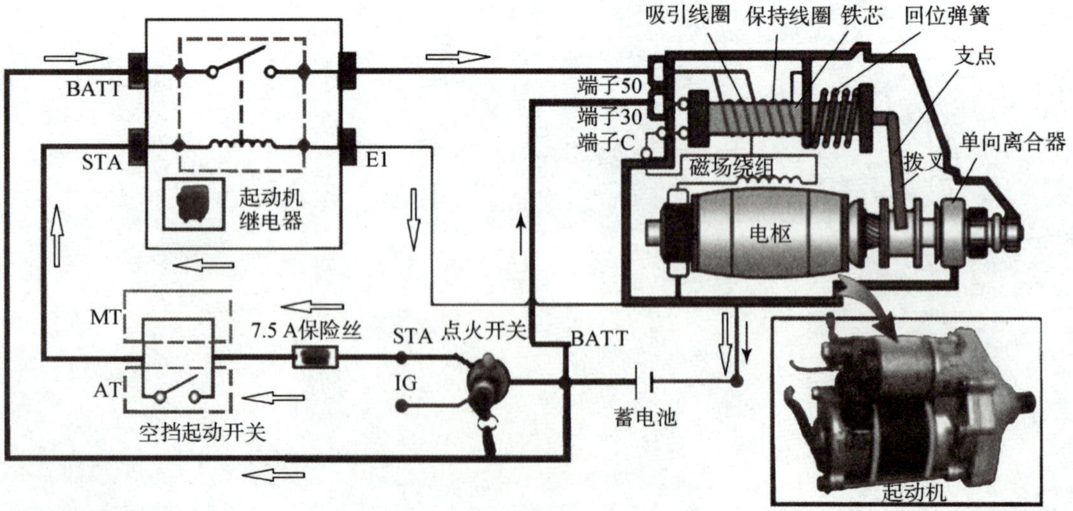


图3.1 起动系统的组成

## 二、起动机的组成

起动机是由直流电动机、传动机构和控制机构三个部分组成的。起动机的结构如图3.2所示。

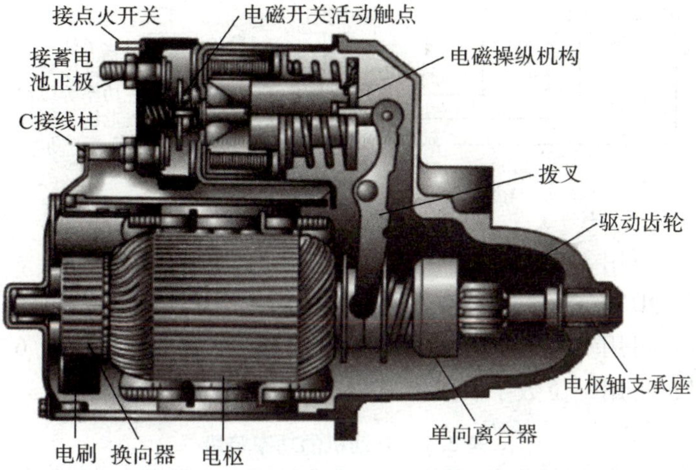


图3.2　起动机的结构

### 1. 直流电动机

直流电动机的作用是将蓄电池输入的电能转换为发动机起动时的机械能，产生电磁转矩。

### 2. 传动机构

传动机构的作用是在发动机起动时，使起动机小齿轮与发动机的飞轮齿圈啮合，将电动机产生的转矩传递给发动机曲轴；在发动机起动后，及时切断曲轴与起动电动机之间的动力传递。

### 3. 控制机构

控制机构也称操纵机构或电磁开关。控制机构的作用是接通或切断直流电动机与蓄电池之间的电路，控制起动机小齿轮与发动机飞轮齿圈的啮合与分离。有些起动机的控制机构还具有在起动发动机时断开辅助设备（如音响）的作用。

## 三、起动机的分类

起动机的种类很多，可以从电动机励磁方式、啮合方式和控制方式来分类。

### 1. 按电动机励磁方式不同分类

按电动机励磁方式的不同，可分为电励磁式起动机和永磁式起动机。

### 2. 按电动机啮合方式不同分类

按电动机啮合方式的不同，可分为惯性啮合式起动机、强制啮合式起动机、电枢移动式起动机和减速式起动机。

### 3. 按电动机控制方式不同分类

按电动机控制方式的不同，可分为机械控制式起动机和电磁控制式起动机。

## 四、起动机的型号

根据国家汽车工业行业标准《汽车电气设备产品型号编制方法》（QC/T 73—1993）的规定，起动机的型号如图 3.3 所示。

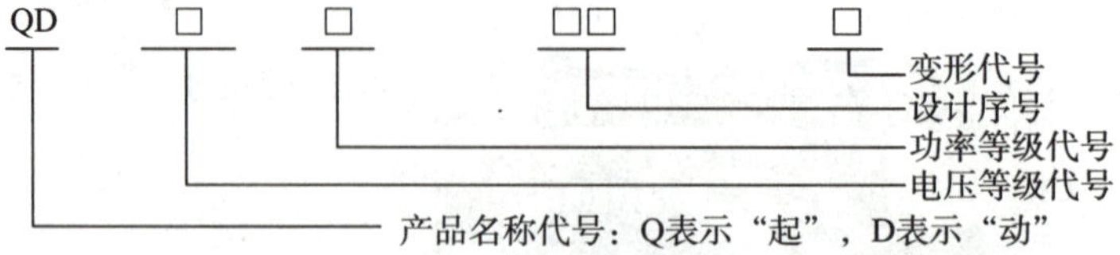


图 3.3　起动机的型号

产品名称代号：可用 2～3 个大写汉语拼音首字母表示，如“QD”表示起动机，“QDJ”表示减速起动机，“QDY”表示永磁起动机。

电压等级代号：可用一位数字表示，如 1 表示 12 V，2 表示 24 V，6 表示 6 V。

功率等级代号：可用一位数字表示，其含义如表 3.1 所示。

表 3.1　起动机的功率等级

| 功率等级代号 | 1 | 2 | 3 | 4 | 5 | 6 | 7 | 8 | 9 |
|---|---|---|---|---|---|---|---|---|---|
| 功率/kW | <1 | 1～2 | 2～3 | 3～4 | 4～5 | 5～6 | 6～7 | 7～8 | >8 |

## 五、直流电动机的结构与工作原理

### 1. 直流电动机的结构

直流电动机主要是由磁极、电枢、电刷与电刷架、机壳、端盖等组成，如图 3.4 所示。

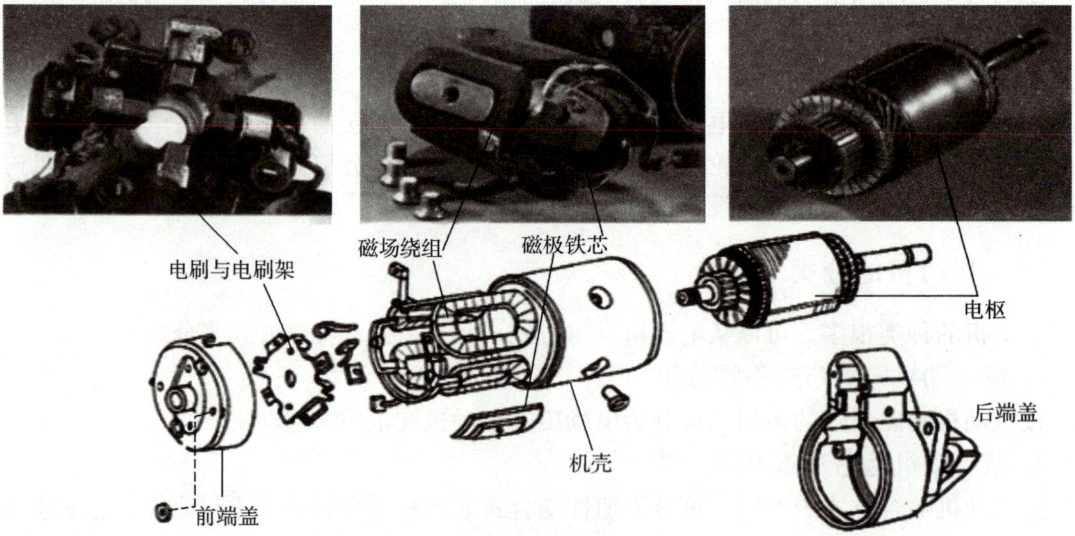


图 3.4　直流电动机的结构

（1）磁极

磁极是由固定在机壳上的磁极铁芯和磁场绕组组成，如图 3.5 所示，其作用是产生磁场。大多数起动机采用 4 个磁极。起动机 4 个磁场绕组的连接方法有两种：一种是将 4 个绕组相互串联；另一种是两串两并，即先将每两个串联后再并联，如图 3.6 所示。

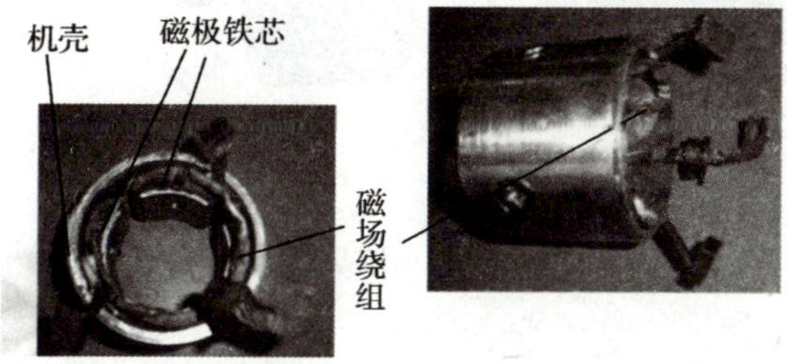


图 3.5　磁极和机壳

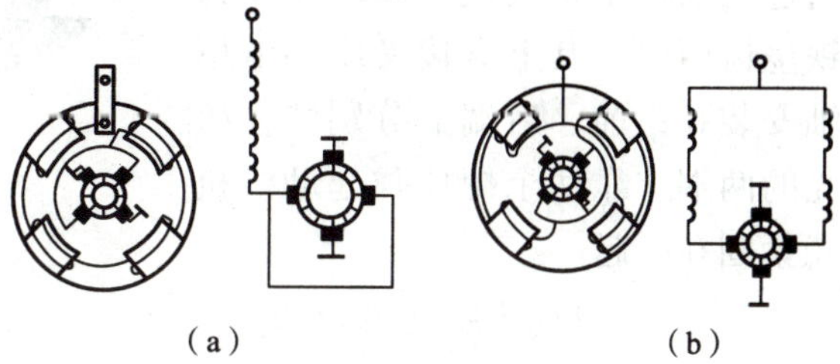


图 3.6　4 个磁场绕组的连接方法

（a）4 个绕组串联；（b）两串两并

（2）电枢

电枢的作用是产生磁转矩。电枢由电枢轴、电枢铁芯、电枢绕组和换向器等部分组成，如图 3.7 所示。

电枢铁芯由硅钢片叠装而成并固定在电枢轴上；铁芯外围开有线槽，用来安放电枢绕组。

换向器由铜质换向片和云母片相间叠压而成，作用是把通入电刷的直流电流传递给电枢线圈，并适时地改变电枢绕组电流的方向。

（3）电刷与电刷架

电刷与电刷架的作用是将电流引入电动机。电刷一般用铜和石墨粉压制而成。电刷装在电刷架中，借弹簧力压紧在换向器上，如图 3.8 所示。

图 3.7　电枢

图 3.8　电刷与电刷架

（4）机壳

机壳一般被做成圆筒状，如图 3.5 所示，中间开有螺孔，作为固定磁场绕组之用；磁场绕组的搭铁端接到机壳上。

（5）端盖

端盖分为后端盖和前端盖，如图3.9所示。后端盖一般用钢板冲压而成，其上有4个螺孔，以便安装电刷架；还有一凹槽，作为绝缘通过磁场绕组接线用。前端盖用铸铁浇铸而成，其上有拨叉座和电枢轴安装孔；前、后端盖分别装在机壳的两端，靠两个螺栓与起动机机壳紧固在一起。

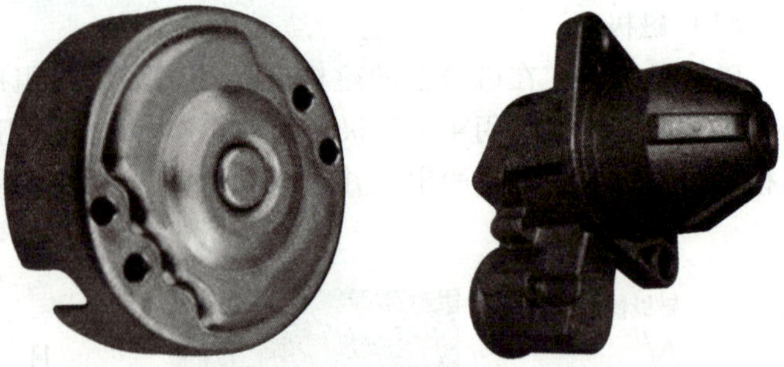

（a）　　（b）

图3.9　端盖

（a）后端盖；（b）前端盖

### 2. 直流电动机的工作原理

直流电动机是根据通电导体在磁场中受磁场力作用的原理制成的，电磁力的方向遵循左手定则。其工作原理如图3.10所示。电动机工作时，电流通过电刷和换向器流入电枢绕组。如图3.10（a）中，换向片A与正电刷接触，换向片B与负电刷接触，绕组中的电流方向为$a \to b \to c \to d$，根据左手定则，绕组$ab$边和$cd$边均受到电磁力$\boldsymbol{F}$的作用，由此产生逆时针方向的电磁转矩，使电枢转动；当电枢转动至换向片A与负电刷接触，换向片B与正电刷接触时，电流改由$d \to c \to b \to a$方向，见图3.10（b），但电磁转矩的方向仍保持不变，使电枢按逆时针方向继续转动。

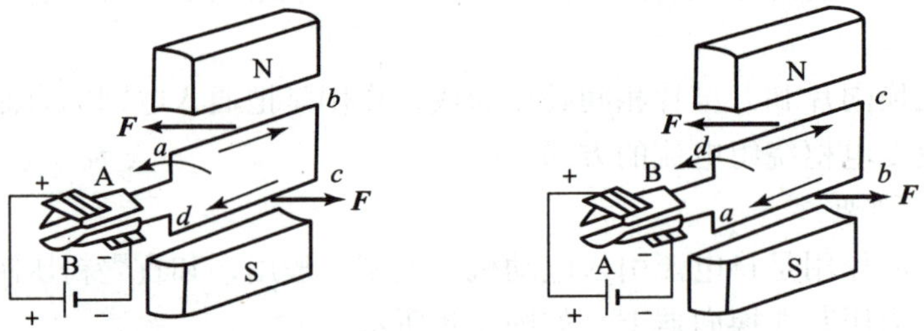


（a）　　（b）

图3.10　直流电动机的工作原理

（a）电流从$a$到$d$；（b）电流从$d$到$a$

图3.10只列举了电枢绕组中的一匝线圈的工作过程，实际上，直流电动机电枢是由很多组线圈组成的，换向器的铜片数量也会随线圈数量的增加而增多。

## 六、传动机构的结构与工作原理

传动机构由驱动齿轮、单向离合器、拨叉、减速机构（有的起动机不具有减速机构）等部分组成；驱动齿轮和单向离合器一般做成一体，不可分解，如图3.11所示。

图3.11　驱动齿轮和单向离合器

### 1. 传动机构的工作过程

传动机构是指使起动机的驱动齿轮与发动机的飞轮齿圈啮合传动及分离的机构。

传动机构的作用是在发动机起动时使起动机的驱动齿轮与发动机的飞轮齿圈啮合，将电动机产生的转矩传递给飞轮；发动机起动后自动打滑切断动力传递，防止起动机被发动机带动超速运转而遭到“飞散”损坏。

起动机传动机构的工作示意图如图 3. 12 所示。

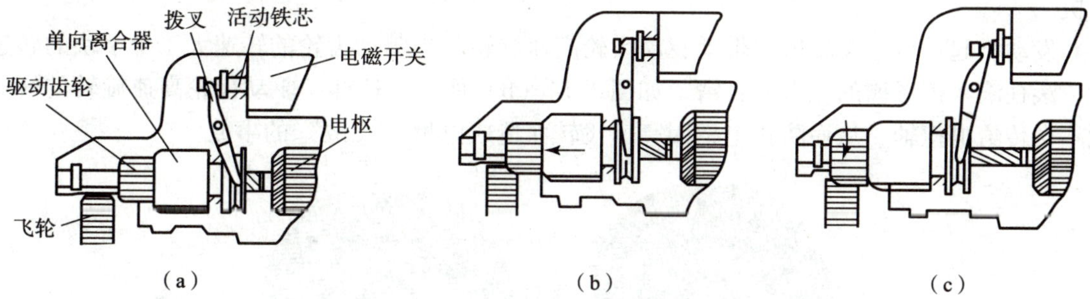


图 3. 12　起动机传动机构的工作示意图

(a) 起动机处于静止状态；(b) 驱动齿轮与飞轮齿圈正在啮合；(c) 完全啮合

图 3. 12 (a) 表示起动机不工作（处于静止状态）时所处的位置，起动机驱动齿轮与飞轮齿圈有一个安全间隙。

图 3. 12 (b) 表示在电磁开关的作用下，拨叉驱动齿轮向左移动并与飞轮齿圈正在啮合，此时起动机的主电路还没有接通。

图 3. 12 (c) 表示驱动齿轮与发动机的飞轮齿圈完全啮合，主电路接通，电枢轴开始带动发动机曲轴旋转。发动机起动后，驱动齿轮与飞轮齿圈仍处于啮合状态，发动机转速高于起动机转速，但是此时单向离合器打滑，驱动齿轮在飞轮的带动下空转；起动结束后，驱动齿轮在电磁开关的作用下，与发动机的飞轮齿圈脱离啮合。

## 2. 单向离合器的结构及工作原理

常见的起动机单向离合器主要有滚柱式单项离合器、弹簧式单项离合器和摩擦片式单项离合器三种。

(1) 滚柱式单向离合器

滚柱式单向离合器的结构如图 3. 13 所示。其驱动齿轮与外壳连成一体，滚柱和弹簧嵌装在与花键套筒制成一体的十字块上。整个离合器总成套装在电动机轴的花键部位，既可在拨叉作用下沿轴做轴向移动，又可在电枢驱动下做旋转运动。

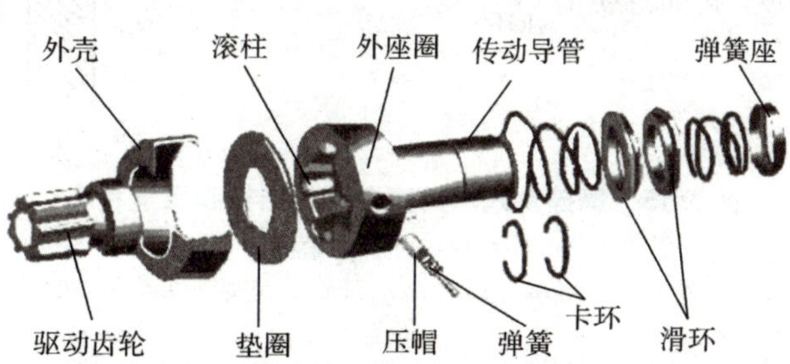


图 3. 13　滚柱式单向离合器的结构

滚柱式单向离合器的工作原理是通过改变滚柱在楔形槽中的位置来实现分离和结合的，具体分析如下：

发动机起动时，拨叉动作将驱动齿轮与发动机的飞轮齿轮啮合，电枢转矩由传动套筒传给十字块，使十字块随同电枢轴旋转。此时，飞轮齿圈施加给小齿轮的阻力使滚柱滚向槽的窄端而卡死，如图 3. 14（a）所示。电枢轴产生的转矩通过驱动齿轮传给飞轮，起动发动机。

发动机起动后，飞轮齿圈带动驱动齿轮高速旋转。当驱动齿轮的转速大于十字块的转速时，滚柱滚入楔形槽的宽端而打滑，如图 3. 14（b）所示。这样，驱动齿轮高速旋转的转矩就不会传给电枢轴，从而防止电枢因高速飞转而造成电枢“飞散”的事故。

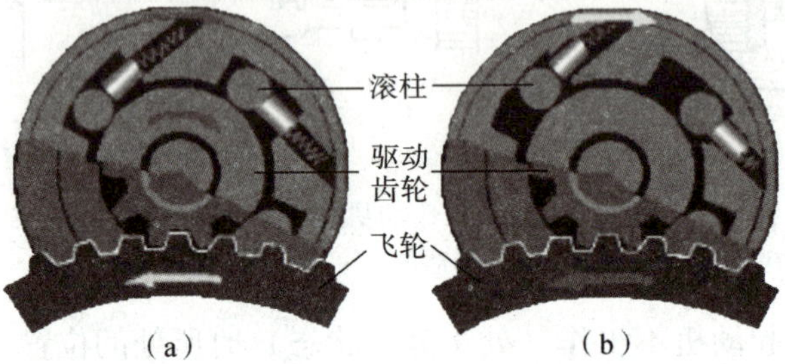


**图 3. 14　滚柱式单向离合器的工作原理**

（a）起动发动机时；（b）发动机运转时

单向滚柱式离合器主要用于中、小功率的起动机上。

（2）摩擦片式单向离合器

摩擦片式单向离合器的结构和压紧状态如图 3. 15 所示，其工作原理是通过主、从动摩擦片的压紧和放松来实现分离和接合的。

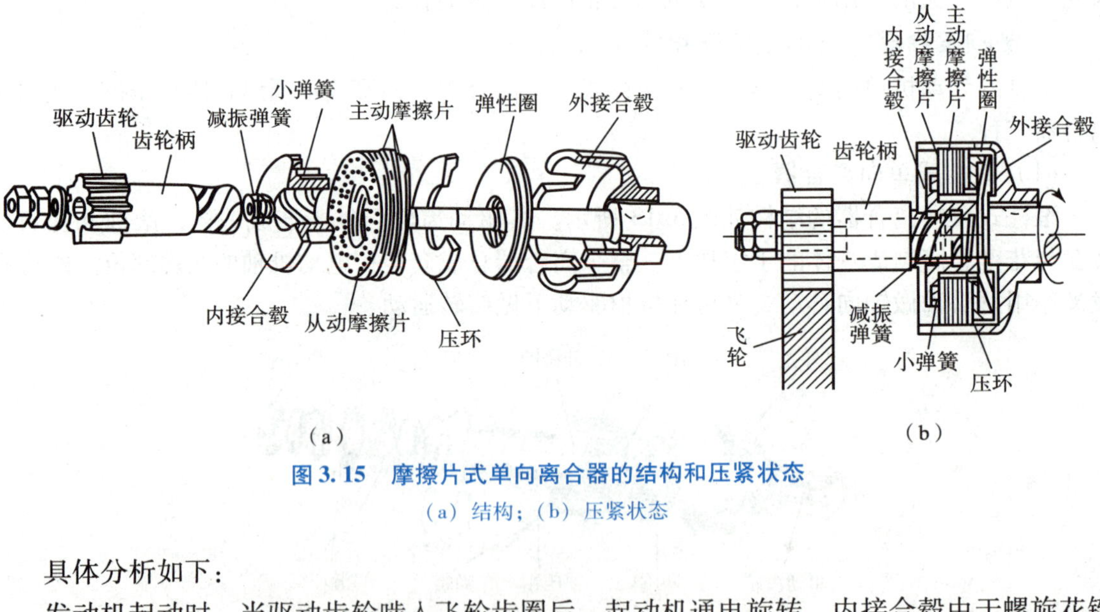


**图 3. 15　摩擦片式单向离合器的结构和压紧状态**

（a）结构；（b）压紧状态

具体分析如下：

发动机起动时，当驱动齿轮啮入飞轮齿圈后，起动机通电旋转，内接合毂由于螺旋花键的作用向右移动，摩擦片被压紧而将起动机的力矩传给驱动齿轮。当发动机的阻力较大时，内接合毂继续向右移动，增大摩擦片之间的压力，直到摩擦片之间的摩擦力足够传递所需的起动力矩，带动曲轴旋转，起动发动机。

当发动机起动后，驱动齿轮的转速高于起动机电枢时，内接合毂沿螺旋花键的方向向左移动退出，摩擦片之间的压力消除。这样飞轮的转矩便不会传给电枢，从而防止电动机被发动机带动超速运转而遭到“飞散”的危险。

摩擦片式单向离合器主要用于大功率的起动机上。

（3）弹簧式单向离合器

弹簧式单向离合器的结构如图 3. 16 所示，其工作原理是通过扭力弹簧的径向收缩和放松来实现分离和接合的。

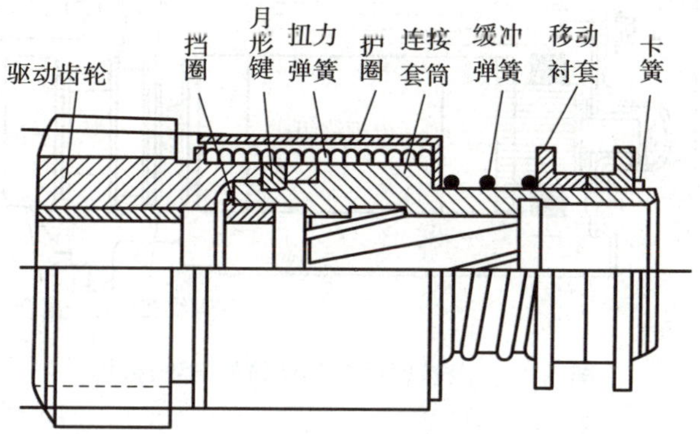


图 3. 16　弹簧式单向离合器的结构

具体分析如下：

当起动机带动曲轴旋转时，扭力弹簧扭紧，内径变小，抱紧驱动齿轮轴和连接套筒。于是电枢的转矩通过连接套筒、扭力弹簧、驱动齿轮传至飞轮齿圈，使发动机起动。

当发动机起动后，因驱动齿轮的转速高于起动机电枢，则扭力弹簧放松，内径变大，齿轮柄和连接套筒松脱，这样飞轮齿圈的转矩便不会传给电枢，即驱动齿轮只在电枢轴上的光滑部分空转而起单向分离作用。

弹簧式单向离合器主要用在大功率的起动机上。

## 七、操纵机构的结构与工作原理

### 1. 操纵机构的结构

起动机操纵机构的结构主要由起动电磁开关、拨叉等部分组成。起动机的工作主要受电磁开关的控制。电磁开关由吸拉线圈、保持线圈、活动铁芯、主开关接触盘及复位弹簧等组成。起动电磁开关实物如图 3. 17 所示。

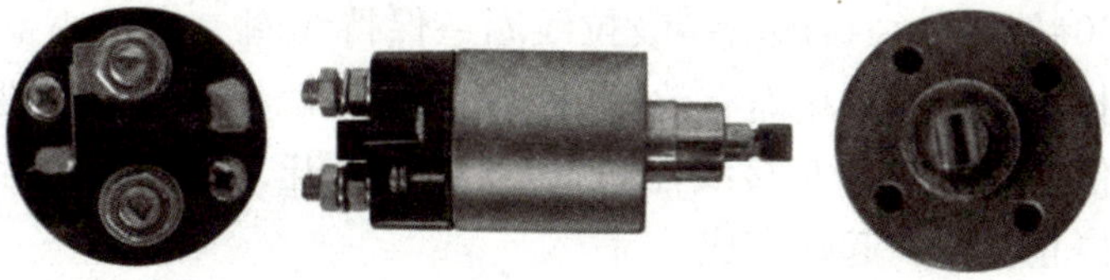

图 3. 17　起动电磁开关实物

### 2. 操纵机构的工作原理

电磁操纵式起动机的工作原理如图 3. 18 所示。

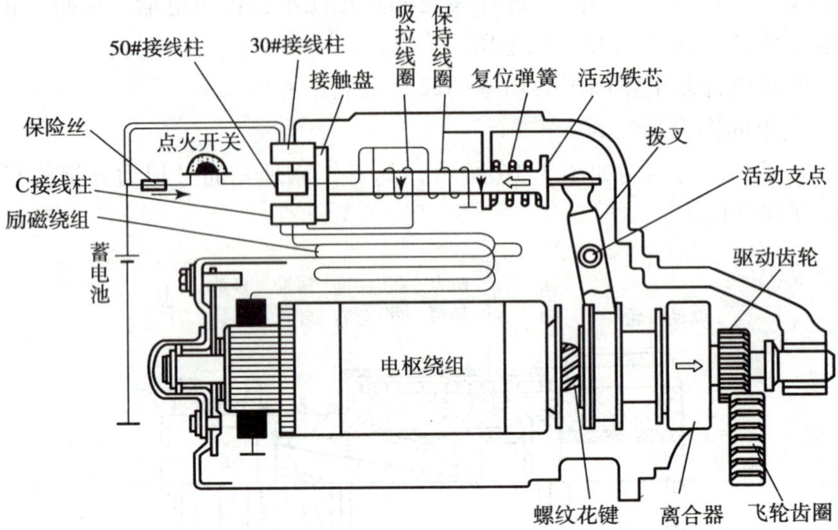


图 3.18　电磁操纵式起动机的工作原理

将点火开关接通时，蓄电池经起动控制电路向起动机电磁开关通电，接通两条回路。

（1）起动时

点火开关接至“起动”挡，接通吸拉线圈和保持线圈。其控制电路为：

蓄电池正极→保险丝→点火开关→50#接线柱→分两路：一路经吸拉线圈→主电路 C 接线柱→励磁绕组→碳刷→电枢绕组→碳刷→搭铁→蓄电池负极；另一路经保持线圈→搭铁→蓄电池负极。

此时，磁场铁芯克服弹簧力向左移动，带动拨叉推动起动机驱动齿轮向右移动，与飞轮齿圈啮合；同时压动推杆使接触盘接通电磁开关上的 30#接线柱与 C 接线柱，起动机主电路接通，即蓄电池正极→30#接线柱→接触盘→C 接线柱→起动机励磁绕组→碳刷→电枢绕组→碳刷→搭铁→蓄电池负极。

齿轮啮合的同时接触盘将触头接通，此时蓄电池便向励磁绕组和电枢绕组提供大电流（200 ~600 A），产生强大的转矩，带动起动机转动。

（2）停止起动时

断开点火开关，给 50#接线柱断电，刚刚断开时接触盘仍然与 30#接线柱与 C 接线柱接通。其电流回路为：

蓄电池正极→30#接线柱→接触盘→吸拉线圈→保持线圈→搭铁→蓄电池负极；吸拉线圈与保持线圈产生相反方向的磁场而有效磁场大大削弱，磁场铁芯失去磁场力而在复位弹簧力的作用下迅速回位，接触盘与 C 接线柱和 30#接线柱分开，同时驱动齿轮通过拨叉被拉回静止位置，起动机停止工作，起动完成。

## 八、汽车起动控制电路的识读

汽车起动控制电路有三种形式，即不带起动附加继电器的起动控制电路、带起动附加继电器的起动控制电路和带起动保护的起动控制电路。

在识读汽车起动控制电路时可将起动电路分为两个部分：一部分是主电路；另一部分是控制电路。

### 1. 不带起动附加继电器的起动控制电路

别克凯越汽车采用了不带起动附加继电器的起动控制电路，如图 3. 19 所示。

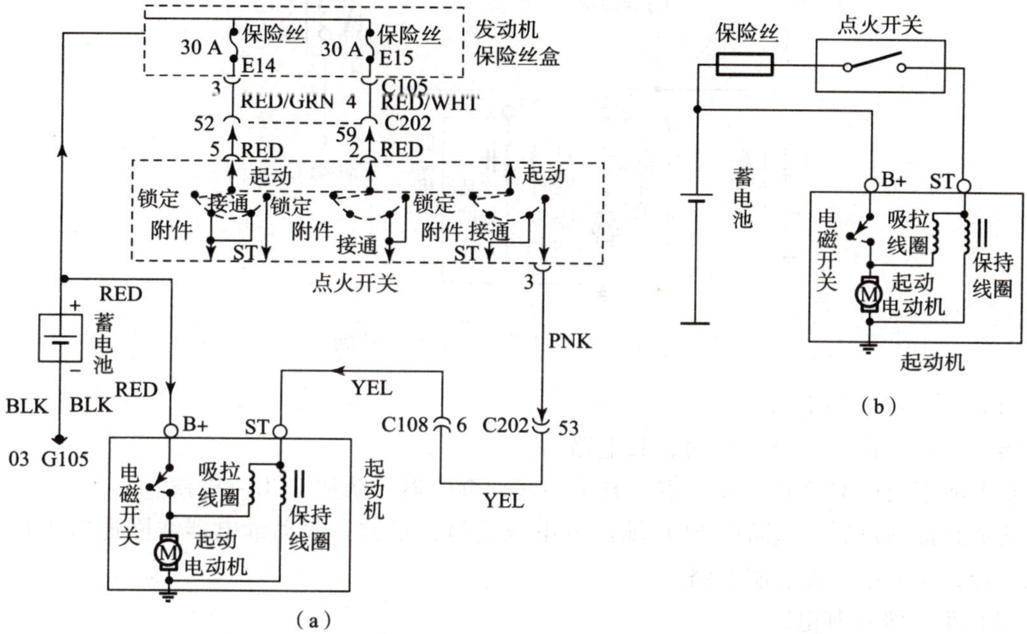


图 3. 19　别克凯越汽车不带起动附加继电器的起动控制电路

(a) 原电路；(b) 简化电路

其电路分析如下：

(1) 控制电路

蓄电池正极→保险丝→点火开关 3#线→起动机 ST 端子后分成两路：一路经电磁开关内的吸拉线圈→起动机→搭铁→蓄电池负极；另一路经电磁开关内的保持线圈→搭铁→蓄电池负极。

此时电磁开关动作，一方面使起动机主电路接通，另一方面使起动机小齿轮与飞轮齿圈接合，达到使起动机带动发动机飞轮齿圈转动的目的。

(2) 主电路

蓄电池正极→起动机“B+”端子→电磁开关内部的开关触点→起动电动机→搭铁→蓄电池负极，形成回路。

### 2. 带起动附加继电器的起动控制电路

带起动附加继电器的起动控制电路是指控制起动继电器内的电磁线圈，可以使继电器内部的常开触点闭合而接通起动电磁开关电路，使起动电磁开关工作，如图 3. 20 所示。该电路在主电路上与不带起动附加继电器的起动控制电路相同，不同之处在控制电路上。下面把控制电路分两级进行分析。

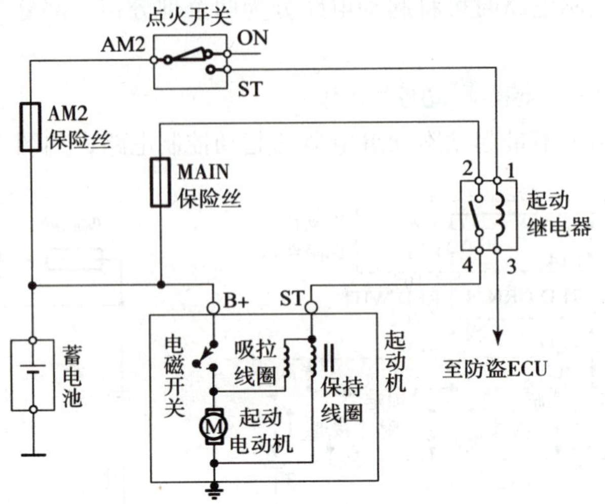


图 3.20　带起动附加继电器的起动控制电路

（1）第一级控制电路

当点火开关置于“ST”挡时，其电路为：

蓄电池正极→AM2 保险丝→点火开关→起动继电器→防盗 ECU→搭铁。

防盗验证通过后，从防盗 ECU 输出低电压信号，搭铁。起动继电器线圈通电工作，其触点闭合，接通第二级控制电路。

（2）第二级控制电路

蓄电池正极→MAIN 保险丝→起动继电器触点→起动 ST 端子后接通起动机电磁开关电路，接通主电路，起动机开始工作。

### 3. 带起动保护的起动控制电路

（1）组合继电器

EQ1091 型汽车起动系统装用了 JD171 型组合继电器，如图 3.21 所示。它由两部分构成：一部分是起动继电器，其作用是与点火开关配合，控制起动机电磁开关中的吸拉线圈与保持线圈中电流的通断，以保护点火开关；另一部分是保护继电器，其作用是与起动继电器配合，使起动电路具有自动保护功能，另外还控制充电指示灯。组合继电器的结构，左侧为

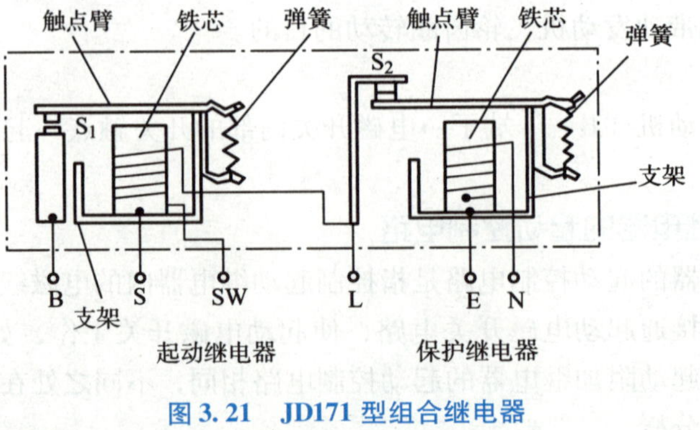


图 3.21　JD171 型组合继电器

起动继电器，右侧为保护继电器，它们都由铁芯、线圈、磁轭、触点臂、弹簧及一对触点组成，其中起动继电器触点 $S_1$ 为常开触点，而保护继电器触点 $S_2$ 为常闭触点。由于起动继电器线圈与保护继电器触点 $S_2$ 串联，因此，当 $S_2$ 打开时，$S_1$ 不可能闭合。

（2）起动系统的工作过程

图 3.22 所示为东风 EQ1091 型汽车起动电路。该起动电路最大的特点是带有组合起动继电器，具有起动保护作用，即发动机在运行状态下，即使因误操作而将点火开关转到“起动”挡，起动机也不会工作，这样就能避免飞轮运转时因起动机驱动齿轮的啮入而造成打齿的现象。

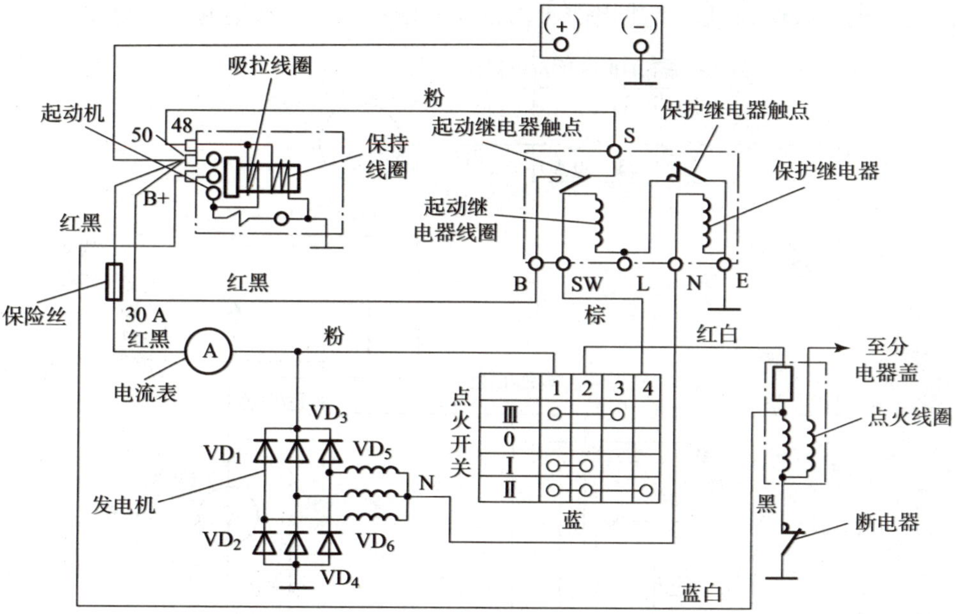


图 3.22　东风 EQ1091 型汽车起动电路

其电路分析如下：

1）当点火开关置于“起动”挡（Ⅱ挡）时，起动继电器线圈通电。其电流回路为：蓄电池正极→保险丝→电流表→点火开关→起动继电器线圈→保护继电器常闭触点→搭铁→蓄电池负极。

此时起动继电器常开触点闭合，接通了电磁开关电路。

2）电磁开关电路接通，其电路回路为：蓄电池正极→组合继电器触点后分为两路：一路经过吸拉线圈→直流电动机→搭铁→蓄电池负极；另一路经过保持线圈→搭铁→蓄电池负极。

3）发动机起动后，松开点火开关，钥匙自动返回“点火”挡（Ⅰ挡），起动继电器触点打开，切断了电磁开关的电路，电磁开关复位，停止起动机工作。

4）如发动机起动后，点火开关没能及时返回Ⅰ挡，这时组合继电器中的保护继电器线圈承受交流发电机中性点电压，使常闭触点打开，自动切断起动继电器线圈的电路。触点断开使电磁开关断电，起动机便自动停止工作。

5）若在发动机运行时，误将起动机投入使用，由于在此控制电路中，保护继电器的线圈总是加有交流发电机中性点电压，常闭触点总处于打开状态，即使误将点火开关旋至“起动”挡，起动继电器线圈也不通，电磁开关不动作，因而起到了保护驱动齿轮的作用。

### 4. 带自动变速器的起动系统控制电路

带自动变速器的起动电路要受自动变速器的挡位开关控制，只有自动变速器的挡位开关处于“P”或“N”位时才可以接通起动电路。下面以广州本田雅阁轿车起动系统的控制电路为例介绍其控制电路。

图 3. 23 所示为广州本田雅阁轿车起动系统的控制电路，当点火开关置于“ST”位，且 AT 挡位开关（自动变速器开关）置于空挡位置或离合器互锁开关（手动变速器）闭合时，起动机断电继电器线圈通电，产生电磁吸力，使其触点吸合，接通起动机电路。

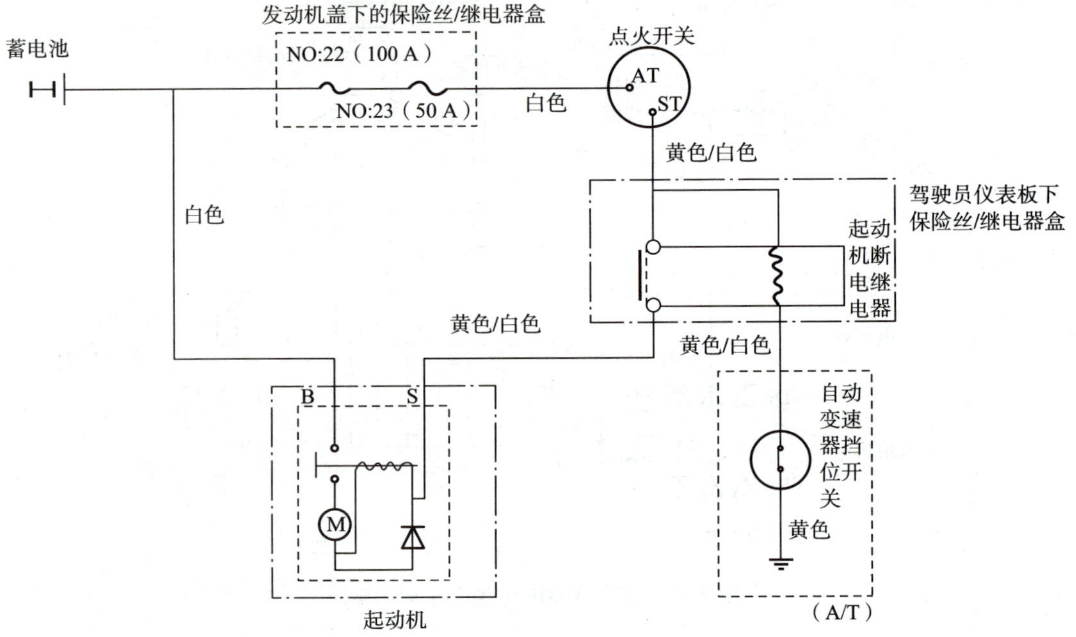


图 3. 23 广州本田雅阁轿车起动系统的控制电路

## 九、起动系统的使用与保护

### 1. 起动机的正确使用

起动机工作时电流大、转速高，合理、正确地使用起动机，能确保起动机工作正常、起动可靠，并有效延长起动机的使用寿命。起动机使用时应注意以下几点：

1）发动机起动时，起动机的最大电流可达 200 ~ 600 A。若长时间、大电流的工作，不仅可能烧坏起动机，还会造成蓄电池因过放电而受到损伤。因此，起动发动机时，起动机的每次工作时间不宜超过 5 s；若起动失败后，应等待约 15 s 后再重新起动。

2）起动发动机时，应尽量减少起动机的起动次数，若连续 3 次起动失败，应检查发动机的电路、油路等系统是否正常，起动负荷是否过大；排除故障后再行起动。

3）在起动发动机过程中，应将变速器操纵杆置于“空挡”位，并踩下离合器踏板，使起动机不带负载起动，以提高一次起动的成功率。

4）蓄电池要经常保持充足电的状态，以保证发动机起动时，起动电动机能获得较大的工作电流和电压，确保起动机具有足够的转速和转矩，以满足发动机的起动，减少起动机的工作时间。

5）在冬季和低温环境下冷机起动时，建议先对发动机进行预热，以提高起动的成功率，减少重复起动的次数，并有利于延长起动机和蓄电池的使用寿命。

6）发动机起动后，要立即松开点火开关，使起动机停止工作，以免损坏电磁开关和起动电动机，以及减小单向离合器不必要的磨损。

7）发动机起动后，若操纵点火开关不能使起动机停止运转，要立即关闭发动机和车辆电源，必要时应即时拆开蓄电池的电源线，等查明故障且排除后，再重新接好电路。

### 2. 起动机的维护

（1）日常维护

1）检查起动机电路各导线的连接，电源正极线的绝缘；如有不良，应更换电源线。

2）清除起动机外壳的尘土及油污，保持清洁干燥。

3）检查起动机操纵机构和电磁阀的工作情况，如运动件或柱塞卡滞，应及时排除。

（2）车辆每行驶6 000 km后的维护

1）清洁起动机换向器的灰尘、油污。

2）检查换向器云母片的深度：当云母片槽深度小于0.2 mm时，应重新清理槽深。

3）拆下起动机，清洁起动机的转子轴承和转轴花键，并涂上润滑脂，以润滑转子轴和单向离合器。

（3）车辆每行驶24 000 km后的维护

1）清洁换向器表面的油污，用300～400#砂纸打磨或用车床车削换向器外圆。

2）检查电刷的磨损程度及电刷弹簧压力：若电刷磨损后长度小于12 mm时，应更换；若电刷弹簧弹力低于10 N时，应更换电刷弹簧。

## 十、起动机的拆装（以捷达王轿车起动机为例）

### 1. 起动机的拆卸

1）拆下起动机磁场绕组电源线、紧固螺母，取下C接线，如图3.24所示。

2）拆下电磁开关的3个紧固螺栓，并将电磁开关取下，如图3.25所示。

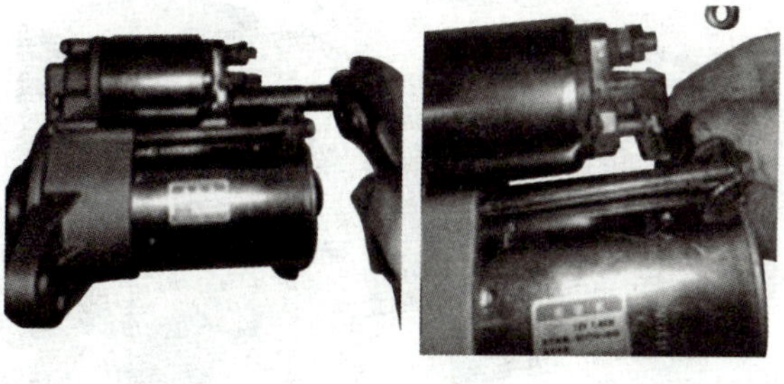

(a) (b)

**图3.24 步骤一**

（a）拆下起动机磁场紧固螺母；（b）取下C接线柱

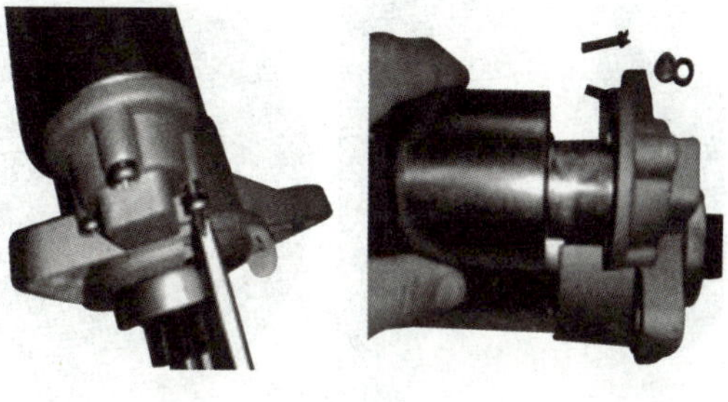

(a) (b)

**图3.25 步骤二**

（a）拆下电磁开关的3个螺栓；（b）取下电磁开关

3）拆下电枢的2个紧固螺栓，取出磁场绕组及电枢，如图3.26所示。

4）拧下后端盖的紧固螺栓，并取出后端盖、电枢和电刷架总体，分别如图3.27和图3.28所示。

5）取出传动机构，如取出行星齿轮盖，取出拨叉，取出单向离合器总成、飞轮与钢珠等，如图3.29所示。

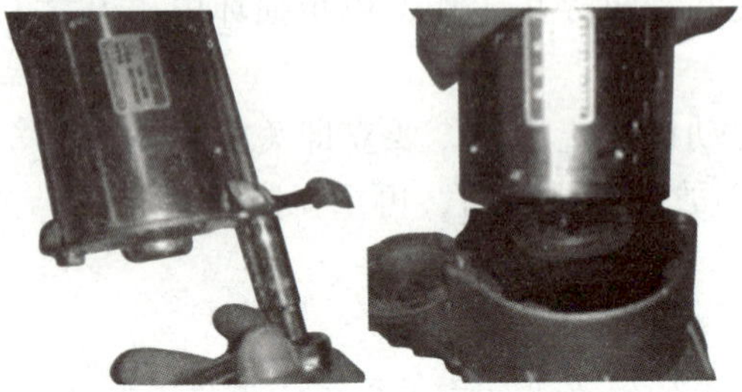

（a）　（b）

**图3.26　步骤三**

（a）拆下电枢的2个紧固螺栓；（b）取出电枢

（a）　（b）

**图3.27　步骤四（1）**

（a）拧下后端盖紧固螺栓；（b）取出后端盖

（a）　（b）

**图3.28　步骤四（2）**

（a）取出电枢；（b）取出电刷架总成

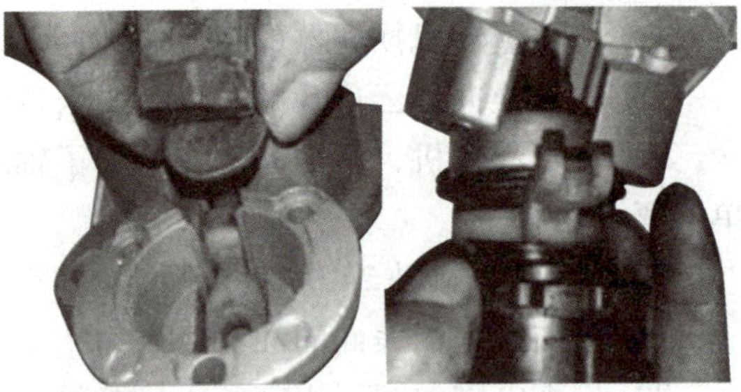

（a）　（b）

**图3.29　步骤五**

（a）取出拨叉；（b）取出传动机构

## 2. 起动机的安装

1）在单向离合器与行星齿轮上涂润滑油，如图3.30所示。

2）将单向离合器与减速齿轮装到前端盖，并装上拨叉及拨叉垫，如图3.31所示。

（a）　（b）

**图3.30　步骤一**

（a）离合器涂润滑油；（b）行星齿轮涂润滑油

（a）　（b）

**图3.31　步骤二**

（a）安装离合器；（b）安装拨叉及拨叉垫

3）用细砂纸将换向器工作面进行打磨，将电刷弹簧座用尖嘴钳拨开，放入弹簧；再用尖嘴钳压紧弹簧座，将电刷总成装到换向器上，如图 3. 32 所示。

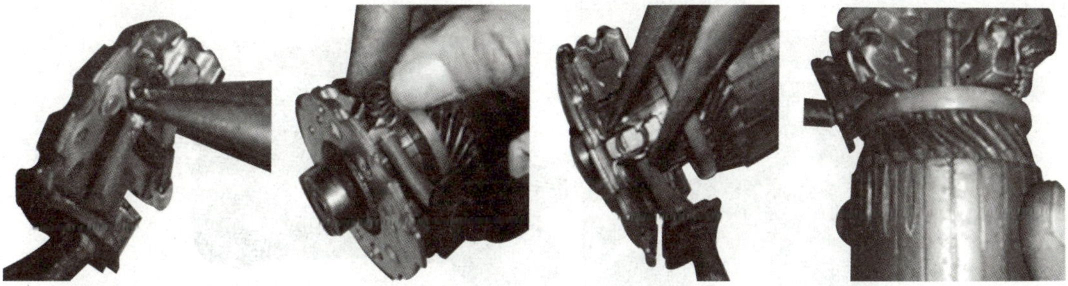

（a） （b） （c） （d）

**图 3. 32 步骤三**

（a）拨开弹簧座小卡片；（b）放入弹簧；（c）用尖嘴钳压紧弹簧座；（d）将电刷总成装到换向器上

4）将电枢总成装入磁场绕组中，将电动机总成装入前端盖，装上后端盖，并拧紧紧固螺栓，如图 3. 33 所示。

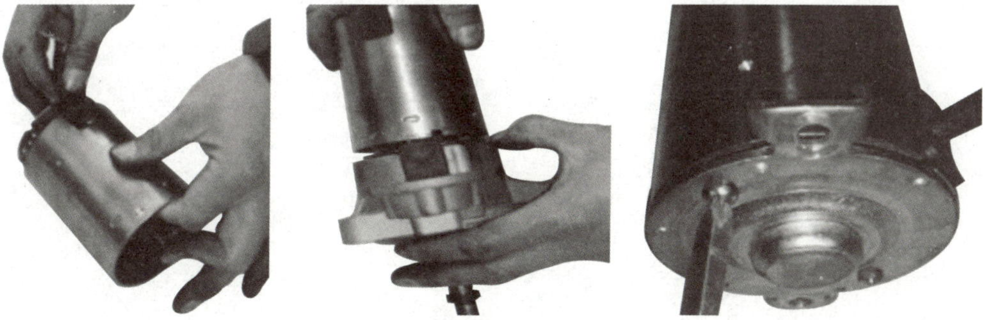

（a） （b） （c）

**图 3. 33 步骤四**

（a）将电枢总成装入磁场绕组中；（b）将电动机总成装入前端盖；（c）装上后端盖并拧紧紧固螺栓

5）安装电动机的 2 个紧固螺栓，将活动铁芯卡到拨叉上，装上回位弹簧和电磁开关，并拧紧电磁开关紧固螺母，如图 3. 34 所示。

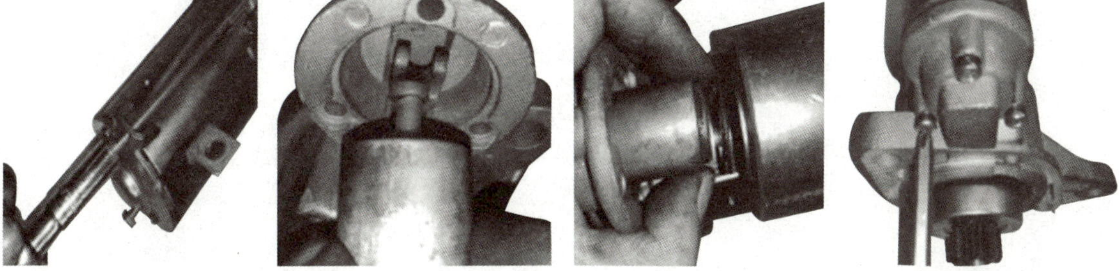

（a） （b） （c） （d）

**图 3. 34 步骤五**

（a）安装电动机的 2 个紧固螺栓；（b）挂上拨叉；（c）安装活动铁芯；（d）拧紧电磁开关紧固螺母

6）装上磁场绕组电源线（连接 C 接线柱），并拧紧紧固螺母（见图 3.35），起动机安装完成；之后应做空转实验以检查安装的可靠性。

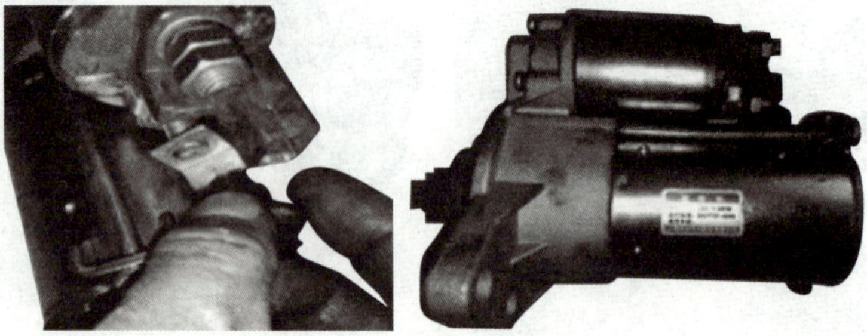

（a）　　（b）

图 3.35　步骤六

（a）连接 C 接线柱；（b）起动机安装完成

# 情境二　起动机故障的检修

## 一、起动机的静态检测与修复

### 1. 磁场绕组的检修

磁场绕组的故障有断路、短路和搭铁之分。

(1) 磁场绕组断路的检查

用万用表“导通”挡测量磁场绕组两端的导通情况，如图 3.36 所示。若不通，则说明磁场绕组有断路现象。

(2) 磁场绕组短路的检查

当怀疑磁场绕组有短路现象时，可用蓄电池（12 V）直流电源检查，如图 3.37 所示，开关接通后，将起子放在每个磁极上，磁极对旋具的吸力应相同。若一磁极吸力太小，表明磁场绕组有匝间短路；若各磁极均无吸力，则为断路。

(3) 磁场绕组搭铁的检查

用万用表“电阻”挡检查磁场绕组与外壳之间的电阻值，如图 3.38 所示。若电阻为 0，则说明励磁绕组搭铁良好；若电阻不为 0，则说明有断线故障。

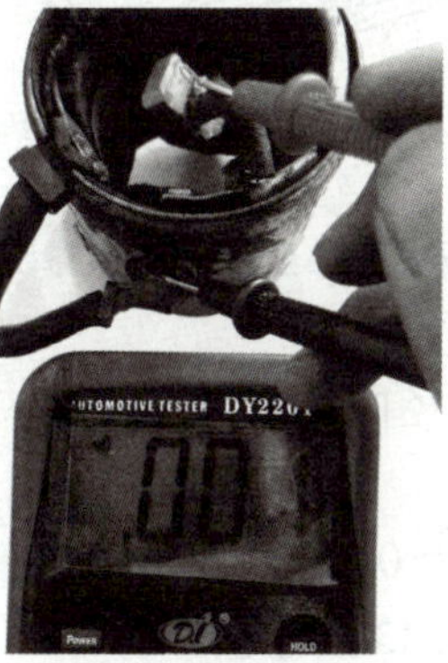

图 3.36　磁场绕组断路的检查

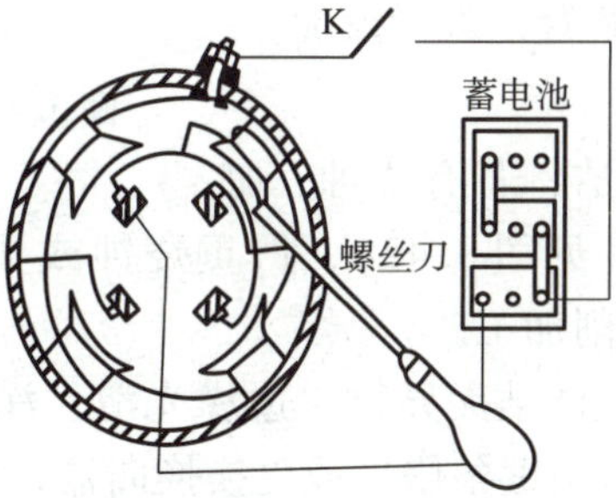


图 3.37　磁场绕组短路的检查

图 3.38　磁场绕组搭铁的检查

### 2. 电枢绕组的检修

电枢绕组的故障主要是短路和搭铁。

(1) 电枢绕组短路的检查

用万用表“电阻”挡检测，将两个表笔分别接触换向器任意两个相邻的换向铜片（见图 3.39），任意两个换向器片之间应导通；如不导通，则说明焊点或电枢线圈断路，应修理或更换。

(2) 电枢绕组搭铁的检查

用万用表“电阻”挡检测，将一根表笔接触铁芯（或电枢轴），另一根表笔依次接触换向器铜片，电阻应为∞，如图3.40所示。如果导通，则说明电枢绕组与电枢轴之间绝缘不良，应更换电枢。

图3.39 电枢绕组断路的检查

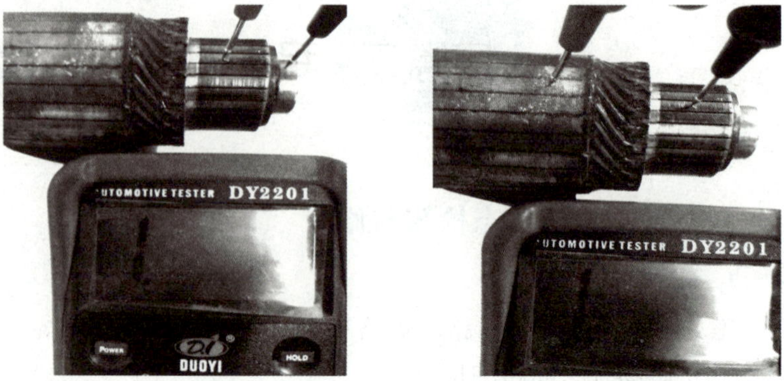


(a)　(b)

图3.40 电枢绕组搭铁的检查

(a) 表笔一端测滑环，另一端测主轴；

(b) 表笔一端测滑环，另一端测铁芯

### 3. 电枢轴的检修

电枢轴的常见故障是弯曲变形，其检查方法如图3.41所示。用百分表测量电枢轴的弯曲程度，径向跳动量应不大于0.1 mm，否则应校正或者更换；电枢轴上的花键齿槽严重磨损或损坏应进行修复或更换；电枢轴轴颈与衬套的配合间隙不得超过0.15 mm，若间隙过大，应更换新套，进行铰配。

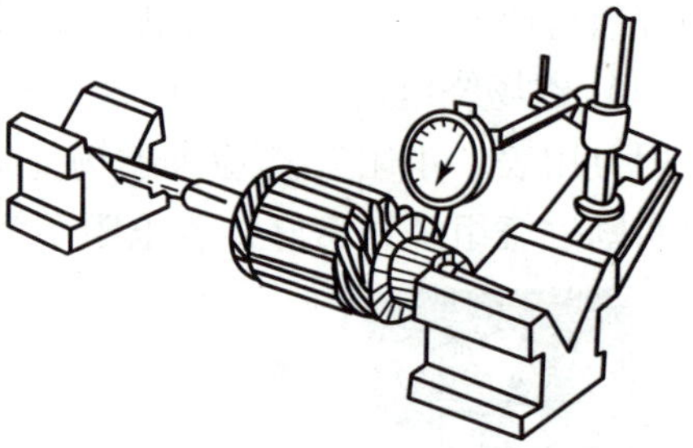

图3.41 电枢轴弯曲变形的检查方法

### 4. 换向器的检修

1）检查换向器表面是否清洁，若有烧蚀、脏污，可用400#细砂纸打磨修整（见图3.42），严重烧蚀或失圆（径向圆跳动 >0.05 mm）时，应对换向器表面进行机械切削加工。

2）检查换向器云母深度，应清洁无异物，边缘光滑，深度应为0.5～0.8 mm；最浅应为0.2 mm。若不符合标准，则可用锯条修理或更换换向器，如图3.43所示。

3）用游标卡尺测量换向器的外径（见图3.44），当磨损低于使用极限时，应更换。

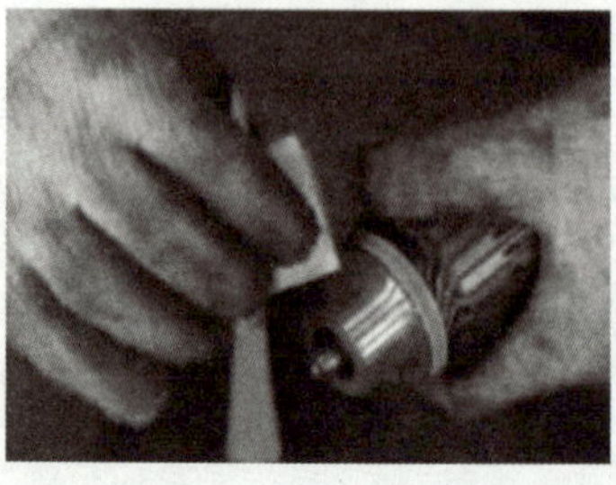

图3.42 用砂纸打磨换向器

图3.43 检查换向器云母深度

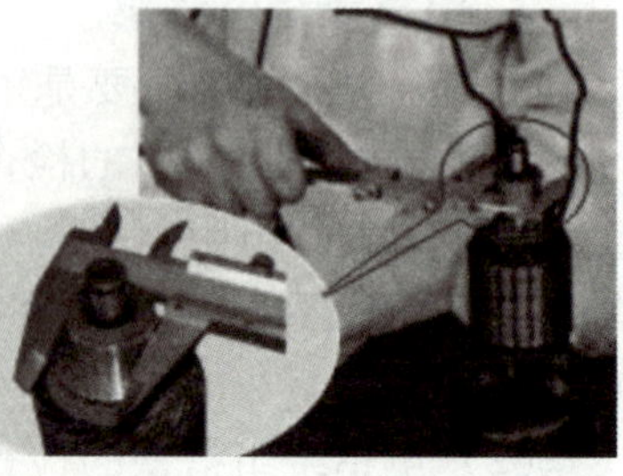

图3.44 用游标卡尺测量换向器的外径

### 5. 电刷与电刷架的检修

（1）电刷长度的检查

测量电刷长度，检查电刷是否磨损（见图 3.45），若低于极限值，则应更换电刷。

（2）电刷架与底板之间绝缘情况的检查

检查时，可按图 3.46 所示用万用表进行检查，如果绝缘效果不好，必须更换。

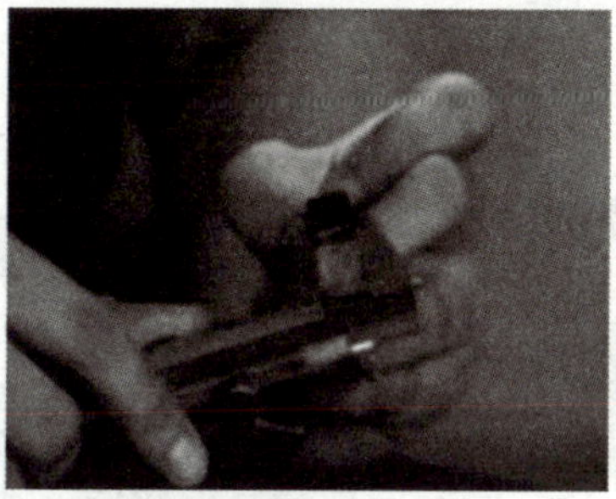

图 3.45　电刷长度的检查

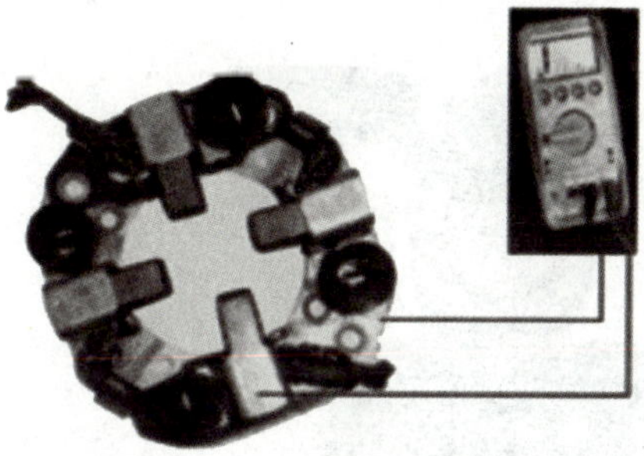

图 3.46　电刷架与底板之间绝缘情况的检查

### 6. 单向离合器的检修

1）握住单向离合器的外座圈，转动驱动齿轮，正向能自由转动，反转时不应转动，否则就有故障，应更换单向离合器，如图 3.47（a）所示。

2）将单向离合器夹紧在虎钳上，用扭力扳手按逆时针方向转动，单向离合器应能承受规定的转矩而不打滑，如图 3.47（b）所示。

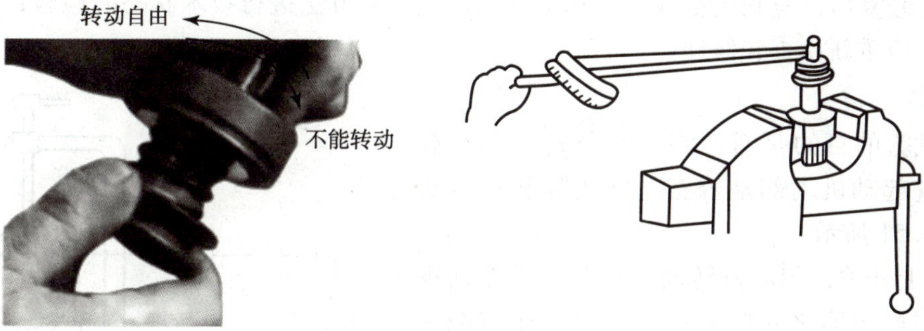


（a）　　（b）

图 3.47　单向离合器的检查

### 7. 电磁开关的检修

可用万用表测量线圈电阻的通断来判断电磁开关内部线圈有无断路。

（1）吸拉线圈的检查

检查电磁开关 50#接线柱与励磁绕组接线柱 C 之间的导通情况，如图 3.48 所示。如果不导通，则说明线圈开路，应更换。

（2）保持线圈的检查

检查电磁开关50#接线柱与电磁开关壳体之间的导通情况，如图3.49所示，如果不导通，则说明线圈开路，应更换。

（3）30#接线柱与C接线柱之间的检查

用万用表“电阻”挡测量30#接线柱与C接线柱之间的电阻，应为无穷大；否则，应更换电磁开关，如图3.50所示。

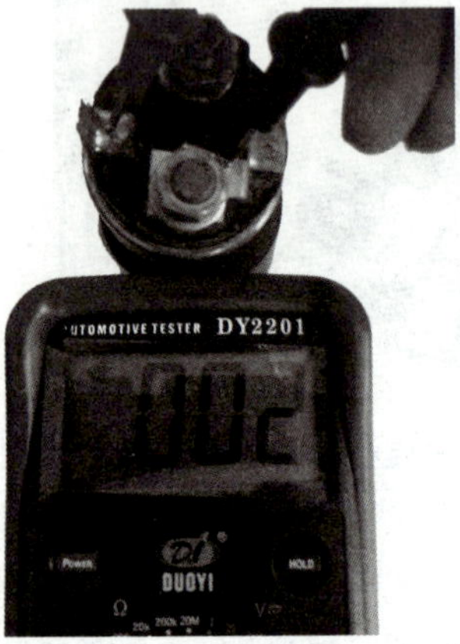


图3.48　吸拉线圈的检查

图3.49　保持线圈的检查

图3.50　30#接线柱与C接线柱之间的检查

## 二、起动机的动态检修

起动机修复后，应利用空载试验和全制动试验两种方法进行技术状态的检验；如果有不符合要求，应重新检查和修理。

### 1. 空载试验

空载试验的目的是通过测量空载转速和空载电流来检查起动机内部是否有电路故障和机械故障，如图3.51所示。

1）合上开关，起动机转动应均匀，无振动现象，电刷与换向器之间应无火花；同时还应记录电流表和电压表的读数，并测量转速值，试验时间不应超过1 min，以免起动机过热。

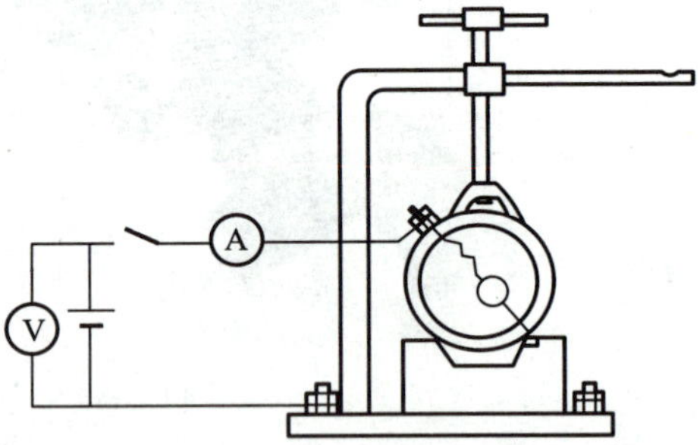


图3.51　空载实验

2）将记录值与标准值进行比较（标准值：起动机运转平稳时，电压≥11.5 V，消耗电流≤50 A，转速≥500 r/min）。如果电流大或者转速低，则说明存在装配过紧方面的机械故障，或电枢、磁场绕组搭铁短路；如果电流和转速都很小，则说明电路中有接触不良的地方，如电刷和换向器接触不良、弹簧力太弱、磁场绕组连接端接触不良等。

### 2. 全制动试验

全制动试验的目的是测量起动机在完全制动时的制动力矩和制动电流，以判断起动机主电路是否正常，并检查单向离合器是否打滑，如图 3.52 所示。

1）将起动机固定，用制动力矩杠杆的一端夹住起动机的齿轮，另一端挂在弹簧秤上；然后合上开关，在 5 s 内观察单向离合器是否打滑，并读出电流表、电压表和弹簧的读数。

2）将记录值与标准值进行比较。如果电流制动力矩小而制动电流大，则说明电枢、磁场绕组中有搭铁短路故障；如果制动力矩和制动电流都小，则说明起动机电路中有接触不良的故障。如果驱动齿轮锁止而电枢轴仍缓慢转动，则说明单向离合器有打滑现象。

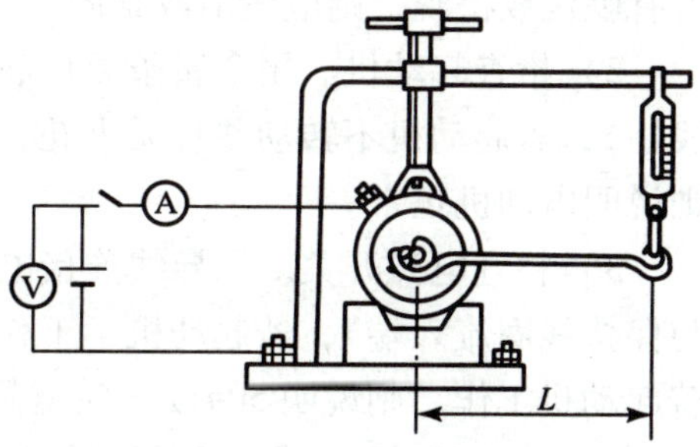

图 3.52　全制动试验

【特别提示】　起动机负载试验每次工作时间不宜超过 5 s，两次制动间隔应≥15 s，以免损坏起动机或蓄电池。

## 三、起动系统常见故障的维修思路

起动系统常见的故障有起动机不转；起动机转动无力；起动机空转；起动机有“哒哒哒”打机枪似的异响；起动机不能停转；起动时烧坏离合器拉线（或油门拉线或变速杆拉线）；起动较困难，同时伴有“哗哗”的响声；等等。

### 1. 起动机不转

（1）故障现象

接通起动开关，起动机不转。

（2）故障原因

1）蓄电池严重亏电。

2）蓄电池正、负极柱上的电缆接头松动或接触不良。

3）继电器触点严重烧蚀或触点不能闭合。

4）继电器线圈绕组烧毁或断路。

5）起动机电磁开关触点严重烧蚀，或因两触点高度调整不当而导致触点表面不在同一平面内，使接触盘不能将两个触点接通。

6）因换向器严重烧蚀而导致电刷与换向器接触不良。

7）电刷与磁场绕组断路或正电刷搭铁。

8）电刷弹簧压力过小或电刷卡死在电刷架中。

9）磁场绕组或电枢绕组有断路、短路或搭铁故障。

10）电枢轴的铜衬套磨损，使电枢铁芯与磁极发生摩擦或碰撞。

（3）维修思路

1）检查电源。

①按喇叭或开前照灯时，若喇叭响声变小或前照灯灯光暗淡，则说明蓄电池容量过低或电源导线接触不良。

②若蓄电池良好，则应对蓄电池的正极线、搭铁线及各接线柱和总电源开关进行检查，若有脏污或松脱，则应清洁或紧固。

2）检查起动机。用金属条短接起动机电磁开关上的两个主接线柱（30#接线柱与 C 接线柱），若起动机不转动并且无火花，则说明电动机有故障，应解体检修；若起动机运转，则说明电动机正常。

3）检查电磁开关。用导线连接电磁开关上的蓄电池正接线柱和50#接线柱（吸拉线圈与保持线圈流入端），若起动机不工作，则说明电磁开关有故障，应进一步检查电磁开关；若起动机工作，则说明 50#接线柱至蓄电池之间线路或点火开关有故障。

4）检查起动继电器。用导线短接起动继电器的“点火开关”与“电池”接线柱，若起动机工作，则说明起动继电器内部有故障；否则，应进一步检查。

5）检查点火开关及线路。将起动继电器的“电池”与“点火开关”用导线直接相连，若起动机能正常运转，则说明故障在起动继电器至点火开关的连接线路中，可对其进行检修；若出现起动机不转的现象，可按照图 3. 53 所示步骤查找故障所在部位。

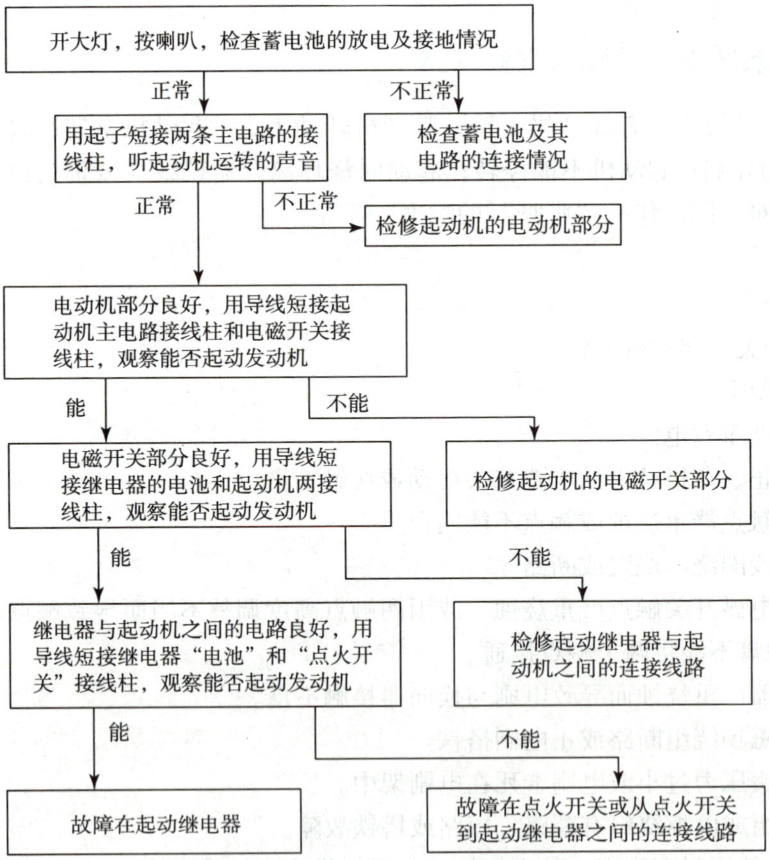


图 3. 53　起动机不转故障的查找

### 2. 起动机转动无力

（1）故障现象

起动机转动缓慢无力，带动发动机困难。

（2）故障原因

1）导线连接不良或蓄电池亏电。

2）电磁开关触点烧蚀、接触不良。

3）电磁开关内部线圈断路或短路。

4）起动机换向器过脏或电刷磨损严重或弹簧力太弱。

5）电枢绕组或磁场绕组局部短路。

6）起动机装配过紧或电枢轴弯曲；轴承间隙过大导致转子与定子碰擦。

（3）维修思路

1）检查蓄电池容量和电源导线的连接情况。

2）在确认蓄电池容量足够、线路连接良好的情况下，用起子短接起动机电磁开关的两个主接线柱。如果短接后起动有力了，则说明起动机电磁开关内的主触点和接触盘接触不良；如果短接后起动仍然无力，则可以认为是电动机有故障［如故障原因4）和故障原因6）］，或其搭铁不良，需进一步拆检。

3）在接通起动开关后，起动机有连续的“咔嗒”声。如果短接起动机电磁开关的两个主接线柱，起动机转动正常，则说明电磁开关的保持线圈断路或短路。

### 3. 起动机空转

（1）故障现象

接通起动开关，起动机只是高速空转，不能带动发动机运转。

（2）故障原因

1）飞轮齿圈（或者起动机齿轮）磨损过大或损坏。

2）电磁开关铁芯行程太短；驱动小齿轮与飞轮齿圈不能啮合。

3）单向离合器打滑。

（3）维修思路

1）由于操纵机构有故障，造成起动机驱动齿轮不能与飞轮齿圈啮合而空转，因此应检查啮合齿轮、电磁控制式起动机的活动铁芯的行程。

2）若起动机空转速较快但无碰齿声，则说明是单向离合器打滑。

### 4. 起动机有“哒哒哒”打机枪似的异响

（1）故障现象

起动发动机时，起动机发出打机枪似的“哒哒哒”异常响声。

（2）故障原因

1）电磁开关保持线圈断路或搭铁不良。

2）起动机的50#线电流不足。

3）蓄电池严重亏电或内部短路。

（3）维修思路

如果多次起动后，“哒哒哒”的响声变小，则是蓄电池亏电的表现。

1）检查电源。按喇叭或开前照灯，若喇叭声音小或嘶哑，灯光比平时黯淡，则说明电源有问题。此时应先检查蓄电池极桩与线夹及起动电路导线连接处是否有松动，并触摸导线连接处是否发热。若某连接处松动或发热，则说明该处接触不良；若线路连接无问题，则应对蓄电池进行检查。

2）检查电磁开关。用万用表“电阻”挡检查电磁开关上连接起动继电器的50#接线柱（或连接点火开关的接线柱）与电磁开关外壳之间（保持线圈）的电阻，应有较小的电阻；否则为保持线圈断路或搭铁不良。电磁开关线路的检修如图3.54所示。

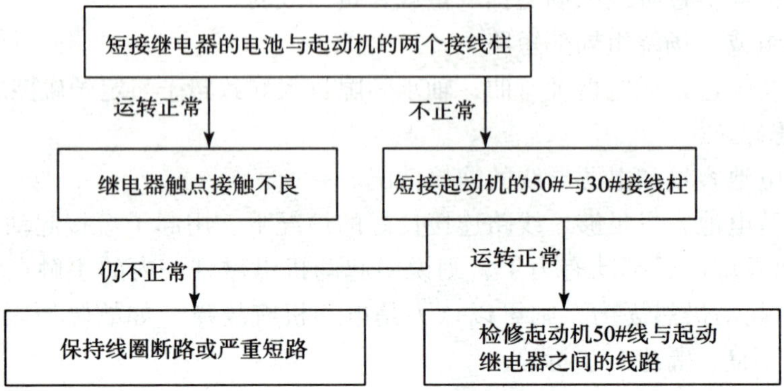


图3.54 电磁开关线路的检修

### 5. 起动机不能停转

（1）故障现象

发动机起动后，起动机不能停止转动。

（2）故障原因

1）继电器触点烧结或触点张开；电压不符合规定。

2）点火开关损坏。

3）起动机拨叉或电磁开关回位弹簧过软或折断；电磁开关的衔铁卡住。

4）电磁开关触点烧结或接触盘弹簧损坏。

（3）维修思路

请依照“起动机不转”故障的维修思路进行相关元件的检查，在此不再赘述。

注意：出现此情况时，第一要做的是关闭发动机，熄火，防止起动机被发动机拖动反转而出现“飞散”现象。

### 6. 起动机带有异响

起动机在工作中出现异响的情况有以下几种，其故障现象、故障原因及维修思路见表3.2。

表3.2 起动机异响的故障现象、故障原因及维修思路

| 故障现象 | 故障原因 | 维修思路 |
| --- | --- | --- |
| 发动机能起动，起动前有频率非常高的噪声 | 驱动齿轮与飞轮齿圈之间的间隙过大 | 调整起动机的安装垫 |
| 发动机能起动，起动后松钥匙时有频率非常高的噪声 | 驱动齿轮与飞轮齿圈之间的间隙过大 | 调整起动机的安装垫，并检查飞轮齿圈有无损坏。视情况进行维修 |

续表

| 故障现象 | 故障原因 | 维修思路 |
| --- | --- | --- |
| 发动机起动后，不关钥匙有非常大的噪声 | 起动机因存放时间过长而生锈；单向离合器损坏 | 更换单向离合器 |
| 发动机起动后，当起动机转速降到 0 时，有“轰隆隆”的敲击声 | 电枢轴弯曲或电枢轴不平衡 | 更换起动机的电枢轴总成 |

### 7. 起动时烧坏离合器拉线（或油门拉线或变速杆拉线）

（1）故障现象

发动机起动时，起动机转动无力，车上有黑烟冒出，同时散发出烧焦味；检查时会发现有烧坏离合器拉线等现象。

（2）故障原因

发动机机体与车架大梁之间的搭铁线松动或者断开，导致起动时的大电流流经离合器拉线（或者油门拉线或变速杆拉线）而烧坏拉线上的塑料件。

（3）维修思路

找到松动或者断开的搭铁线修复好即可，同时更换烧坏的拉线。

### 8. 起动较困难，同时伴有“哗哗”的响声

（1）故障现象

起动时，起动机转动无力，同时伴有“哗哗”的响声，有时能起动，有时不能起动。

（2）故障原因

起动机电枢轴支承轴承（或者铜套）磨损，导致电枢铁芯与磁场铁芯相摩擦。

（3）故障诊断与排除

分解起动机后，找到磨损件并更换，同时加注润滑油即可。

# 情境三 汽车点火锁

## 一、点火锁的作用及结构

### 1. 点火锁的作用

汽车锁系统在汽车上是一个集安全性、装饰性和功能性为一体的特殊部件。各汽车大国都十分重视车锁与整车的协调发展。经过长期的发展，目前的汽车锁系统已经具备了较高的安全性、可靠性和多样性，并向机电一体化方向发展。

点火锁又名点火开关，是一个多挡开关，需用相应的钥匙才能对其进行操纵，点火锁通常用于控制点火电路、仪表电路、电控系统（发动机）、起动电路及辅助电气电路（除防盗器和大部分汽车喇叭电路、警示灯、危险警报灯、部分车小灯等）。

点火锁就是电源开关，它的作用是接通或者断开汽车电源。汽车点火锁的外形结构如图 3.55 所示。

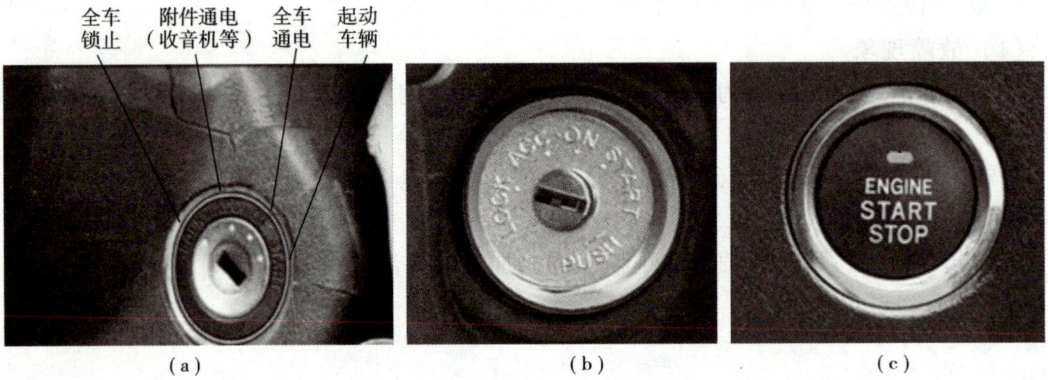


图 3.55 汽车点火锁的外形结构

(a) 长安 CS15 点火锁；(b) 别克君越点火锁；(c) 东风风光 370 点火锁

在汽车锁系统中，点火锁的结构比较复杂。它集安全、防盗、人性化操作等多种功能于一体，包括钥匙齿槽形防盗、电子密码防盗、锁芯机械破坏防护、电磁阀防熄火、自动挡、点火锁背光灯、钥匙未拔提醒、防二次起动等一系列功能。近两年无钥匙起动、一键式起动功能也在多种车型上广泛应用。预计未来，电动新能源车的点火锁将会隐去燃油车上的多种功能而添加其他的电起动、电控、电动机防盗等系统功能。

### 2. 点火锁的结构

(1) 锁芯

汽车常用点火锁芯一般采用弹子结构、片簧式结构。由于弹子结构对制造精度的要求较高，对使用环境比较苛求，故仅用在车身内点火锁的设计中。目前我国只有神龙富康、标致、吉利自由舰、力帆520等车型采用弹子结构的锁芯，而大多数品牌的车型均采用片簧式结构。

（2）方向锁机构

从外形上看，通常有T型和I型。

奇瑞A3、江淮宾悦等采用T型半整体式点火锁，如图3.56所示。

(a)　(b)　(c)

图3.56　T型半整体式点火锁

（a）奇瑞A3；（b）江淮宾悦；（c）五菱之光

装车需要用凹形板与锁体包裹方向柱，用防盗拧断螺钉紧固。T型半整体式点火锁由锁芯、偏心传动轴、锁舌、锁舌滑座、压簧、锁舌挂钩等零件构成。开动时，旋转钥匙柄带动锁芯，锁芯带动偏心传动轴，偏心传动轴将锁舌滑座，连同锁舌抬起。此时锁舌挂钩从锁舌侧边将其挂住，并使其在钥匙未拔出的情况下始终保持抬起状态，从而转向解锁。例如，奇瑞QQ、力帆320的锁芯与锁体结构相对独立，锁体是常见的T型锁的缩小版，即紧凑车型点火锁。力帆320的点火锁如图3.57所示。

(a)　(b)　(c)

图3.57　力帆320的点火锁

（a）点火锁芯；（b）点火锁体；（c）点火锁芯装入锁体后

紧凑车型点火锁的结构小巧，其锁芯部为锁芯与偏心传动轴合二为一。当锁芯旋转，锁芯被锁壳斜面带入锁体，锁芯带动锁体完成锁舌缩回，而锁舌弹出是由锁芯回弹、锁体内锁舌滑座脱离锁芯的凸台完成；另外，其外壳上有一簧片，在装车时卡入锁体内即可。

## 二、汽车点火锁的挡位

汽车点火锁有“LOCK”“ACC”“ON”“START”等挡位，各挡位负责接通不同的功能。

### 1.“LOCK”挡

“LOCK”为“锁死汽车”挡。一般汽车车钥匙应放到这个挡位并拔出钥匙，锁块在弹簧力作用下被顶向外，当遇到方向柱的空槽时就会卡死，于是就会锁死方向盘。此时方向盘不能有太大的活动，起到了防盗作用。

### 2. “ACC”挡

“ACC”为“给附属设备通电”挡，主要是给辅助系统通电，如收音机、车灯等；但不可以使用空调。

### 3. “ON”挡

“ON”挡除了起动机，其余的电气设备都可接通。它可以为方向盘解锁，可以使用空调，但空调无制冷效果。因为此时压缩机未起动，只有鼓风机运转，所以吹出来的是自然风。正常行车时钥匙处于“ON”状态，这时全车所有电路都处于工作状态。

### 4. “START”挡

“START”挡是发动机的“起动”挡位，起动后点火钥匙会自动恢复到“ON”挡。

## 三、插头及导通情况

### 1. 插头

BAT：常电。

ACC：附件（在“附件”挡有电），接通音响。

IGN1：ON（在“ON”挡和“ST”挡都有电），接通转向、玻璃升降机。

IGN2：ON（在“ON”挡有电、“ST”挡没电），接通所有电控系统电器，如传感器、控制单元、执行器。

ST：ST（只在“ST”挡有电），接通起动继电器或接起动机。

### 2. 各挡位导通情况

点火钥匙位于各挡位时，接通电路，如表3.3和表3.4所示。

表3.3　奇瑞A3点火锁各挡位导通情况

| 挡位＼接线柱 | AM1 | IG1 | ACC | AM2 | IG2 | ST2 |
| --- | --- | --- | --- | --- | --- | --- |
| 功率/W | | 240 | 120 | | 120 | 120 |
| LOCK | | | | | | |
| ACC | ○— | — | ○ | | | |
| ON | ○— | ○— | ○ | ○ | ○ | |
| START | ○— | ○ | | ○— | ○— | ○ |

表3.4　江淮宾悦点火锁各挡位导通情况

| 挡位＼接线柱 | | AM1 | IG1 | ACC | AM2 | IG2 | ST2 | 3 | 4 | 5 | 6 |
| --- | --- | --- | --- | --- | --- | --- | --- | --- | --- | --- | --- |
| 功率/W | | | 240 | 120 | | 120 | 120 | 1.5 | | | 2 |
| LOCK | 拔出钥匙 | | | | | | | | | | |
| | 插入钥匙 | | | | | | | | | ○— | ○ |
| ACC | | ○— | — | ○ | | | | | | ○— | ○ |
| ON | | ○— | ○— | ○ | ○— | ○ | | ○—⊗— | ○ | ○ | ○ |
| START | | ○— | ○ | | ○— | — | ○ | | | ○— | ○ |

## 四、一键起动

汽车一键起动（Start Stop Engine System）装置是智能汽车的一部分，实现了简约点火与熄火的过程。现在很多汽车公司已经在用这个智能设备来增加市场竞争力。无论高低配置的车辆都可以进行加装。

一键起动的按钮或旋钮必须在接收到智能钥匙的存在时才能起动，这种感应距离一般在50 cm左右。一般情况下，智能钥匙中也带有机械钥匙，它的作用是在一键起动功能发生故障时，利用机械起动方式进行起动，如图 3.58 所示。

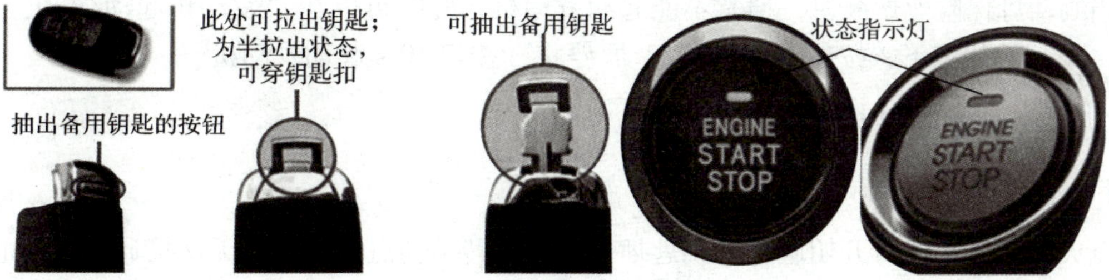


图 3.58　一键起动钥匙及“起动”按钮

具有一键起动功能的汽车一般不用插入钥匙，但都有插入钥匙的位置（作用是防止一键起动功能发生故障时，可利用钥匙进行起动）。

### 1. 如何使用一键起动

起动有两种情况：一种是逐步进行；另一种是一步到位。

（1）逐步进行

首先按一下“起动”键（相当于“ACC”挡），“ACC”功能开启；再按下“起动”按钮（相当于“ON”挡），这时“一键起动”按钮成黄色状态，车辆进行自检；当车辆完成自检后，踩下刹车（或者离合器），这时“一键起动”按钮成绿色状态（说明满足起动条件），再一次按下“一键起动”按钮，随后车辆起动。

（2）一步到位

踩下刹车（或者离合器），按下“一键起动”按钮，随后车辆自动完成从 ACC→ON→START，起动汽车。

（注：自动变速器汽车在起动时是踩刹车，而手动变速器汽车是踩离合器。）

### 2. 一键起动使用的注意事项

（1）行驶过程中关闭/起动发动机

行驶中关闭发动机，在车辆行驶过程中发生紧急情况时，可以通过按下“发动机起动/停止”按钮 3 s 以上或连续按动 3 次关闭发动机。此时电源转换到“ACC”状态。

行驶中起动发动机，如果发动机在车辆行驶过程中熄火，可以在不踩制动踏板的状态下，通过将变速杆挂入“N（空）”挡位置并按下“发动机起动/停止”按钮来重新起动发动机。（手动变速器汽车行车熄火时，踩下离合器，按下“发动机起动/停止”按钮来重新起动发动机。）

（2）智能钥匙电池电量不足或智能钥匙不能正常工作

当智能钥匙电池电量不足或智能钥匙不能正常工作时，应及时更换电池。若必须使用车辆，可通过机械钥匙打开车门，将智能钥匙插进智能钥匙锁筒来起动发动机。

（3）方向盘锁止

当“发动机起动/停止”按钮处于“OFF”状态时，方向盘锁死以防盗；当车门打开或智能钥匙从智能钥匙锁筒取出时，方向盘会自动锁止。一般情况下，在“发动机起动/停止”按钮处于“ACC”状态时，方向盘会自动开锁。如果方向盘不能正常开锁，可通过左右转动方向盘同时按下“发动机起动/停止”按钮释放张力解开方向盘锁。

（4）特殊情况下起动发动机

当制动灯保险丝熔断时，通常不能起动发动机，此时可以在“发动机起动/停止”按钮处于“ACC”状态下，按住“发动机起动/停止”按钮 10 s 起动发动机。

## 五、点火锁故障的检修

### 1. 故障现象

点火锁卡死不能打开钥匙，即钥匙插入锁孔后转不动点火钥匙，无法接通全车用电器。

### 2. 故障原因

1）点火锁锁块与方向柱凹槽卡死而导致钥匙转不动，同时方向盘也转不动，如图 3.59（a）所示。

2）点火锁机械方面的故障。

### 3. 维修思路

1）遇到故障 1）这种现象时，双手同时工作，左手握住方向盘轻轻左右摇动，同时右手轻轻转动点火钥匙，即可打开钥匙，转动方向盘。

2）若是点火锁机械方面故障，此时应拆下点火锁线束，固定螺丝钉，拉出线束端头，用一字螺丝刀插入小孔内。这样，就可以像拧点火锁一样正常起动汽车了，如图 3.59（b）、（c）所示。

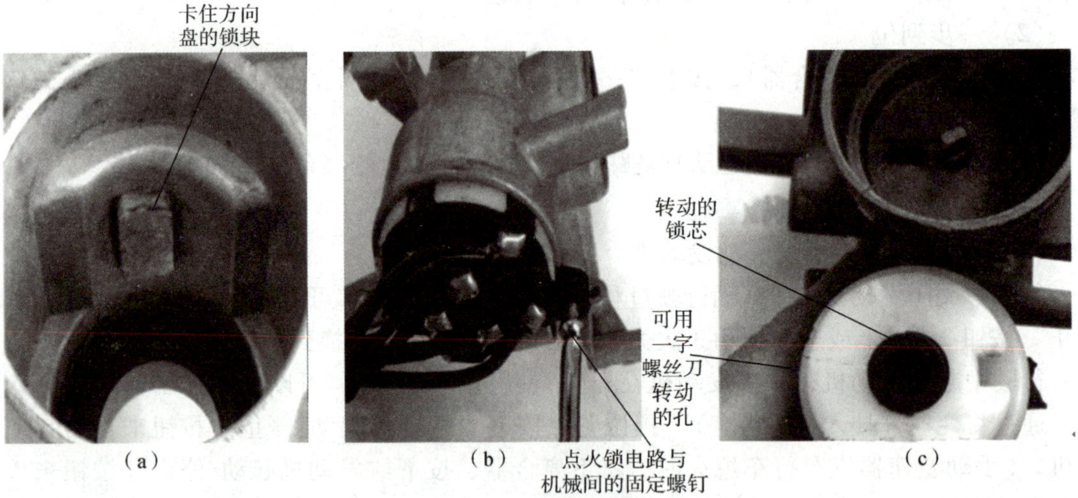


图 3.59　点火锁结构

3）如遇点火锁电路故障，可依据表 3.3 和表 3.4 所示线路导通情况给予判断排除。

## 典型故障案例

**故障现象：**

现在解决本部分开始提到的一辆丰田凯美瑞 2015 款轿车，起动机不工作的故障。

接车后，车主反应：汽车前一天正常工作，第二天用钥匙起动汽车时，起动机没有任何反映，汽车不能正常起动。多次接通起动开关，起动机不转动，无动作迹象，但是能听到继电器闭合的响声。

**故障原因：**

起动机不转动的原因可能有以下几种情况：

1）电源故障。蓄电池严重亏电或极板硫化、短路等。蓄电池极桩与线夹接触不良；起动电路导线连接处松动而接触不良；点火开关火线（正极电源线）至起动机导线有断路；有关保险丝烧断；等等。

2）起动机故障。换向器与电刷接触不良；换向器有严重油污，有烧蚀现象；电刷弹簧折断，绝缘电刷搭铁；励磁绕组或电枢绕组断路或短路，电磁开关线圈断路、短路、搭铁或其触点有因烧蚀而接触不良的现象；等等。

3）点火开关故障。点火开关接线松动或内部接触不良。

4）起动继电器故障。起动继电器线圈断路、短路、搭铁或其触点有因烧蚀而接触不良的现象等。

5）起动机线路故障。起动线路中有断路、导线接触不良或松脱等现象。图3.60所示为凯美瑞2015款轿车起动电路。

**故障诊断：**

1）检查电源。按喇叭，若喇叭声音正常，则说明电源无问题。检查蓄电池极桩与线夹及起动电路导线连接处无松动，触摸导线连接处无发热；测量电池电压为12.5 V。

2）检查起动机线路。用试灯一端搭铁，另一端接起动机A1端子，拧点火钥匙起动，试灯微亮。说明起动控制电路有故障，应对相应电路进行检修。

3）检查起动继电器。在中央继电器盒里找到ST继电器并拔出ST继电器，用万用表测量ST继电器座的5#端子电压，有12.5 V，为电池电压；起动时测量ST继电器的1#端子电压，有12.4 V，正常；测量ST继电器2#端子的搭铁电阻，为0 Ω，也正常；用导线将ST继电器座上的5#和3#两接线柱短接，起动机并没有转动，这说明ST继电器3#端子到起动机A1端子之间有断路故障。

4）检查线路。将ST继电器座上的5#和3#两接线柱短接时，断开起动机A1接线柱，用万用表“电压”挡测量起动机A1端子的电压为12.4 V，电压正常。那为什么带不动电磁开关呢？难道是这段线路有虚接点？为印证这种想法，于是在接回A1接线柱时测量了该点的电压，为4 V，不正常，是有虚接点。

根据电路原理图，在发动机舱找到线束插接器CA1的1#绿色线，在测量ST继电器3#端子与CA1－1端子之间电阻时发现，在CA1插接处绿色线与插片间只有2根细铜线连接，其余多数铜线已经断开。

**故障排除：**

修复插接器 CA1 处绿色线与插片的连接，恢复所有线路，起动汽车，一切正常，故障排除。

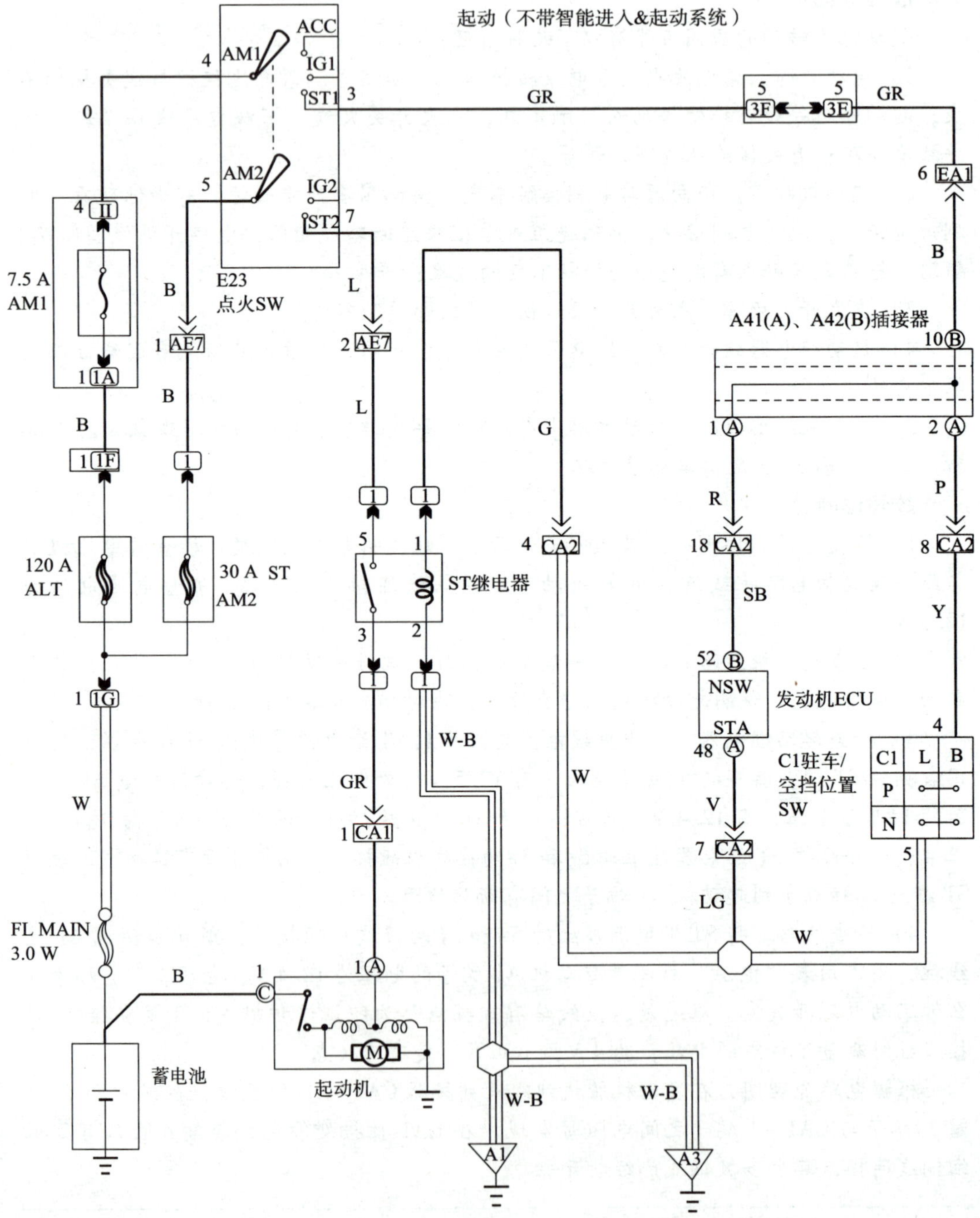


图 3.60　凯美瑞 2015 款轿车起动电路

## 知识拓展

### 减速式起动机

在起动机的电枢轴与驱动齿轮之间装有齿轮减速器的起动机，称为减速起动机。串励式直流电动机的功率与其转矩和转速成正比。可见，提高电动机转速的同时降低其转矩，可以保持起动机功率不变。故当采用高速、低转矩的串励式直流电动机作为起动机，在功率相同的情况下，可以使起动机的体积和质量大大减小。但是，起动机的转矩过低，不能满足起动发动机的要求。为此，在起动机中采用高速、低转矩的直流电动机时，在电动机的电枢轴与驱动齿轮之间安装齿轮减速器，可以在降低电动机转速的同时提高其转矩。

减速起动机的齿轮减速器有普通式减速机构、外啮合式减速机构、内啮合式减速机构、行星齿轮式减速机构 4 种不同的形式，如图 3.61 所示。下面主要介绍后三种。

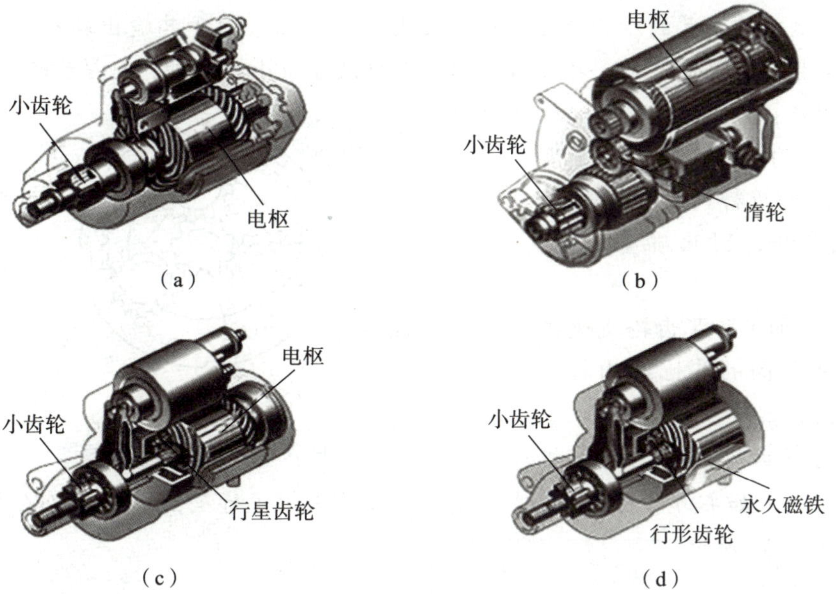


图 3.61 不同形式的齿轮减速机构

(a) 普通式；(b) 外啮合式；(c) 内啮合式；(d) 行星齿轮式

#### 1. 外啮合式减速机构

外啮合式减速机构（见图 3.62）在电枢轴和起动机驱动齿轮之间利用惰轮做中间传动，且电磁开关铁芯与驱动齿轮同轴心，直接推动驱动齿轮进入啮合，无需拨叉。因此，起动机的外形与普通的起动机有较大的差别，通常分有惰轮外啮合式减速起动机和无惰轮外啮合式减速起动机。外啮合式减速机构的传动中心距较大，因此受起动机构的限制，其减速比不能太大，一般不大于 5，多用在小功率的起动机上。

#### 2. 内啮合式减速机构

内啮合式减速机构（见图 3.63）传动中心距小，可有较大的减速比，故适用于较大功率的起动机。但内啮合式减速机构噪声较大，驱动齿轮仍需拨叉拨动才能进入啮合。起动机的外形与普通起动机相似。

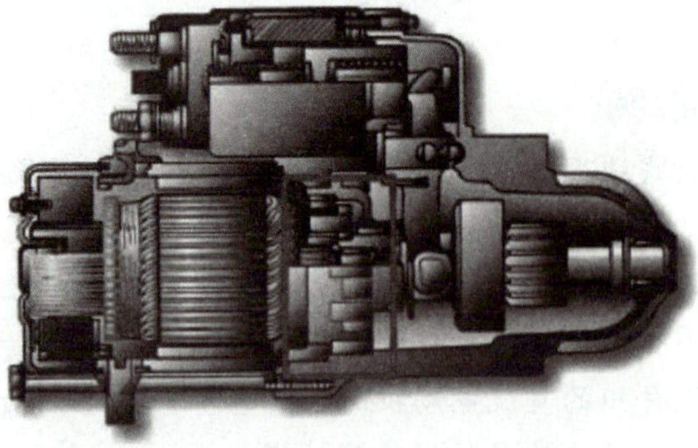

图 3.62　外啮合式减速机构

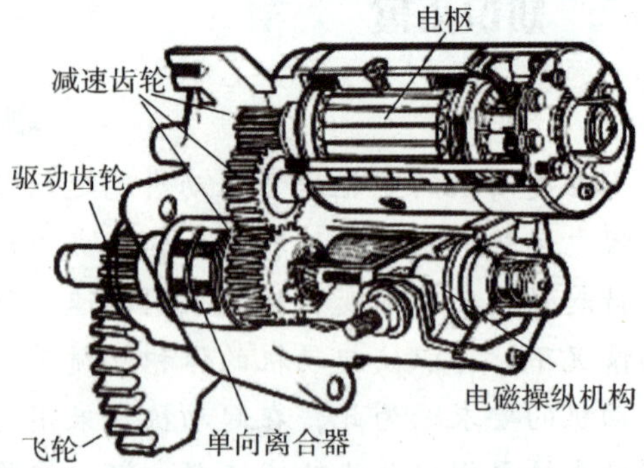


图 3.63　内啮合式减速机构

### 3. 行星齿轮式减速机构

行星齿轮式减速机构的结构紧凑，传动比大，效率高。由于其输出轴与电枢轴同轴线、同旋向，且电枢轴无径向载荷，振动轻，因此整机尺寸减小。另外，行星齿轮式减速起动机还具有如下优点：

1）负载平均分配在三个行星齿轮上，可以采用塑料内齿圈和粉末冶金的行星齿轮，因此质量更小、噪声更低。

2）即使增加了行星齿轮减速机构，但起动机轴向的其他结构与普通起动机相同，故配件可以通用。

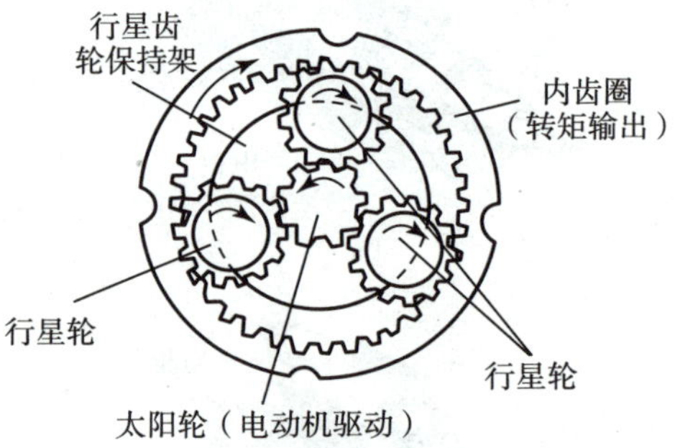


图 3.64　行星齿轮减速器

因此，行星齿轮式减速起动机应用越来越广泛，如丰田系列轿车和部分奥迪轿车都采用了行星齿轮式减速起动机行星齿轮减速器，如图 3.64 所示。

## 思考与练习

### 一、判断题

1. 电力起动机由于操作轻便，起动迅速、可靠，具有重复起动的能力，因此被现代汽车广泛采用。（　　）

2. 电力起动机采用的是交流电动机。（　　）

3. 电动机电枢的作用是产生电磁场。（　　）

4. 电力起动机中换向器的作用是把通入电刷的直流电转换为交变电流。（　　）

5. 滚柱式单向离合器中和电枢轴制成一体的十字块是主动部分。（　　）

6. 摩擦片式单向离合器是靠主、从动摩擦片之间的摩擦力来传递扭矩的。（　　）

7. 起动继电器的作用是保护点火开关。（　　）
8. 永磁起动机的磁极是永久磁铁。（　　）
9. 采用减速起动机是为了提高起动机的输出转矩。（　　）
10. 采用减速起动机是为了提高起动机的输出功率。（　　）
11. 移动整个电枢可使电枢移动式起动机的起动机齿轮啮入飞轮齿圈。（　　）
12. 空载试验时通电的时间不允许超过 5 s。（　　）
13. 电磁开关中吸拉线圈和保持线圈在起动开始时是并联连接，而在起动开关断开时是串联连接的。（　　）
14. 起动机保护电路中利用的是发电机的输出电压。（　　）
15. 起动机的额定功率就是最大功率。（　　）
16. 电动机的 30#接线柱、发电机的“B＋”接线柱与电瓶正极是并联的。（　　）
17. 只要电瓶有电，且线路无故障，起动机“B＋”接线柱就有电，且与电瓶电压相等。（　　）

## 二、单选题

1. 起动机驱动齿轮周期性地敲击飞轮，发出“哒哒哒”的声音，其故障原因是（　　）。
   A. 吸拉线圈断路、短路或搭铁不良　　B. 保持线圈断路、短路或搭铁不良
   C. 磁极绕组断路、短路或搭铁不良　　D. 电枢绕组断路、短路或搭铁不良
2. 电磁开关上的接线柱是和起动继电器上的（　　）接线柱相连接的。
   A. “起动机”接线柱　　B. “电池”接线柱
   C. “点火”接线柱　　D. “搭铁”接线柱
3. 起动继电器上的“点火”接线柱与（　　）相连接。
   A. 蓄电池　　B. 起动机　　C. 点火锁　　D. 接地
4. 起动机起动时，活动铁芯推动接触盘将起动机主电路接通，此时（　　）短路。
   A. 保持线圈　　B. 吸拉线圈　　C. 电磁继电器线圈　　D. 磁极线圈
5. 单向离合器在（　　）时切断转矩。
   A. 起动后　　B. 起动前　　C. 起动时　　D. 起动时和起动后
6. 控制装置的作用是用来接通和切断（　　）之间的电路。
   A. 点火锁和电动机　　B. 蓄电池和点火锁
   C. 蓄电池和电动机　　D. 点火锁和起动机
7. 起动机空转的原因是（　　）。
   A. 吸拉线圈断路　　B. 保持线圈断路　　C. 电枢绕组断路　　D. 单向离合器打滑
8. 有一辆汽车由于不能起动被拖到了维修厂。当点火钥匙拧到“ST”挡时，电动机带动发动机旋转，但发动机不能起动。技术员 A 说，点火线圈可能短路。技术员 B 说，火花塞可能漏电。他们谁的说法正确？（　　）
   A. A 正确　　B. B 正确　　C. A 和 B 都正确　　D. A 和 B 都不正确
9. 起动时，有“哒哒哒”的响声发出，而发动机转不动，最可能的原因是（　　）。
   A. 电瓶电量不足　　B. 电动机单向离合器打滑
   C. 电动机开关不工作　　D. 电动机转子发卡

10. 关于起动机的安全使用事项中，下列哪项不对？（　　）
    A. 起动前应将汽车置于“前进”挡，拉紧手刹
    B. 每次起动时间不得超过 5 s
    C. 汽车起动后，应立即松开点火锁，使起动机停止工作
    D. 三次起动后，发动机仍然不着车，最好进行检修
11. 起动电动机已被大修并准备安装在汽车内。技术员 A 说，在把起动机安装到汽车之前要进行自由旋转试验。技术员 B 说，在安装起动机之前要把 C 接线柱连接器拆下。谁的说法正确？（　　）
    A. A 正确　B. B 正确　C. A 和 B 都正确　D. A 和 B 都不正确
12. 汽车起动机电磁开关的作用是（　　）。
    A. 控制起动机电流的通断
    B. 推动小齿轮啮入飞轮齿圈
    C. 接通起动机电流并推动小齿轮啮入飞轮齿圈
    D. 防止起动机电枢被发动机高速反拖

## 三、多选题

1. 电刷出现下面哪些情况时不需要更换？（　　）
   A. 电刷的高度高于新电刷的 1/3 或低于 2/3
   B. 电刷与换向器的接触面积低于 75%
   C. 电刷的高度高于新电刷的 2/3
   D. 电刷与换向器的接触面积低于 95% 或高于 75%
2. 起动机的保护电路是为了防止错误操作，以提高起动机的可靠性并延长使用寿命，所以对驱动保护电路的要求是（　　）。
   A. 发动机起动后应能使起动机自动停止工作
   B. 不接通起动开关起动机就可以工作
   C. 发动机工作时，即使错误接通起动开关，起动机也不工作
   D. 发动机工作时，如果接通起动开关，起动机就可以工作
   E. 发动机起动后，如果不断开起动开关，起动机将继续工作
3. 起动机运转无力的原因有（　　）。
   A. 起动继电器线圈断路　B. 换向器过脏
   C. 电枢绕组断路　D. 起动机开关触点烧蚀
   E. 磁场绕组和电枢绕组有局部短路
   F. 滚柱滚入楔形槽的宽处，于是切断了驱动齿轮传给电枢轴的转矩
4. 电磁开关中吸拉线圈和保持线圈缺一不可，它们的作用是（　　）。
   A. 吸拉线圈使驱动齿轮平稳顺利啮合
   B. 它们共同作用使活动铁芯移动
   C. 保持线圈使驱动齿轮平稳顺利啮合
   D. 保持线圈保持活动铁芯移动的位置
   E. 吸拉线圈保持活动铁芯移动的位置

5. 自动挡汽车起动系统的组成有哪些？（　　）

A. 蓄电池　　B. 起动机　　C. 点火锁　　D. 空挡开关

6. 起动机一般由下列几个部分组成：（　　）。

A. 直流串励式电动机　　B. 传动机构

C. 点火锁　　D. 控制装置

7. 拧点火钥匙到“ST”挡时，若电动机没有运转，则可能是什么原因？（　　）

A. 电瓶电量不足　　B. 发动机阻力太大导致电动机转不动

C. 点火锁“ST”线没有电输出　　D. 50#线脱落

E. 起动继电器活动触点烧蚀，通电性能差，导致电动机不能转动

# 第四部分
## 点 火 系 统

# 情境一　传统点火系统的结构与检修

传统点火系统也叫蓄电池点火系统。传统点火系统的电能源于发电机或蓄电池。传统点火系统曾在汽车上获得了广泛的应用。

## 一、传统点火系统的结构

传统点火系统由电源、点火线圈、分电器总成、点火开关、火花塞、高压线等组成，如图 4.1 所示。

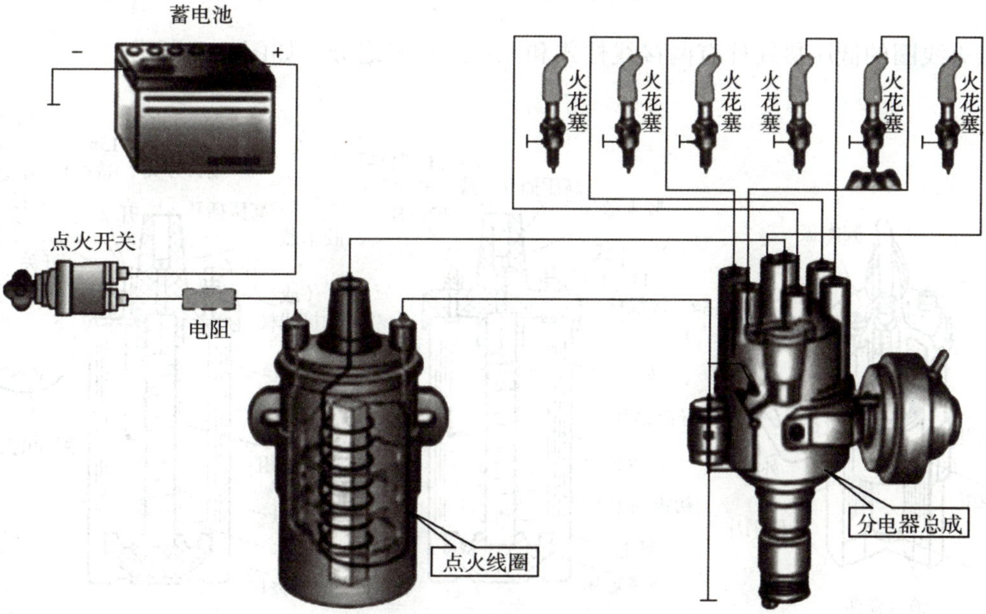


图 4.1　传统点火系统

### 1. 电源

电源为蓄电池和发电机，其作用是给点火系统提供低压直流电源，一般为 12 V。

### 2. 点火线圈

点火线圈的作用是将 12 V 低压电转变成 15 ~ 20 kV 的高压电。点火线圈主要由初级绕组、次级绕组和铁芯等组成；按磁路的结构形式不同，可将点火线圈分为开磁路点火线圈和闭磁路点火线圈。

（1）开磁路点火线圈

开磁路点火线圈的结构如图 4.2 所示。点火线圈的中心部分是一个软铁芯，由硅钢片叠成，包在硬纸板套内；在纸板套外先绕次级绕组，再在次级绕组外面绕初级绕组；在绕组与外壳之间装有导磁钢片，用来增加磁通；外壳的底部有绝缘磁杯，用来防止高压电击穿次级绕组的绝缘向铁芯和外壳放电；点火线圈的上部是胶木盖，中央突出的部分是高压线插口，高压线插口两侧的接线柱是低压接线柱。

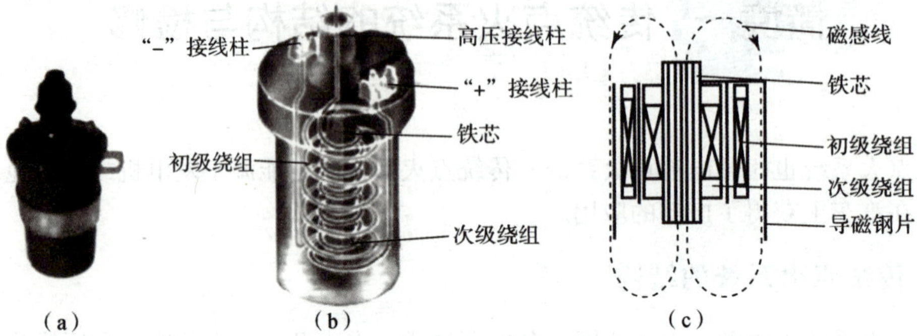


图 4.2　开磁路点火线圈

(a) 实物；(b) 结构；(c) 磁路

点火线圈的低压接线柱有两接线柱式和三接线柱式之分，如图 4.3 所示。

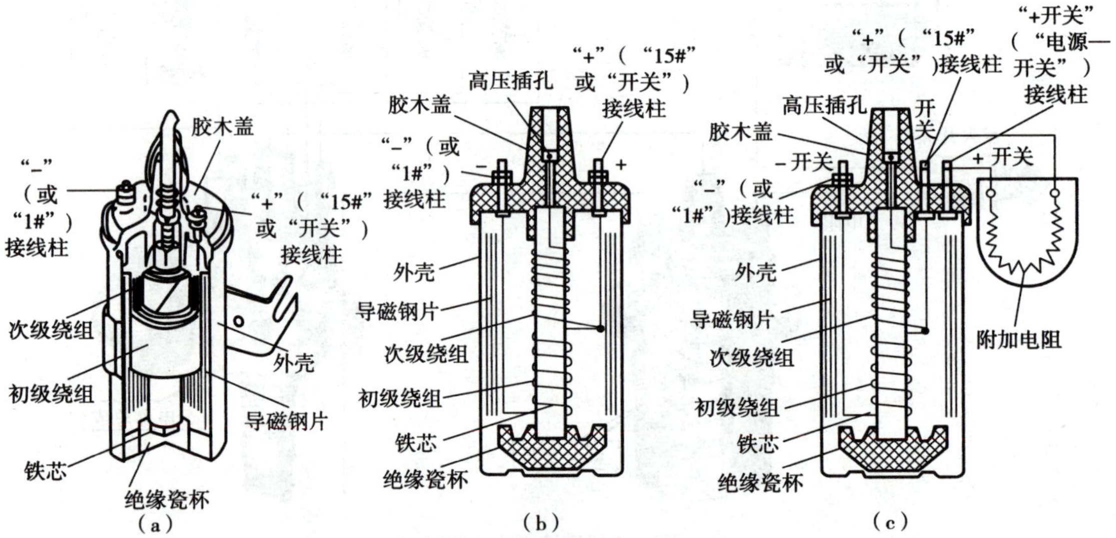


图 4.3　开磁路点火线圈的结构及低压接线柱的分类

(a) 内部结构；(b) 两接线柱式；(c) 三接线柱式

三接线柱式点火线圈的三个接线柱上分别标有"－开关""＋开关"标记，"开关"和"＋开关"接线柱上接有附加电阻，"－开关"和"＋开关"接线柱分别与点火开关、分电器相连接。

两接线柱式点火线圈的两个接线柱上分别标有"－""＋"的标记。

(2) 闭磁路点火线圈

闭磁路点火线圈的结构如图 4.4 所示。这种点火线圈的铁芯被加工成"口"字形或"日"字形，铁芯的内部先绕初级绕组，然后再在初级绕组的外面绕次级绕组。初级绕组产生的磁通量通过铁芯构成闭合磁路。

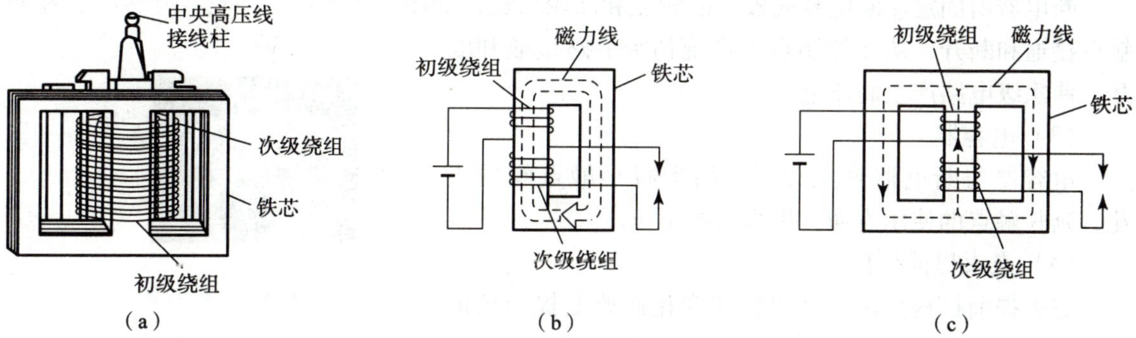


图 4.4 闭磁路点火线圈的结构及铁芯形状

(a) 闭磁路点火线圈的结构；(b) “口”字形铁芯；(c) “日”字形铁芯

闭磁路点火线圈与开磁路点火线圈相比较，具有漏磁少、体积小、能量损失小、转换效率高的特点，可以直接安装在分电器中。因此，在点火系统中得到了广泛的应用。

### 3. 分电器总成

分电器总成由配电器、断电器、电容器和点火提前机构等部分组成，如图 4.5 所示。分电器固定在发动机凸轮轴附近，并通过齿轮来驱动分电器主轴，分电器总成的主轴按顺时针方向旋转。

(1) 配电器

配电器由分电器盖和分火头组成，如图 4.6 所示。分电器盖四周有与发动机气缸数相同的旁电极，可通过分缸高压线与各气缸火花塞相连。分火头装在断电器凸轮的顶端，随凸轮一起旋转，分火头上制有一金属导电片；当分火头旋转时，它上面的导电片依次与旁电极接通，将点火线圈产生的高压电，按发动机各缸的点火顺序分别传到各缸火花塞。

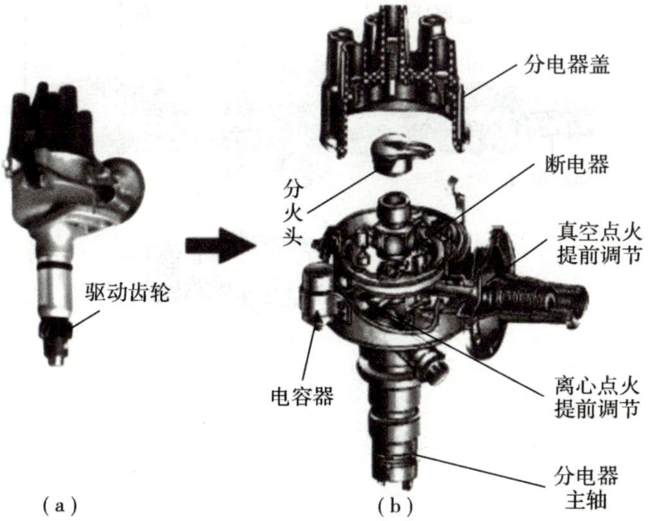


图 4.5 分电器总成

(a) 实物；(b) 分离

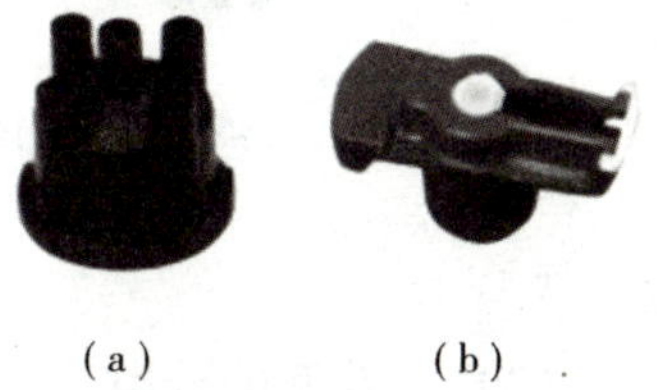


图 4.6 配电器

(a) 分电器盖；(b) 分火头

（2）断电器

断电器由固定在断电器底板上的触点和凸轮组成，如图 4.7 所示。凸轮在旋转时，控制触点接通和断开，从而控制点火系统初级电路接通和断开，使次级电路产生高压电。

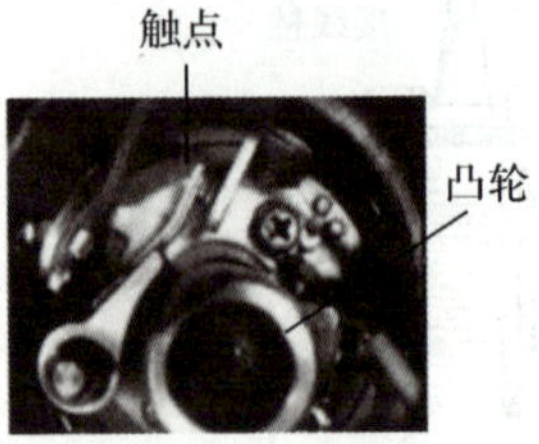


图 4.7　断电器

（3）电容器

电容器与断电器触点并联，用来减小触点间的火花，延长触点的使用寿命，提高次级电压。

（4）点火提前机构

点火提前机构由随发动机转速变化而改变提前角的离心调节器和随发动机负荷变化而改变提前角的真空点火调节器组成，点火提前机构随发动机转速和负荷变化自动调节点火提前角。此外，在将分电器的紧固螺栓松开后，通过顺时针或逆时针转动分电器，也可适当调节点火提前角。

### 4. 点火开关

点火开关的作用是用来控制点火系统的初级电路，同时也控制起动机、发电机励磁、空调、刮水器、仪表、信号灯等的电路。点火开关的外形如图 4.8 所示。

### 5. 火花塞

（1）火花塞的结构

火花塞的作用是将高压电引入发动机的燃烧室，产生电火花，点燃混合气。其结构如图 4.9 所示。火花塞的放电部分是中心电极和侧电极，两者之间用陶瓷绝缘隔开，绝缘体内部的中心导电部分分为三段：最下面一段是中心电极；中间是导电玻璃；最上面是金属杆，金属杆的上部加工有螺纹，接线螺母拧在其上，高压线接在接线螺母上。

图 4.8　点火开关的外形

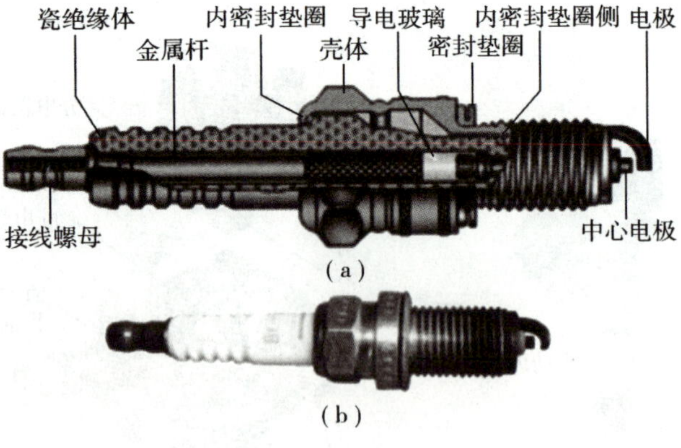


图 4.9　火花塞的结构

（a）结构；（b）实物

（2）火花塞的分类

1）根据火花塞裙部绝缘体的长度不同，火花塞可以分为热型、冷型和中型，如图 4.10 所示。

①热型火花塞，即绝缘体裙部长的火花塞。其受热面积大，传热距离长，散热困难，裙部温度高。热型火花塞一般用于低压缩化、低车速、小功率的发动机中。

②冷型火花塞，即裙部短的火花塞。其受热面积小，传热距离短，裙部温度低，且容易散热。冷型火花塞用于高压缩比、高转速、大功率的发动机中。

③中型火花塞，即绝缘体裙部的长度介于热型与冷型之间的火花塞。

（a）　（b）　（c）

图 4.10　三种类型的火花塞

（a）热型；（b）冷型；（c）中型

2）根据侧电极的多少，火花塞可分为单电极、双电极和三电极等。

3）根据生产厂家分类，有德国博世（BOSCH）、日本电装（DENSO）、日本 NGK、美国冠军和中国湘火炬等。

（3）火花塞电极间隙

火花塞电极间隙是指中心电极与侧电极之间的间隙，如图 4.11 所示。电极间隙越大，所需的击穿电压越高，发动机越不易起动，且在高速时越容易发生“缺火”；电极间隙越小，火花越微弱且越容易因产生积炭而漏电。一般火花塞的电极间隙为 0.7 ~ 0.9 mm，电喷汽油车的电极间隙较大，为 0.9 ~ 1.1 mm。

图 4.11　火花塞电极间隙

火花塞是有使用寿命的，国产单电极火花塞经济寿命一般在 1 万 ~ 1.2 万 km，进口三电极火花塞经济寿命在 2 万 ~ 3 万 km，进口白金火花塞经济寿命较长，在 3 万 ~ 5 万 km。

在拆卸火花塞时，必须做到以下几点：

1）使用火花塞套筒和棘轮，并将每个火花塞拧松两圈。

2）压缩空气以吹走火花塞座处的灰尘。

3）拆下火花塞时应确保垫圈也一起被拆下。

在安装火花塞时，必须做到以下几点：

1）用干净的布擦掉火花塞座处的灰尘与润滑脂。

2）如果继续使用原来的火花塞，则要进行火花塞维护。

3）间隙不合适时，要调整火花塞间隙到标准值。

4）安装火花塞并用手拧紧，再使用扭力扳手拧紧火花塞，力矩大小应依据厂家说明书的具体要求确定。

## 二、传统点火系统的工作原理

传统点火系统的工作原理如图 4. 12 所示，发动机工作时断电器凸轮在发动机凸轮轴的驱动下旋转，凸轮旋转时使断电器触点交替闭合和断开。在点火开关接通的情况下，当触点闭合时，点火线圈初级绕组中有电流流过，其回路为：蓄电池正极→点火开关→点火线圈初级绕组→断电器触点→搭铁→蓄电池负极。初级电流在点火线圈的铁芯中形成磁场，将电能转变为磁能。

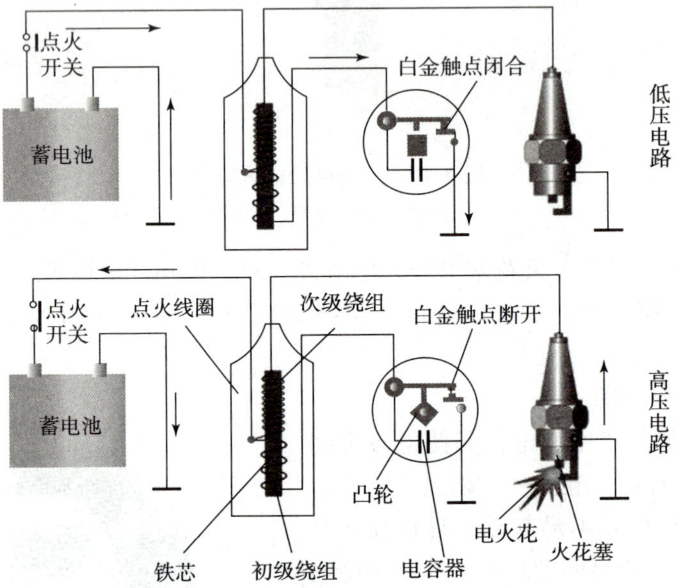


图 4. 12　传统点火系统的工作原理

当断电器凸轮将触点断开时，初级电路被切断，磁铁中的磁场突然消失，在点火线圈的次级绕组内就能够感应 15 ~ 20 kV 的电动势。此电动势作用在火花塞上，足以击穿火花塞的电极间隙，从而产生电火花点燃混合气。次级回路为：次级绕组→点火开关→蓄电池→搭铁（车架）→火花塞旁电极→火花塞中心电极→高压导线→分电器→高压导线→次级绕组。

流过火花塞的高压电流方向为旁电极到中心电极，如前所述，这样击穿电压低。高压电流的方向与次级绕组和初级绕组二者的绕向关系有关。对于负极搭铁的蓄电池，当次级绕组和初级绕组绕向相同时，即可产生击穿电压低的高压电流方向。

断电器的凸轮和配电器中的分火头每转一周，发动机的各个气缸按点火顺序（如 1→3→4→2）点火一次。

## 三、传统点火系统零部件的检测与维修

### 1. 火花塞常见的故障

火花塞常见的故障有过热、积炭、电极烧蚀、漏气、绝缘体破裂和侧电极开裂等。

（1）火花塞的外观检查

火花塞的外观如图 4. 13 所示。火花塞绝缘体出现裂纹或电极烧损严重时，应更换；火花塞有积炭时，可用刮刀、砂纸等清除积炭。另外，可用观色法判断火花塞的工作情况，具体如下：

拆下火花塞观察，若为赤褐色或铁锈色，则说明火花塞工作正常；若为渍油状，则说明火花塞间隙失调或供油过多，高压线短路或断路；若为烟熏的黑色，则说明火花塞冷热型选错或混合气过浓、机油上窜。若顶端与电极间有沉积物，当为油性沉积物时，则说明气缸窜机油，与火花塞无关；当为黑色沉积物时，则说明火花塞积炭而旁路；当为灰色沉积物时，则说明因汽油中添加剂覆盖电极而缺火。若严重烧蚀，如顶端起疤、有黑色花纹、破裂、电极熔化，则说明火花塞损坏。

（2）火花塞电极的间隙检查与调整

用塞尺检查火花塞电极间隙，电喷汽油车正常的电极间隙一般为 0. 9 ~ 1. 1 mm。若不符合要求，则可用专用工具弯曲侧电极来调整电极间隙，如图 4. 14 所示。

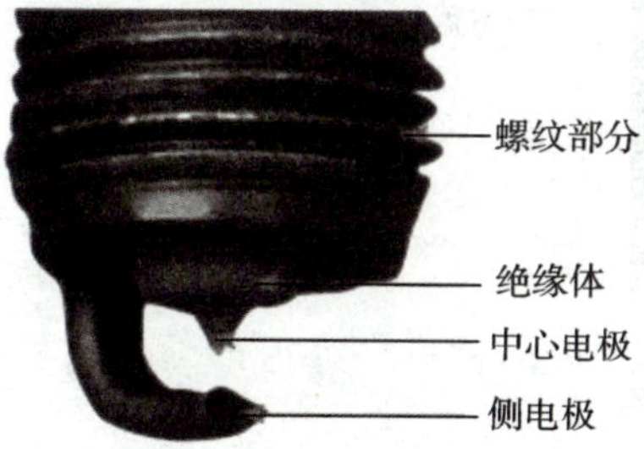


图 4. 13　火花塞的外观

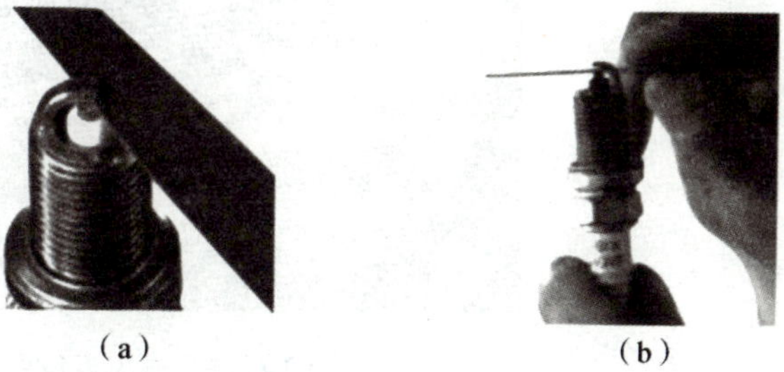


图 4. 14　火花塞电极间隙的检查与调整

（a）火花塞电极间隙的检查；（b）火花塞电极间隙的调整

（3）高压导线的检测与维修

高压导线就是次级电路的导线，通过高压导线可将高压电送给火花塞。这些导线不是实心导线，它们是有纤维芯的导线，这些纤维芯在次级电路中起电阻器的作用；高压导线的电阻值一般为每米几千欧至十几千欧，线越长电阻值越大。

高压导线的使用与维护，必须做到以下几点：

1）在对高压导线进行检测或更换时，应注意各组线的安装顺序。

2）高压导线上不能有油污，若有油污，有可能产生漏电现象。

3）高压导线安装时，严禁折叠，会导致线芯折断或芯线阻值增大，使火花变弱。

### 2. 高压导线常见的故障

高压导线常见的故障有端子氧化腐蚀、导线断裂或变形、绝缘层开裂漏电和电阻值变化等。

（1）高压导线的外观检查

高压导线的外观检查主要检查端子是否氧化和腐蚀，绝缘层是否开裂；如果有，则更换。

（2）高压导线的电阻测量

用万用表的“电阻”挡测量高压导线两端的电阻值，电阻值应在标准范围内；若不在标准范围内，则应更换。高压导线电阻值一般为 2～16 kΩ；导线越长，阻值越大。

## 四、点火系统的跳火试验

可用跳火试验来判断点火系统工作是否正常，如图 4.15 所示。方法是：关闭点火开关，将高压导线接好火花塞，把火花塞放在发动机的机体上，然后起动发动机，观察火花塞跳火的情况（如果无火花，则说明点火系统有故障；如果火花很强，呈蓝色火花，则说明点火系统工作正常）；或者用螺丝刀代替火花塞来做跳火试验，螺丝刀的金属部分应离机体 4～6 mm，然后起动发动机观察火花塞跳火的情况。

图 4.15　点火系统的跳火试验

## 思考与练习

### 一、填空题

1. 点火系统工作时，点火线圈的次级绕组中感应出________________的电动势。

2. 配电器的作用是将________________按发动机各气缸的________________配送至各气缸的火花塞。

### 二、选择题

1. 点火系统的高压导线是纤维导线，其导线电阻与普通导线电阻不同，下列说法正确的是（　　）。

   A. 高压导线电阻比普通导线电阻大　　B. 高压导线电阻比普通导线电阻小

   C. 电阻值与导线长度成正比　　D. 电阻值为 2～12 kΩ

2. 分火头击穿漏电，将会引起（　　）。

   A. 全部火花塞无火　　B. 少数气缸不工作

C. 点火错乱　　　　D. 全部火花塞有火

3. 跳火试验是汽车维修中常用的试验方法，跳火试验时有关说法中正确的有（　　）。

A. 断开次级绕组连接器

B. 用火花塞来做跳火试验时火花塞必须靠近缸体

C. 用火花塞做跳火试验时火花塞不用靠近缸体

D. 可以用导电体代替火花塞来做跳火试验

## 三、判断题

1. 分电器的电容器引线脱落易造成分电器中断电器触点烧蚀。（　　）
2. 汽车正常工作期间，火花塞的电极间隙不会变。（　　）
3. 点火系统的高压电不会发生电击人，所以可以任意触摸。（　　）

# 情境二 普通电子点火系统的结构与检修

电子点火实际上就是利用半导体器件作为开关，接通或断开初级电流，因而又称为半导体点火或晶体管点火。电子点火系统分为有触点电子点火系统和无触点电子点火系统，其中无触点电子点火系统大大改善了点火的性能，已取代了传统的蓄电池点火系统。习惯上把无触点电子点火系统称为普通电子点火系统。

## 一、普通电子点火系统的组成

普通电子点火系统一般由电源、分电器、点火控制器或点火模块、点火线圈、火花塞等部分组成，如图 4. 16 所示。

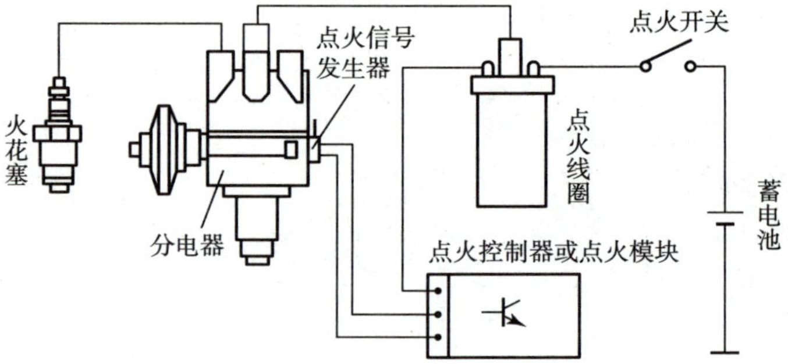


图 4. 16 普通电子点火系统的组成

## 二、普通电子点火系统的分类

普通电子点火系统按信号发生器的原理不同来分类，可分为电磁感应式电子点火系统、霍尔效应式电子点火系统和光电式电子点火系统三种。

### 1. 电磁感应式电子点火系统

电磁感应式电子点火系统主要由磁感应式信号发生器、点火控制器、分电器、火花塞、点火线圈等部分组成。

(1) 磁感应式信号发生器

磁感应式信号发生器又由信号转子、传感线圈、永久磁铁等组成，如图 4. 17 所示。整个信号发生器装在分电器内，永久磁铁和铁芯固定在分电器内，传感线圈绕在铁芯上。信号转子上有与发动机的气缸数相同的凸齿，信号转子由分电器轴带动；随着分电器的旋转，信号转子转动，它的凸起与信号线圈之间的间隙不断变化，磁路的磁阻随之改变，使通过线圈的磁通量发生变化，因而在线圈内感应出交变电动势，如图 4. 18 所示。

图 4.17　磁感应式信号发生器的结构

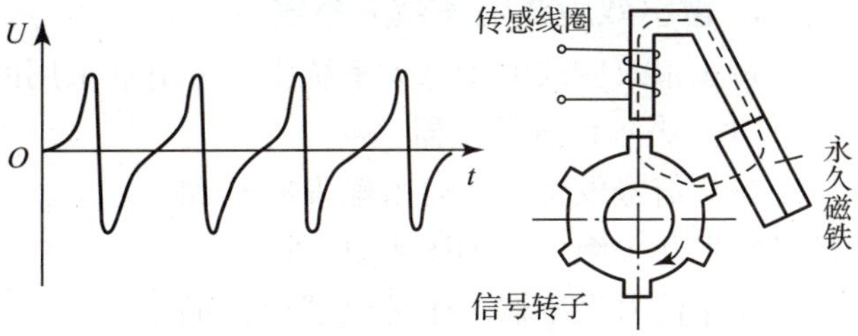


图 4.18　磁感应式信号发生器的工作原理

（2）电磁感应式电子点火系统的工作原理

电磁感应式电子点火系统的电路（见图 4.19），其工作原理如下：

1）接通点火开关，发动机未工作（信号发生器的转子不转动）时，电流从蓄电池正极→点火开关 SW→$R_4$→$R_1$→$VT_1$→$B$ 点→信号线圈→$A$ 点→搭铁→蓄电池负极，构成回路。此时电路中 $T$ 点的电位会高于 $VT_2$ 的导通电压，使 $VT_2$ 导通；$VT_2$ 导通后其集电极电位降低，从而使 $VT_3$ 截止；$VT_3$ 截止后使 $VT_4$ 导通；$VT_4$ 导通后，$R_7$ 上的电压降给 $VT_5$ 提供正向偏置电压，使 $VT_5$ 导通。

2）当磁感应式点火信号发生器产生正向脉冲时，$VT_1$ 的集电极加反向电压而使 $VT_1$ 截止，$T$ 点的电位仍高于 $VT_2$ 的导通电压，此时 $VT_2$ 导通，$VT_4$ 和 $VT_5$ 也导通。于是初级电流回路为：蓄电池正极→点火开关 SW→反馈电阻 $R_f$→点火线圈初级绕组 $N_1$→$VT_5$→搭铁→蓄电池负极，构成回路，点火线圈储存能量。

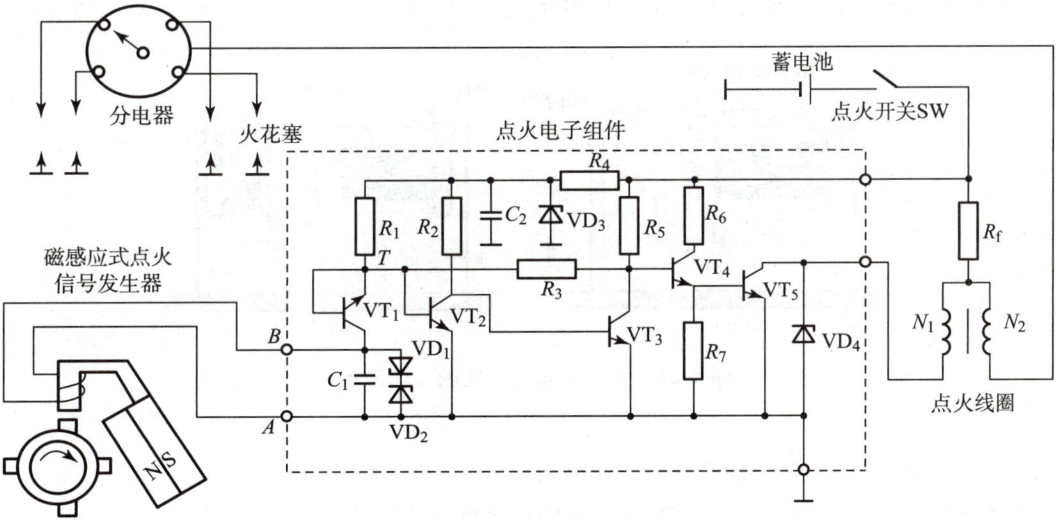


图 4.19　电磁感应式电子点火系统的电路

3）当点火信号发生器产生反向脉冲时，$VT_1$ 的集电极加正向电压而使 $VT_1$ 导通；$T$ 点的电位下降，使 $VT_2$ 截止；$VT_2$ 截止时 $VT_3$ 导通，而 $VT_4$ 截止，$VT_5$ 也截止。于是初级电流被切断，在次级绕组中产生高压电，经配电器按点火顺序分配到各缸火花塞点火，进而点燃可燃混合气使发动机工作。每当信号发生器的转子转动一周，各个气缸按工作顺序便轮流点火一次。

## 2. 霍尔效应式电子点火系统

在霍尔效应式电子点火系统中，分电器采用的是霍尔式点火信号发生器。

(1) 霍尔信号发生器

霍尔信号发生器主要由触发叶轮和信号触发开关组成，如图 4.20 所示。

霍尔信号发生器位于分电器内；触发叶轮与分火头制成一体由分电器轴带动，其叶片数与气缸数相等。信号触发开关由霍尔集成电路和带导磁板的永久磁铁组成，如图 4.20 所示。霍尔集成电路的外层为霍尔元件；同一基板的其他部分被制成放大电路。

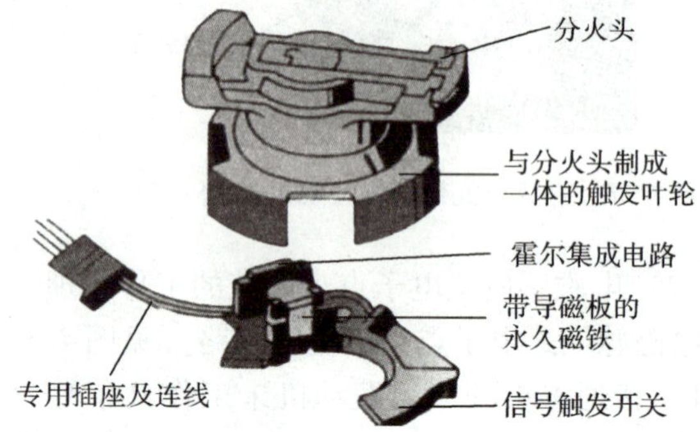


图 4.20　霍尔信号发生器的组成

触发叶轮由分电器轴带着在霍尔集成电路和永久磁铁之间转动。当转到触发叶轮的本体（没有缺口的地方）对着装有霍尔集成块的地方时（叶片在气隙内），通过霍尔集成块的磁路被触发叶轮短路，此时霍尔集成块中没有磁场通过，不会产生霍尔电压，如图 4.21（a）所示。

当触发叶轮转到其缺口对着装有霍尔集成块的地方（叶片不在气隙内）时，［见图 4.21（b）所示］，永久磁铁所产生的磁场，在导板的引导下，垂直穿插过通电的霍尔集成块，在霍尔集成块的横向侧面产生一个 20 mV 的霍尔电压。这个霍尔电压信号经过放大、脉冲整形后，最后将以整齐的矩形脉冲（方波）信号输出。

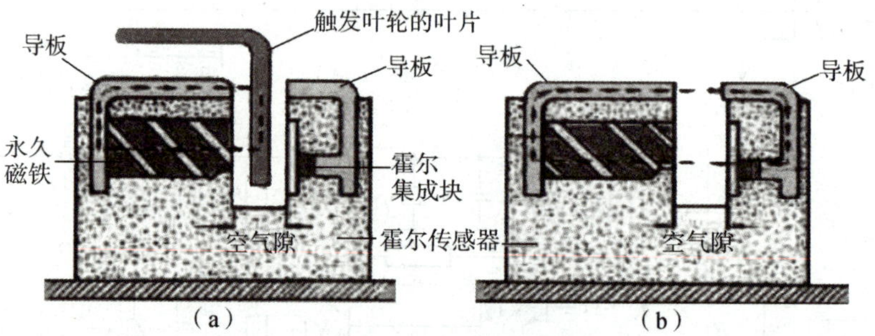


图 4.21　霍尔信号发生器的工作原理

(a) 叶片在气隙内；(b) 叶片不在气隙内

(2) 霍尔效应式电子点火系统的工作原理

典型的霍尔效应式电子点火系统的工作原理如图 4.22 所示。

1) 当接通起动汽车，发动机工作（信号发生器正常转动）时，分电器轴带着霍尔信号发生器的触发叶轮转动，当霍尔信号发生器输出信号 $U_g$ 为高电位，该信号通过点火器插座 3#端子和 6#端子进入点火器。此时，点火器通过内部集成电路，驱动点火器大功率晶体管 VT 导通，从而接通初级电路。其电流回路为：蓄电池“+”极→点火开关 SW→点火线圈初级绕组 $N_1$→点火器大功率晶体管 VT→反馈电阻 $R_f$→搭铁→蓄电池“-”极。

2) 当霍尔信号发生器输出信号 $U_g$ 变为低电位时，点火器使大功率晶体管 VT 立即截止，于是切断点火线圈初级电路，使次级绕组 $N_2$ 感应出高压电，再由分电器将高压电分配到各缸火花塞点燃混合气。

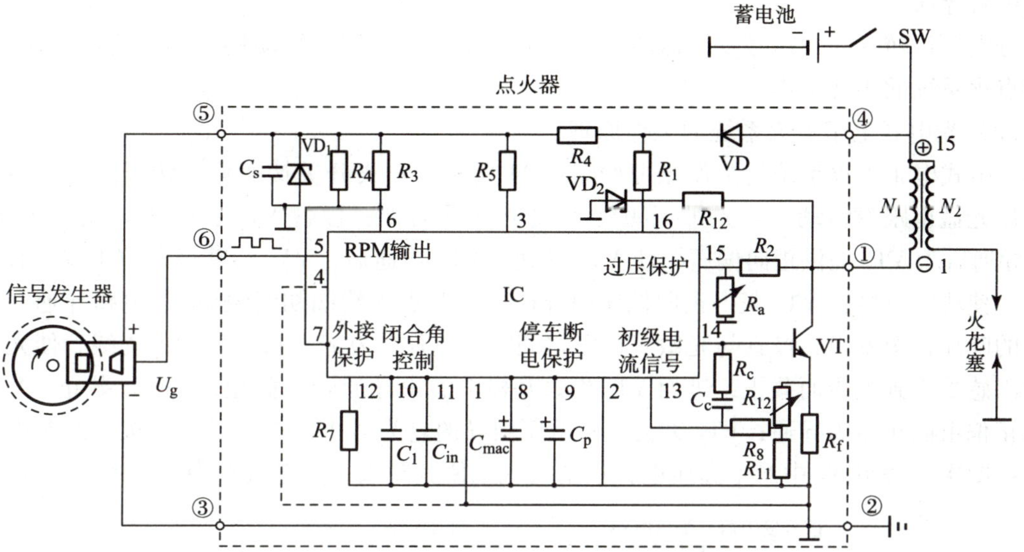


图 4.22 霍尔效应式电子点火系统的工作原理

### 3. 光电式电子点火系统

在光电式电子点火系统中，分电器采用的是光电式点火信号发生器。

（1）光电式点火信号发生器

光电式点火信号发生器主要由发光二极管、光敏三极管和遮光盘三部分组成，如图 4.23 所示。

（a） （b） （c）

图 4.23 光电式点火信号发生器

（a）遮光盘；（b）发光二极管；（c）光敏三极管

1）发光二极管。发光二极管能以接近红外线的频率发出不可见光束。

2）光敏三极管。光敏三极管与发光二极管相对放置，并相隔一定距离。当有光线照射时，光敏三极管导通；当无光线照射时，光敏三极管截止。

3）遮光盘。遮光盘被安装在分电器轴上，位于分火头下面，遮光盘上有与气缸数相等的窗口，遮光盘随分电器轴旋转时，当遮光盘的叶片转至发光二极管与光敏三极管之间时，遮住了发光二极管发出的光线，光敏三极管因感受不到光线而截止；当遮光盘上的窗口通过发光二极管与光敏三极管之间时，发光二极管所发出的光束直接照射到光敏三极管上，使光敏三极管导通。

分电器每转一周，信号发生器便产生 4 个交变信号（四缸发动机）输送给点火控制器，控制点火系统的正常工作。

（2）光电式电子点火系统的工作原理

光电式电子点火系统的工作原理如图 4.24 所示。点火开关接通后，转子随分电器轴转动，遮光盘也跟着转动。当光敏三极管 V 受光导通时，三极管 $VT_1$ 获得正向偏压而导通；$VT_1$ 导通后为 $VT_2$ 提供正向偏压，使 $VT_2$ 导通；$VT_2$ 导通后，$VT_3$ 的基极电位下降，使 $VT_3$ 截止，使功率三极管 $VT_5$ 获得正向偏压而导通，此时点火线圈初级绕组 $N_1$ 电路导通。当遮光盘的叶片转至发光二极管与光敏三极管之间时，遮住了发光二极管发出的光线，使光敏三极管因感受不到光线而截止，进而 $VT_1$ 失去基极电流由导通转为截止，$VT_2$ 也截止，$VT_3$ 因获得正偏由截止转为导通；$VT_5$ 失去正向偏压由导通转为截止，点火线圈初级绕组断电，在点火线圈次级绕组 $N_2$ 中产生高压电，供给火花塞使其跳火，点燃气缸中的可燃混合气。

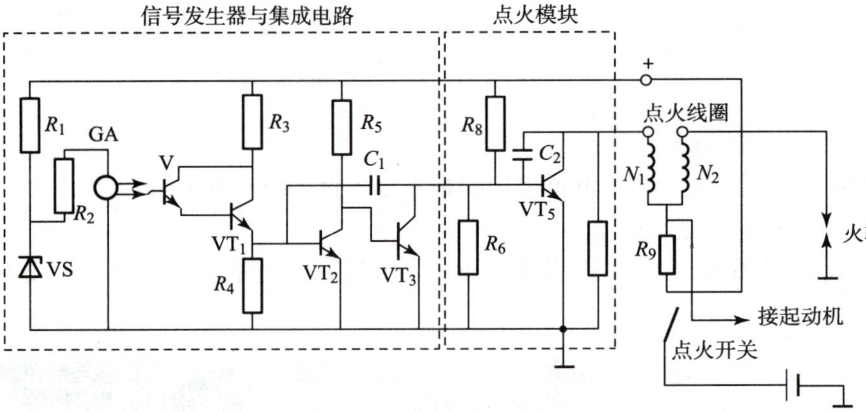


图 4.24 光电式电子点火系统的工作原理

## 思考与练习

### 一、填空题

1. 电子点火实际上就是利用半导体器件作为开关________________或________________初级电流，因而又称为半导体点火或晶体管点火。

2. 普通电子点火系统一般由________________、________________、点火控制器或点火模块、________________、________________等组成。

3. 光电式点火信号发生器主要由________________、________________和________________三部分组成。

4. 霍尔信号发生器主要由__________________和__________________组成。

## 二、选择题

1. 霍尔信号发生器中的霍尔元件属于（　　）元件。

A. 绝缘体　　B. 半导体　　C. 导体　　D. 等离子体

2. 火花塞侧电极和中心电极的距离一般为（　　）。

A. 0.5～0.7 mm　　B. 0.7～1.0 mm　　C. 1.0～1.2 mm　　D. 1.2～1.5 mm

## 三、判断题

1. 晶体管点火装置无须校正点火时间。（　　）

2. 闭磁路点火线圈的磁阻较小，漏磁较少，能量转换效率高。（　　）

一辆奇瑞 A3 轿车不能起动，起动机运转正常，进行跳火试验，发现高压无火，初步确定是点火系统的故障。

要维修该故障，需要掌握微机控制电子点火系统的基本组成及其工作原理、微机控制点火系统的故障诊断与排除方法。

# 情境三 微机控制电子点火系统的结构与检修

20 世纪 70 年代，一些发达国家已经开始微机控制电子点火系统（即 ESA 控制系统）的研究；20 世纪 80 年代后，中高档轿车纷纷引入微机控制技术，并由单独控制系统发展成现代的集中控制系统。

微机控制电子点火系统主要有以下优点：

1）采用微机控制电子点火系统，废除了真空和离心式点火提前装置，可使发动机实际点火提前角接近理想点火提前角。

在各种运转条件下，点火提前角获得复杂而精确的控制，使发动机的性能得到进一步改善，提高了发动机的动力性和经济性，并且保证最小的排放污染量。

2）将点火提前角控制到发动机刚好不产生爆燃的范围。

微机控制电子点火系统分为有分电器微机控制电子点火系统和无分电器微机控制电子点火系统两种。

## 一、有分电器微机控制电子点火系统的组成与工作原理

### 1. 有分电器微机控制电子点火系统的组成

有分电器微机控制电子点火系统由低压电源、点火开关、各种传感器、电子控制单元（简称电控单元，ECU）、点火控制器、点火线圈、分电器、高压导线、火花塞和诊断接头等部分组成，如图 4.25 所示。

### 2. 有分电器微机控制电子点火系统的工作过程

有分电器微机控制电子点火系统的基本工作过程如图 4.26 所示。发动机运行时，电控单元不断地采集发动机的负荷、转速、冷却液温度等传感器的信号，按电控单元内部储存的

程序进行运算、判断，并计算出最佳点火提前角和闭合角，以此向点火控制器等执行器发出控制指令。

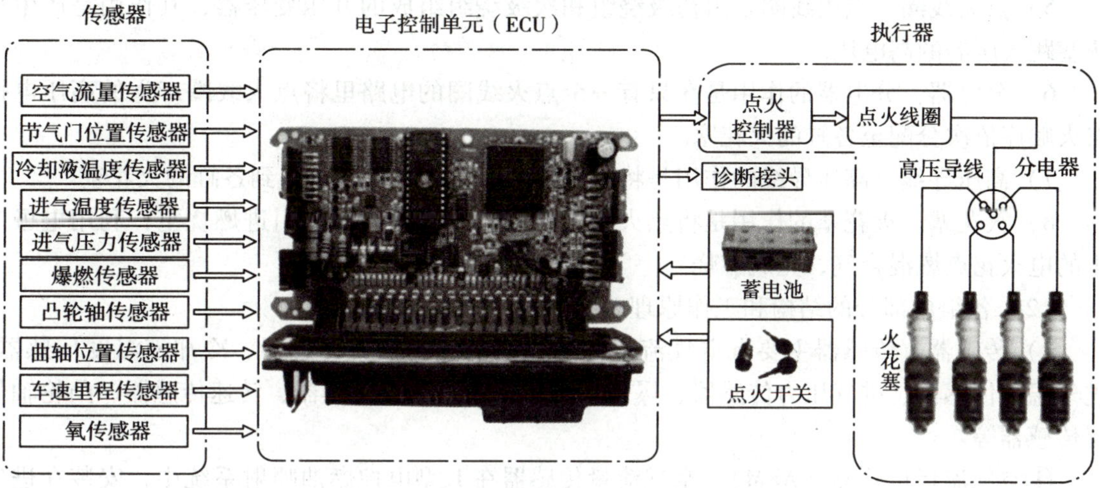


图 4.25 有分电器微机控制电子点火系统的组成

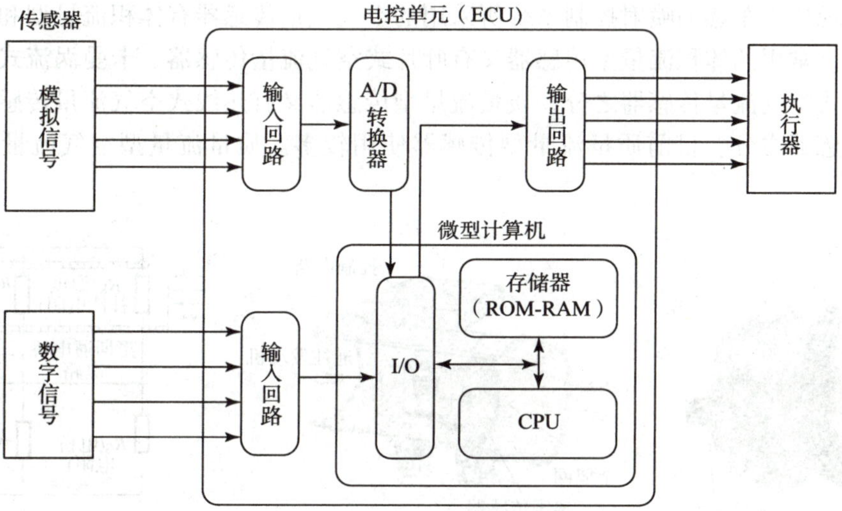


图 4.26 微机控制电子点火系统的基本工作过程

该系统根据各种传感器检测发动机工况信息，由电控单元对点火提前角和闭合角进行精确的控制，使点火时刻更准确，使发动机性能更优越。

（1）点火系统各组成部分的作用

1）低压电源（蓄电池）。给点火系统提供稳定的电源。

2）传感器。传感器用来检测发动机工况，是电控单元计算点火提前角的依据。

3）电控单元。电控单元是点火系统中的控制元件，也是点火系统的核心部件，它不断地采集各传感器的信号，按程序进行运算、判断，向执行器发出点火控制信号。

4）点火控制器。点火控制器是点火系统的执行元件，它将电控单元输出的点火信号进行功率放大，再驱动点火线圈工作；同时它还具有控制闭合角、控制恒流、监视点火等功能。

5）点火线圈。点火线圈是由初级绕组和次级绕组组成的升压变压器，其作用是产生火花塞跳火所需的高电压。

6）分电器。分电器的作用是在只有一个点火线圈的电路里将点火线圈产生的高压电按点火顺序依次分配至各缸的火花塞。

7）高压导线。高压导线的作用是将点火线圈产生的高压电传递到各缸的火花塞。

8）火花塞。火花塞的作用是将点火线圈所产生的脉冲高压电引进燃烧室，利用电极产生的电火花点燃混合气，完成燃烧。

（2）各组成部分的结构和工作原理

1）传感器。传感器主要有空气流量传感器、节气门位置传感器、冷却液温度传感器、进气温度传感器、进气压力传感器、爆燃传感器、曲轴位置传感器、转速传感器、凸轮轴位置传感器等。

①空气流量传感器（AFM）。空气流量传感器在L型电控燃油喷射系统中，安装在进气管中的空气滤清器与节气门之间，用来测量进入气缸的空气量，并以此作为发动机的负荷信号，同时也作为点火提前的基本信号。

目前，现代汽车燃油喷射控制系统所采用的空气流量传感器有体积流量型和质量流量型两种。其中，常用的体积流量型传感器又有叶片式空气流量传感器、卡曼涡流式空气流量传感器和量芯式空气流量传感器之分；质量流量型传感器又有热线式空气流量传感器和热膜式空气流量传感器之分。目前质量流量型传感器使用较多。质量流量型空气流量传感器如图4.27所示。

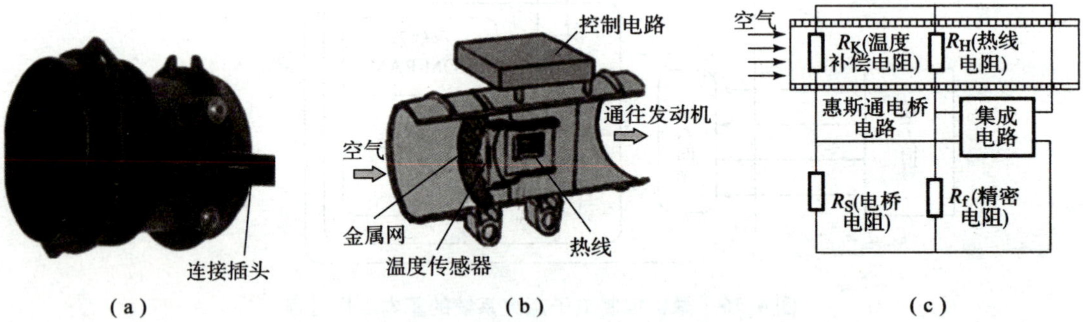


图4.27　质量流量型空气流量传感器

（a）实物；（b）结构；（c）电路原理

a. 热线式空气流量传感器。热线式空气流量传感器的基本结构由感知空气流量的铂金热线、根据进气温度进行修正的温度补偿电阻（冷线）、控制热线电流并产生输出信号的控制线路板以及空气流量传感器的壳体组成。

热线支承环上有一根直径很小的铂金丝（约0.07 mm），其阻值随温度变化而变化。当传感器工作时，铂金丝将被控制电路提供的电流加热到120 ℃左右，因此称为热线。铂金热线是惠斯通电桥的一个桥臂$R_H$。由于进气温度变化使热线的温度发生变化而影响进气量的测量精度，因此在热线附近设有一根温度补偿电阻丝，因其靠近进气口的一侧，所以称为冷线。这是惠斯通电桥的另一个臂 $R_K$，其电阻丝也随进气温度而变化。

当无空气流动时，电桥处于平衡状态，控制电路输出某一加热电流至热线电阻 $R_H$；当有空气流动时，由于热线电阻 $R_H$ 的热量被空气吸收而变冷，其电阻值发生变化，使电桥失去平衡。此时，如果想要保持热线电阻与吸入空气的温差不变并为一定值，就必须增加流过热线电阻的电流 $I_H$。因此，热线电流 $I_H$ 就是空气质量流量的函数。当加热电流通过精密电阻产生的电压降作为电压输出信号传输给电控单元（ECU）时，ECU 便可通过测量流经热线的电流测得空气流量。温度补偿电阻 $R_K$ 的阻值也会随进气温度的变化而变化，起到一个参照标准的作用，用来消除进气温度的变化对空气流量测量结果的影响。一般将铂金热线通电加热到高于温度补偿电阻温度 100 ℃的温度。

控制电路设有“自洁电路”。当发动机熄火后，电脑将控制自洁电路接通，将铂金热线加热到 1 000 ℃左右，并持续约 1 s 的时间，从而将附着在热线上的尘埃烧掉。

热线式空气流量传感器的检修：检修热线式空气流量传感器时，先起动发动机并加速到 2 500 r/min 以上，让发动机怠速运转。然后拆开热线式空气流量传感器前的进气管，关闭点火开关，从空气流量传感器空气进口处，观察热线式空气流量传感器内的热线是否能在发动机熄火 5 s 后被加热至发出红光，并持续 1 s。若不能被烧红，则检查电控单元（ECU）与热线式空气流量传感器之间的线路有无断路；否则应更换热线式空气流量计。

b. 热膜式空气流量传感器。热膜式空气流量传感器的工作原理与热线式空气流量传感器类似，它们都是用惠斯通电桥工作的。所不同的是：热膜式空气流量不使用铂金丝作为热线，而是将热线电阻、补偿电阻及桥路电阻用厚膜工艺制作在同一陶瓷基片上；用热膜代替热线提高了空气流量传感器的可靠性和耐用性，并且热膜不会被空气中的灰尘黏附。

②节气门位置传感器。节气门位置传感器又称为节气门开度传感器，如图 4.28 所示。其作用是检测发动机节气门的开度和状态，以电信号的形式输入 ECU，ECU 再通过这个信号来判定节气门所处的位置及发动机的工况，并依此修正点火提前角。

a. 节气门位置传感器的作用。节气门位置传感器用于向 ECU 提供节气门转角、转角速率以及发动机怠速位置信息。根据这个信息，ECU 可以获得发动机负荷信息、工况（如起动、怠速、部分负荷、全负荷）信息以及加速和减速信息。该传感器一般为三线式，ECU 通过监测电压变化来检测节气门开度。

b. 节气门位置传感器的工作原理。该传感器的结构为滑动电阻片式（线性可变电阻式、电位计式）。ECU 监测信号输出端的电压，在计算机内部通过对比电路，得出节气门的开度信号。ECU 内部并不直接接收电压信号，而是检测输出/输入信号比值，这样可以防止由于电压波动所导致的信号波动问题。

③冷却液温度传感器。冷却液温度传感器如图 4.29 所示。冷却液温度传感器是一个负温度系数热敏电阻。水温传感器的内部是一个半导体热敏电阻，温度越低，电阻越大；反之，电阻越小。其安装在发动机缸体或缸盖的水套上，与冷却水直接接触，从而测得发动机冷却水的温度，同时 ECU 根据电阻值的变化测得发动机冷却水的温度，作为燃油喷射和点火正时的修正信号。

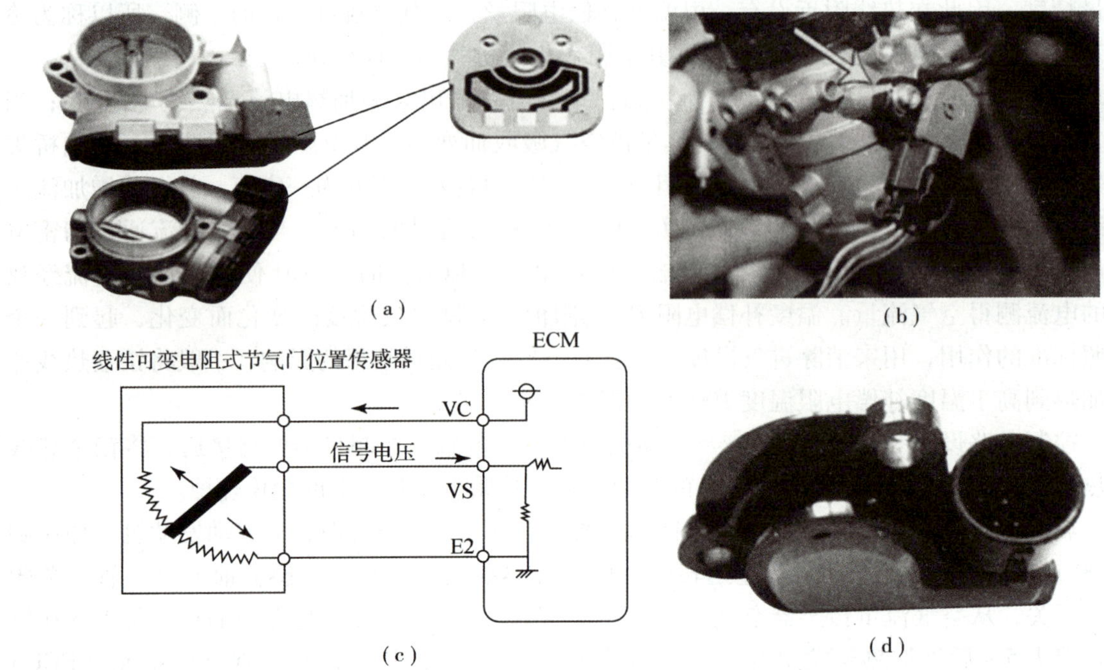


图 4.28　节气门位置传感器

(a) 实物；(b) 车上安装位置；(c) 电路原理；(d) 传感器接头

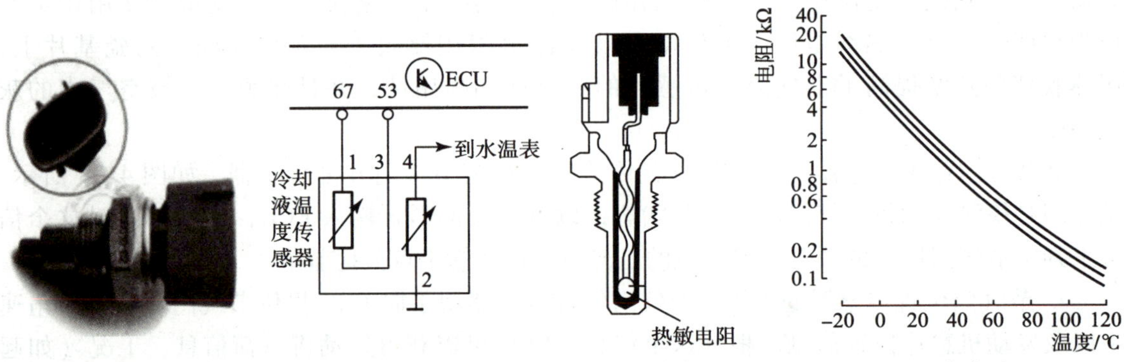


图 4.29　冷却液温度传感器

(a) 实物；(b) 工作原理；(c) 内部结构；(d) 电阻与温度的关系

a. 冷却液温度传感器的作用。当出现因汽车负载过大、缺水、点火时间不对、风扇不转等故障，造成水温过高时，会使发动机机体温度上升，从而使发动机不能工作，所以在仪表系统内设计有汽车水温表。利用汽车水温传感器检测发动机冷却液温度，驾驶员能够直观地看出发动机冷却液在任何工况时的温度，并及时做出相应的处理。在电控系统中安装有冷却液温度传感器，可用于修正喷油量信号。

b. 冷却液温度传感器的检测。用万用表检测冷却液温度传感器。

在车检查。将点火开关关闭，拆下传感器的连接器，用汽车专用万用表的“电阻”挡，测试传感器两端子的阻值。以丰田皇冠 3.0 的 THW 和 E2 端子为例，当温度为 0 ℃ 时，电阻为4 ~7 kΩ；当温度为 20 ℃ 时，电阻为 2 ~ 3 kΩ；当温度为 40 ℃时，电阻为 0.9 ~ 1.3 kΩ；当温度为60 ℃时，电阻为0.4 ~0.7 kΩ；当温度为80 ℃时，电阻为0.2 ~0.4 kΩ。

单件检查。先拆下冷却液温度传感器的导线连接器，并从发动机上拆下传感器。然后将传感器置于烧杯内的水中，加热杯中的水，用万用表电阻挡测量随着温度逐渐升高，传感器的电阻值，将测得的值与标准值相比较，若不符合，应更换冷却液温度传感器。

④进气温度传感器。进气温度传感器（见图 4.30）可以安装在空气流量传感器或进气压力传感器内，也可以单独安装在进气道的某个部位上。

a 进气温度传感器的作用。进气温度传感器用来检测进气温度，将进气温度转变为电压信号输入，作为给 ECU 计算空气密度的依据，也可作为 ECU 喷油修正的信号，ECU 可根据此信号对点火提前角进行修正。

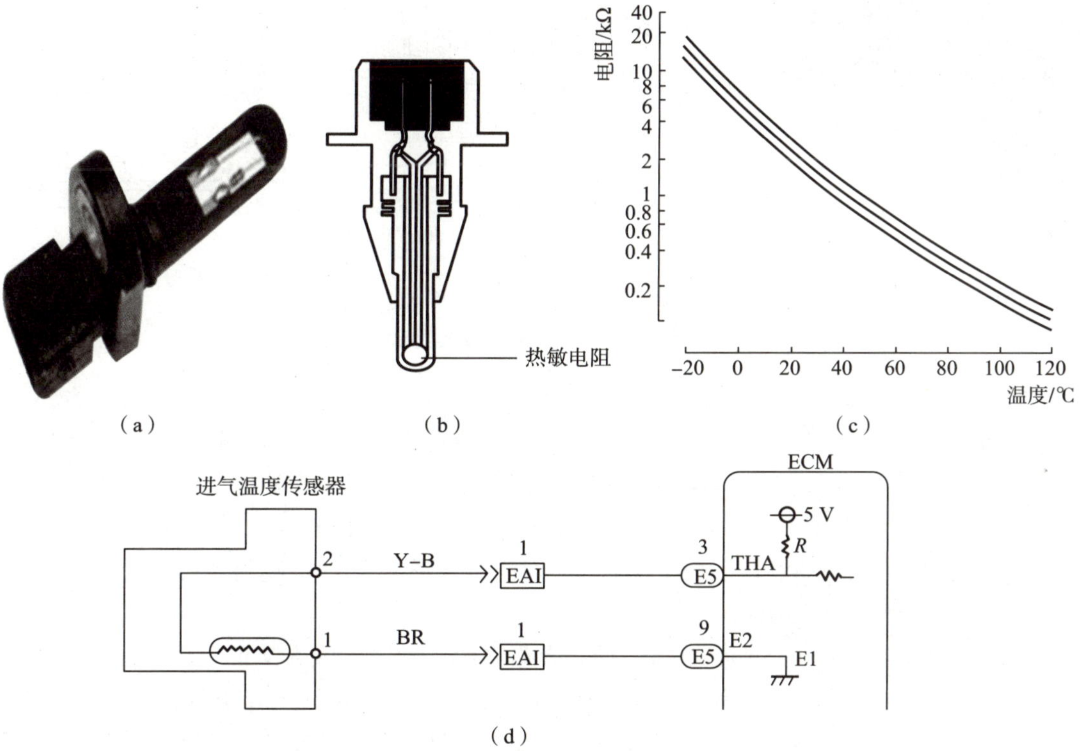


**图 4.30 进气温度传感器**

（a）实物；（b）内部结构；（c）电阻与温度的关系；（d）工作原理

进气温度传感器也是一个负温度系数热敏电阻，当温度升高时，电阻的阻值减小；当温度降低时，电阻的阻值增大。电路中电阻的变化，导致电压的变化，从而产生不同的电压信号，完成控制系统的自动操作。在冷车时，进气温度传感器的信号特点与发动机水温传感器的信号基本相同；在热车时，其信号电压大约是水温传感器的 2 ~3 倍。

进气温度传感器的故障分析：进气温度传感器搭铁线接触不良，数据流会显示异常低温，低温空气密度高，会加大喷油脉宽，造成混合气过浓；传感器短路，数据流会显示异常高温，高温空气密度低，会减少喷油脉宽，造成混合气过稀；进气温度传感器温度越高，混合气越浓，传感器断路或搭铁不良会造成混合气过稀，从而导致起动困难。

⑤进气压力传感器。

电喷发动机中采用进气压力传感器来检测进气量的称为D型喷射系统（速度密度型）。进气压力传感器检测进气量不是像进气流量传感器那样直接检测，而是采用间接检测，同时它还受诸多因素的影响，因而在检测和维修中就有许多不同于流量传感器进气流的地方，所产生的故障也有它的特殊性。

进气压力传感器如图4.31所示。进气压力传感器检测的是节气门后方的进气歧管的绝对压力，它根据发动机转速和负荷的大小检测出歧管内绝对压力的变化，然后转换成信号电压送至发动机控制单元（ECU），ECU依据此信号电压的大小，控制基本喷油量的大小。

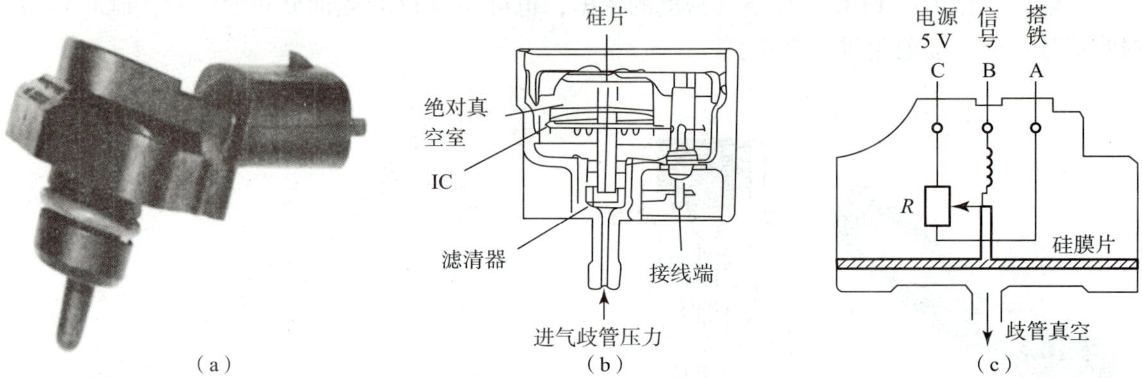


图4.31　进气压力传感器

（a）实物；（b）内部结构；（c）歧管真空

ECU输出5 V电压给进气压力传感器，再由信号端侦测电压值并输入ECU，当引擎在怠速时，其电压信号为1.0～1.5 V；当节气门全开时，则约有4.5 V电压信号。

进气压力传感器种类较多，有压敏电阻式、电容式等。由于压敏电阻式具有响应时间短、检测精度高、尺寸小且安装灵活等优点，因而被广泛用于D型喷射系统中。

进气压力传感器的检测如下：

a. 拔下真空管；将SW置为“ON”位，A端、C端即可输入5 V的工作电压。

b. 用手动真空泵对进气压力传感器施加13.3～66.7 kPa的负压（节气门全开、全闭时的压力），测出B端、C端的随动电压值，其电压值应与绝对压力成正比；与真空度成反比。

c. 如果无真空泵，就车用真空表，动态下配合测量。或用嘴吸软管，一般真空度可达20 kPa左右；对应电压值为4.4 V，属正常。

⑥爆燃传感器（Knock Sensor）又称“爆震传感器”，如图4.32所示。爆震传感器是一个闭环控制系统，用来检测汽车发动机缸体的爆燃强度。一旦爆燃出现，则会通知ECU延迟点火并转入点火定时，以便调整点火时刻。四缸发动机安装在缸体上2～3缸之间，专门检测发动机的爆燃状况，将信息提供给ECU；ECU则根据信号调整点火提前角。

爆震传感器的主要元器件是一个压电陶瓷晶体，螺钉使一个惯性配重块压紧压电陶瓷晶体片。爆燃发生时，爆燃压力波通过惯性配重块使压电陶瓷晶体片压缩变形，产生比非爆燃时大得多的电压信号。为了避免因干扰引起的误判，可根据点火时刻设定一个判定区间。

（a）

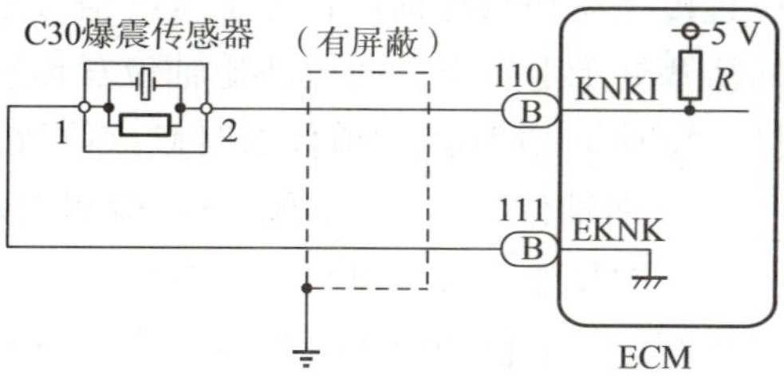


（b）

**图 4.32　爆震传感器**

（a）实物；（b）工作原理

爆震传感器可以通过检测气缸压力、发动机机体振动和燃烧噪声等三种方法来检测爆震。当发动机出现爆燃时，传感器便产生相应的电信号，并输送给电子控制器，电子控制器通过点火推迟的方法消除发动机爆燃。

爆震传感器主要有磁致伸缩式和压电式两种。磁致伸缩式爆震传感器的使用温度为 -40 ~ 125 ℃，频率范围为 5 ~ 10 kHz；压电式爆震传感器在中心频率 5.417 kHz 处，其灵敏度可达 200 mV/g，在振幅为 0.1 ~ 10 g 内具有良好的线性度。

a. 故障现象。

当爆震传感器本身或线路不良时会产生下列故障：

点火正时不对；

发动机加大油门时有爆燃声；

发动机动力不足。

b. 检查方法。大多数电控单元都存储有爆震传感器的故障码，一旦有故障，便会将故障码显现出来。现以丰田凯美瑞发动机为例（见图 4.32），来说明其爆震传感器的检查方法。

当爆震引起缸体振动时，会产生电压。此时爆震传感器 2 脚会输出爆燃信号，接发动机 ECU 的 B110 端；爆震传感器 1#输出爆燃信号，接发动机 ECU 的 B111 端。

静态检测：断开 C30 爆震传感器连接器，拆下爆震传感器，测量传感器 1、2 脚两端的电阻值，20 ℃ 时正常为 120 ~ 280 kΩ。

断开 C30 爆震传感器连接器，将点火开关转到 ON（IG），测量 1、2 脚之间的电压，正常应为 4.5 ~ 5.5 V。

传感器功能的检查有两种检查方法：一是当发动机运转时，连接好传感器导线，缓慢地提高发动机转速至 3 000 r/min，同时用万用表“交流电压”挡测量，如果电压随之升高，则说明传感器可能有故障；二是在发动机运转时，连接好传感器导线，用较小的锤子轻轻地敲击排气管，同时用万用表的“交流电压”挡测量，如果电压指示值发生波动，则说明传感器可能有故障。

⑥曲轴位置传感器。曲轴位置传感器的作用是确定曲轴的位置，也就是曲轴的转角。它通常要配合凸轮轴位置传感器一起来工作——确定基本点火时刻。发动机 ECU 是通过曲轴

位置传感器和凸轮轴位置传感器的信号来计算的，通过曲轴位置传感器可以知道哪一个气缸的活塞处于上止点，通过凸轮轴位置传感器可以知道哪一个气缸的活塞是在压缩冲程中。这样，发动机 ECU 就知道什么时候该给哪一个气缸点火了。

a. 曲轴位置传感器的作用：检测发动机转速，确定喷油量和点火提前角；检测发动机基准缸的基准位置，进行缸序判别，进一步确定活塞所处的位置；检测曲轴转过的角度，判定活塞运行的任一位置，确定点火时刻和喷油时刻；除控制喷油和点火之外，还用于怠速控制、废气再循环控制、燃油蒸发控制等。

曲轴位置传感器有三种型式：电磁脉冲式曲轴位置传感器、霍尔效应式曲轴位置传感器（如桑塔纳 2000 型轿车和北京切诺基）和光电效应式曲轴位置传感器。曲轴位置传感器根据型式不同，其控制方式和控制精度也不同。霍尔效应式和光电效应式曲轴位置传感器在本部分情境二中叙述过，在此不再赘述。

b. 曲轴位置传感器的工作原理。曲轴位置传感器通常安装在分电器内或者安装在曲轴前端、曲轴后飞轮上方，是控制系统中最重要的传感器之一。它可以用于检测发动机的转速，因此又称为转速传感器；用于检测活塞上止点位置，故也称为上止点传感器，包括检测用于控制点火的各缸上止点信号，用于控制顺序喷油的第一缸上止点信号。

曲轴位置传感器的工作原理如下：

红旗轿车曲轴位置传感器安装在变速器前壳体上，它由霍尔效应传感器和飞轮盘上的信号轮组成，如图 4.33 所示。在信号轮的圆周上均布 60/2 个齿；60 个齿可以给出发动机转速和分度信号，2 个齿可以给出曲轴位置信号。在发动机工作过程中，霍尔传感器不断地检测信号轮上齿峰与齿谷间的变化，并转换成相应的 0 ~ 11 V 的方波电信号输送给 ECU，ECU 根据该信号计算出发动机转速并判断活塞在气缸内的行程位置，从而控制喷油时刻、燃油喷射量、点火正时、怠速以及喷油泵的工作。

c. 曲轴位置传感器的检测注意事项如下：

当发动机出现无法起动、不喷油、不点火、自动熄火等情况时，应重点检查曲轴位置传感器。

更换曲轴位置传感器后，应使用 TECH－2A 诊断仪执行曲轴位置系统偏差读写程序。

曲轴位置传感器损坏后，有些汽车发动机不能起动，有些可以起动。这主要是由于发动机 ECU 的控制策略不同（由凸轮位置传感器提供转速信号）。

对于霍尔式曲轴位置传感器，不能采取测量电阻的方法判断其性能好坏。

当使用起动机无法起动发动机，但是用人或者用其他汽车牵引可以起动时，发动机和蓄电池都正常，则是由于设计时，曲轴位置传感器与起动机的距离太近，起动机一旦出现电磁干扰，会影响曲轴位置传感器的正常工作。

注意转子凸齿与磁头间的气隙不能随意变动。因为信号转子与磁头间的气隙直接影响磁路的磁阻和传感器线圈输出电压的高低。若气隙有变化，可按规定进行调整，气隙应在 0.2 ~ 0.4 mm。

d. 曲轴位置传感器的检测如下：

以红旗轿车为例，检测曲轴位置传感器的工作性能时，先断开点火开关，拔下传感器插座，用显示灯插座连接传感器插头起动发动机，显示灯应快速闪烁；否则，应给予更换传

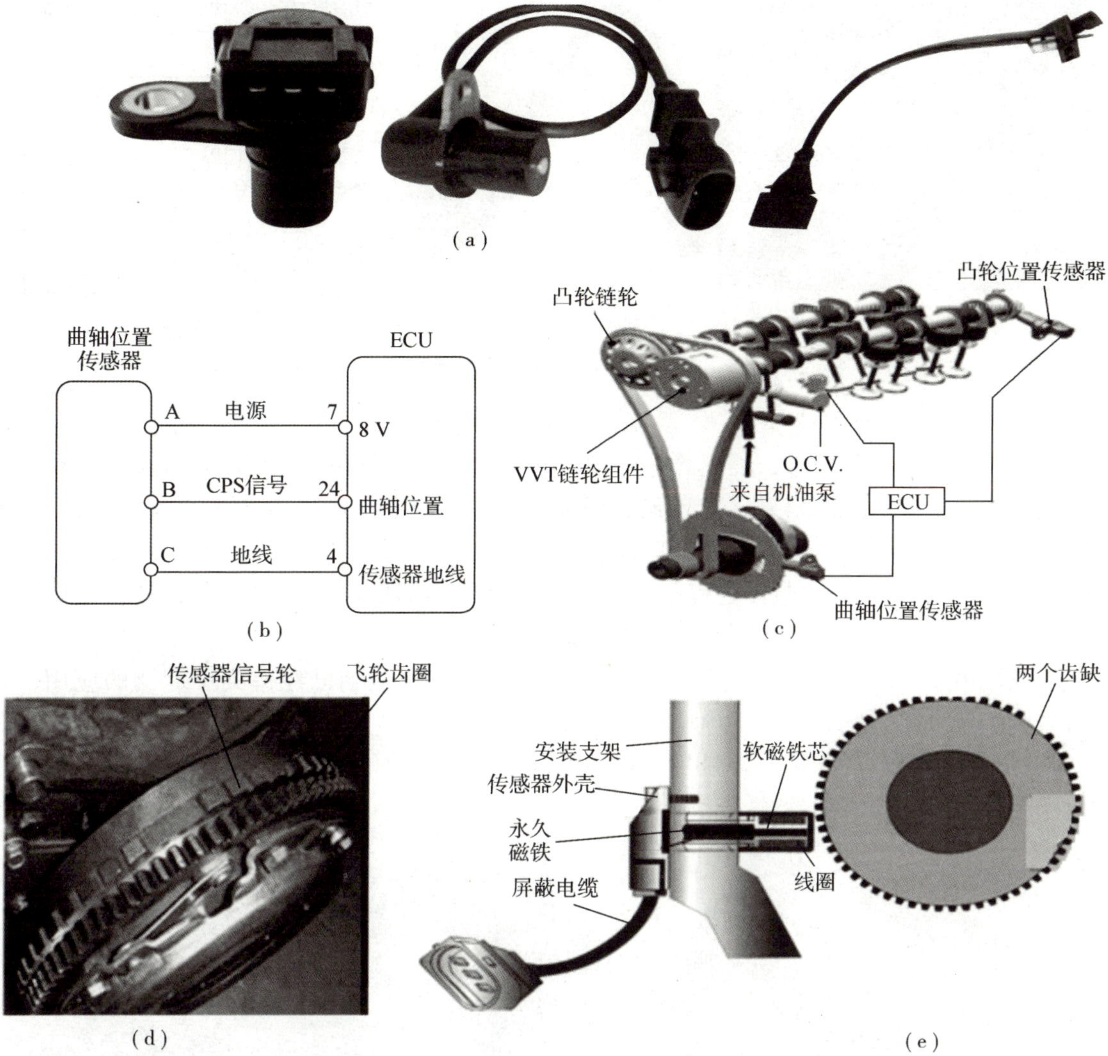


**图 4.33 曲轴位置传感器**

(a) 实物；(b) 电路；(c) 安装位置；(d) 信号齿圈实物；(e) 工作原理

感器。

对传感器的供电检测，用万用表的“直流电压”挡测量传感器各端子之间的电压，均应大于9 V；检查线路时，应对连接传感器与ECU的线束进行检查。若有断路、短路，应给予更换。

⑧凸轮轴位置传感器。凸轮轴位置传感器也叫同步信号传感器，如图4.34所示。凸轮轴位置传感器一般都用“CIS”表示。凸轮轴位置传感器的作用是采集配气凸轮轴的位置信号，并输入ECU，以便ECU识别气缸压缩上止点，从而进行顺序喷油控制、点火时刻控制和爆燃控制。此外，凸轮轴位置信号还用于发动机起动时识别出第一次点火时刻。凸轮轴位置传感器的工作原理和检测方法与曲轴位置传感器的基本相同。

2）计算机控制单元（ECU）。发动机ECU是微机点火系统的核心，在点火系统工作时，

（a）　　（b）　　（c）

**图 4.34　凸轮轴位置传感器**

（a）安装位置；（b）实物；（c）工作原理

接收各种传感器送来的信号，经运算、处理后，给点火控制器输出最佳的点火提前角和点火初级电路导通时间的控制信号，其外形如图 4.35 所示。图 4.36 所示为大众速腾 ECU 端子功能与检测标准，供大家学习参考，在此不做叙述。

汽车发动机 ECU 是按照预定程序自动地对各种传感器的输入信号进行处理，然后输出信号给执行器，进而控制汽车运行的电子设备。

①汽车电脑（指计算机控制单元）的分类。目前汽车电脑已经得到了广泛的应用，如车身电脑、发动机电脑、变速器电脑以及 ABS 电脑等。虽然不同车型上配置的电脑数量和类型不尽相同，但总的发展趋势是用一台主电脑处理大多数传感器的输入信号，用一些较小的电子控制单元控制其他系统。

（a）　　（b）

**图 4.35　计算机控制单元（ECU）的外形**

其中，电控喷油系统按生产厂家分类有玛瑞利、博世、德尔福、摩托罗拉、西门子、日本电装/三菱等电喷系统。

汽车电脑的主要部分是单片机。单片机是一块集成了微处理器（CPU）、存储器以及输入和输出接口的电路板。微处理器是单片机的核心部件，微处理器将输入模拟信号转化为数字信号，并根据存储的参考数据进行对比处理，计算出输出值；输出信号经过功率放大后控制执行器，如喷油器、点火线圈和继电器等。随着单片机计算能力和内存容量越来越大，汽车电脑的功能也越来越多。

大众速腾（汽油1.6 L）端子功能与检测标准

适用机型：1.6 L，85 kW Motronic发动机，发动机代码BLF（速腾）

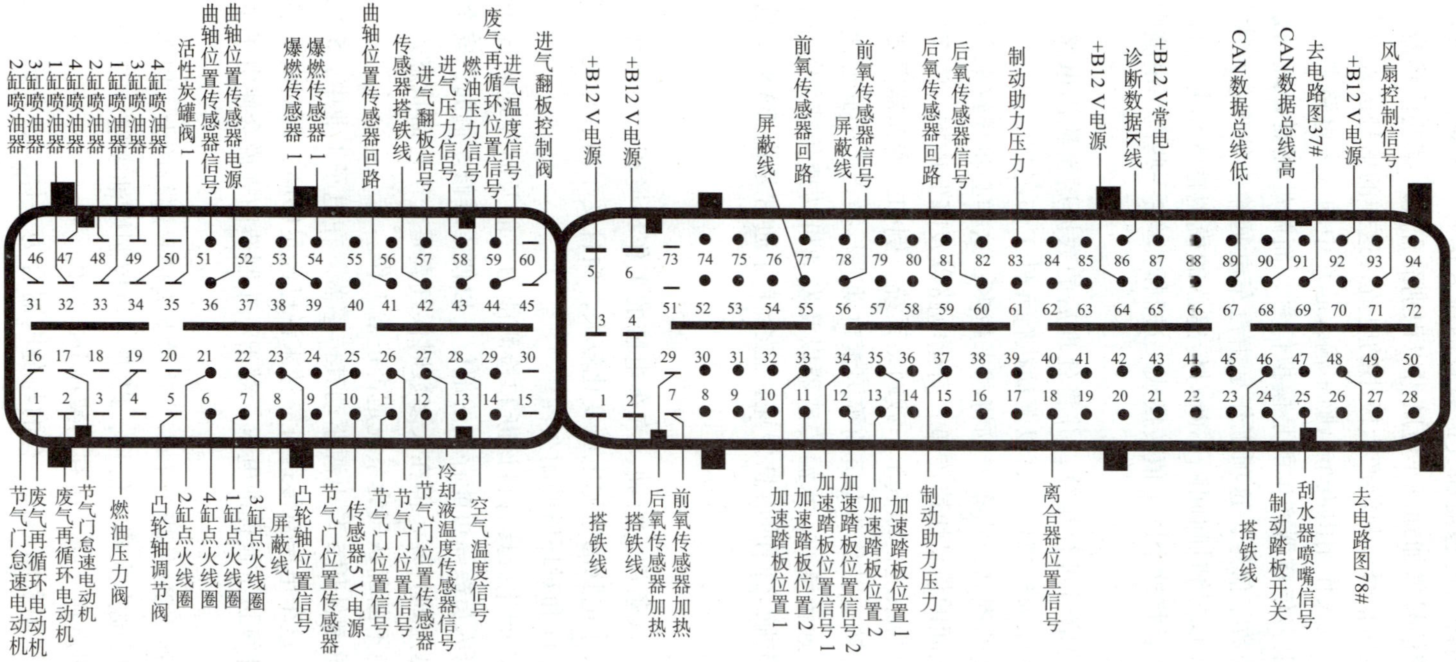


电脑常用端子参考值：

| 端子号 | 测试条件 | 参考值 | 端子号 | 测试条件 | 参考值 | 端子号 | 测试条件 | 参考值 |
|---|---|---|---|---|---|---|---|---|
| 94针–87 | 任何时候 | 蓄电池电压 | 60针–11，26 | 点火开关接通，正常工作时 | 0.5~4.5 V | 60针–58 | 点火开关接通，正常工作时 | 0.5~4.5 V |
| 94针–3，5，6，64，92 | 点火开关接通，正常工作时 | 蓄电池电压 | 60针–28 | 点火开关接通，正常工作时 | 0.7~2.8 V | 60针–23 | 点火开关接通5 V，工作时 | 频率方波 |
| 所有搭铁线、屏蔽线 | 点火开关接通，正常工作时 | 0 ~ 0.12 V | 60针–5 | 点火开关接通12 V，工作时 | 接近0 V | 60针–10 | 点火开关接通5 V，工作时 | 接近5 V |
| 60针–6，7，21，22 | 点火开关接通0 V，工作时 | 频率方波 | 60针–36 | 点火开关接通5 V，工作时 | 频率方波 | 94针–56，60 | 点火开关接通，正常工作时 | 0.2~0.9 V |
| 60针–31~34，46~49 | 点火开关接通12 V，工作时 | 频率方波 | 60针–19 | 点火开关接通12 V，工作时 | 接近0 V | 60针–39，54 | 点火开关接通，正常工作时 | 0.3~1.4 V |
| 94针–86 | 点火开关接通10 V，工作瞬时 | 数据输出 | 60针–45 | 点火开关关闭12 V，工作时 | 接近0 V | 94针–12，34 | 点火开关接通，正常工作时 | 0.5~4.5 V |
| 94针–68 | 工作时2.5 ~ 5 V之间的脉冲信号 | 数据输出 | 94针–7，29 | 点火开关接通12 V，工作时 | 接近0 V | 60针–27 | 点火开关接通，正常工作时 | 4.8~0.4 V |
| 94针–67 | 工作时0 ~ 2.5 V之间的脉冲信号 | 数据输出 | 60针–59，57 | 点火开关接通，正常工作时 | 0.5~4.5 V | 60针–16，17 | 点火开关接通12 V，工作瞬时 | 低频方波 |
| 60针–1，2 | 点火开关接通12 V，工作瞬时 | 低频方波 | 60针–35 | 点火开关接通12 V，工作瞬时 | 低频方波 | — | — | — |

图4.36　大众速腾ECU端子功能与检测标准

②汽车电脑的工作过程如下：

a. 信号过滤和放大。输入电路接收传感器和其他装置的输入信号，并对信号进行过滤和放大。输入信号放大的目的是使信号增加到汽车电脑可以识别的程度。某些传感器，如氧传感器，产生一个小于 1 V 的低电压信号，只能产生极小的电流，这样的信号送入汽车电脑内的微处理器之前必须放大，这个放大作用由汽车电脑中输入芯片中的放大电路来完成。

b. 模数（A/D）转换。由于很多传感器产生的是模拟信号，而微处理器处理的是数字信号，所以必须把模拟信号转换为数字信号，这项工作是由汽车电脑输入处理芯片中的模/数转换器完成的。模/数转换器以固定的时间间隔不断对传感器的模拟输入信号进行扫描，并对模拟信号赋予固定的数值，然后将这个固定值转换成二进制码。在一些汽车电脑中，输入处理芯片和微处理器被制成一体。

c. 微处理器将已经预处理过的信号进行运算，并将处理后的数据送至输出电路。输出电路将数字信号放大，有些还要还原为模拟信号，以驱动执行元件工作。

随着汽车电子化和自动化程度的提高，汽车电脑将越来越多，这样必将导致车身线束日益复杂。为了实现多个汽车电脑之间的信息快速传递、简化电路以及降低成本，汽车电脑之间要采用通信网络技术连成一个网络系统，即汽车车载网络系统。例如，变速器需要与发动机协调配合，并根据车速、发动机转速以及动力负荷等因素自动进行换挡，因此变速器电脑必须要得到节气门位置传感器、车速传感器、水温传感器以及发动机转速传感器等的信号。这就要实现变速器电脑与发动机电脑之间的信息传递，这个工作通常是由 CAN 总线来完成的。

③汽车计算机控制单元的特点。

a. 汽车需要在不同的道路和气候条件下行驶，汽车电脑的工作环境较差，经常需要承受振动以及温度和湿度的变化。汽车电脑的电源电压变化较大，而且受车内、外电磁波的干扰，因此汽车电脑需要很高的可靠性和对环境的耐久性。

b. 汽车电脑必须具有足够的智能化，具有自诊断和检测能力，能及时发现系统中存在的故障，并存储故障码，告知维修人员故障可能存在的部位，以便于维修。例如，安全气囊在关键时刻必须要及时、正确、迅速地打开，但在大多数时候气囊是处于待命状态，因此安全气囊电脑必须具有自检能力，能不断确认气囊系统是否正常工作。

c. 除少数例外，所有汽车电脑都使用 5 V 电源驱动其传感器。在电子工业中，5 V 电压几乎被作为所有传送信息的标准，这个电压对传送可靠性来说已经足够高，但对电脑芯片的安全性来说却足够低，而且使用计算机工业标准电压，对于汽车制造商来说会使电子零部件制造规范而且成本低。

3）点火控制器。点火控制器按 ECU 的指令工作，并对点火信号进行放大，以驱动点火线圈工作；同时，它还会向 ECU 反馈点火确认信号，以进一步控制燃油喷射。点火控制器有的单独安装，有的与点火线圈固定在一起，还有的装在分电器内。

4）点火线圈。点火线圈多采用闭磁路形式，有的与分电器合为一体。点火线圈减少了高压损失和无线电干扰。

5）分电器。分电器取消了机械式的离心提前机构和真空提前机构，主要起分配高压电的功能。

### 3. 有分电器微机控制电子点火系统的控制内容

有分电器的微机控制电子点火系统的控制内容主要包括点火提前角控制、爆燃控制和初级电路闭合角控制等。其中点火提前角的控制方式又可分为开环控制方式和闭环控制方式两种。

（1） 点火提前角控制

点火提前角是指从火花塞电极间跳火开始时到活塞上行至上止点时曲轴所转过的角度。

1） 点火提前角的组成。微机控制电子点火系统的点火提前角由初始点火提前角、基本点火提前角和修正点火提前角三部分组成。

①初始点火提前角是指曲轴位置传感器在发动机上固定后，点火提前角是由曲轴位置传感器的信号转子和曲轴的相对位置决定的；它是原始设定并存储在发动机电控单元中的固定值，是由机械安装位置所确定的，又称固定点火提前角。一般为上止点前 5°～10°。出现下列情况之一时，点火系统按初始点火提前角点火：当发动机起动时（转速在 400 r/min 以下）；当连接器中 T 端子与 E1 端子短路，节气门位置传感器怠速触点闭合时（车速在 2 km/h）；当发动机电控单元出现故障，后备系统处于应急工作状态时。

②基本点火提前角是指在初始点火提前角的基础上，ECU 可以根据发动机转速和负荷大小自动使点火提前角进一步增大，此增大部分就是基本点火提前角。基本点火提前角在发动机怠速和正常运行工况下 ECU 对其的控制是不同的。怠速时，电控单元根据发动机的怠速转速、空调开关和动力转向开关等信号确定基本点火提前角。正常运行工况下，电控单元根据发动机的转速和负荷的信号，通过查找三维点火正时脉谱图确定基本点火提前角。

③修正点火提前角是电控单元根据各个传感器的参数确定的点火提前角修正量，如暖机修正、过热修正、空燃比修正、怠速稳定修正、点火提前角极限值控制以及爆震修正等。

a. 暖机修正。暖机修正是指电控单元根据冷却液温度传感器信号对点火提前角进行的修正，如图 4.37 所示。若冷却液温度低，燃烧速度慢，点火提前角应适当增大；若冷却液温度高，混合气的燃烧速度快，为防止发动机过热，点火提前角应适当减小。

b. 过热修正。过热修正是指当发动机冷却液温度过高时，对点火提前角进行的修正。如图 4.38 所示，当发动机处于怠速运行工况时，若冷却液温度过高，为了避免发动机长时间过热，应增大点火提前角提高发动机怠速转速，进而提高水泵和冷却风扇的转速，加强冷却，降低发动机温度；当发动机处于正常运行工况时，若冷却液温度过高，为了避免爆燃，应减小点火提前角。

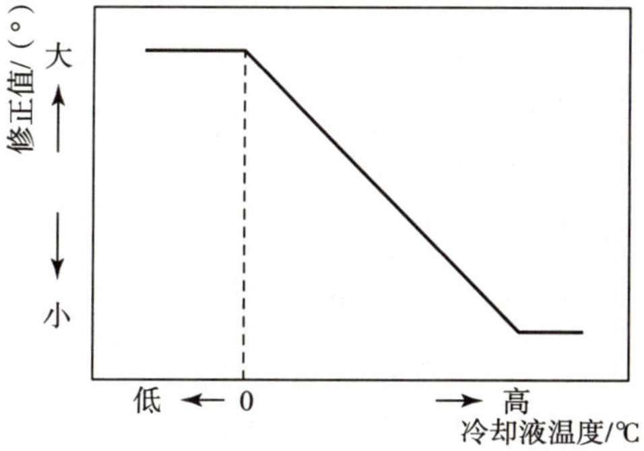


图 4.37　暖机修正

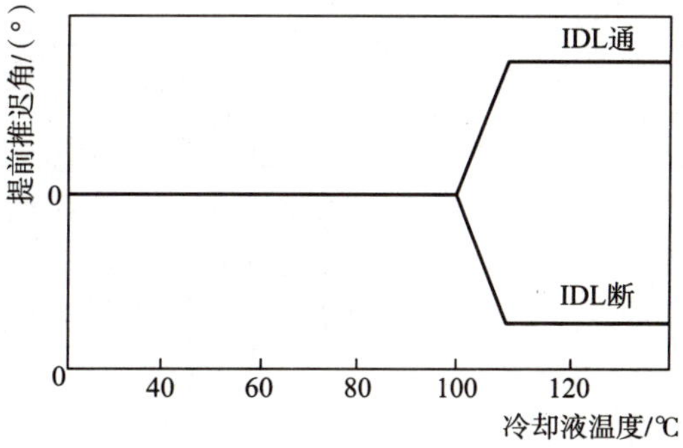


图 4.38　过热修正

c. 空燃比修正。空燃比修正是指电控燃油喷射系统进行空燃比闭环控制时，根据空燃比的变化对点火提前角进行的修正。如图 4.39 所示，当喷油量减少而导致混合气变稀时，应适当地提前点火；当喷油量增大而导致混合气变浓时，应推迟点火。这样有利于提高发动机转速的稳定性。

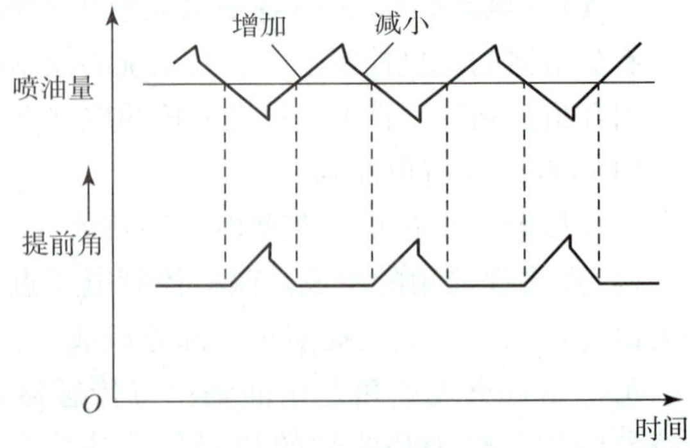

图 4.39 空燃比修正

d. 怠速稳定修正。怠速稳定修正是指当发动机怠速时，电控单元根据发动机怠速转速的变化对点火时刻进行的修正。当发动机的实际转速低于目标转速，应增大点火提前角；而且目标转速与实际转速的差值越大，点火提前角修正量越大，越能保持怠速稳定。

e. 点火提前角极限值控制。点火提前角极限值是指对实际点火提前角大于发动机电脑允许的最大值或小于发动机电脑允许的最小值时，发动机将难以运行。点火提前角极限值控制是指电脑将基本点火提前角与修正点火提前角之和限定在一允许范围内，一般最大提前角为 35°~45°，最小提前角为 -10°~0°。当超过此范围时，电控单元按设定的最大或最小点火提前角进行控制。

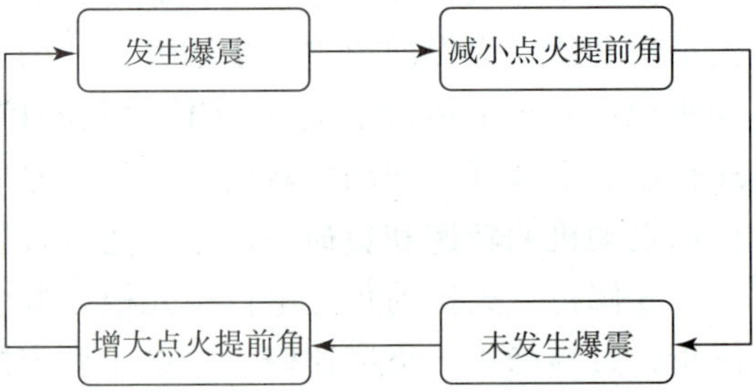

图 4.40 爆震修正方框图

f. 爆震修正。爆震修正是指电控单元根据爆震传感器信号对点火提前角进行的修正。如图 4.40 所示，发生爆震时，应减小点火提前角；未发生爆震时，则应增大点火提前角，力求使发动机工作在临界爆震状态。

不论点火过早或过迟，都会影响转速的提升。影响最佳点火提前角的因素很多，发动机转速和负荷是影响发动机点火提前角的主要因素。目前普遍采用的方法是通过发动机台架试验来获得发动机在不同转速、不同负荷时所对应的最佳点火提前角，以此获得三维点火正时脉谱图，如图 4.41 所示。

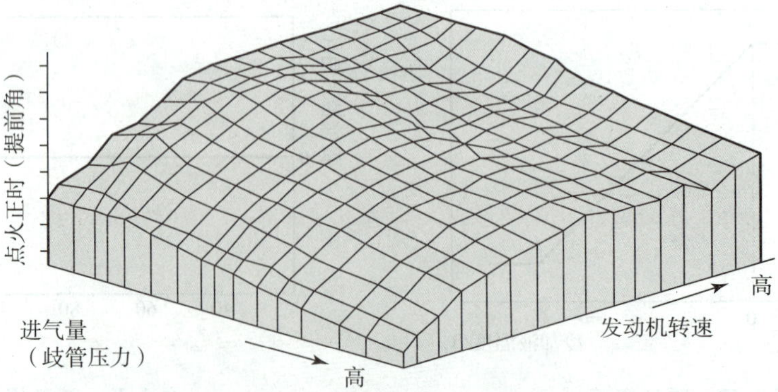

图 4.41 三维点火正时脉谱图

2）点火提前角的控制系统。点火提前角的控制系统，因各制造厂家开发点火装置的型号不同而不同。点火提前角控制一般分为起动时点火提前角控制和起动后点火提前角控制两种。

①起动时点火提前角控制。发动机在起动时，发动机转速信号和进气量信号不稳定，点火提前角应采用固定值，即初始点火提前角。电控单元根据转速信号和起动开关信号判定为起动工况，将点火提前角固定为一个设定值。

②起动后点火提前角控制。发动机起动后正常运行期间的点火提前角由三部分组成，即实际点火提前角 = 初始点火提前角 + 基本点火提前角 + 修正点火提前角，如图 4.42 所示。

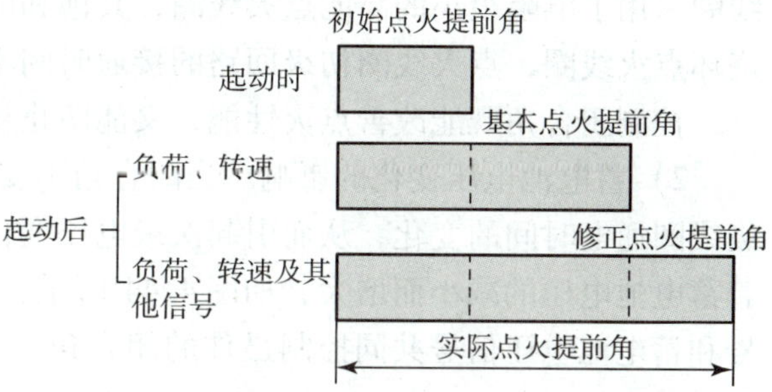


图 4.42　实际点火提前角

（2）爆燃控制

爆燃是汽油发动机的一种不正常燃烧，通常是由于尚未燃烧的可燃混合气在压缩、热辐射的作用下，温度急剧升高，超过了混合气的燃点而自燃的。发生爆燃时，气缸内燃料急剧燃烧，使压力异常升高；燃烧的过程中产生压力波冲击燃烧室壁、活塞顶等部位，发出尖锐的金属敲击声。爆燃会使发动机效率降低，输出功率下降，同时其产生的压力波还会破坏燃烧室壁面润滑膜，加快零部件磨损，使局部因过热而损坏。

发动机工作在临近爆燃或有轻微爆燃的情况下，其热效率最高，动力性和经济性最好；但严重的爆燃会使发动机的动力性和经济性严重恶化。控制爆燃直接而有效的手段是控制点火提前角。因此，利用点火提前角的闭环控制可使发动机工作在爆燃的边缘，提高发动机的动力性和经济性。

带有爆燃控制的点火提前角闭环控制和系统框图如图 4.43 所示。安装在发动机气缸体或缸盖上的爆燃传感器是用来检测发动机是否爆燃的。发动机工作期间，如果发生爆燃，传感器发出信号，电控 ECU 接收到发动机爆燃信号后，便逐步（一次 1.5°）推迟点火提前角，直到爆燃消失；爆燃消失后，电控 ECU 又将点火提前角逐步（一次 1.5°）提前，直到爆燃再次发生，如此反复调整，使发动机工作在爆燃的边缘。

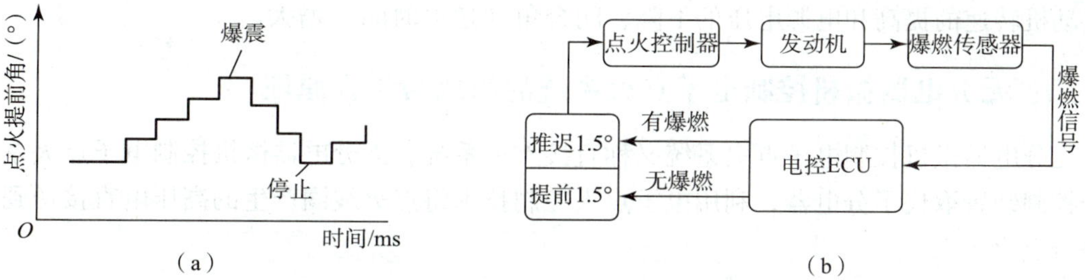


图 4.43　带有爆燃控制的点火提前角闭环控制和系统框图

（a）点火提前角的调整方式；（b）爆燃控制过程系统框图

（3）初级电路闭合角的控制

1）初级电流值与接通时间的关系。闭合角控制又称通电时间控制，是指点火线圈初级电流的通电时间。通电时间长，次级线圈产生的高压就高，所以需要保证点火线圈初级回路有一定的接通时间。另外，在微机控制点火系统中，为了减小转速对次级电压的影响，初级线圈采用了电阻很小的高能点火线圈，其饱和电流可达 30 A 以上；为了防止初级电流过大，烧坏点火线圈，点火线圈初级回路的接通时间不宜太长。

控制闭合角既能改善点火性能，又能防止初级电流过大而烧坏点火线圈。

2）蓄电池电压变化的影响。当闭合角不变时，发动机转速或蓄电池电压变化会引起初级线圈通电时间的变化，从而引起次级电压变化。闭合角随着发动机转速的增加而增大，随着蓄电池电压的减小而增大，如图 4.44 所示；发动机工作时，电控单元依据发动机转速信号和蓄电池电压信号共同控制最佳的闭合角；通电时间与蓄电池电压修正曲线，如图 4.45 所示。

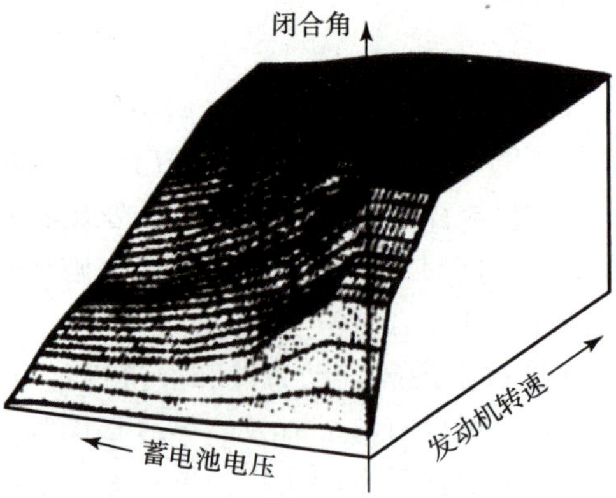


图 4.44　通电时间控制方法

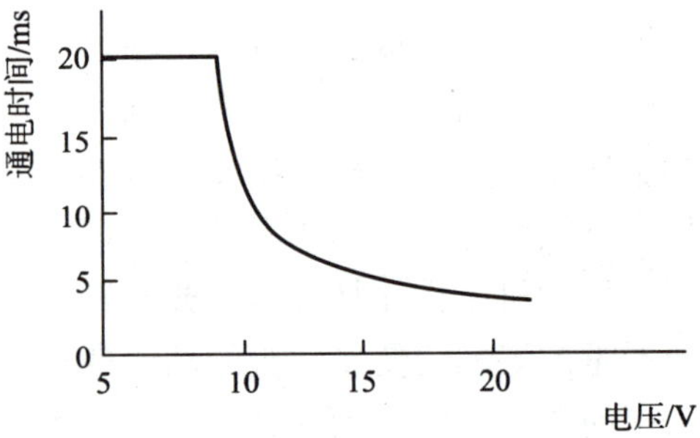


图 4.45　通电时间与蓄电池电压修正曲线

3）通电时间的控制方法。在现代电控点火系统中，灵敏可靠的传感器（凸轮轴/曲轴位置传感器）和晶体管开关，取代了传统点火系统中分电器中的凸轮，甚至没有分电器，点火线圈初级电路的通电时间由 ECU 控制。闭合角（通电时间）控制模型存储在 ECU 内，发动机工作时，ECU 根据发动机转速信号（Ne 信号）和电源电压信号确定最佳的闭合角（通电时间），并向点火器输出指令信号（IGT 信号），以控制点火器中晶体管的导通时间。随发动机转速的提高和电源电压的下降，闭合角（通电时间）增大。

## 二、无分电器微机控制电子点火系统的组成与工作原理

无分电器微机控制电子点火系统又称直接点火系统。无分电器微机控制电子点火系统用电子控制装置取代了分电器，利用电子点火控制技术将点火线圈产生的高压电直接送到火花塞进行点火。

### 1. 无分电器微机控制电子点火系统的组成

无分电器微机控制电子点火系统的组成如图 4.46 所示。与有分电器微机控制电子点火系统相比，在传感器、火花塞的结构方面基本相同，但是在微机控制单元、点火控制、点火

线圈的结构和原理方面存在较大差异。

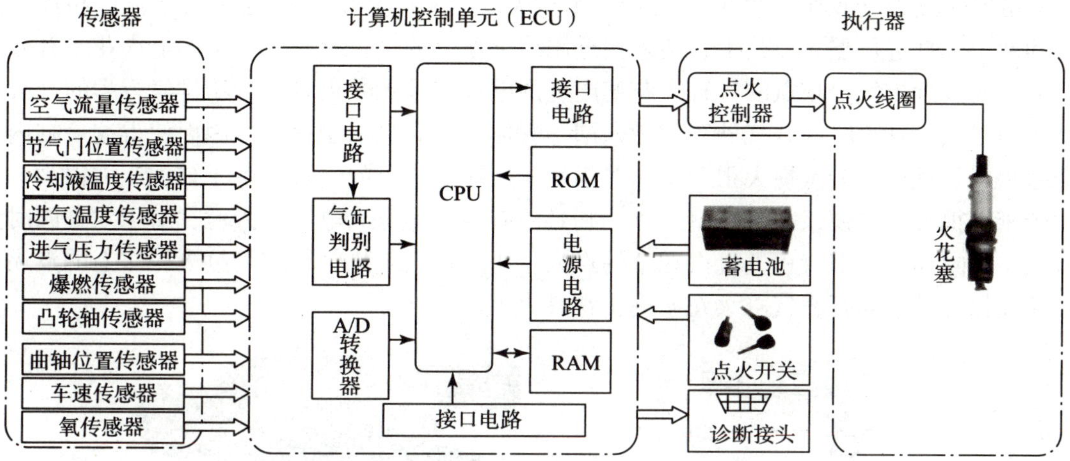


图 4.46　无分电器微机控制电子点火系统的组成

## 2. 无分电器微机控制电子点火系统的工作原理

无分电器微机控制电子点火系统次级电压的产生过程和点火提前角的控制与有分电器微机控制点火系统基本相同，不同点主要是高压电配送部分。无分电器微机控制电子点火系统的高压配电方式有单独点火式和双缸同时点火式两种。其中双缸同时点火式又分为点火线圈配电点火和二极管配电点火。

（1）单独点火式

单独点火是一个缸的火花塞配一个点火线圈，单独向各缸直接点火，其实物和工作原理如图 4.47 所示，各个单独的点火线圈直接安装在火花塞顶上。这种结构的优点是：去掉了高压导线，点火能量高；减少了电磁波的干扰，同时也消除了分电器和高压导线所带来的缺陷。各点火线圈的初级绕组分别由点火控制器中的一个大功率三极管控制，整个点火系统的工作是由电控单元控制。单独点火式的点火控制器需要判别点火气缸，之后由大功率三极管控制初级电路的通和断。

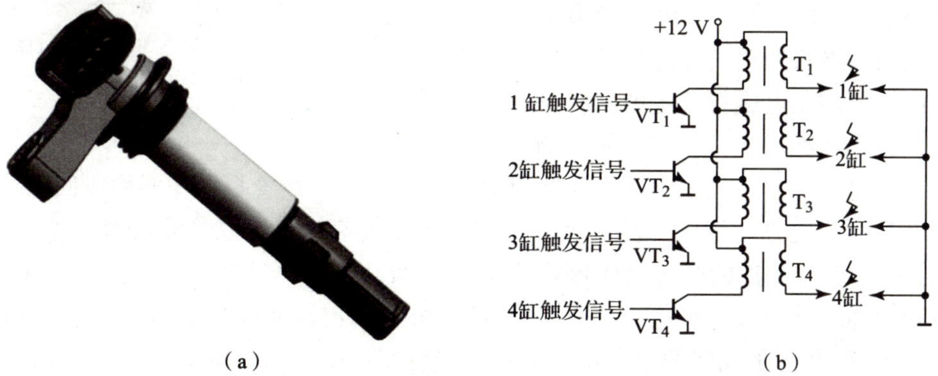


图 4.47　单独点火式无分电器微机控制电子点火系统实物和工作原理

（a）实物；（b）工作原理

（2）双缸同时点火式

双缸同时点火（见图4.48）是利用一个点火线圈同时对活塞接近压缩上止点和排气上止点的两个气缸进行点火。其中，活塞接近压缩上止点的气缸火花塞产生的电火花是有效点火，而活塞接近排气上止点的气缸火花塞产生的电火花是无效火花。处于排气行程的气缸内气体压力很低，且这时混合气处于后燃末期，气体中有导电离子存在，因而使得这一缸内的火花塞很容易跳火，能量损失很小。而对于处于压缩上止点的气缸，由于缸内压力很高，气体分子密度很大，要使该缸火花塞跳火，则必须有足够的点火电压。因此，对于双缸同时点火方式，实际加在压缩行程气缸火花塞的点火电压要远高于排气行程气缸火花塞上的点火电压，从而保证了压缩行程气缸火花塞的正常跳火。

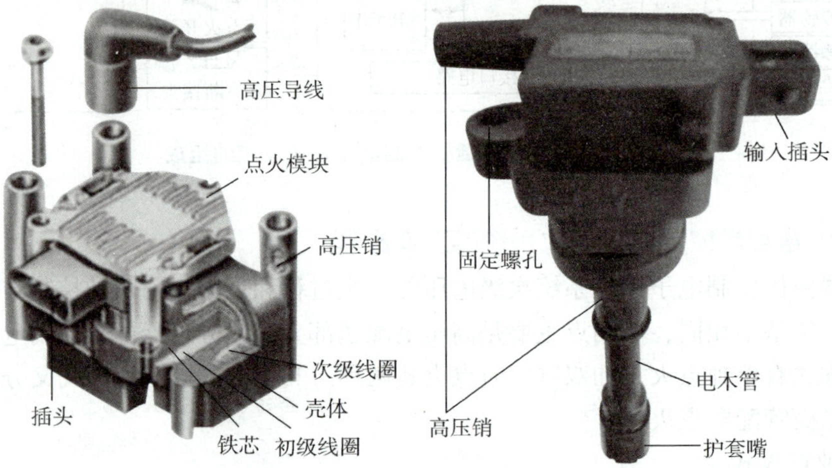


图4.48　双缸同时点火系统实物

1）点火线圈配电点火。如图4.49所示，当ECU控制NPN型三极管断电时，初级绕组断电，在次级绕组中产生高压电动势，其高压电动势可使与之相连的火花塞跳火。

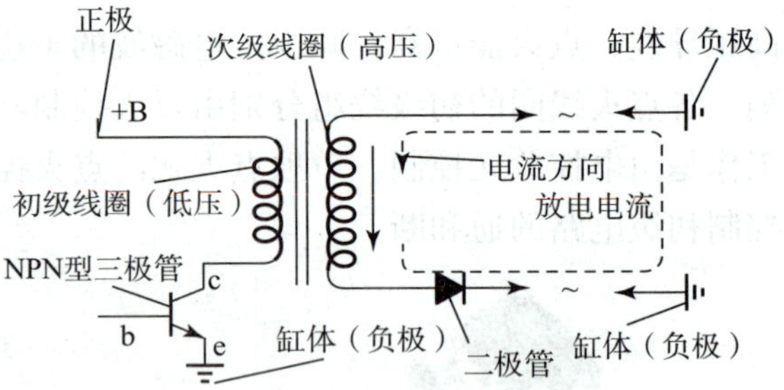


图4.49　点火线圈配电点火

2）二极管配电点火。二极管配电点火方式是利用二极管的单向导通特性，对点火线圈产生的高压电进行分配的同时进行的点火，如图4.50所示。其点火线圈有两个初级绕组和一个次级绕组，次级绕组通过4个高压二极管与火花塞构成回路。两个初级绕组通电时的电流方向相反，在次级绕组中所产生的高压电动势方向也相反。当ECU控制$T_1$断电时，与$T_1$相连的初级绕组断电，而在次级绕组中产生的高压电动势可以使1、4缸的二极管导通，使火花塞跳火，而2、3缸的二极管截止，其火花塞不跳火；当ECU控制$T_2$断电时，与$T_2$相连的初级绕组断电，而在次级绕组产生的高压电动势可以使2、3缸的二极管导通，使火花塞放电，而1、4缸的二极管截止，其火花塞不能跳火。

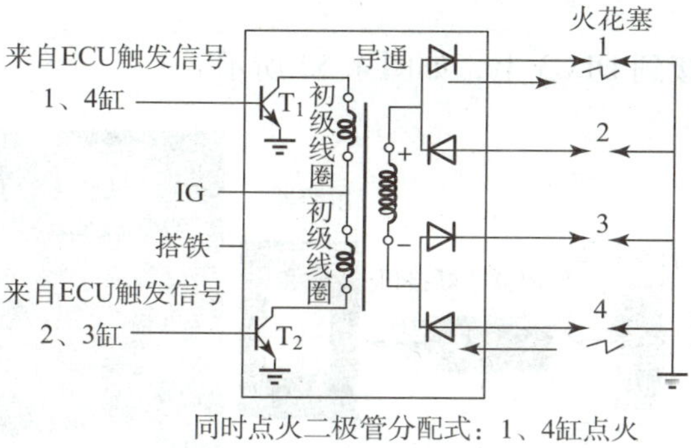


图 4.50　二极管配电点火

## 三、微机控制电子点火系统的故障诊断与排除

微机控制电子点火系统的故障原因除了点火控制器、点火线圈、高压线、配电器（有分电器的微机点火）、火花塞发生故障外，还包括各种传感器、电控单元（ECU）及其相关电路连接故障等。

微机控制电子点火系统具有故障自诊断功能，当发动机不能起动或工作异常，怀疑是点火系统故障时，应先利用发动机 ECU 的自诊断功能进行诊断和检查，必要时再进行人工诊断。

发动机 ECU 的自诊断功能是指发动机 ECU 利用自诊断系统，在发动机工作过程中对电控系统中的传感器、执行器的工作状态进行监测，将监测到的数据与 ECU 内部储存的标准数据做比较，一旦发现某些信号失常，电控单元就会发出信号接通故障指示灯，并将故障信息以故障代码的形式存储起来。

当点火开关旋至“ON”挡且不起动发动机，发动机警报灯便会亮起，如图 4.51 所示。若发动机警报灯未亮，则说明发动机警报灯或其电路有故障，起动发动机后，发动机警报灯应熄灭；若发动机警报灯不熄灭，则说明系统已检测出发动机系统有故障，此时，可利用发动机 ECU 的自诊断功能诊断和检查故障。

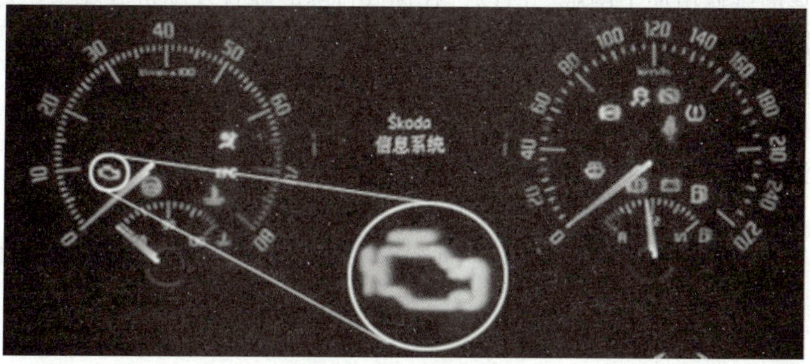


图 4.51　发动机警报灯

下面以尼桑风度轿车为例，介绍其诊断步骤。

### 1. 读取故障码

1）将智能测试仪连接到 DLC3 上，如图 4.52 所示。

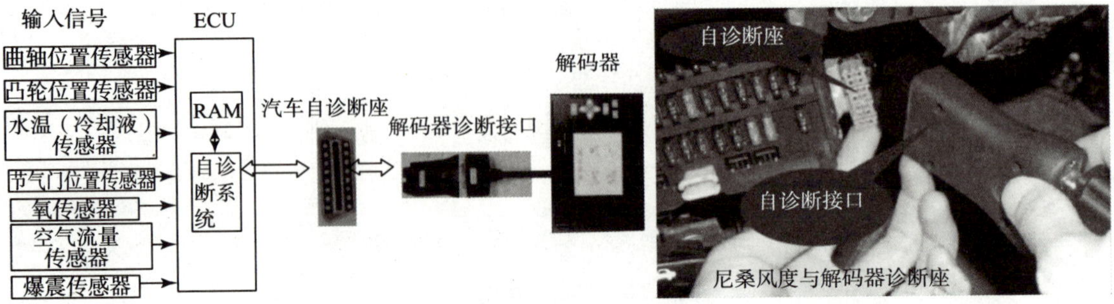


图 4.52　尼桑风度轿车自诊断连接

2）将点火开关转到 ON，打开测试仪。

3）选择以下菜单项目：Powertrain（传动系）/Engine And ETC（发动机和 ETC）/DTC。

4）检查 DTC 数据，并将其记录下来。

### 2. 根据故障码确定故障部位

维修人员读出故障码后，可参考维修手册，根据故障码表确定故障部位、故障原因，并排除故障。

### 3. 故障维修完毕后，应进行路试检查

路试中，发动机故障指示灯应指示正常。若起动发动机后，发动机故障指示灯不熄灭，则说明电控系统仍存在故障；若出现原来的故障码，则说明故障部位未能彻底修理好；若出现新的故障码，则说明发生新的故障，需要继续修理。

### 4. 故障码的清除

故障彻底排除后，电控系统虽然恢复了正常工作，发动机故障指示灯也指示正常，但故障码仍然存在存储器中，不会自行消除，再读取故障码时，这些故障码会和新的故障码一起显示出来，给诊断维修增加了困难。所以，在彻底排除故障且发动机故障指示灯也指示正常时，应及时清除故障码。

尼桑风度轿车故障码的清除方法如下：

1）使用智能测试仪进行清除。

①将智能测试仪连接到 DLC3 上。

②将点火开关转到“ON”挡，打开测试仪。

③选择以下菜单项目：Powertrain（传动系）/Engine And ETC（发动机和 ETC）/DTC/Clear（清除）。

④按下“YES”（是）按钮。

2）手动清除。

①断开蓄电池负极端子电缆 3 min 以上。

②将 1 号 EFI 保险丝和 ETCS 保险丝从发动机室 R/B（位于发动机室内）拆下，保持

1 min以上。

## 四、汽车故障诊断仪

汽车故障诊断仪又称汽车解码器，是专业的汽车维修、检测工具，如图 4. 53 所示。它一般可分为两种，一种是针对车门中控的，主要用于汽车遥控器的匹配与测试检修；另一种是针对汽车发动机或电路故障等进行检修。

汽车故障诊断仪通过汽车故障诊断座连接汽车，通过故障诊断仪的操作系统和汽车型号相匹配的内置软件，读取汽车数据，然后再对照故障码，可以准确提供各系统的工作情况，指出故障所在和具体故障情况，为排除汽车故障提供了强大的技术保障。

（a）　　　（b）　　　（c）

图 4. 53　汽车解码器

（a）解码器盒；（b）元征解码器；（c）车博士解码器

### 1. 汽车故障诊断仪的类型

汽车故障诊断仪和汽车链接方式主要有两种，即有线和无线。有线通过诊断接头和连接线连接诊断仪和汽车诊断座；而无线省去了中间的连接线，在诊断座位置连接一个无线发射装置，在诊断仪端连接接收装置。通常无线方式为蓝牙设备。

汽车故障诊断仪根据厂家的配置和所测车型，分为专用、综合型和原厂仪。专用汽车故障诊断仪只针对设定的车型进行操作；原厂仪只能针对汽车制造厂自己的车型进行操作；而市场大多数使用的是综合型汽车故障诊断仪，这种检测设备一般都是由专业故障诊断仪企业开发和生产，由于所测车型多、软件升级快、价格实惠而深受维修人员喜爱。

汽车故障诊断仪为了通过汽车故障诊断座和汽车 ECU 等计算机主机通信，必须遵循相关的标准和协议，如 OBD－Ⅱ等。

### 2. 汽车故障诊断仪的功能特点

汽车故障诊断仪可以读取、清除故障码，进行数据流、元件测试，将保养灯归零，读计算机版本，进行基本设定和匹配调整。有些汽车故障诊断仪还可以提供一些增值服务，如进行汽车故障远程诊断，提供汽车维修资料、故障代码对照表，管理客户档案，以及具有一些商务功能，等等。

### 3. 汽车故障诊断仪的品牌

汽车故障诊断仪市场上除了原厂汽车故障诊断仪外，主要的品牌有国内的道通、元征、亿科、车博士、欧克勒亚、金德、修车王、金奔腾等；国外的如德国博世、美国斯必克

(SPX）和红盒子、瑞典 AUTODGAGNOS 等。

随着计算机技术的运用和发展，汽车故障诊断仪技术越来越先进，汽车维修的方式和理念正在发生翻天覆地的变化。如 EK800PC 无线诊断仪，可检测全球 10 000 多款汽车的发动机、自动变速器、ABS 及安全气囊（SRS）等电控系统，它是把汽车诊断设备系统移植到 PC 平台的首家国内产品，大大降低了成本，还扩展了故障诊断仪的功能。

### 4. 汽车故障诊断仪的使用方法和步骤

下面以 2013 年产雪佛兰科鲁兹搭载 LDE 发动机自动变速器轿车为例进行介绍。

第一步，选择 OBD Ⅱ 诊断接头、故障诊断仪、连接线，将三者连接好。

第二步，关上点火钥匙。将 OBD Ⅱ 诊断接头与汽车上的诊断接口连接好，打开点火钥匙到“ON”挡，打开解码器电源开关，之后显示解码器版本和起动界面。

第三步，选择“国产车型”→在“车标志”界面选择“通用车型”→进入“信息”界面，显示“系统正在初始化”→在“主菜单”界面选择“手工诊断”→在生产时间界面选择“2013”→在“车身类型”界面选择“小客车”→在“产品制造商”界面选择“雪佛兰”→在“产品系列”界面选择“科鲁兹”→在“按系统测试”界面选择“发动机控制模块”→在“发动机识别符”界面选择“1.6 升 LDE”发动机→在“发动机控制模块版本”选择“边缘安装接头”→在“变速箱类型”界面选择“自动”变速器→在“模块诊断”界面选择“按系统测试”→在“信息”界面显示“正在建立车辆通信，请等待...”，→在发动机控制模块选择“故障诊断代码（DTC）”→在“故障诊断代码（DTC）”界面选择“DCT 显示屏”→DTC 显示屏出现发动机故障码。这时可以根据故障码来进行维修操作（为了防止历史故障带来的不确定性，此时可先清除故障码，然后再次读取故障码）。

第四步，维修完成后进入清除故障码界面选择“是”→选择“清除故障码”→退回初始界面→选择“关机”→选择“确定”按钮，之后关闭点火开关，拔出诊断接头，收好诊断仪，完成诊断工作。

具体诊断步骤按以下逐个进行，分别如图 4.54 ~ 图 4.62 所示。

首先连接解码器与诊断接头，再将解码器与车上诊断座相连，然后将点火钥匙打到“ON”挡。诊断步骤见图 4.54。

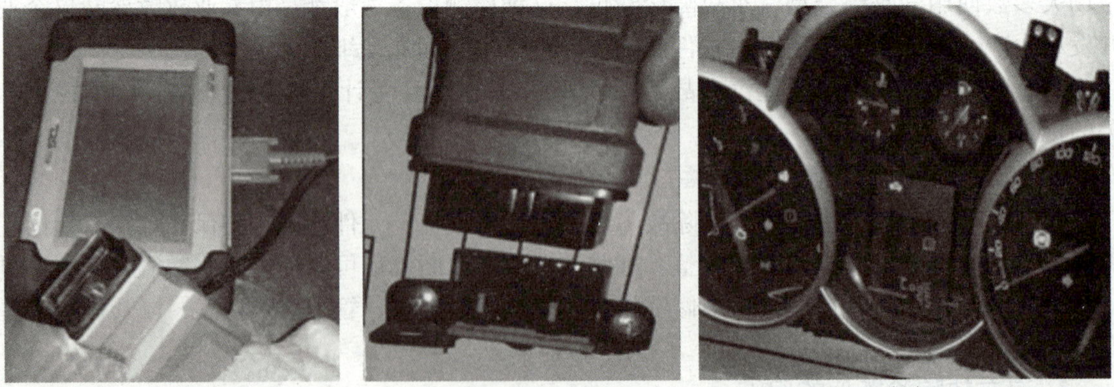

(a)　　(b)　　(c)

图 4.54　诊断步骤一

(a) 连接解码器与诊断接头；(b) 将解码器与车上诊断座相连；(c) 将点火钥匙打到“ON”挡

2）打开解码器电源开关，系统界面显示解码器开机中；然后界面显示解码器启动载入数据。诊断步骤见图 4.55。

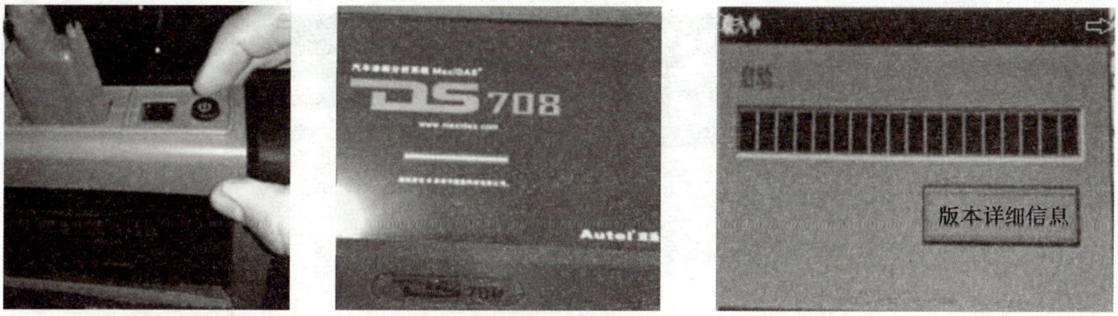


（a） （b） （c）

**图 4.55 诊断步骤二**

（a）打开解码器电源开关；（b）显示解码器开机中；（c）解码器启动载入数据

3）选择“通用汽车 V4.10”，界面显示“诊断系统正在初始化”；进入主菜单选择“手工”诊断。诊断步骤见图 4.56。

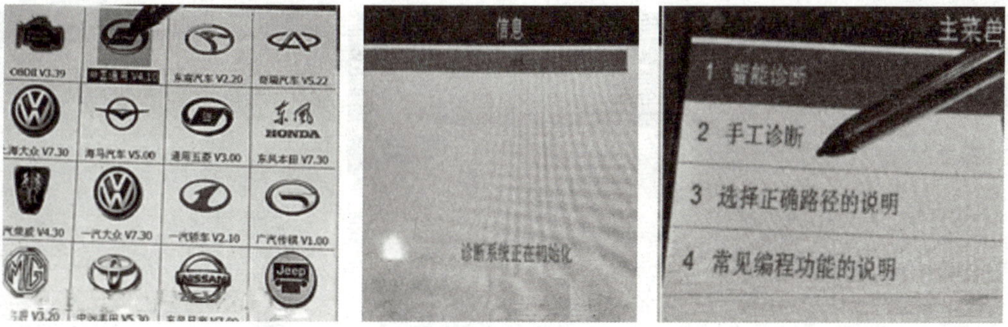


（a） （b） （c）

**图 4.56 诊断步骤三**

（a）选择“通用汽车 V4.10”；（b）界面显示“诊断系统正在初始化”；（c）主菜单选择“手工诊断”

4）车身类型选择“小客车”；产品制造商选择“雪佛兰”；产品系列选择“科鲁兹”。诊断步骤见图 4.57。

（a） （b） （c）

**图 4.57 诊断步骤四**

（a）车身类型选择“小客车”；（b）产品制造商选择“雪佛兰”；（c）产品系列选择“科鲁兹”

5）按系统测试选择“发动机控制模块”；发动机识别符选择“1.6 升（LDE）”；发动机控制模块版本选择“边缘安装接头”。诊断步骤见图 4.58。

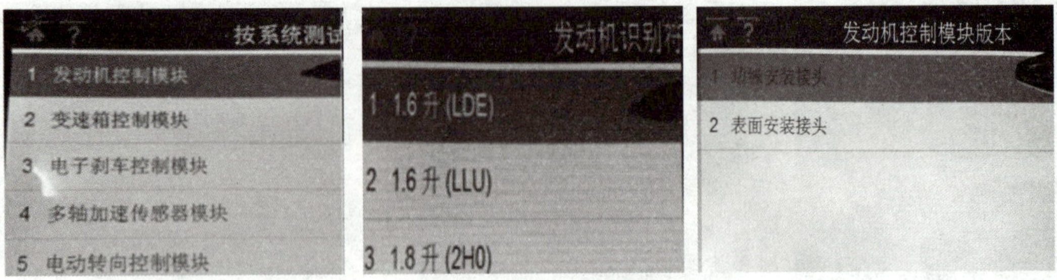


（a）　　（b）　　（c）

**图 4.58　诊断步骤五**

（a）按系统测试选择“发动机控制模块”；（b）发动机识别符选择“1.6 升（LDE）”；
（c）发动机控制模块版本选择“边缘安装接头”

6）变速箱类型选择“自动”；模块诊断选择“按系统测试”；显示“正在建立车辆通信，请等待...”。诊断步骤见图 4.59。

（a）　　（b）　　（c）

**图 4.59　诊断步骤六**

（a）变速箱类型选择“自动”；（b）模块诊断选择“按系统测试”；（c）显示“正在建立车辆通信，请等待...”

7）发动机控制模块选择“故障诊断代码（DTC）”；故障诊断代码（DTC）选择“DTC 显示屏”；DTC 显示屏显示故障码。诊断步骤见图 4.60。

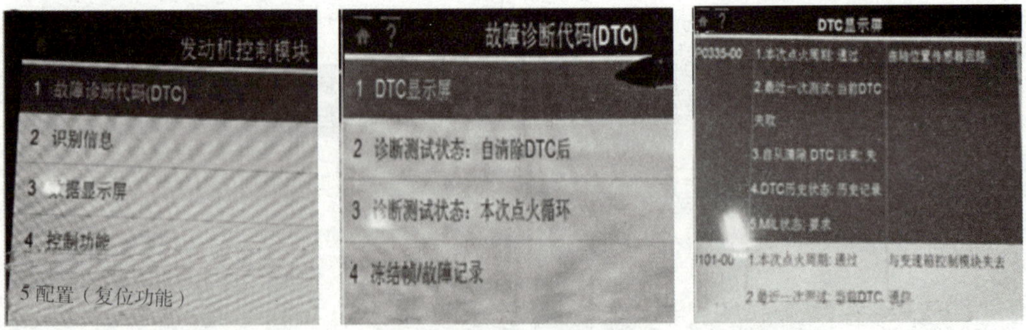


（a）　　（b）　　（c）

**图 4.60　诊断步骤七**

（a）发动机控制模块选择“故障诊断代码（DTC）”；（b）故障诊断代码（DTC）
选择“DTC 显示屏”；（c）DTC 显示屏显示故障码

8）返回上一个界面；选择“清除故障码”按钮；退出所有界面至初始界面选择“关机”命令。诊断步骤如图 4.61 所示。

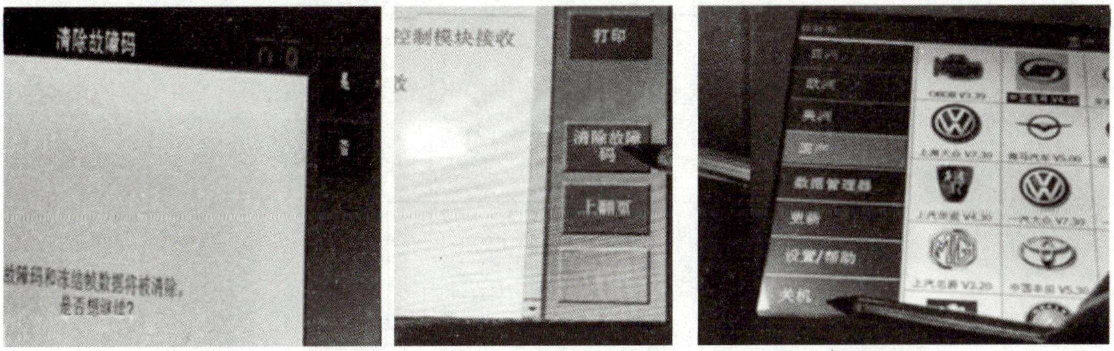


（a）　　（b）　　（c）

**图 4.61　诊断步骤八**

（a）返回上一个界面；（b）选择清除故障码（c）退出所有界面选择关机

9）在“关机”界面选择“确定”按钮；最后关闭点火开关。诊断步骤如图 4.62 所示。

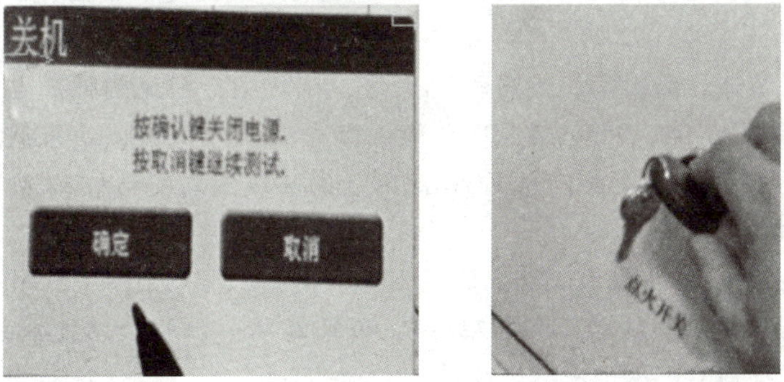


（a）　　（b）

**图 4.62　诊断步骤九**

（a）“关机”界面选择“确定”按钮；（b）关闭点火开关

## 典型故障案例

一辆奇瑞 A3 轿车不能起动，起动机运转正常，进行跳火试验，发现高压无火，初步确定是点火系统的故障。

**故障原因：**点火线圈损坏、火花塞工作不正常、发动机控制单元损坏、发动机无转速信号、线路故障等。奇瑞 A3 点火线圈的电路如图 4.63 所示。

**故障诊断：**

1）连接故障诊断仪 KT600 对发动机电控系统进行检测，没有发现故障码。

2）将点火开关打到“ON”挡，能听到油泵泵油的声音；做跳火实验检查高压火花，4 个缸均无高压火花。这说明是点火系统的故障。

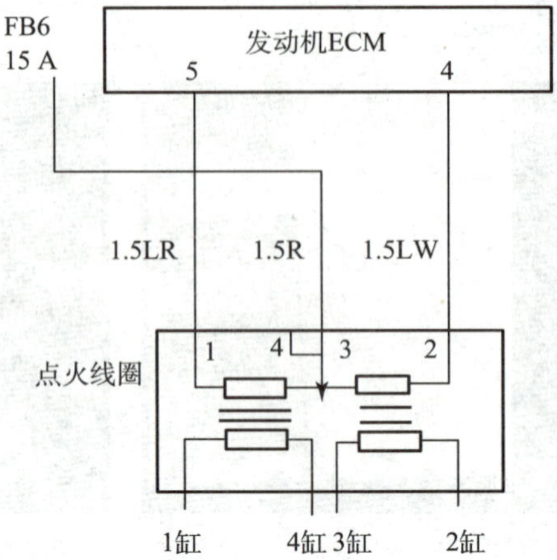


图 4.63　奇瑞 A3 点火线圈的电路

3）用万用表测量点火线圈的电阻值：1、4 缸和 2、3 高压线圈初级线圈电阻值均为 1 Ω，次级线圈电阻值均为 1 kΩ，从而断定高压线圈是正常的，故障不在高压线圈。

4）用二极管试灯检测高压线圈的 3#火线，试灯亮，则说明低压电正常；将试灯两端接到高压线圈的 1#、3#和 2#、3#之间，做点火信号试验，结果试灯不闪亮，则说明无点火信号。这可能是发动机 ECM 故障、高压线圈到发动机 ECM 之间断线或者发动机无转速信号。

5）断开发动机 ECM 线束插头，测量 ECM 5#与高压线圈 1#、ECM 4#与高压线圈 2#的电阻均为 0，这说明线路正常。难道是 ECM 故障？但维修站技术总监说奇瑞 A3 的发动机控制单元 ECM 几乎没有更换过。

6）换用 10 W 灯泡做的试灯检查点火线圈的 3#线，结果试灯不亮；而用二极管试灯检查点火线圈的 3#线，结果试灯点亮。两种试灯反复测试结果都相同，说明 3#线虚接。查看电路图，得知高压线圈的低压电源火线由“ON”挡继电器供电，拆下“ON”挡继电器检查发现其触点有烧蚀现象。更换相同的继电器后，用灯泡试灯测高压线圈 3#线，试灯点亮；然后起动汽车，一切正常，故障排除。

【特别提示】 检修汽车电路时，万用表、二极管试灯、灯泡试灯三者各有利弊，千万注意。

## 知识拓展

### 汽车电脑的检测与维修

汽车电脑内部电路可以分为两部分，包括输入、输出以及转换电路的常规电路和微处理器。常规电路大多采用通用的电子元件，如果损坏一般是可以修复的。在实际使用过程中，汽车电脑的故障大多发生在常规电路中。如果要维修汽车电脑，首先要确定是否是电脑出现故障，以免盲目修理，造成不必要的时间浪费和引起其他电路故障。

### 1. 确定电脑是否损坏

电脑损坏是指在相关传感器信号都能正常输入电脑的情况下，电脑却不能正确输出控制信号来驱动执行器。例如发动机无法起动，经过检查确定起动时喷油器插头上无频率电压，若相关电路正常而且起动信号可以正常输入发动机电脑，但是电脑没有输出驱动信号给喷油器，则可以断定发动机电脑内部故障。

### 2. 按照电路寻找损坏元件

根据电路图或实际线路的走向找到与喷油器连接的相应电脑端子，然后用数字万用表的“通断”挡从确定的电脑端子开始，沿着电脑的印刷电路查找，直至找到某个三极管。这是因为电脑通常采用大功率三极管放大执行信号以驱动执行器，所以此类故障的原因大多是因一个起着开关作用的三极管短路所致。

### 3. 测量三极管

确定三极管的三个极，与印刷线路对应的管脚为三极管的集电极，旁边较细的印刷线是基极。确认方法是，将发动机电脑多孔插头插上，起动发动机，使用万用表的“电压”挡连接到要确认的印刷线，显示5 V的则为基极：用万用表测试三极管，如果发现集电极c与基极b的正反向电阻无穷大，则说明三极管已经断路；如果发现集电极c与发射极e之间的电阻为零，则说明三极管已经被击穿。另外，还需要测量三极管附近相连的其他三极管和二极管。

### 4. 确定替换用的三极管

确定三极管的型号大致有以下几种方法。

（1）型号

查看三极管上的型号，通过三极管对应表确定与之相配的国产三极管。

（2）电阻

三级管的基极一般都串有电阻，基极的电阻值要与原三极管的电阻值相近。不同颜色的电阻阻值不同，因为三极管的基极是由电流的大小控制的，且电脑电压值固定，因此就需要利用电阻来控制电流。如果电流过大，则会烧毁三极管；如果电流过小，则不能将其触发。

（3）测量

利用万用表的二极管测量挡测量三极管的属性。根据三极管的特性，应该只有一个管脚相对于另外两个管脚单向导通，具备这个属性则可确定是三极管；只有一对管脚单向导通的是场效应管，相对另外两个管脚导通的管脚则是三极管的基极。

### 5. 将替换的三极管焊接到电路板上

焊接时要注意焊锡要尽可能少，避免过热；焊接完成后要用万用表测量各管脚，确保其相互不连通。

### 6. 测试维修效果

将电脑板在裸露的情况下连接到车体线束中，起动发动机检查相应功能是否正常，同时用手触摸三极管。有些热是正常的；但如果烫手就有问题了。然后观察故障灯是否点亮，并进行一定里程的路试。

下面以发动机电脑控制的喷油器电路为例，简要说明检修发动机电脑的过程。

### 1. 喷油器电源电路

喷油器电路分为电源电路和发动机电脑控制电路两部分。喷油器的电源大都由燃油喷射继电器提供，即点火开关打开后，燃油喷射继电器动作，蓄电池电压到达喷油器。此时燃油喷射，继电器等待发动机电脑的控制信号，以配合发动机所需的工作。

### 2. 发动机电脑控制电路

发动机电脑依据负载、转速以及各种修正信号进行运算，由输出电路输出喷油器脉冲信号，并由驱动电路放大电压信号，再接到NPN功率晶体管的基极b，使三极管执行脉冲频率的开关动作，即可完成喷油器电磁线圈通电与断开的动作。

### 3. 喷油器电路故障分析

执行喷油器开关动作的控制电路，由三极管控制喷油器线圈的搭铁回路，由三极管的集电极c连接喷油器，发射极e搭铁；如果c极和e极短路，就会出现打开点火开关后，喷油器始终喷油的故障；如果c极断路，就会使喷油器无法完成搭铁回路，导致喷油器不喷油。另外，与三极管c极并联的保护二极管如果短路，也会出现喷油器一直喷油的现象。

### 4. 喷油器电路的检测方法

可以使用数字万用表、示波器或LED测试灯等工具。严禁带电插拔线束插头，或使用指针式万用表或大功率测试灯，以免引起瞬间大电流造成发动机电脑内部三极管的损坏。

将LED测试灯连接在喷油器插头的两个插孔中，打开点火开关。如果LED灯一直点亮，则表示三极管c极和e极短路；如果LED灯不亮，起动发动机，如果LED灯仍不亮，则表示三极管c极和e极断路。

## 思考与练习

### 一、单选题

1. 传统点火系统与电子点火系统最大的区别是（　　）。

   A. 点火能量提高

   B. 白金触点被点火控制器取代

   C. 应用曲轴位置传感器

2. 火花塞积炭后，次级电压将显著（　　）。

   A. 提高　　B. 下降　　C. 变化

3. 爆震传感器可分为共振型、非共振型和（　　）型。

   A. 谐振型　　B. 非谐振型　　C. 火花塞座金属热型

4. 一般来说，缺少了（　　）信号，电子点火系统将不能点火。

   A. 水温　　B. 转速　　C. 上止点信号

5. 发动机转速升高，点火提前角应（　　）。

A. 增大　　B. 减小　　C. 不变

6. 点火线圈的闭合角主要是通过（　　）加以控制的。

A. 通电电流　　B. 通电时间　　C. 通电电压

7. 在闭环控制系统中，当实际转速高于怠速转速的稳定值时，点火提前角应（　　）。

A. 增大　　B. 减小　　C. 不变

8. 爆震除了与点火时刻有密切关系外，同时还与（　　）有关。

A. 燃烧最大压力　　B. 汽油的辛烷值　　C. 发动机转速

9. 当发动机功率较大，转速较高，压缩比较大时，应选用（　　）火花塞。

A. 热型　　B. 中型　　C. 冷型

10. 目前点火线圈的二次电压已高达（　　）。

A. 10～15 kV　　B. 20～30 kV　　C. 30～40 kV

11. 一般在 ECU 计算出最佳点火时刻后，输出点火正时（　　）信号，会控制点火器点火。

A. IGF　　B. IGT　　C. Ne

12. 爆震强，推迟点火角度________，爆震弱，推迟的角度________。（　　）

A. 大，小　　B. 大，大　　C. 小，大

13. 双缸同时点火方式中，下列说法不正确的有（　　）。

A. 点火线圈每产生一次高压电，则有两个气缸同时跳火

B. 一个缸是有效点火，另一个缸就是无效点火

C. 一个点火线圈控制的两个气缸，一个缸工作而另一个缸不工作，则是点火线圈故障

D. 双缸同时点火方式不可以安装在 5 缸发动机上

14. 下列有关分电器的说法中，不正确的有（　　）。

A. 分电器由齿轮驱动　　B. 分火头按顺时针方向旋转

C. 分电器在洗车时进水不会影响汽车起动　　D. 分电器盖破裂会影响工作

15. 下列有关火花塞的说法中，不正确的有（　　）。

A. 火花塞的作用是点燃混合气

B. 火花塞的自净温度在 500～600 ℃

C. 火花塞的热特性取决于裙部的长度

D. 火花塞的积炭对点火能量没有影响

16. ECU 接收转速信号作为点火信号的判断时，不用下列哪个转速信号？（　　）

A. 曲轴位置传感器信号　　B. 凸轮轴位置传感器信号

C. 发电机转速信号“W”极　　D. 霍尔信号

## 二、多选题

1. 点火系统的功能有（　　）。

A. 点火时间正时　　B. 最佳的空燃比　　C. 足够点火电压

D. 足够点火能量　　E. 最佳的点火提前角　　F. 最佳的混合气燃烧

2. 无分电器微机控制电子点火系统的配电方式有哪几种方式？（ ）

A. 单独点火方式　B. 二极管配电方式　C. 三级管配电方式

D. 可控硅配电方式　E. 双缸同时点火方式　F. 连续点火方式

3. 点火系统按信号发生器的原理分类有（ ）。

A. 磁电式　B. 霍尔效应式　C. 电容式

D. 电感式　E. 光电式　F. 电磁振荡式

4. 直接分缸独立式点火系统有以下哪些特点？（ ）

A. 减少了故障发生点　B. 降低了电磁波干扰

C. 节省电能消耗　D. 点火能量高

## 三、判断题

1. 电子控制点火系统一般都无点火提前装置。（ ）

2. 单独点火系统在每个火花塞上均配置了一个小型的点火线圈，点火驱动器直接控制各线圈的一次电流。（ ）

3. 电子控制点火系统一般都有两种点火模式。（ ）

4. 由于霍尔发生器取代了断电器的触点部分，所以它不需要点火控制器。（ ）

5. 霍尔信号发生器内的触发叶轮的叶片与气缸数不相等。（ ）

6. 当触发叶轮离开空气隙时，霍尔发生器产生信号。（ ）

7. 在暖机修正点火提前角的过程中，控制信号主要有冷却水温信号、进气歧管压力信号和节气门位置信号。（ ）

8. 汽车高压电取决于点火线圈初、次级线圈的匝数比。（ ）

9. 混合气在气缸内燃烧，当最高燃烧压力出现在上止点后10°左右时，发动机的输出功率最大。（ ）

10. 带有爆震控制的系统是属于点火提前角的开环控制系统。（ ）

11. 一般来说，缺少了转速信号，电子点火系统将不能点火。（ ）

12. 点火时刻提前，燃烧的最大压力就高，因而容易产生爆震。（ ）

13. 双缸同时点火系统中，两个缸所获得的点火能量是相同的。（ ）

14. 发电机转速升高，点火线圈中次级电压也升高。（ ）

15. 采用爆震传感器来进行反馈控制，可使点火提前角在不发生爆震的情况下尽可能地增大。（ ）

16. 爆震传感器的作用是把爆震时气缸体上的机械振动转换为电信号输入 ECU。（ ）

17. 在无分电器点火系统（一个点火线圈驱动两个火花塞）中，如其中一个气缸的高压线脱落，那么另一个缸的火花塞将无法跳火。（ ）

18. 最大点火提前角一般为35°~45°。（ ）

19. 点火时刻提前，燃烧的最大压力就高，因而容易产生爆震。（ ）

20. ECU 只要收到爆震信号就会推迟点火时间。（ ）

# 第五部分
## 照明与信号系统

# 情境一 认识汽车照明与信号系统

汽车照明与信号系统主要由照明系统与信号系统组成。照明系统又分为外部照明系统和内部照明系统。外部照明系统主要由前照灯、雾灯、牌照灯等组成；内部照明系统主要由阅读灯、行李厢灯、顶灯、门控灯、仪表照明灯、踏步灯、工作灯等组成。

信号系统又分为灯光信号系统和声音信号系统两部分。灯光信号系统主要包括示位灯、转向灯、倒车灯、制动灯、驻车灯、警示灯、底盘灯、车轮灯等；声音信号系统主要包括行车喇叭、倒车喇叭、报警喇叭等。各种照明与信号灯的位置如图 5.1 所示。

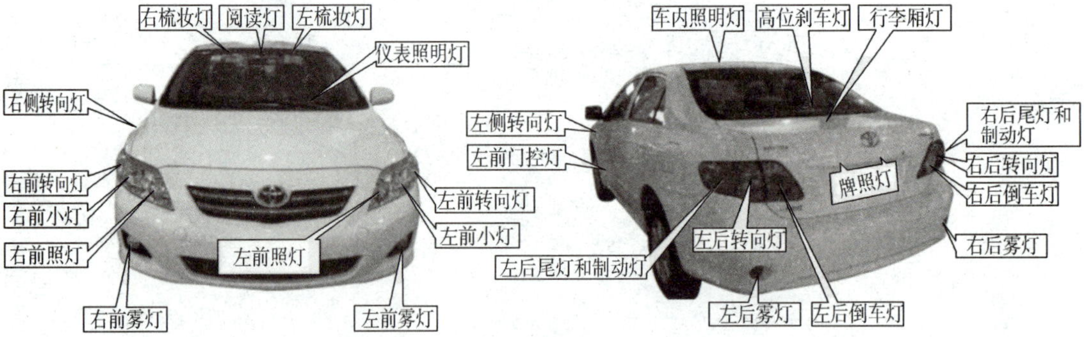


图 5.1 各种照明与信号灯的位置

## 一、外部照明系统

### 1. 前照灯

前照灯（俗称大灯）安装在汽车头部的两侧（见图 5.2），主要用于夜间行车道路照明，可以远、近光的变换，在超车时告知前方车辆避让。灯光为白色，有二灯制（远光、近光合为一体）和四灯制两种配置方式，功率一般为：近光 55 W，远光 60 W。部分前照灯改装后可达到：近光 90 W，远光 100 W。

汽车的前照灯一般有白炽灯、卤素灯、氙气灯等类型。随着汽车技术的不断发展，过去那种白炽真空灯已先后被淘汰；现在汽车的前照灯以卤素灯、氙气灯为主。

（1）二灯制

这种结构所采用的灯泡包含有两个分开的光源，通过一个反射镜投射近光和远光。每只前照灯都能分别发出近光和远光，通常用于中低档轿车上；远近光不能同时亮，或者仅有使用灯光喇叭的时候，远近光才可同时亮（防盗系统处于工作状态）。

图 5.2 前照灯

（2） 四灯制

四灯制是指一对前照灯产生远光和近光或仅产生近光，而另一对前照灯仅提供远光照明，远近光可以同时使用；常用于重型卡车和大型客车上，以及中高档轿车上；部分改过的灯，4 个灯均能开启远光，如图 5.3 所示。

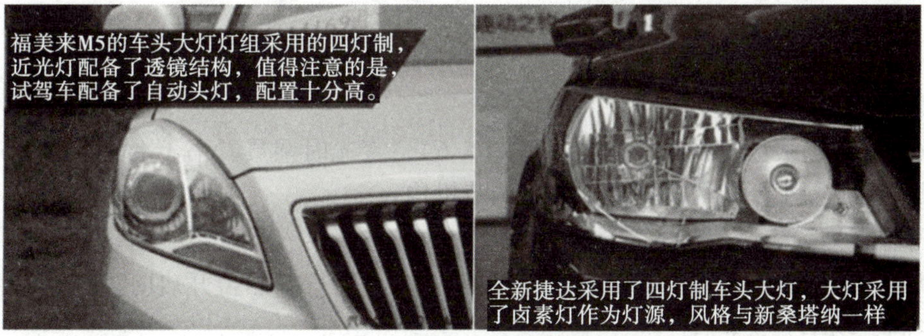


图 5.3 四灯制的前大灯

前照灯一般分为远光和近光。如果是一边两个，那就是远光一对，近光一对，共 4 个，只需要用单丝的卤素大灯就可以了；灯泡型号一般用 H1、H7，或者双 H1、双 H7 以及 9005、H9、H12 等。双丝的一般只需要一对前照灯灯具就可以，灯泡型号一般是 H4、9004、9007、H13 等。当然前面还有一对是雾灯，有的车把远灯、近灯、雾灯放一排共三对，雾灯灯泡型号一般是 H3、H8、H9、881 和 889 等。

## 2. 雾灯

雾灯有前雾灯和后雾灯之分，如图 5.4 所示。红色和黄色是穿透力最强的颜色，黄色是最纯的颜色，也是穿透力最强的颜色。汽车的黄色雾灯可以穿透很厚的浓雾射到很远的地方。

前雾灯装于汽车前部比前照灯稍低的位置（少数车型与前照灯等高），用于雨雾天、雨雪天或尘埃弥漫的情况下行车时改善车前道路的照明。因为雾天能见度低，驾驶员视线受到限制，而黄色防雾灯的光穿透力强，可提高驾驶员与周围交通参与者的能见度，使来车和行人在较远处发现对方。前雾灯的灯光为黄色或白色，功率为 70 W。

后雾灯位于汽车尾部，用来警示尾随车辆保持一定的安全距离；灯光颜色为红色，功率为 21 W。

### 3. 牌照灯

装于汽车尾部牌照附近（见图 5.5），用于夜间照亮汽车牌照；灯光颜色为白色，功率为 5 ~ 10 W。

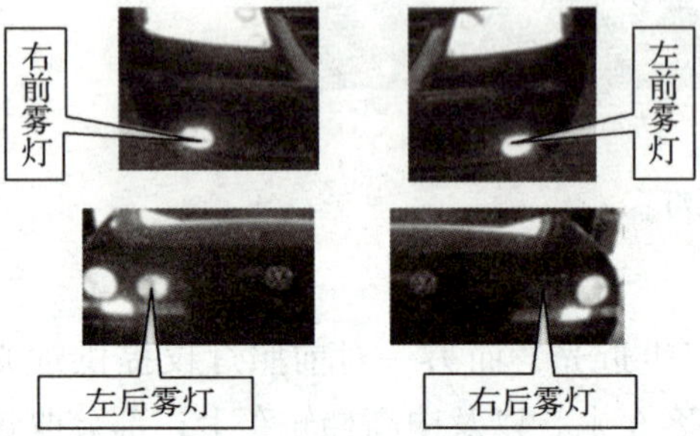


图 5.4　雾灯（大众汽车）

图 5.5　牌照灯

## 二、内部照明系统

### 1. 阅读灯

阅读灯安装于乘员席前部或顶部（见图 5.6），聚光时乘员看书不会给驾驶员产生眩目现象；其照明范围小，有的还有光轴方向调节机构。

### 2. 行李厢灯

行李厢灯装于轿车或客车行李厢内（见图 5.7），当行李厢盖开启时，会自动照亮行李厢内部空间；功率为 5 W。

### 3. 顶灯

顶灯安装在驾驶室顶部（见图 5.8），其作用是给驾驶室内部照明及监视车门是否可靠关闭；灯光为白色，功率为 5 ~ 10 W。

图 5.6　阅读灯

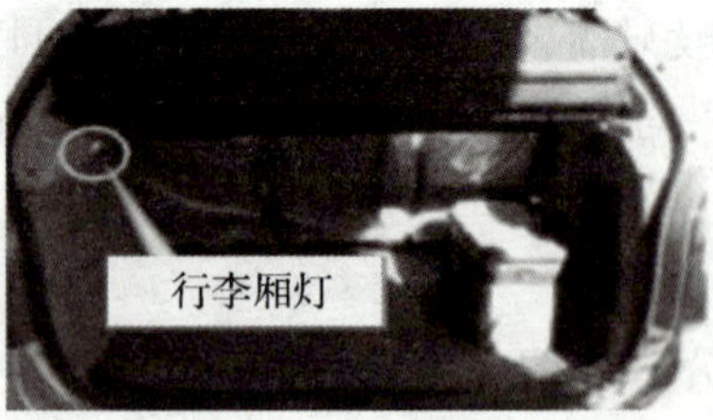


图 5.7　行李厢灯

图 5.8　顶灯

### 4. 门控灯

门控灯装于轿车外张式车门内侧的底部（见图 5.9），夜间开启车门时，门灯会发亮，以告示后来行人、车辆注意避让；光色为红色，功率为 5 W、3 W 和 2 W。

#### 5. 仪表照明灯

仪表照明灯安装在汽车仪表上（见图5.10），用于夜间照亮仪表指针及刻度板；灯光为白色或其他颜色，功率为2~8 W。

#### 6. 踏步灯

踏步灯装在大中型客车乘员门内的台阶上（见图5.11），以方便乘客夜间上下车。

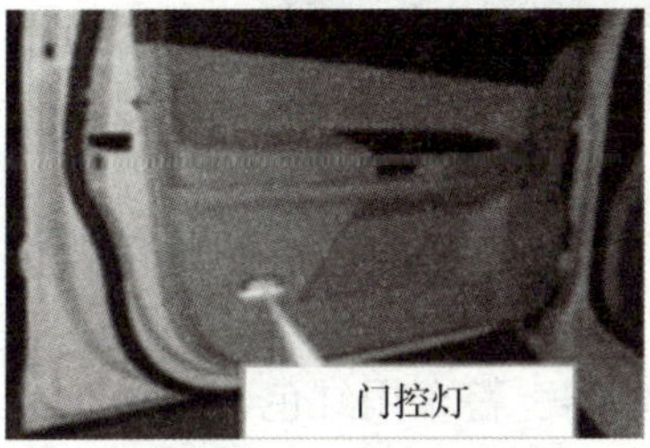


图5.9 门控灯

图5.10 仪表照明灯

图5.11 踏步灯

#### 7. 工作灯

工作灯便于夜间检修发动机，用插座与电源相接，常带有挂钩或夹钳；功率一般为21 W。

### 三、灯光信号系统

#### 1. 示位灯

示位灯又称为示宽灯、位置灯，安装在汽车的前面、后面和侧面，用来标示夜间行车或停车时车辆的形位；功率一般为5~10 W。前示位灯俗称“小灯”，灯光为白色或黄色；后示位灯俗称“尾灯”，灯光为红色；侧示位灯灯光为琥珀色，见图5.12。

#### 2. 倒车灯

倒车灯安装在汽车尾部，如图5.13所示。其作用是夜间倒车照亮车后路面，以警示后面的车辆和行人，表示该车正在倒车；灯光为白色，功率为21 W；打开点火开关并挂倒挡时，灯亮。

#### 3. 转向灯

转向灯装于汽车头部、尾部及左右两侧，用来指示车辆行驶趋势。在紧急危险状态下时，全部转向灯可通过危险警报灯开关在接通时闪烁；灯光为黄色，主转向灯功率为21 W，其他转向灯功率小于21 W，见图5.13。

#### 4. 制动灯

制动灯又称刹车灯，安装在汽车尾部（见图5.13）。其作用是在汽车制动停车或减速行驶时，向后方车辆及行人发出警示信号，以防止追尾碰撞；灯光为红色，功率为21 W。目前多数汽车设有高位刹车灯，安装在后挡风玻璃下部。

#### 5. 驻车灯

驻车灯装于车头及车尾两侧，用于标示车辆形状位置，警示车辆及行人注意避让，以防止碰撞；车尾处驻车灯灯光为红色，功率为3 W。

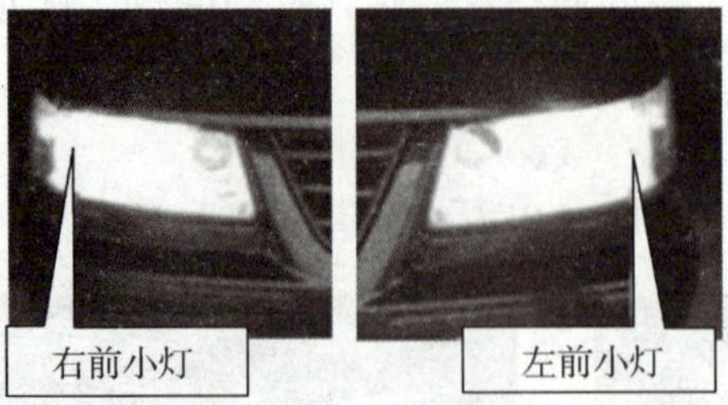


图 5.12　汽车车前小灯

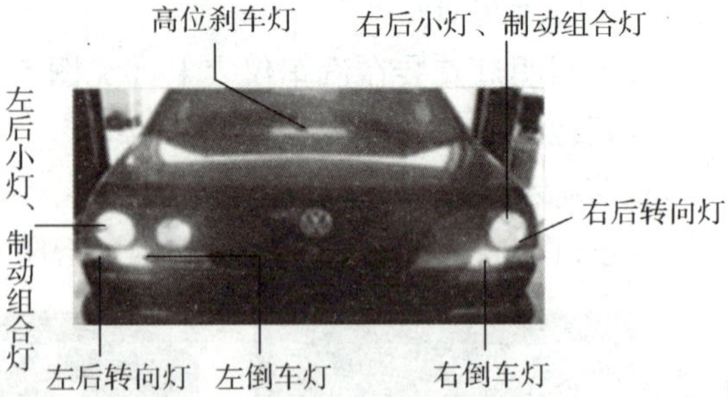


图 5.13　汽车后部的信号灯

### 6. 警示灯

警示灯一般装于车辆顶部，用来标示车辆特殊类型，如消防车、警车用红色，救护车为蓝色；功率为 21 ~45 W。一般将前照灯、前雾灯、前位灯等组合起来，称为组合前灯；将后位灯、后转向灯、倒车灯、制动灯组合起来，称为组合后灯。

### 7. 底盘灯

底盘灯（一般为改装）光线非常漂亮，其发出的灯光照射在地面上能反射出漂亮的光感，颜色多变，车主可以根据自己的喜好安装不同的色彩。这类灯一般有霓虹和 LED 两种发光方式，装在车辆两侧或者前后，在底盘上打孔后方能固定，如图 5. 14 所示。

### 8. 车轮灯

车轮灯（一般为改装）使车轮变成非常炫利的“风火轮”，装上它在夜晚的路上飞驰可以勾画出异常漂亮的光环。这也是它深得广大年轻时尚车主喜爱的原因之一。不过现实中较少人安装，除非是去一些改装车的 SHOW 车聚会上能看到，如图 5. 15 所示。

图 5.14　底盘灯

（a）　　（b）

图 5.15　车轮灯

## 四、照明系统的拆装

### 1. 前照灯的拆装（以奇瑞 A3 轿车为例）

1）首先拆下前保险杠上方正中 6 颗螺钉，如图 5. 16 所示。

2）将汽车举到一定高度，然后拆下前轮胎挡泥板处各 4 颗螺钉，见图 5. 16。

3）拆下大灯上方的2颗螺钉，如图5.17所示。

4）拆下大灯下方的2颗螺钉，如图5.18所示。

5）拔下连接线束的端口后，取出前照灯（左、右前照灯拆卸方法相同），如图5.19所示。（注意：大灯连接线比较难取，需要用力按压卡扣，不然会损坏卡扣。）

图5.16 拆下保险杠上方和挡泥板螺钉

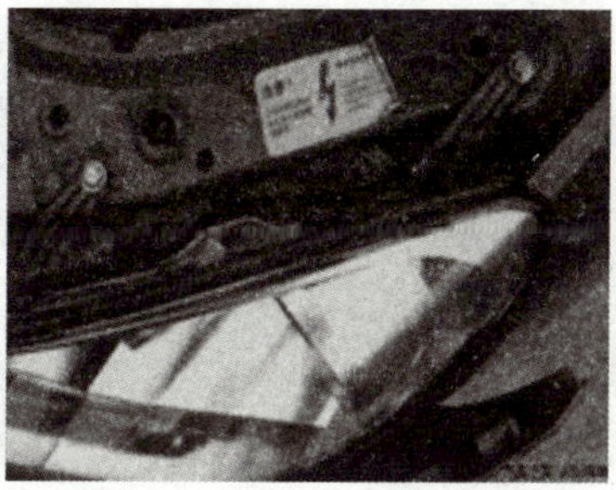

图5.17 拆下大灯上方的螺钉

图5.18 拆下大灯下方的螺钉

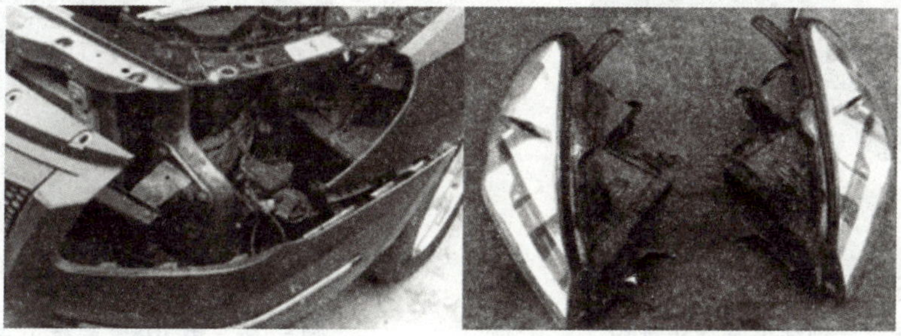

图5.19 拆下前照灯

6）按与拆卸相反的顺序进行安装。

### 2. 后雾灯的拆装（以捷达轿车为例）

1）拧下行李厢盖上左、右后雾灯的紧固螺钉，拔下线束端子，分别如图5.20和图5.21所示。

2）取出后雾灯总成（见图5.22），右边为灯饰，没有线束连接。

图5.20 拆后雾灯的紧固螺丝

图5.21 拔下后雾灯的线束端子

图5.22 取出后雾灯总成

3）按与拆卸相反的顺序进行安装。

### 3. 后组合灯的拆装（以奇瑞A3轿车为例）

1）拆下位于行李厢中尾灯后部绒毛毡上的塑料卡钉，如图5.23所示。

2）拔下尾灯插接器，如图 5. 24 所示。

3）找到插接器插头锁扣，并按压锁扣头部，分开插头，如图 5. 25 所示。

4）用 10#套筒拆下 4 个螺钉，然后将尾灯由车后方取出，如图 5. 26 所示。

5）按与拆卸相反的顺序进行安装。

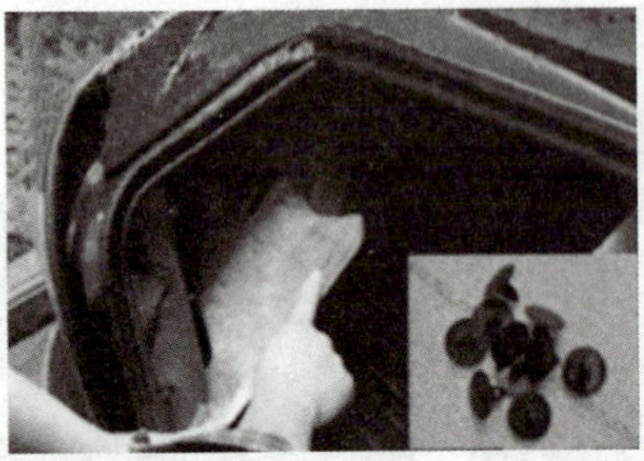

图 5. 23　拆下塑料卡钉

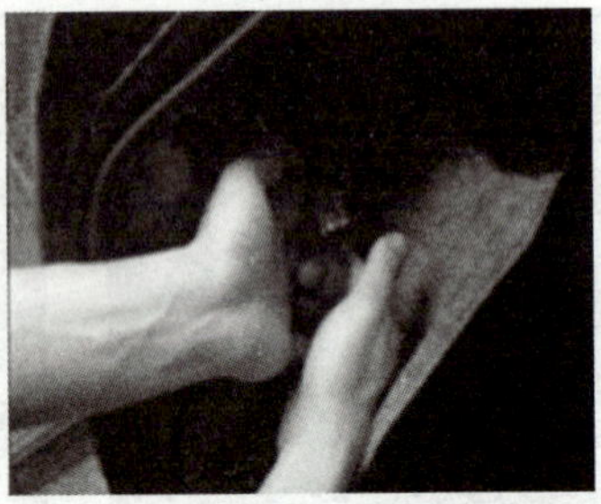

图 5. 24　拔下尾灯插接器

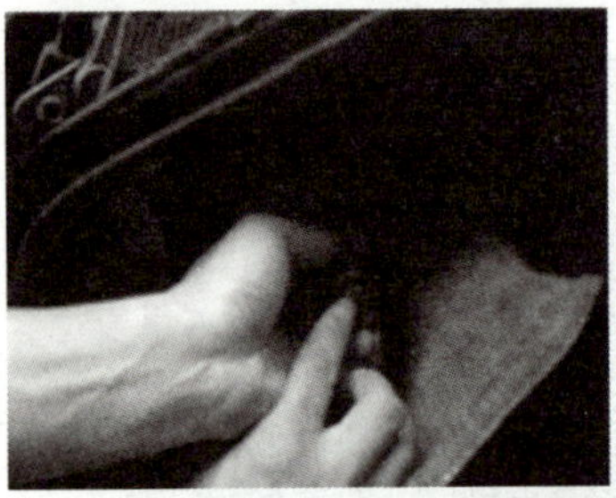

图 5. 25　找到插接器插头锁扣，并按压锁扣头部，分开插头

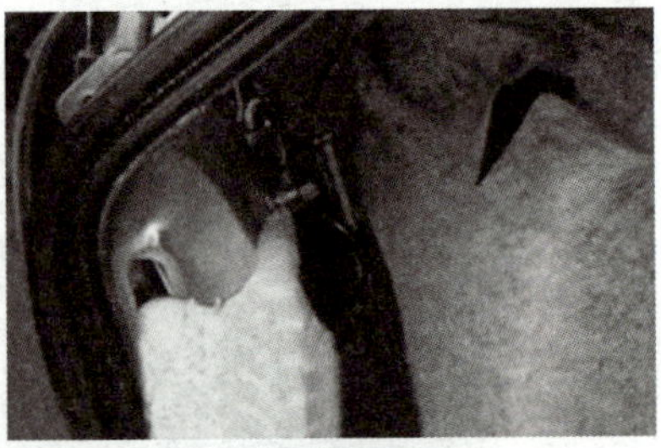

图 5. 26　用 10#套筒拆下 4 个螺钉，取出后车尾灯

一辆宝马轿车左前照灯远光灯不亮。

要维修该故障，需熟悉前照灯的结构，掌握前照灯电路的组成；掌握前照灯的调整方法并全识读前照灯电路，掌握前照灯电路的检修方法。

# 情境二 汽车照明系统

汽车照明系统主要用于夜间道路照明、车辆宽度标示、车厢内部照明、仪表照明及夜间检修等。

## 一、前照灯的结构

为了确保夜间行车的安全，前照灯应保证在车前有明亮而均匀的照明，驾驶员能够辨明车前 100 m（或更远）内道路上的任何障碍物。随着高速公路的发展和汽车行驶速度的提高，现代汽车前照灯的照明距离最远可达 200 ~ 250 m。

前照灯的照明效果直接影响夜间行车的安全。前照灯具有较特殊的光学结构，主要由灯泡、反射镜和配光镜等部分组成，如图 5. 27 所示。

### 1. 灯泡

灯泡分为白炽灯泡、卤钨灯泡、氙气灯泡和 LED 灯泡 4 种。

（1）白炽灯泡

白炽灯泡的灯丝由钨丝制成。制造灯泡时，先从玻璃泡抽出空气，再充以氩和氮的混合惰性气体，以减少钨的蒸发，提高灯丝的温度，增强发光效率，进而延长灯泡的使用寿命，目前汽车上已不使用。

白炽灯的工作原理就是灯丝上有电流通过时会发热，当温度足够高时可发出波长在可见光频段的黑体辐射。白炽灯点亮时，虽然其灯丝温度不超过钨的熔点和沸点，但是仍然会有少量的钨在高温下挥发。当挥发出来的钨原子遇到较冷的灯泡外壳时，就会凝结沉淀，久而久之灯泡外壳就会堆积一层发黑的钨膜；普通白炽灯用久了其外壳发黑就是这个缘故。

（2）卤钨灯泡

卤钨灯泡也称卤素灯泡，就是利用卤钨再生循环反应的原理，在充入灯泡的气体中掺入某一卤族元素，如氟、氯、溴、碘等，以防止钨的蒸发和灯泡的黑化，如图 5. 27 所示。

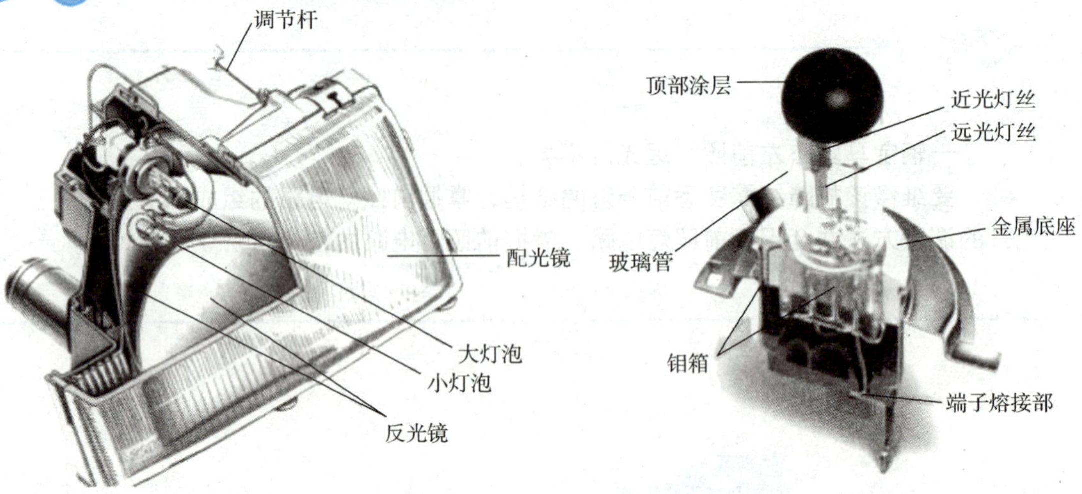


(a) (b)

**图 5.27 前照灯及卤钨灯泡**

(a) 前照灯；(b) 卤钨灯泡

卤素灯有其独特的配光结构，每支灯光内有两组灯丝：一组是主光束灯丝，发出的灯光经灯罩反射镜反射后径直向前射去，这种光源就是平时所说的“远光”；另一组是偏光束灯丝，发出的光被遮光板挡到灯罩反射镜子的上半部分，其反射出去的光线都是朝下漫射向地面，不会给对面来车的驾驶者造成眩目，这种光源就是平常所说的“近光”。

卤素灯泡，其实就是一类特殊的白炽灯，就是在灯泡内渗入少量的惰性气——碘，让从灯丝蒸发出来的钨原子与碘原子相遇反应，生成碘化钨化合物，当碘化钨化合物一接触白热化的灯丝（温度超过 1 450 ℃），又会分解还原为钨和碘，钨又重新归队回到灯丝中去，碘则重新进入气体中。如此循环不已，灯丝几乎不会烧断，灯泡也不会发黑，所以它要比传统的白炽前照灯寿命更长，亮度更大。现在的汽车普遍采用的都是这种灯泡。

(3) 氙气灯泡

氙气是一种惰性气体，氙气大灯的英文缩写是 HID，最早是由菲利浦公司研制开发。氙气灯泡的工作原理是将高压电流接入充有氙气气体的密封灯头，氙气气体在高压电流的作用下产生电弧放电并产生白色的强光，即由氙气气体放电照明。它的工作原理是没有钨丝，而是借助两个极间发出的电弧来发光；电弧通常能够激活惰性氙气，从而促使金属盐发光。前照灯若用一个氙气气体放电灯作为其中心元件，可使最小的空间得到最大的照明强度，即消耗同样的功率，发光效率却能高出三倍。一个 35 W 的放电大灯的光通量是一个 55 W 的普通卤素灯的两倍，其色温高达 4 200 K，一般使用寿命为 1 500 ~ 2 500 h，相当于汽车平均使用周期内的全部运行时间。

1) 氙气灯泡的结构。如图 5.28 所示，氙气气体放电灯由大灯灯泡、气体放电灯镇流器及大灯照射行程控制作动器组成。它的灯泡两极间的间隙为 4 mm，工作时电压高达 28 kV，因此绝对不允许在其工作状态进行拆装作业；氙气气体放电灯点燃 3 s 后才能达到最大亮度。

2) 氙气灯泡的优点。

①当出现故障时往往会逐渐变暗，而不是突然不亮，可以给驾驶者时间以改变车辆行驶状态。

②省电 1/2，卤素灯耗费 60 W 左右的电力，氙气灯只需 35 W 的电力。

③氙气灯没有灯丝，不会产生灯丝断而报废的问题；其使用寿命比卤素灯要长得多。

④氙气灯不会产生多余的眩光，不会对迎面来车的驾驶者造成干扰。

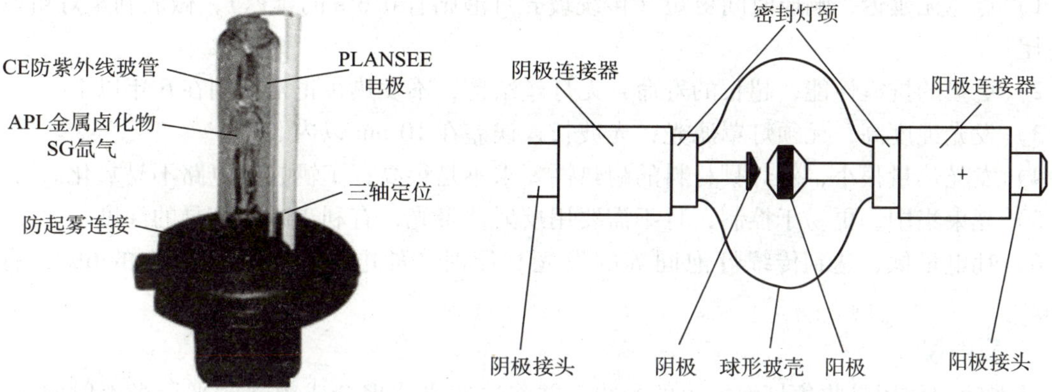


图 5.28　氙气灯泡的实物及其内部结构

（a）实物；（b）内部结构

（4）LED 灯泡

LED 是英文单词 Light Emitting Diode 的缩写。LED 灯是近几年发展起来的汽车大灯泡，主要用在一些高档车上；随着 LED 技术的高速发展，LED 照明逐渐成为新型绿色照明的不二之选。

发光二极管是一种能够将电能转化为可见光的固态的半导体器件，它可以直接把电转化为光。发光二极管灯泡无论在结构上还是在发光原理上，都与传统的白炽灯有着本质的不同，它由半导体 PN 结，加上电极引线和管壳制成；它改变了白炽灯钨丝发光与节能灯三基色粉发光的原理，而采用电场发光。LED 灯泡总成、LED 大灯泡及 LED 结构如图 5.29 所示。

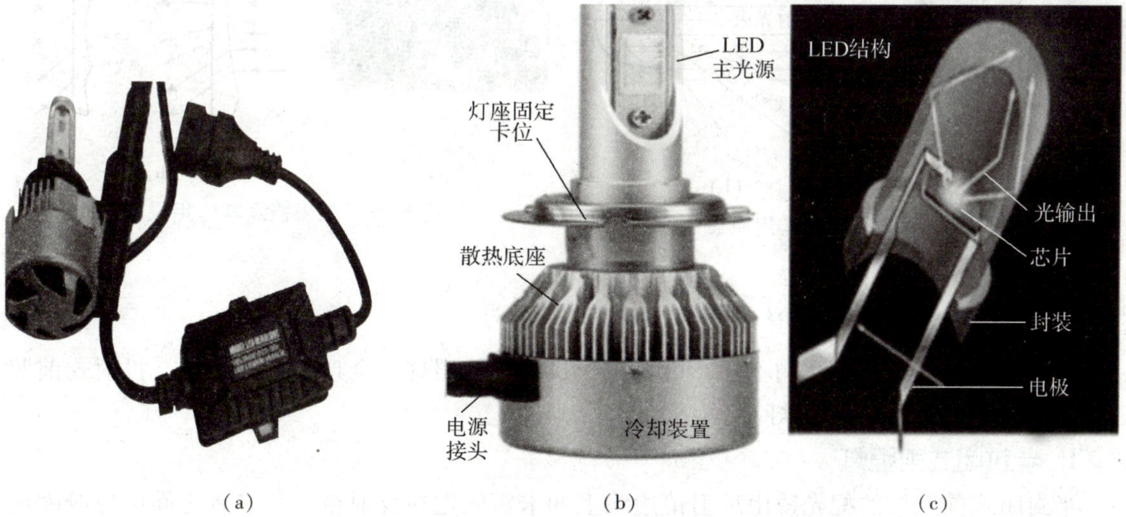


图 5.29　LED 灯泡总成、LED 大灯泡及 LED 结构

（a）LED 灯泡总成；（b）LED 大灯泡；（c）LED 结构

据分析，LED 的特点非常明显，寿命长，光效高，辐射小以及功耗低。LED 的光谱几乎全部集中于可见光频段，其发光效率可达 80% ~90%。LED 在发光原理、节能、环保的层面上都远远优于传统照明产品；与传统灯泡比起来，LED 的优越之处在于：

1）点亮无延迟，响应时间更短（传统玻壳灯泡则有 0.3 s 的延迟），做成刹车灯可以防止追尾。

2）更强的抗震性能，超长的寿命，无灯丝结构，不发热，正常使用在 6 年以上。

3）发光纯度高，无须灯罩滤光，光波长，误差在 10 nm 以内。

4）发光热量很小，对灯具材料的耐热性要求不是很高；车辆控制电路不易氧化。

5）光束集中，更易于控制，且不需要用反射器聚光，有利于减小灯具的深度。

6）耗电量低，达到传统灯泡同等的发光亮度时，耗电量仅为传统灯泡的 6%，省电节油。

### 2. 反射镜

反射镜的作用是收集灯泡发出的光线，并将这些光线聚合成很强的平行光束射向远方，使光度增强几百倍至上千倍，以保证汽车前方 150 ~400 m 内的足够照明；反射镜的表面形状呈旋转抛物面，如图 5.30 所示。反射镜一般用 0.6 ~0.8 mm 的薄钢板冲压而成，在其内表面镀银、镀铝或镀铬后抛光。

### 3. 配光镜

配光镜又称散光玻璃，其作用是将反射镜反射出的平行光束进行折射，以扩大光线的照射范围，使路面照明更加均匀。配光镜一般用透光玻璃压制而成，是很多特殊棱镜和透镜的组合体；其外形一般为圆形或矩形，如图 5.31 所示。

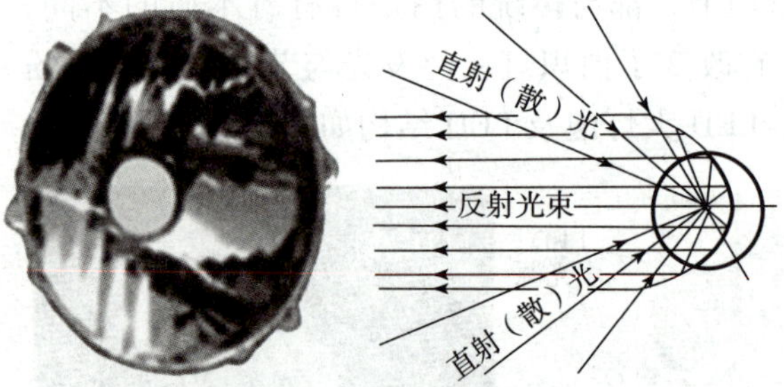

（a）　（b）

图 5.30　反射镜及其作用原理

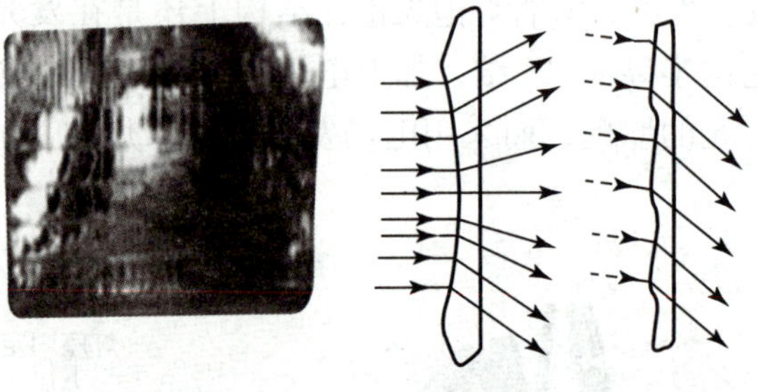
（a）　（b）

图 5.31　配光镜及其作用原理

## 二、各种类型的前照灯

前照灯根据灯光组的结构不同，可分为半封闭式前照灯、全封闭式前照灯、投射式前照灯、氙气前照灯和 LED 前照灯等。

### 1. 半封闭式前照灯

半封闭式前照灯的配光镜由反射镜边缘上的卡簧固定在反射镜上，二者之间由橡胶圈或密封胶密封，灯泡可从反射镜后端进行拆装，如图 5.32 所示。半封闭式前照灯的缺点是密封性能不良；优点是维修方便，因此得到广泛的使用。

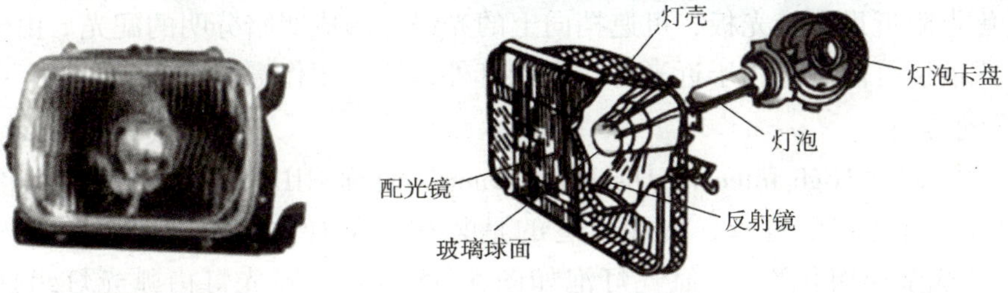


(a)　　　　(b)

**图 5.32　半封闭式前照灯**

(a) 实物；(b) 结构

## 2. 全封闭式前照灯

全封闭式前照灯又称真空灯，是将反射镜和配光镜玻璃制成一体形成的灯泡，里面充以惰性气体，灯丝焊在反射镜底座上，如图 5.33 所示。全封闭式前照灯的优点是可防止反射镜被污染，反射效率高，照明效果好，使用寿命长；缺点是当灯丝烧断后，需要更换整个总成，成本高。这种灯目前已较少使用。

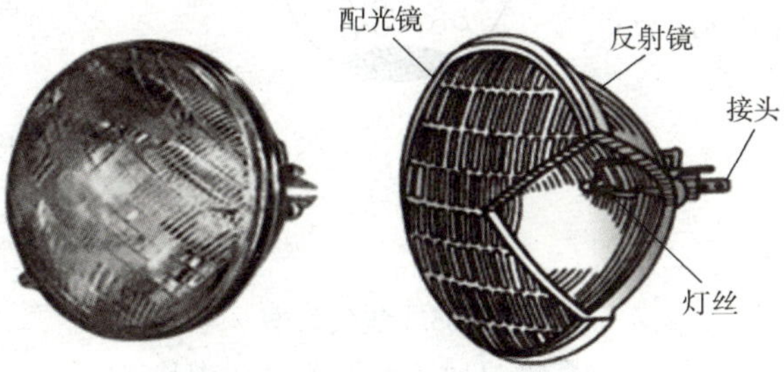


(a)　　　　(b)

**图 5.33　全封闭式前照灯**

(a) 实物；(b) 结构

## 3. 投射式前照灯

投射式前照灯采用卤素灯泡，它的反射镜近似椭圆形，有两个焦点，灯泡被放置在第一焦点处，第二焦点在灯光汇集处形成；凸形配光镜的焦点与反射镜的第二焦点是同一位置；来自灯泡的光源利用反射镜聚成第二焦点，再通过散光镜将聚集的光投射到前方，如图 5.34所示。

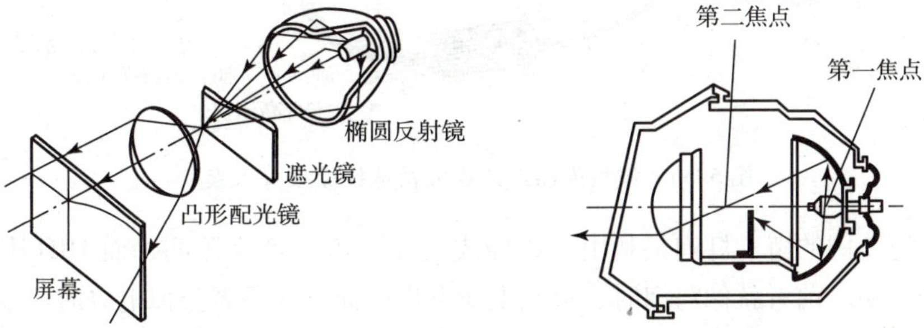


(a)　　　　(b)

**图 5.34　投射式前照灯**

(a) 结构示意图；(b) 焦点位置示意图

在第二焦点附近设有遮光板，可遮挡向上的光线，形成明暗分明的配光。由于这种配光特性，投射式前照灯除了可用于近光灯、远光灯外，还可用作雾灯。

### 4. 氙气前照灯

氙气灯的全称是 High Intensity Discharge Lamp，简称 HID 气体放电灯，也称高亮度弧光灯。这种灯没有传统的灯丝，取而代之的是装在石英管内的两个电极，管内充有氙气及微量金属（或金属卤化物）。氙气灯泡如图 5.35 所示；弧光灯由弧光灯组件（石英灯泡）、电子控制器和升压器三个部件组成。氙气前照灯的组成及连接原理如图 5.36 所示。

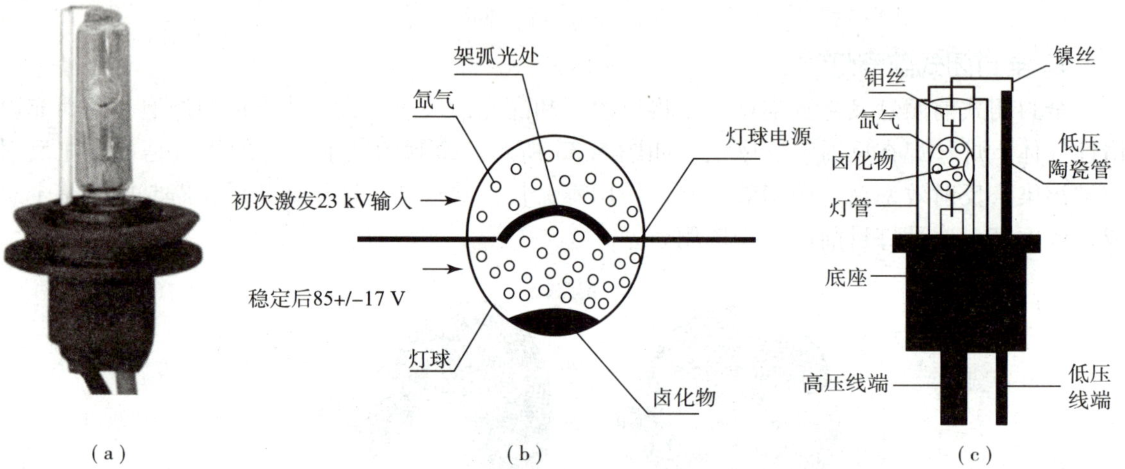


图 5.35　氙气灯泡

（a）实物；（b）工作原理；（c）结构

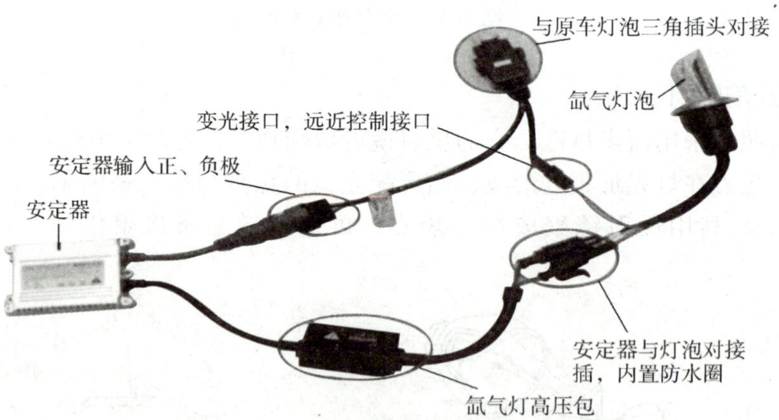


图 5.36　氙气前照灯的组成及连接原理（改装）

传统头灯泡使用的卤素灯泡是利用“燃烧式发光”方式产生照明，而 HID 则是利用“跳电式发光”来照明。前者就像烤肉时，火炭上所发出的光；而后者类似电焊时所发出的光。

氙气灯泡利用配套电子镇流器，将汽车电池 12 V 电压瞬间提升到 23 kV 以上的触发电压，将氙气灯中的氙气电离形成电弧放电发光；开关接通的瞬间即产生相当于 55 W 卤素灯一样的亮度，起动 4 s 后达到额定功率的 80%，然后将电压转变成 85 V 左右，并使之持续稳定发光，提供稳定的汽车大灯照明系统。其控制原理如图 5. 37 所示。

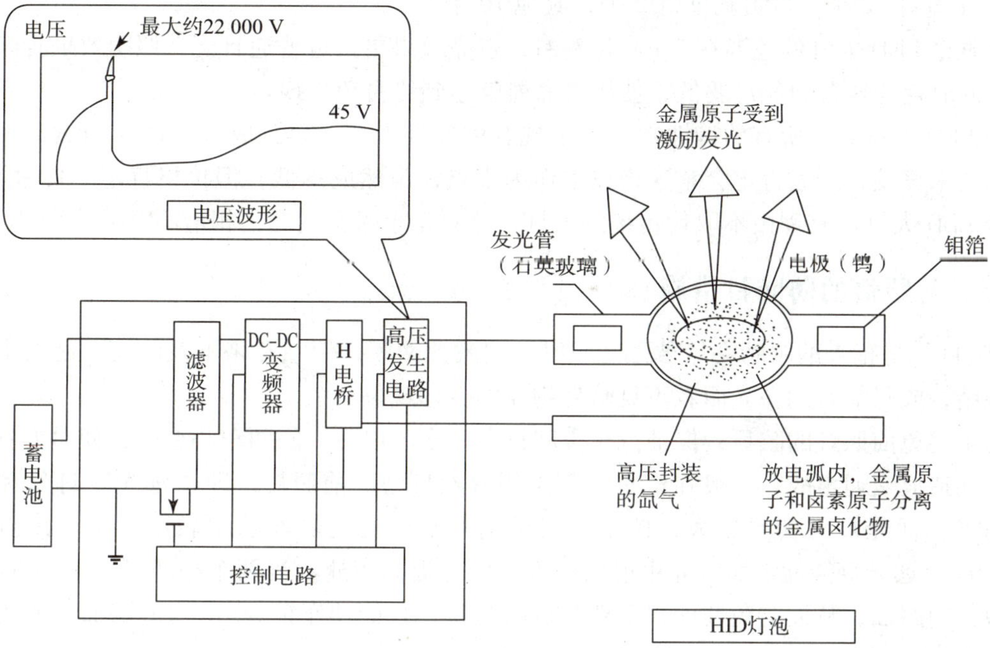


图 5. 37　氙气灯的控制原理

氙气灯泡光亮的色温与太阳光相似，但含较多的绿色与蓝色成分，因此呈现蓝白色光；这种蓝白色光大幅提高了道路标志和指示牌的亮度。氙气灯泡的光照亮度是普通卤素灯的两倍，而能耗仅为其 2/3，照射距离是传统头灯的两倍，使用寿命可达普通卤素灯的 10 倍。目前国内推出的奥迪、帕萨特、别克君威、马自达等豪华款均配备了氙气前照灯。

### 5. LED 前照灯

LED 前照灯指的是前照灯所有的光源均采用 LED，它不是通过热能使物体升温而发光，而是由电能直接转换为光能的，因而称之为冷光，它的寿命将更长。LED 现在主要应用于汽车日行灯、尾灯上，而在前照灯上应用的却极少，只有奥迪新 A8L 和奔驰 CLS 等极少数车型上使用，如图 5. 38 所示。

图 5. 38　奥迪新 A8L 的 LED 前照灯

奔驰 CLS 的大灯总成采用了总共 71 颗 LED，其中，近光灯 16 个，远光灯 8 个，转向灯 13 个，示宽灯 22 个，弯道辅助灯 2 个，其他 10 个。

这款全 LED 大灯的色温在 5 400 K 左右，点亮效果更接近普通日光，照明效果看起来更自然；同时耗能比普通氙灯要低，使用寿命能够达到终身免更换。

全 LED 大灯几乎所有的特性都超越了现有的氙气大灯，而且成本更低（当然，现在这项技术还未普及，厂家肯定会拿这项技术作为卖点，虽然成本低，但价格肯定不便宜）。所以，全 LED 大灯没有理由不取代传统的大灯，这只是个时间问题，相信不会太久。

## 三、前照灯的防眩目措施

“眩目”是指人的眼睛突然被强光照射时刺激视网膜，使瞳孔来不及收缩，使人本能地闭上眼睛，或只能看到亮光而看不见暗处物体的生理现象。

为了避免前照灯的眩目，保证汽车夜间行车安全，以免夜间两车相会时，使对方驾驶员眩目，而造成交通事故。一般在汽车上都采用双丝灯泡的前照灯，即“远光”灯丝和“近光”灯丝。远光灯丝功率较大，位于反射镜的焦点；近光灯丝功率较小，位于焦点上方（或前方）。远光灯能使前照灯光束射向远方，便于提高车速；当两车相遇时，接用近光灯，使光束倾向路面，从而避免迎面来车驾驶员的眩目，且能使车前 50 m 内的路面也照得十分清晰。

国内外生产的双丝灯泡的前照灯，按近光的配光不同分为对称形配光和非对称形配光两种。

### 1. 对称形配光

远光灯丝位于反射镜的焦点上，而近光灯丝位于焦点的上方并稍向右偏移（从灯泡向反射镜看去）。

### 2. 非对称形配光

远光灯丝位于反射镜的焦点处，近光灯丝则位于焦点前方且稍高出光学轴线，其下方装有金属配光屏（屏蔽罩）。由近光灯丝射向反射镜上部的光线，反射后倾向路面，而配光屏挡住了灯丝射向反射镜下半部的光线，故没有向上反射能引起眩目的光线。

这种非对称形的配光性能称为欧洲式配光，符合联合国欧洲经济委员会制定的 ECE 标准，所以又称 ECE 方式，是比较理想的配光，已被世界公认，我国也已采用。

前照灯防眩目的措施主要有以下几种：

1）采用双丝灯泡。

2）采用带配光屏的双丝灯泡。

3）采用非对称配光屏的双丝灯泡（配光屏安装时偏转一定角度，使近光的光型分布不对称，光型有一条明显的明暗截止线）。

4）Z 形配光屏（这种灯的明暗截止线呈 Z 形）。

为了克服眩目，H4 灯泡在近光灯丝下方设置一个遮光罩，使近光灯丝的光线不落在反射镜的下半部分，避免下半部分反射光线射入驾驶员眼里。其工作原理如图 5.39 所示；其效果如图 5.40 所示。

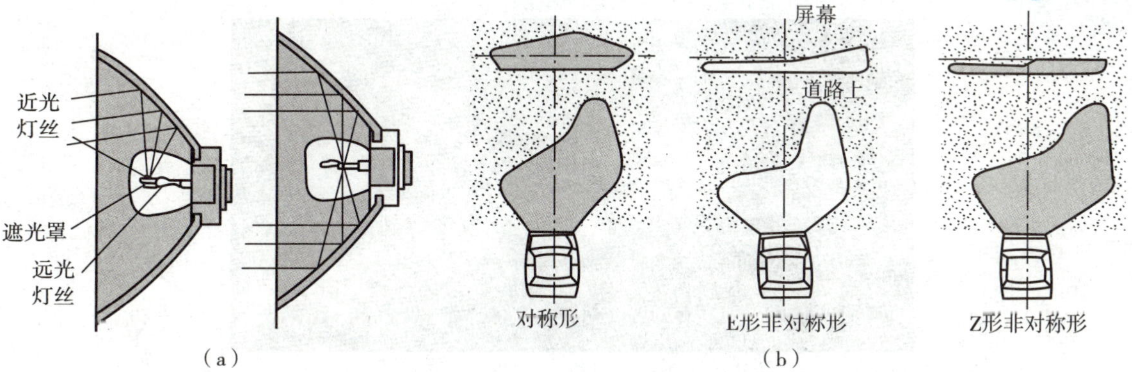


**图 5.39　前照灯防眩目的工作原理**

（a）远近光线示意图；（b）光型图

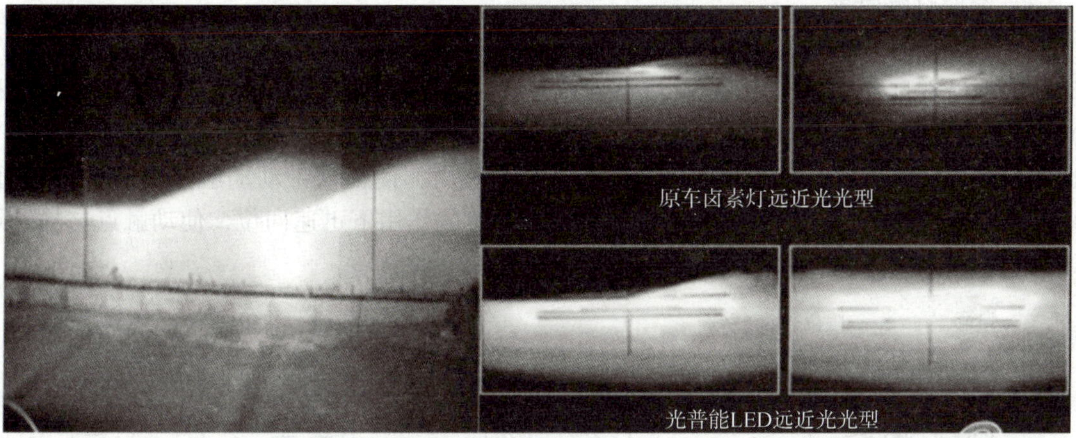


**图 5.40　防眩目效果**

## 四、前照灯电路

### 1. 前照灯电路的组成

前照灯电路主要由灯光开关、变光开关、前照灯继电器及前照灯组成。

（1）灯光开关

灯光开关的形式有拉钮式、旋转式和组合式等多种。目前汽车上使用较多的是组合开关，它将前照灯、尾灯、转向灯及变光等开关制成一体。

图 5. 41 所示为带自动大灯的组合开关，转动开关端部，便可依次接通行车灯（包括尾灯、小灯）、前照灯、自动大灯。将开关向下压，由近光变为远光；此时将开关向上扳，由远光变为近光；向前扳动开关，可使右转向灯工作；向后扳动开关，可使左转向灯工作。

（2）变光开关

驾驶者可以根据汽车行驶的需要切换近光和远光，变光开关有组合开关和脚踏开关两种；目前汽车采用较多的是组合开关，该开关被安装在转向盘下方，以便驾驶员操作，见图 5. 41。

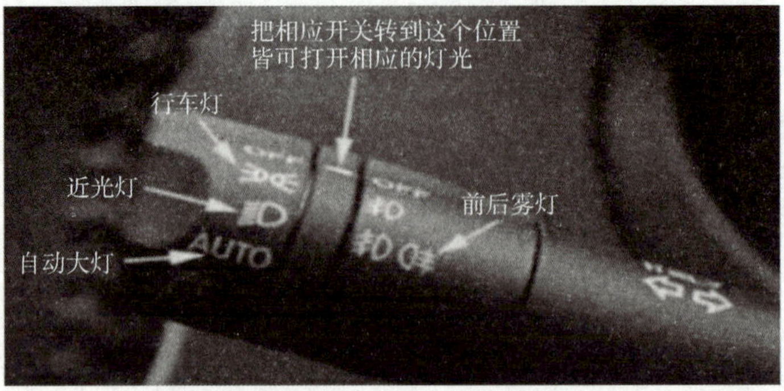


图 5.41　带自动大灯的组合开关

（3）前照灯继电器

前照灯的工作电流较大，若用车灯开关直接控制前照灯，车灯开关易被烧坏，因此在前照灯电路中设有灯光继电器。图 5.42 所示为常开式前照灯继电器（与一般常用继电器相同）。SW 端子与前照灯开关相连，E 端子搭铁，B 端子与电源相连，L 端子与灯泡相连。当接通前照灯开关时，继电器线圈通电，电磁铁产生磁力，使衔铁带动动触点与静触点接通；当切断线圈电源时，由于电磁力消失，衔铁就在弹簧的作用下迅速回位，使动触点与静触点断开。利用触点的开闭，可以实现对灯光电路的控制。

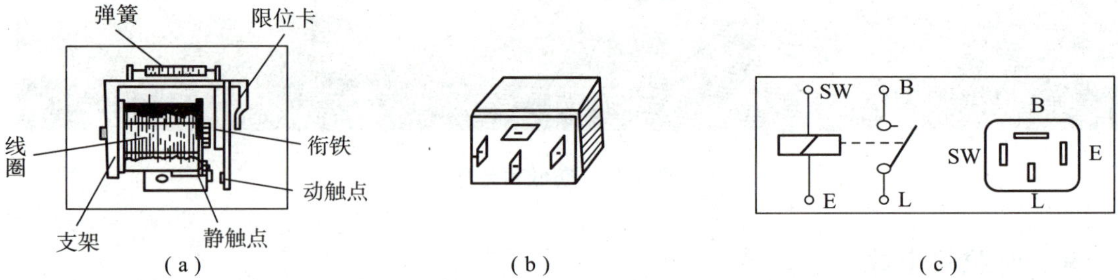


图 5.42　灯光继电器及其工作原理

（a）内部结构；（b）外形；（c）工作原理

## 2. 前照灯电路的识读

因车型不同，前照灯电路按继电器控制方式不同可分为继电器控制搭铁式和继电器控制火线式两种，如图 5.43 所示。

目前，汽车中运用较多的是继电器控制火线式电路。下面以丰田卡罗拉前照灯电路为例做分析。

图 5.44 所示为丰田卡罗拉前照灯电路。

（1）远光灯电路

当前照灯变光开关 E60 置于“远光”挡时，E60 的 9 脚与 11 脚导通；其电路为：蓄电池电压→50 A 主前照灯熔断器→调光继电器线圈→前照灯变光开关 E60 的 9 脚→前照灯变光开关 E60 的 11 脚→E1 搭铁。此时，调光继电器线圈得电，其触点闭合。

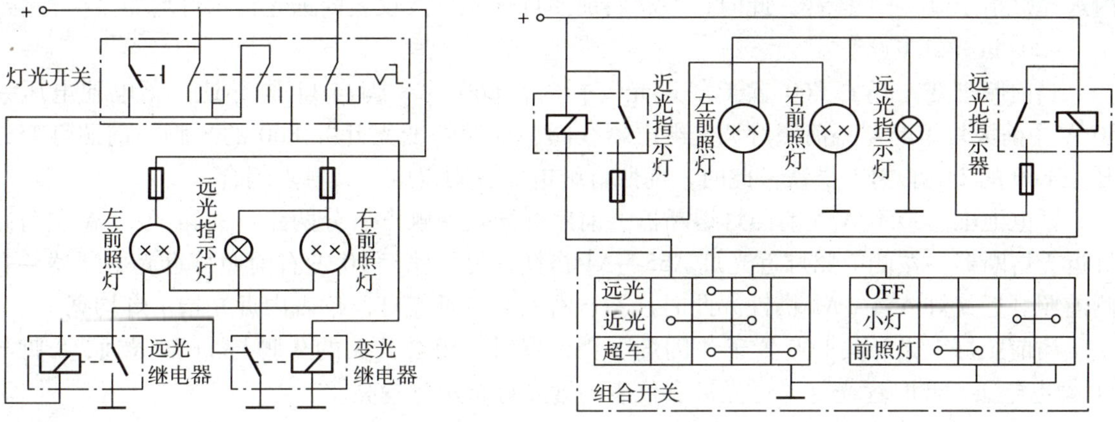


（a）　　（b）

**图 5.43　两种继电器控制的前照灯电路**

（a）继电器控制搭铁式电路；（b）继电器控制火线式电路

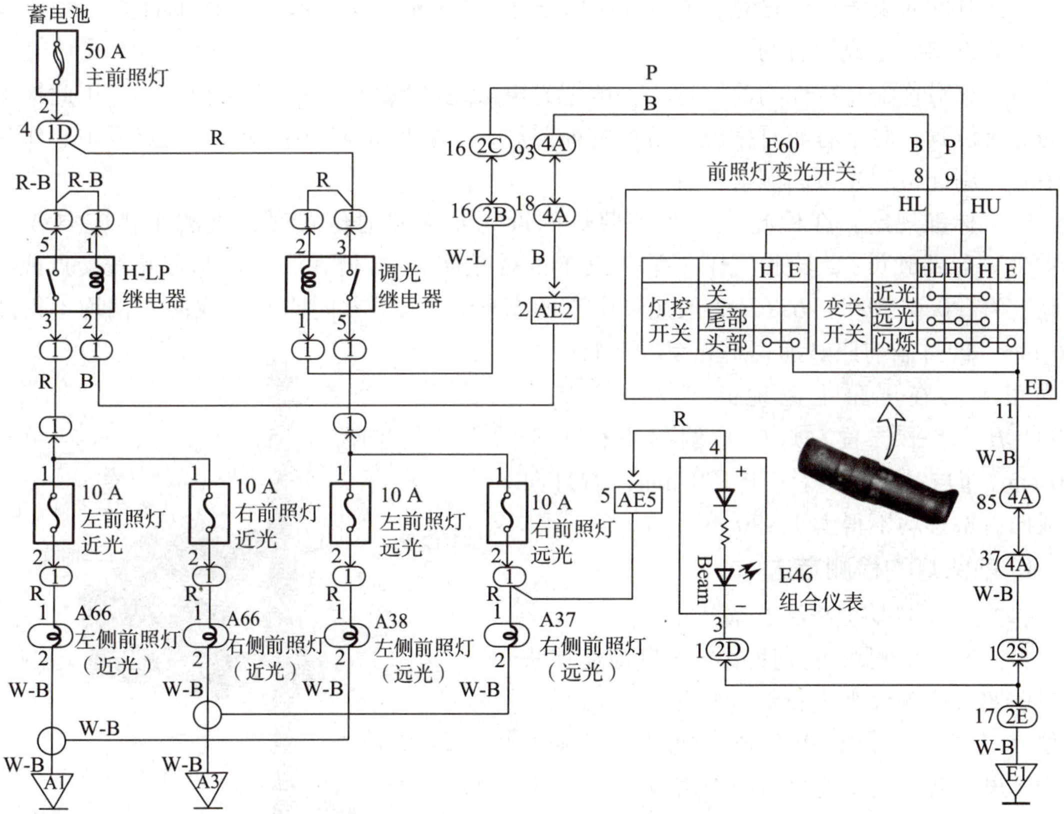


**图 5.44　丰田卡罗拉前照灯电路**

蓄电池电压→50 A 主前照灯熔断器→调光继电器触点后分两路：一路经 10 A 左前照灯远光熔断器→左侧前照灯远光灯 A38→A1 搭铁；另一路经 10 A 右前照灯远光熔断器后又分两路。一路到右侧前照灯远光灯 A37→A3 搭铁；另一路到组合仪表 E46 的 4 脚→组合仪表内远光灯指示灯→E1 搭铁。此时，左、右前照灯远光灯及仪表内远光指示灯均亮。

（2）近光灯电路

当前照灯变光开关 E60 置于“近光”挡时，E60 的 8 脚与 11 脚导通；蓄电池电压→50 A 主前大灯熔断器→前照灯调光继电器线圈→前照灯变光开关 E60 的 8 脚→前照灯变光开关 E60 的 11 脚→E1 搭铁。此时，前照灯继电器线圈得电，其触点闭合。

蓄电池电压→50 A 主前照灯熔断器→前照灯继电器触点后分两路：一路经 10 A 左前照灯近光熔断器→左侧前照灯近光灯 A65→A1 搭铁；另一路经 10 A 右前照灯近光熔断器→右侧前照灯近光灯 A64→A3 搭铁。此时，左、右前照灯近光灯及仪表内近光指示灯均亮。

当前照灯变光开关 E60 置于“闪烁”挡位置时，组合开关的 9 脚与 11 脚导通，8 脚与 11 脚也导通，此时远光灯、近光灯、仪表内远光灯指示灯均亮。

## 五、前照灯的检测与调整

前照灯使用时间长了，会引起照射位置不正确、发光强度不足等问题，影响汽车行驶速度和行车安全，所以必须对前照灯进行检测和调整。

前照灯的光束照射位置是光轴中心相对于前照灯配光镜几何中心在垂直方向偏上或偏下、水平方向偏左或偏右的距离。

对于有对称配光特性的前照灯，一般把光束最亮区域的中心作为光轴中心，用此检测光束的照射位置；对于有非对称配光特性的前照灯，一般把光束明暗截止线交点或中心作为光轴中心，用此检测光束的照射位置。

国家标准规定：在检测机动车前照灯的近光光束照射位置时，被测车辆应空载（允许乘坐一名驾驶员），轮胎气压正常，汽车正对屏幕 10 m 处，光束明暗截止线交点或中心的高度为（0.6～0.8）$H$（$H$ 为前照灯中心的高度），水平方向向左偏或向右偏均不得超过 100 mm；四灯制前照灯远光单光束的调整，要求光束中心在屏幕上离地高度为（0.85～0.90）$H$，水平位置左灯向左偏移不得大于 100 mm，向右偏移不得大于 170 mm，右灯向左或向右偏移均不得大于 170 mm。

### 1. 前照灯的检测方法

（1）电子自动追踪法

目前汽车检测线主要使用电子自动追踪法通过前照灯检测仪来进行灯光检测。前照灯检测仪（见图 5.45）利用在光电池受光线照射后产生电动势，再由光度计（实质上是一个电流表）来指示前照灯的发光强度。若前照灯的发光强度高，光电池产生的电流大，则光度计指示的值就高。

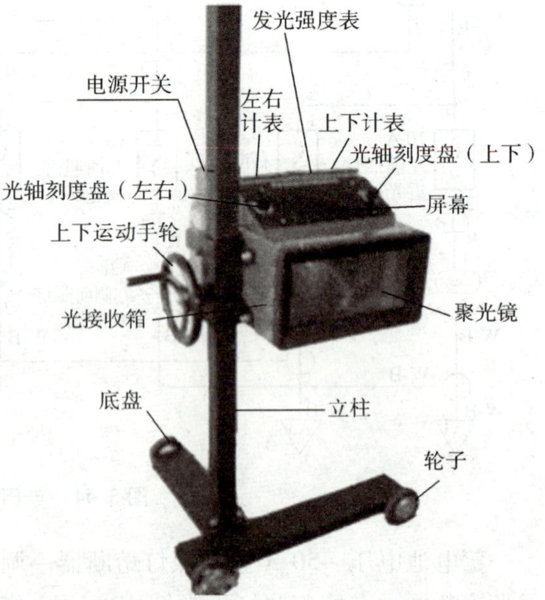


图 5.45　前照灯检测仪

前照灯检测仪的使用方法：

1）使被检汽车尽可能地与前照灯检测仪

的轨道保持垂直方向驶近检测仪，使前照灯与检测仪受光器相距 3 m。

2）使被检汽车与检测仪对正。

3）开亮前照灯，接通检测仪电源，用控制器上的上下、左右控制开关移动检测仪的位置，使前照灯光束照射到受光器上。

4）按下控制器上的测量开关，受光器随即追踪前照灯光轴，根据光轴偏斜指示计和光度计的指示值，即可得出光轴偏斜量和发光强度值。

5）测完一只前照灯后用同样的方法检测另一只前照灯。

6）检测结束，前照灯检测仪沿轨道或沿地面退出检测位置，汽车驶出。

（2）屏幕法

1）检测的准备：GB 7258—2017《机动车运行安全技术条件》规定，用屏幕法检测前照灯光束照射位置时，检查用场地应平整，屏幕与场地应平直，被检验的车辆应在空载、轮胎气压正常、乘坐 1 名驾驶员的条件下进行。检测时将车辆停置于屏幕前，并与屏幕垂直，使前照灯基准中心距屏幕 10 m，在屏幕上确定与前照灯基准中心离地面距离 $H$ 等高的水平基准线及以车辆纵向中心平面在屏幕上的投影线为基准的左右前照灯基准中心位置线；分别测量左右远近光束的水平或垂直照射方位的偏移值，如图 5. 46 所示。

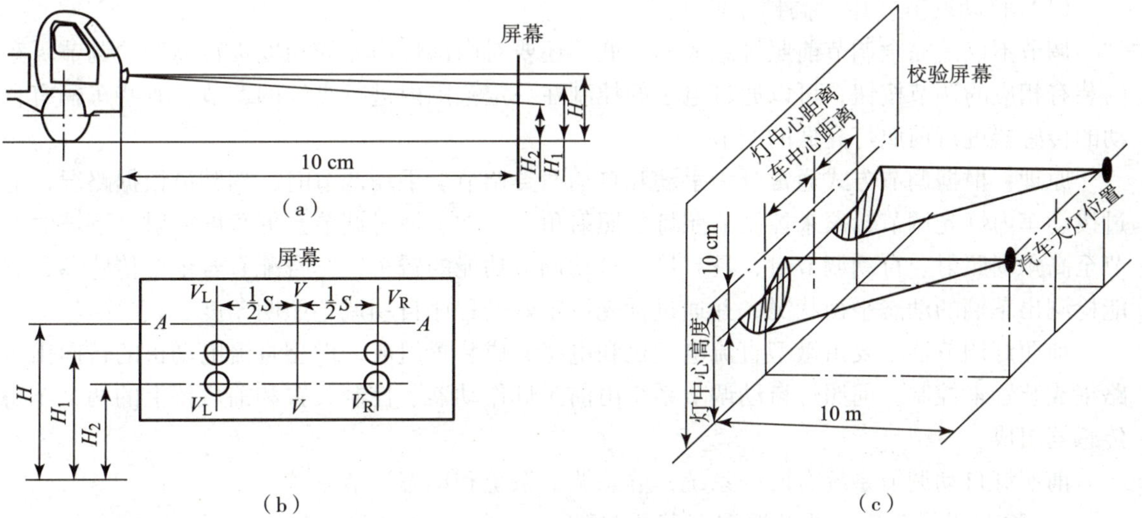


**图 5. 46　屏幕法检测前照灯光束照射位置**

（a）屏幕旋转位置；（b）照射高度；（c）照射位置

屏幕上画有三条垂直线和三条水平线：

中间垂直线 $V-V$ 与被检车辆的纵向中心垂直面对齐。

两侧的垂直线 $V_L-V_L$ 和 $V_R-V_R$ 分别为被检车辆左右前照灯基准中心的垂直线。

水平线中的 $A-A$ 线与被检车辆前照灯的基准中心等高，距地面高度为 $H$；$H$ 为被检车辆前照灯基准中心距地面的高度，其值视被检车型而定。

中间水平线与被检车辆前照灯远光光束的中心等高，距地面高度为 $H_1$，$H_1=(0.85\sim0.90)H$。

下侧水平线与被检车辆前照灯近光光束的中心等高，距地面高度为 $H_2$，$H_2=(0.60\sim$

0.80）$H$。

2）检测方法：检测时，先遮盖住一边的前照灯，然后起动汽车，控制发动机以 2 000 r/min 旋转，打开前照灯的近光开关，未被遮盖的前照灯的近光明暗截止线转角或光束中心应落在图 5.46 中下边水平线与 $V_L - V_L$ 或 $V_R - V_R$ 线的交点位置上；否则为光束照射位置偏斜，其偏斜方向和偏斜量可在屏幕上直接测量。用同样的方法，检测另一边前照灯近光光束照射位置。

根据检测标准，检测调整前照灯光束的照射位置时，对远近双光束灯应以检测调整近光光束为主；对于远光单光束前照灯，则要检测远光光束的照射位置，其光束中心应落在中间水平线与 $V_L - V_L$ 或 $V_R - V_R$ 线的交点位置上。

用屏幕法检测前照灯简单易行，但只能检测出光束的照射位置，不能检测发光强度。为适应不同车型的检测，需经常更换屏幕，效率低，且占用较大的场地。因此，目前广泛采用前照灯检测仪对汽车前照灯进行检测。

### 2. 前照灯的调整

当前照灯光束照射位置不符合规定要求时，应利用左右、上下调整螺钉进行调整。装用远、近光双灯丝的前照灯应以调整近光光束为主。

（1）自动调节（中、高档车使用）

调节不仅是完全调节前照灯总成的高低，还要对内部灯泡光线角度进行高低的调节。车内装有相应的调节按钮，可以通过电子的控制在一定范围内进行光线的调节。有些车辆有自动的传感器进行前照灯高低的调节。

原理：根据调节方式通常分为手动和自动两类调节。手动调节时，驾驶员根据路况，通过拨动车内灯光调节轮滚来控制前照灯的照射角度，如上坡时调节至低角度照射，下坡时调节至高角度照射。自动调节时，具有灯光自动调节功能的轿车，车身配有若干个传感器，它能检测出车辆的动态平衡状况，并通过预先设定好的程序自动调整照明角度。

前照灯调节器主要由微型直流电动机和电路集成装置组成，微型直流电动机的转向由电路集成装置来控制。前照灯自动调节系统由前照灯作动器、控制装置和前后桥上的两个车桥传感器组成。

前照灯自动调节系统有两种系统：静态调节系统和动态调节系统。

1）静态调节系统：可以根据车载质量的变化校正前照灯倾角的变化量。其工作原理是由车桥传感器将弹簧压缩行程信号提供给控制装置；控制装置在考虑了车姿后计算出前照灯的理论倾角，并令前照灯的照明距离执行机构做出相应的运动。

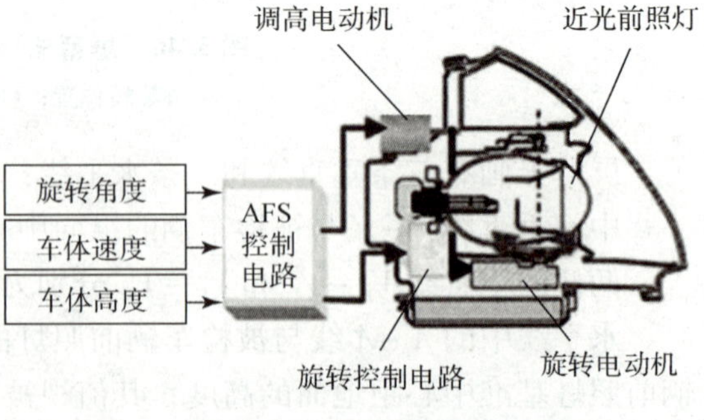


图 5.47　自动调节前照灯系统

2）动态调节系统：不仅考虑车载质量的变化，还考虑加速和减速对前照灯倾角变化的影响，如图 5.47 所示。动态调节系统具有两个车桥传感器，负责将前、后桥相对车身的弹簧压缩行程信号提供给控制装置，控制装置再通过一个与动态运动相适应的滤波器，使系统在制动和加速过程中具有较高的反应速度，且使在匀速行驶时静态的灯光视觉感对理论运动不会产生干扰。

目前使用的照明距离系统主要分为两大类：一类采用直流作动器驱动前照灯；另一类采用步进电动机作为前照灯执行机构。直流作动器上装有位置反馈装置，与位置调节回路构成闭环。

（2）手动调节（中、低档车使用）

接通灯光开关，调整其光束。调灯时，首先以一只灯为单位调整，遮蔽其他前照灯；然后拧动上下、左右光束调整螺钉，使主光束（光度最高点）处于规定高度。前照灯上下、左右调整时，必须是拧入调整；若需要拧松调节时，应完全拧松后再做拧入调整，如图 5.48 所示。

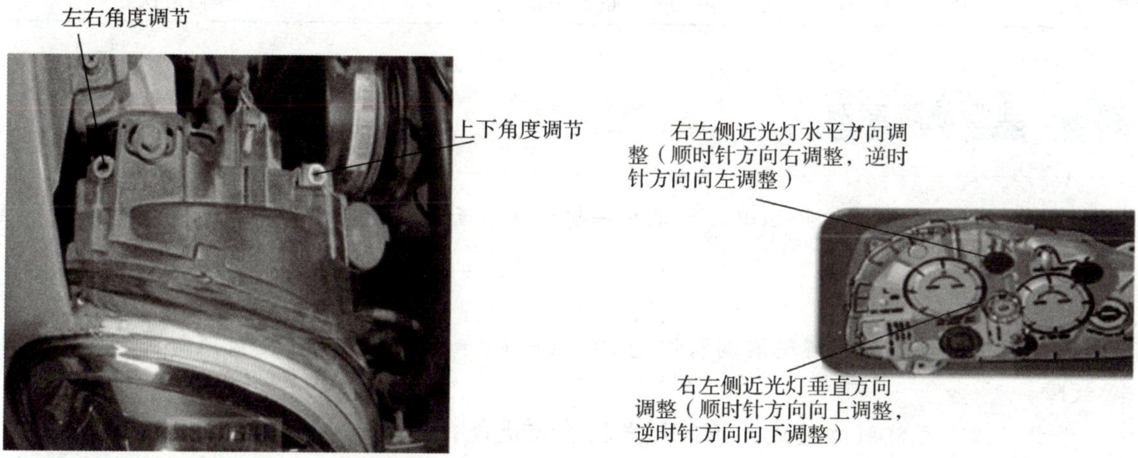


**图 5.48　前照灯的手动调节**

（a）上下、左右调节螺钉；（b）背面调节螺钉

## 六、前照灯故障检修的实际操作

以马自达 6 轿车为例，前照灯的故障可按表 5.1 的步骤进行检修。

**表 5.1　前照灯的故障检修步骤**

| 故障现象 | 故障原因 | 排除方法 |
|---|---|---|
| 前照灯不亮或只有一边亮而另一边不亮 | 保险丝熔断 | 更换相应保险丝 |
| | 开关或线路故障 | 检修开关或线路 |
| | 灯泡损坏或接触不良 | 更换灯泡或检修故障点 |
| 前照灯灯光暗淡 | 电压过低（蓄电池存电不足） | 对蓄电池进行充电 |
| | 配光镜或反射镜上积有灰尘 | 拆开前照灯进行清洁 |
| | 接头松动或锈蚀使电阻增大 | 拧紧、清除锈蚀 |
| | 24 V 灯泡接到 12 V 汽车上 | 更换相应灯泡 |

续表

| 故障现象 | 故障原因 | 排除方法 |
|---|---|---|
| 接通前照灯远光或近光时，一边前照灯亮而另一边明显发暗 | 发暗的前照灯搭铁不良 | 检修搭铁处 |
| | 发暗的前照灯配光镜或反射镜上积有灰尘 | 拆开前照灯进行清洁 |
| | 发暗的前照灯灯泡玻璃表面发黑 | 更换相应灯泡 |
| | 接头松动或锈蚀使电阻增大 | 拧紧、清除锈蚀 |
| 两只小灯均不亮或一只小灯不亮 | 开关到小灯间的导线断路 | 检修线路 |
| | 灯丝烧断 | 更换相应灯泡 |
| | 搭铁不良 | 检修搭铁处 |

## 典型故障案例

掌握照明系统的维修知识后，现在一起维修前面遇到的宝马轿车左前照灯远光灯不亮的故障。

维修思路：

1）用宝马车专用解码器调取灯光系统故障码，故障码显示为左前照灯控制模块故障。

2）拆下左前照灯总成，拆下灯光控制模块进行外观检查，没有发现任何可疑点，如图 5.49 所示。

3）更换相同的模块后，开启前照灯，检查所有灯光均正常。故障排除。

**图 5.49　宝马左前照灯总成及控制模块**

(a) 左前照灯总成；(b) 控制模块

## 知识拓展

### 自动大灯

自动大灯是指在行车需要大灯照明时，其可以免去驾驶员打开大灯开关的过程，更加方便驾驶。当汽车行驶中光线变暗时，前大灯会自动亮起，当光线变亮时会自动熄灭，尤其是在天刚刚黑的时候很多驾驶者都容易忽略头灯的开启，常常在视线非常不好的情况下才想到要开启大灯，而这一举动存在着严重安全隐患。有些驾驶员夜间经常忘记开大灯，而自动大灯能帮助避免此类情况的发生。

前大灯上安装了感光控制系统，如图 5.50 所示。当灯光开关置于“AUTO”挡时，感光控制系统的中央智能控制盒能根据光线传感器来判断光线的亮度变化，从而控制大灯自动点亮或熄灭。

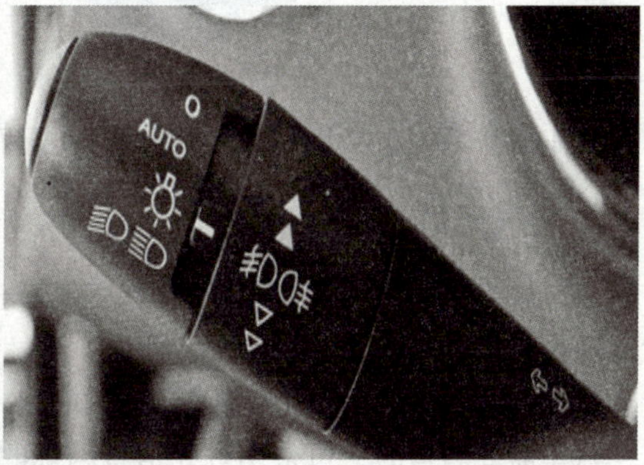


图 5.50　自动感光控制系统

自动头灯的工作原理：光敏电阻等电子元件传感器（装于车内视镜背面等位置）向 ECU 发出电子信号，控制 ECU 是否开启或关闭前大灯、变换远近光；ECU 控制前大灯开关、远近光变换。开车遇光线突然变暗时大灯会自动开启，当光线充足时自动关闭；夜晚会车时还会自动改变远近灯；等等。

一辆捷达轿车，在转向时开转向灯，其常亮但不闪烁。

这是转向灯电路出现故障的案例。要维修该故障，应熟悉汽车各类灯光信号的工作原理，掌握汽车信号系统的检修方法。

# 情境三　汽车信号系统

汽车信号系统包括灯光信号和声音信号两种。

## 一、汽车灯光信号系统

汽车灯光信号系统主要是指转向信号灯与危险报警灯装置、倒车信号装置、制动信号装置以及白天行驶灯等。

### 1. 转向信号灯与危险报警灯装置

汽车需要转弯时，可采用灯光信号闪烁的方式来指示车辆向左转或向右转，以引起行人及车辆的注意。当遇到危险情况时，可使前、后、左、右4个转向灯同时闪烁，作为危险报警信号，请求其他车辆避让。

转向信号灯电路主要由转向灯、闪光器、转向灯开关等组成。闪光器的作用是在汽车转向时，使转向灯与危险报警灯、转向指示灯发出明暗交替的闪烁信号。闪光器按结构和工作原理可分为电容式闪光器、翼片式闪光器、晶体管式闪光器（也叫电子闪光器）等，如图5.51所示。

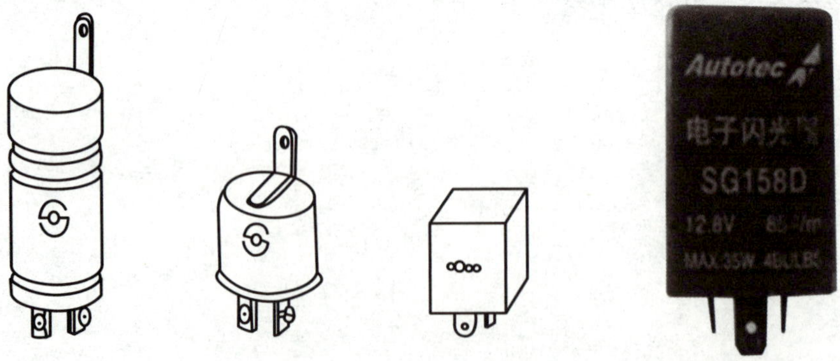


(a)　(b)　(c)　(d)

图5.51　常见闪光器的类型

(a) 电容式闪光器；(b) 翼片式闪光器；(c) 晶体管式闪光器；(d) 电子闪光器实物

（1）电容式闪光器

电容式闪光器的结构与工作原理如图 5.52 所示。当汽车左转弯接通左向灯开关时，电流便从蓄电池正极→电源开关→接线柱 B→线圈→触点→接线柱 L→转向灯开关→左转向灯和指示灯→搭铁→蓄电池负极，形成回路。此时线圈 2、电容和电阻被触点短路，而电流通过线圈 1 产生电磁吸力大于弹簧片对触点的作用力，触点被迅速打开，转向灯处于暗状态（转向灯尚未来得及亮）。

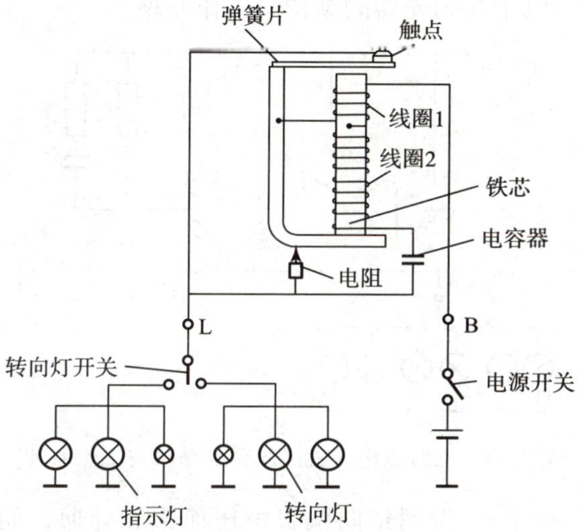


图 5.52　电容式闪光器的结构与工作原理

触点打开后，蓄电池向电容器充电，电流由蓄电池正极→电源开关→接线柱 B→线圈 1→线圈 2→电容器→接线柱 L→转向开关→左转向灯和指示灯→搭铁→蓄电池负极，形成回路。由于线圈 2 的电阻大，充电电流很小，不足以使转向灯亮，故转向灯仍处于暗的状态。同时充电电流通过线圈 1、2 产生的电磁吸力方向相同，使触点继续打开，随着电容器两端电压的逐渐升高，其充电电流逐渐减小，线圈 1、2 的电磁吸力减小，使触点重新闭合。

触点闭合后，转向灯处于亮的状态。由于此时电容器通过线圈 2、触点放电，其放电电流通过线圈 2 产生的磁场方向与线圈 1 产生的相反，电磁力减弱，故触点仍处于闭合状态，转向灯继续发亮。随着电容器逐渐放电，其两端电压下降，放电电流减小，则线圈 1 的电磁力增强，触点重又断开，转向灯暗。如此反复，触点不断闭合，使转向灯发出闪光。

（2）翼片式闪光器

图 5.53 所示为翼片式闪光器的结构与工作原理。接通转向灯开关时，转向灯通电，电流回路为：从蓄电池正极→接线柱 B→翼片→热胀条→活动触点→固定触点→闪光器接线柱 L→转向开关→转向灯和指示灯→搭铁→蓄电池负极，

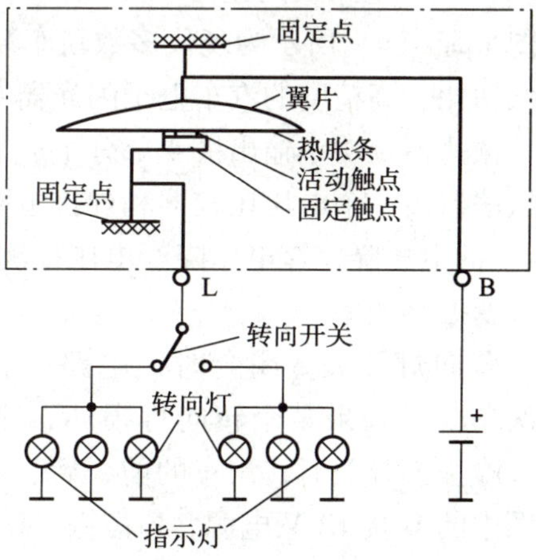


图 5.53　翼片式闪光器的结构与工作原理

形成回路，此时，转向灯和指示灯都变亮。

由于电路的导通，热胀条因通电受热而伸长。当热胀条伸长到一定长度时，翼片会突然绷直，使活动触点与固定触点分开，这时转向灯电流被切断，转向灯熄灭；触点断开后，热胀条将逐渐冷却收缩，当翼片收缩成弓形后，触点又闭合，接通转向灯电路，转向灯又变亮。如此交替变化，使转向灯闪烁。

（3）晶体管式闪光器

图 5.54 所示为无触点电子式闪光器的结构与工作原理。

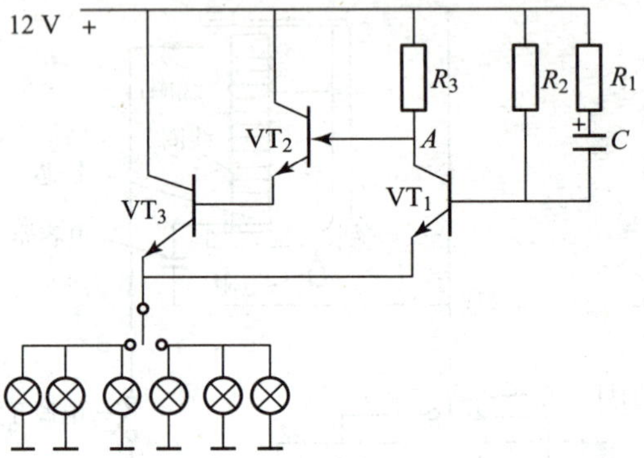


图 5.54　无触点电子式闪光器的结构与工作原理

接通转向开关，$VT_1$ 通过 $R_2$ 得到正向偏置电压而饱和导通，而 $VT_2$、$VT_3$ 截止。由于 $VT_1$ 的发射极电流很小，此时转向灯较暗。同时，电源通过 $R_1$ 对 $C$ 充电（上“+”下“-”），使 $VT_1$ 的基极电压下降。当低于其导通所需的正向偏置电压时，$VT_1$ 截止。$VT_1$ 截止后，$VT_2$ 通过 $R_3$ 得到正向电流而饱和导通，此时转向灯中因有较大电流通过而变亮。同时，电容 $C$ 经 $R_1$、$R_2$ 放电，使 $VT_1$ 仍保持截止，转向灯继续发亮。随着电容 $C$ 放电电流减小，$VT_1$ 基极电压又逐渐升高，当高于其正向导通电压时，$VT_1$ 又导通，$VT_2$、$VT_3$ 又截止，转向灯由亮变暗。如此循环，使转向灯闪烁。转向灯闪烁的频率由电容 $C$ 的充放电时间决定。

（4）集成电路式闪光器

图5.55（a）所示为现代多数轿车装用的集成电路式闪光器的工作原理。其中 U243B 是一块低功耗、高精度的汽车电子闪光器专用集成块。其内部电路主要由输入检测器、电压检测器、振荡器及功率输出极 4 部分组成。其中，输入检测器用来检测转向信号灯开关是否接通；振荡器由一个电压比较器和外接电阻 $R_4$ 和电容器 $C_1$ 构成；电压检测器用来识别取样电阻 $R_S$ 上的电压降，该电压降经电压检测器识别后，可控制振荡器中电压比较器的参考电压，进而改变振荡频率。

当转向灯开关 S 闭合时，电路工作，转向信号灯和转向指示灯闪烁，频率为 80 ~ 120 次/min。如果某个转向灯损坏，则转向指示灯的闪光频率会加快一倍，以示报警。当打开危险报警开关时，汽车的前、后、左、右转向信号灯将同时闪烁。图 5.55（b）所示的实物图中的 B 接 12 V 电源，E 搭铁，L 输出。

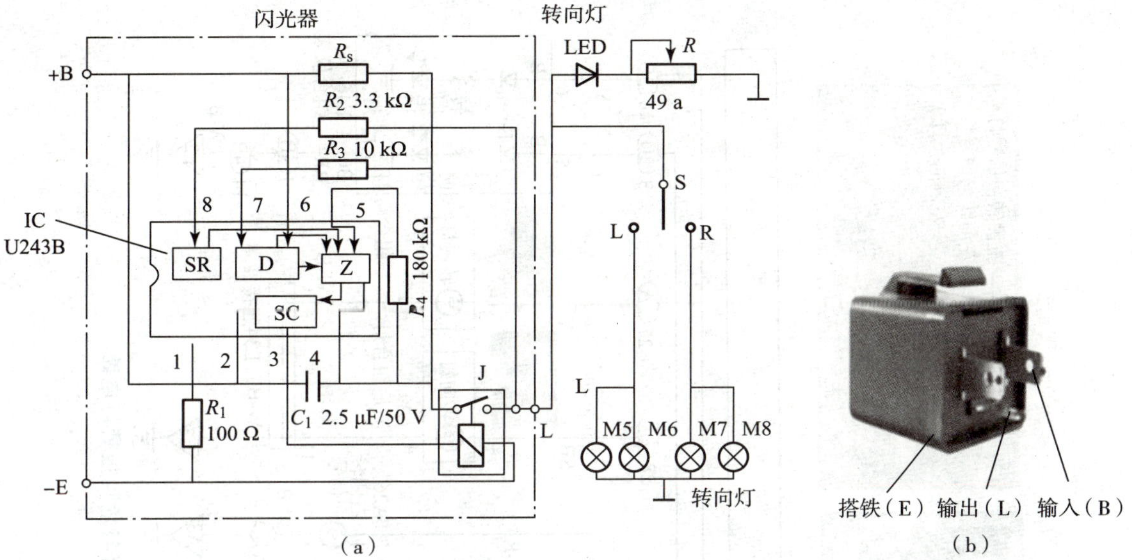


图 5.55　集成电路式闪光器的工作原理及实物接线

（a）工作原理；（b）实物接线

SR—输入检测器；D—电压检测器；Z—振荡器；SC—输出极；$R_s$—取样电阻；

J—继电器；M5，M6—左转向灯；M7，M8—右转向灯

（5）转向信号灯与危险报警灯电路举例

下面以丰田卡罗拉 1.6 LAT 款轿车为例来分析转向信号灯与危险报警灯电路，其电路如图 5.56 所示。

闪光灯继电器的 5 脚、6 脚外接前照灯变光开关总成 E8（E60）。当 E8 置于“左”挡时，E8（E60）的 A15 脚与 A12 脚接通，信号经转向信号闪光灯继电器的 5 脚→变光开关总成 E8（E60）的 A15 脚→变光开关总成 E8（E60）的 A12 脚→接线器 4A37 脚→E1 搭铁。此时，闪光灯继电器内部左转向触点闭合，电压经闪光灯继电器的 3 脚输出后分三路。

第一路到连接器 A48（A49）的 A1 脚后又分两路：一路从连接器 A48（A49）的 B5 脚→左前转向信号灯 A7→A1 搭铁；另一路从连接器 A48（A49）的 B6 脚→左侧转向信号灯 A6→A1 搭铁。此时左前转向信号灯和左侧转向信号灯均闪烁。

第二路经组合仪表 E46 的 6 脚→组合仪表内部的左转向指示灯→组合仪表内部搭铁。此时，组合仪表上的左转向指示灯闪烁。

第三路经左后组合灯 L7→连接器 L34 的 4 脚→连接器 L34 的 1 脚→L3 搭铁。此时左后组合灯 L7 中的转向灯闪烁。

当 E8 置于“右”挡时，E8（E60）的 A13 脚与 A12 脚接通，信号经转向信号闪光灯继电器的 6 脚→变光开关总成 E8（E60）的 A13 脚→变光开关总成 E8（E60）的 A12 脚→经接线器 4A 37 脚→E1 搭铁。此时，闪光灯继电器内部右转向触点闭合，电压经闪光灯继电器的 2 脚输出后分三路。

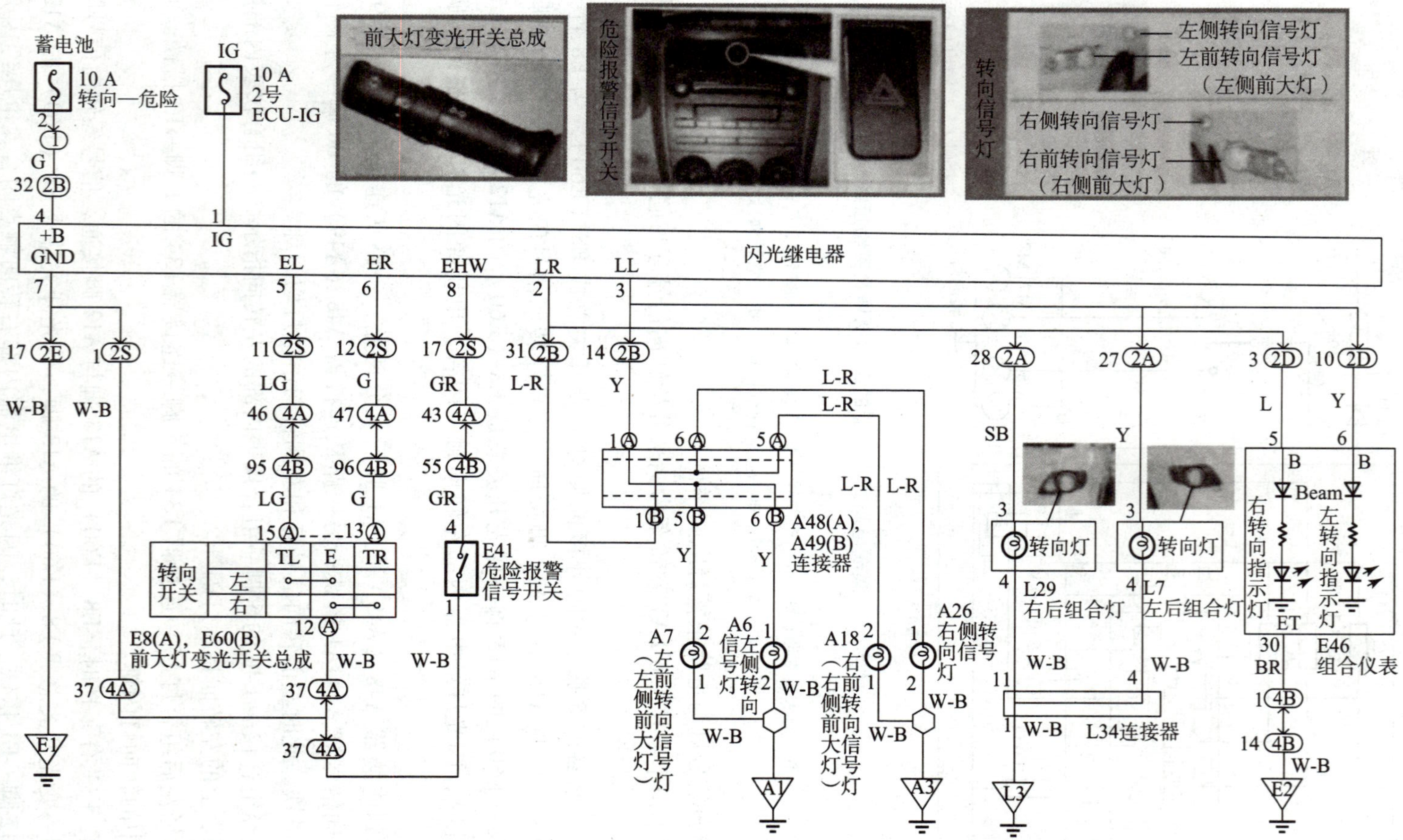


图5.56　丰田卡罗拉1.6LAT款轿车转向信号灯与危险报警灯电路

第一路到连接器 A48（A49）的 B1 脚后又分两路：一路从连接器 A48（A49）的 A5 脚→右前转向信号灯 A18→A3 搭铁；另一路从连接器 A48（A49）的 A6 脚→右侧转向信号灯 A26→A3 搭铁。此时，右前转向信号灯和右侧转向灯均闪烁。

第二路经组合仪表 E46 的 5 脚→组合仪表内部的右转向指示灯→组合仪表内部搭铁。此时组合仪表上的右转向指示灯闪烁。

第三路经右后组合灯 L29→连接器 L34 的 11 脚→连接器 L34 的 1 脚→L3 搭铁。此时右后组合灯 L29 中的转向灯闪烁。

闪光灯继电器的 8 脚外接危险报警信号开关。当按下危险信号报警灯开关，闪光灯继电器的 8 脚→接线器 4A37 脚→E1 搭铁，闪光灯继电器收到危险报警信号。此时，前、后、左、右及侧向转向灯同时闪烁。

### 2. 倒车信号装置

（1）倒车开关及倒车电路

倒车灯及倒车报警器的作用主要是在汽车倒车时提醒行人及其他车辆注意。它们均由安装在变速器上的倒车开关控制。

未挂“倒车”挡时，倒车灯开关钢球被顶起，开关处于断开状态；而当变速杆拨至“倒车”挡时，钢球落入变速杆凹槽而被松开，在弹簧的作用下，触点闭合，将倒车灯信号电路接通，使倒车灯点亮，如图 5. 57 所示。

倒车时，倒车灯开关闭合，倒车灯亮，此时倒车蜂鸣器得电，发出声响。同时蓄电池还通过线圈 $L_2$ 对电容器进行充电。由于流入线圈 $L_1$ 和 $L_2$ 的电流大小相等，方向相反，产生的电磁吸力互相抵消，因此继电器触点继续闭合。随着电容器两端的电压逐渐上升，流入线圈 $L_2$ 中的电流变小。当 $L_1$ 与 $L_2$ 产生的吸力差大于触点的弹簧拉力时，触点打开，蜂鸣器停止发声，如图 5. 58 所示。

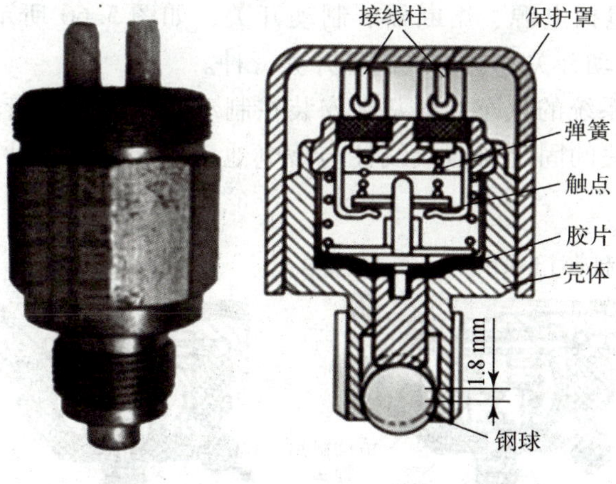


图 5. 57　倒车灯开关外形及内部结构

（a）外形；（b）内部结构

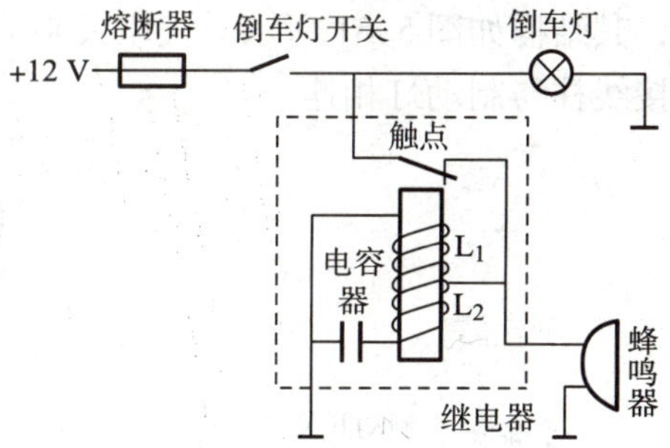


图 5. 58　倒车灯电路

继电器触点打开后，电容器通过线圈 $L_2$ 和 $L_1$ 放电，触点继续打开。当电容器两端电压下降到一定值时，线圈磁力减弱，继电器触点又重新闭合，蜂鸣器通电发出声响，电容器又开始充电。如此反复，继电器触点不断打开、闭合，蜂鸣器发出断续的声响，以示倒车。

（2）倒车灯电路举例

下面以丰田卡罗拉的倒车灯电路为例做分析，其电路如图 5.59 所示。当按下大灯变光开关中的倒车灯开关（或变速器的挡位于“R”）时，来自点火开关的电压经 10 A 2号 ECU－IG 熔断器→前大灯变光开关 E60（或“驻车”挡/“空”挡位置开关 B88）→右后倒车灯 L28→连接器 L34→L3 搭铁。此时，右后倒车灯点亮。

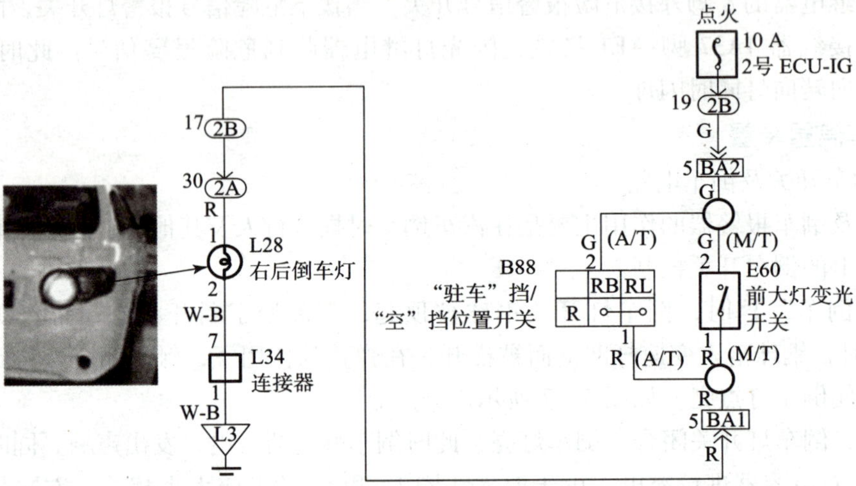


图 5.59　丰田卡罗拉轿车的倒车灯电路

## 3. 制动信号装置

（1）制动灯电路及制动开关

制动灯电路一般受点火开关的控制，包括电源、熔断器、制动开关，如图 5.60 所示。制动开关通常有气压式制动开关、液压式制动开关和机械式制动开关三种。

1）气压式制动开关用于采用气压制动系统的汽车，通常被安装在制动系统的气压管路上，其结构如图 5.61 所示。气压式制动开关的固定触点接线柱与蓄电池正极相连，活动触点接线柱与制动灯相连。

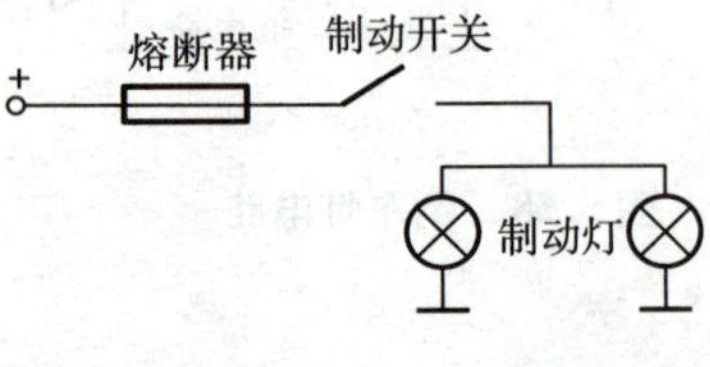


图 5.60　制动灯电路

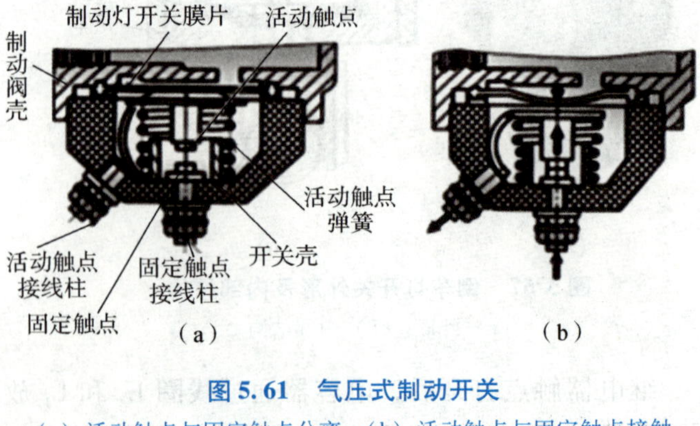


图 5.61　气压式制动开关

（a）活动触点与固定触点分离；（b）活动触点与固定触点接触

未踩下制动踏板时，无气压作用在制动开关膜片上方，活动触点与固定触点分离［见图5.61（a）］；当踩下制动踏板时，制动开关膜片上方的气压增大，制动开关膜片压缩弹簧而使活动触点下移，带动活动触点下移与固定触点接触［见图5.61（b）］，接通制动电路。

2）液压式制动开关用于采用液压制动系统的汽车上，装在液压制动主缸的前端，其结构如图5.62所示。液压式制动开关的工作原理与气压式的基本相同。

3）机械式制动开关一般装于制动踏板上方，如图5.63所示。踩下制动踏板时，制动开关内的活动触点将两接线柱接通，接通制动灯电路；松开踏板后，断开制动灯电路。

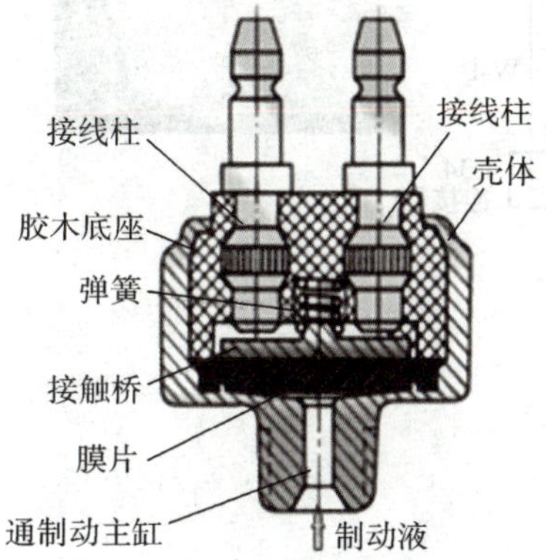


图5.62　液压式制动开关

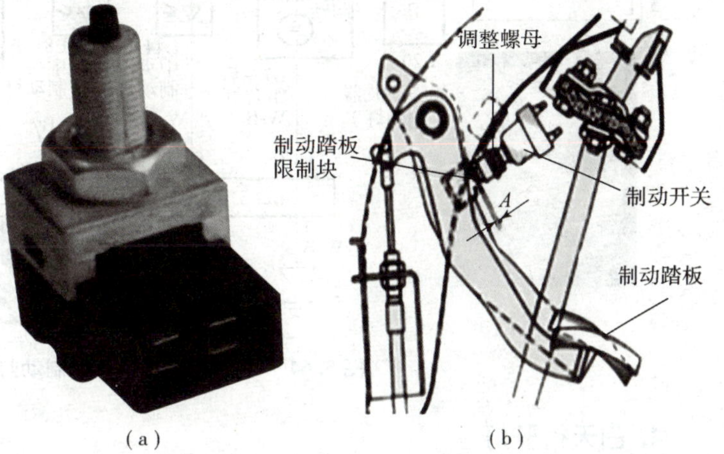


图5.63　机械式制动开关

（a）实物；（b）原理

目前电喷汽油车的制动开关为四线制，其中有两条线供刹车灯，为常开；另两条线常闭，制动时作为断油信号线供给发动机ECU。

（2）制动灯电路举例

下面以丰田卡罗拉轿车的制动灯电路为例做分析，其电路如图5.64所示。

蓄电池电压经10 A制动熔断器后，供电给制动灯电路；此时踩下制动踏板，则从蓄电池电压→10 A制动熔断器→制动开关A1→连接器A45→连接器L30（A）的A9脚后分五路。

第一路：连接器L30（A）的B12脚→中央制动灯L44→连接器L34→L3搭铁。此时中央制动灯L44亮起。

第二路：连接器L30（A）的A8脚→中央制动灯L8→连接器L34→L3搭铁。此时中央制动灯L8亮起。

第三路：连接器L30（A）的A7脚→右后组合灯L29中的制动灯→连接器L34→L3搭铁。此时右后制动灯L29亮起。

第四路：连接L30（A）的B10脚→左后组合灯L7中的制动灯→连接器L34→L3搭铁。此时左后制动灯L7亮起。

第五路：连接器L30（A）的B11脚→静噪滤波器（制动灯）L20。

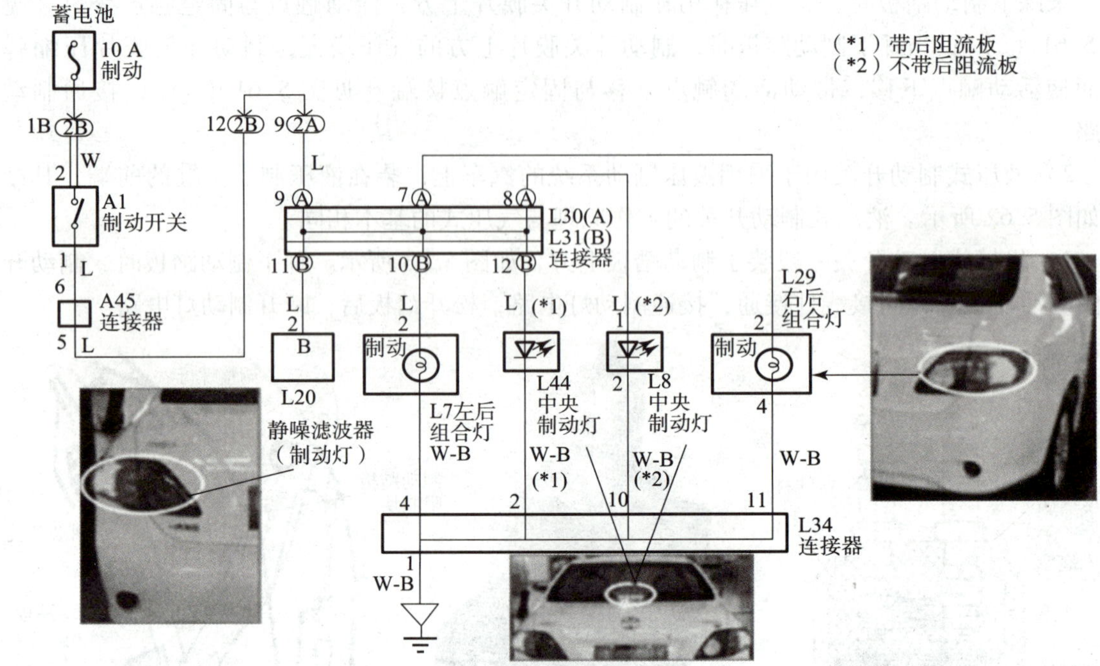


图 5.64 丰田卡罗拉轿车的制动灯电路

## 4. 白天行驶灯

我国于 2010 年 1 月 1 日起开始实施 2009 年 3 月 6 日发布的国家标准《汽车昼间行驶灯配光性能》。“国家标准”中规定了有关白天行驶灯（日行灯）的相关标准，以保证生产安装的白天行驶灯能够真正起到保障安全的功效。

安装在车身前部的白天行驶灯，是使车辆在白天行驶时更容易被人识别出来的灯具，如图 5.65 所示。它的功效不是为了使驾驶员能看清路面，而是为了让其他人知道有一辆车开过来了。因此这种灯具不是照明灯，而是一种信号灯。固然，加装了白天行驶灯可使汽车看起来更酷、更炫，但白天行驶灯的最大功效不在于美观，而在于提高车辆的被辨识性。在国外，行车开启头灯，可降低 12.4% 的车辆意外，同时也可降低 26.4% 的车祸死亡概率。总之，开启白天行驶灯的目的就是保障交通安全。

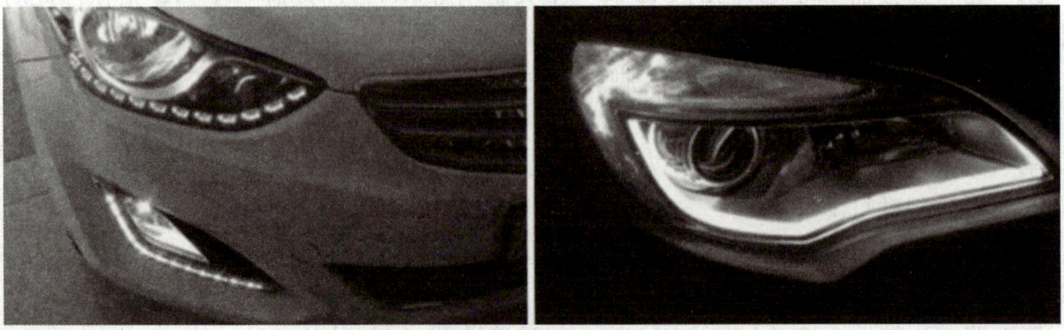

（a）　　　　（b）

图 5.65 白天行驶灯

白天行驶灯是一种新型的信号灯具。白天行驶灯仅有13.5 W的总消耗功率，其光通量为70～90 lm，色温在6 000～6 700 K，比传统的卤素灯还要亮，消耗功率仅为卤素大灯的20%。白天行驶灯由于采用了先进的恒流控制技术，因此发光均匀，光色饱满，持久恒定。它作为新型的产品，深受用户欢迎。白天行驶灯的工作原理如图5.66所示。

白天行驶灯的功能如下：

1）当汽车起动时白天行驶灯自动点亮。

2）当大灯开起时白天行驶灯自动熄灭。

3）快闪时白天行驶灯自动熄灭，即具有快闪功能。

4）具有人为彻底断开功能，即可以选择汽车起动时白天行驶灯亮。

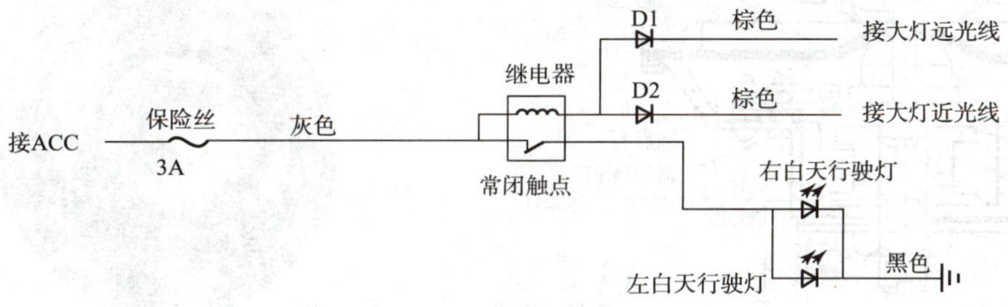


图5.66　白天行驶灯的工作原理

## 二、汽车声音信号系统

### 1. 汽车喇叭的结构与工作原理

现代汽车使用的喇叭有电喇叭和气喇叭。

（1）电喇叭

电喇叭又可分为螺旋形电喇叭、盆形电喇叭和电子多音喇叭三种。

1）螺旋形电喇叭：螺旋形电喇叭由山形铁芯和励磁线圈、振动膜片、支架和触点、衔铁等组成；衔铁通过中心螺杆与振动膜片相连，振动膜片下固定有共鸣盘，振动膜片下部是扬声筒，扬声筒可为螺旋形或筒形。图5.67所示为螺旋形电喇叭。

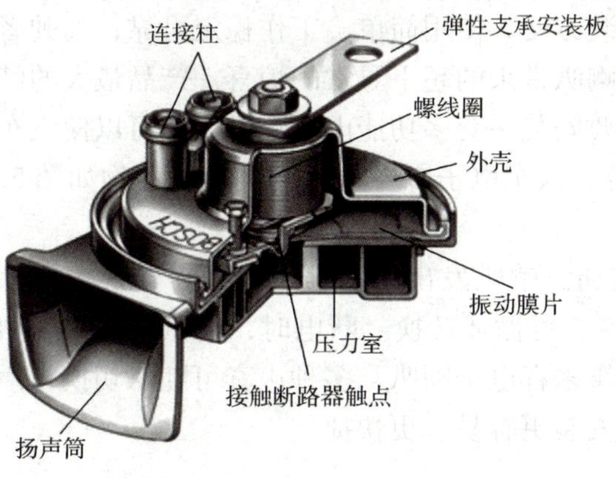


（a）

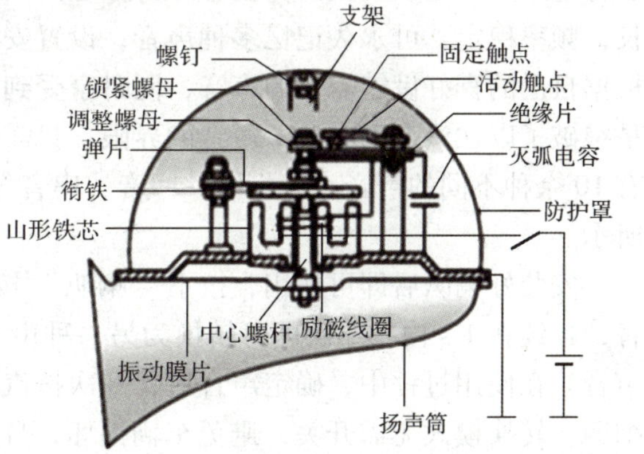


（b）

图5.67　螺旋形电喇叭

（a）剖面图；（b）电路图

当按下“喇叭”按钮，电路接通，电流回路为：蓄电池正极→“喇叭”按钮→线圈→触点→搭铁→蓄电池负极；线圈产生吸力，吸下衔铁，打开触点，电路被切断，吸力消失，衔铁回位，电路重新被接通。重复上述过程，则衔铁不断上下移动，带动振动膜片振动，通过共鸣器产生共鸣，由扬声器发出一定声调的音波，由扬声筒加强后传出。

2）盆形电喇叭：盆形电喇叭的电磁铁采用螺管式结构，铁芯上绕有线圈，上下铁芯间的气隙在线圈中间，能产生较大的吸力。盆形电喇叭无扬声筒，而是将上铁芯、膜片和共鸣板安装在中心轴上，如图 5.68 所示。

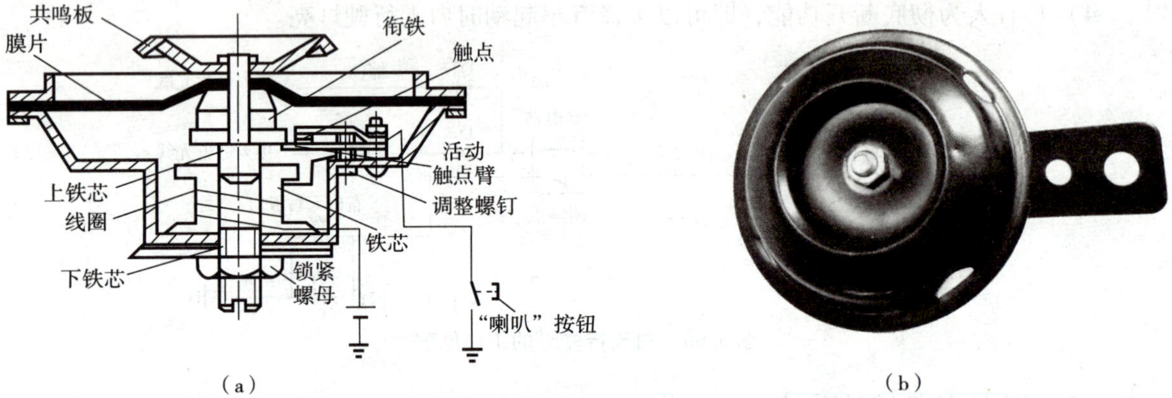


图 5.68　盆形电喇叭的工作原理及实物

（a）工作原理；（b）实物

盆形电喇叭的工作原理与螺旋形相同，当接通电路时，线圈产生吸力，上铁芯被吸下与下铁芯碰撞，产生较低的基本频率，并激励与膜片一体的共鸣板产生共鸣，进而发出比基本频率强得多且分布比较集中的谐音。

3）电子多音喇叭：电子多音（有 8 ~ 18 种声音）喇叭是更为先进的电子喇叭。数字式多音电子喇叭是以微型计算机芯片为核心的高科技产品。其优点是：无触点，音质好，寿命长，频率稳定，可永久记忆多种声音；设置安装方便，使用简单，工作稳定可靠；驾驶者可根据自己的喜好设定需要的声音，同时享受到喇叭带来的超乎寻常的惊喜。产品最大的特点是突破了以往汽车喇叭单一声音的界限，只需要安装一套多功能电子喇叭，便可以使汽车具有 10 余种不同的声音，如汽笛、回音、串音等。汽车电子多音喇叭的接线和实物如图 5.69 所示。

安装好喇叭后即可使用，按下“喇叭”按钮，喇叭发出一种声音；如需转换第二种声音，连续在 1 s 内按 3 次即可转换为另一种声音，可循环转换。断电时，喇叭会永久保留原声音。在使用过程中，确定声音后，一次按汽车多音电子喇叭，多种声音可随意切换，声音绚丽。转换模式无需开关，避免车辆损坏，且安装更容易、更快捷。

（2）气喇叭

气喇叭是汽车喇叭的一种，可分为电动气喇叭和电控气喇叭两种。

1）电动气喇叭：电动气喇叭是指通过直流电动机气泵产生压缩空气，再通过阻燃胶管将压缩空气导入气喇叭的发声装置（铜盘、硅胶盘或纸盘）发出声响，再由扩音口扩大声响的喇叭，如图 5.70 所示。

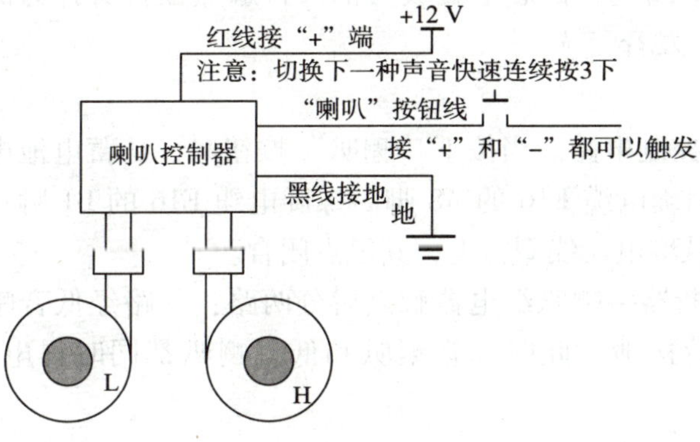


（a）

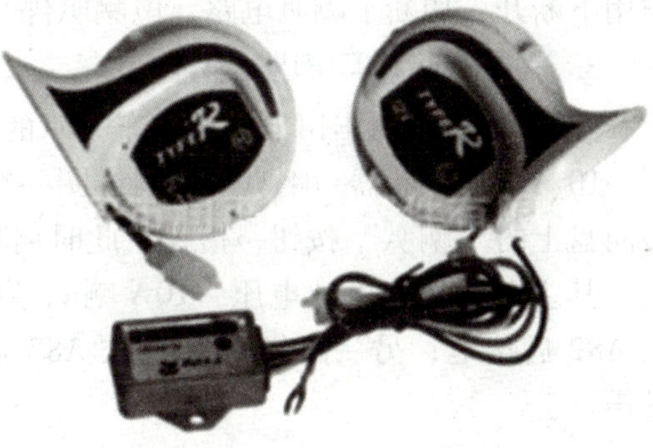

（b）

图 5.69　汽车电子多音喇叭接线和实物

（a）接线；（b）实物

2）电控气喇叭：电控气喇叭由 2 ~ 4 根甚至更多喇叭管组成，由汽车自带的气泵（刹车气泵或电动气泵）提供气压，汽车喇叭开关连通电控开关。图 5.71 所示为一种电控气喇叭。

图 5.70　电动气喇叭

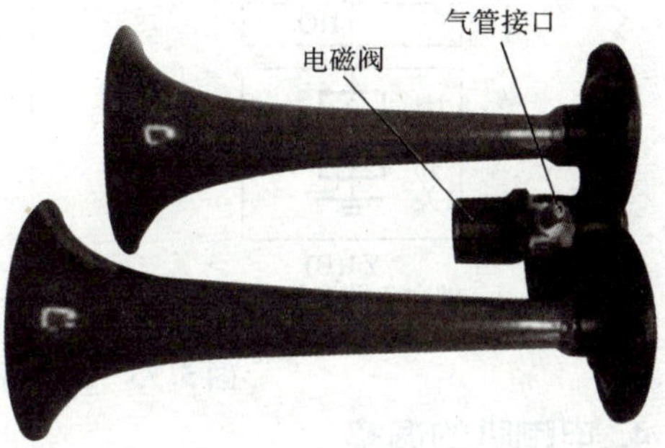


图 5.71　电控气喇叭

车载电动气喇叭主要有 12 V、24 V 等规格。24 V 气喇叭主要适用于集装箱卡车、中型货车、大巴车等大型车辆。气喇叭按喇叭的管长分为不同的音频高低。管长越长，则声音越低；管长越短，则声音越高。

## 2. 电喇叭的应用电路

电喇叭的应用电路如图 5.72 所示。当按下“电喇叭”按钮时，线圈通电，使继电器铁芯产生电磁吸力，将继电器触点闭合，从而接通双音喇叭，使喇叭发音。

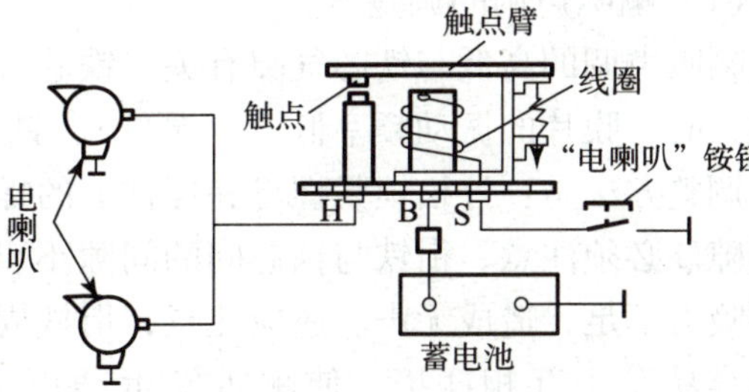


图 5.72　电喇叭的应用电路

电流回路为：蓄电池正极→熔断器→接线柱 B→触点臂→触点→接线柱 H→电喇叭→搭铁→蓄电池负极。

当松开“电喇叭”按钮时，继电器线圈断电，铁芯电磁吸力消失，触点在自身弹力的作用下断开，切断了喇叭电路，电喇叭停止发音。

### 3. 汽车喇叭应用电路举例

图 5.73 所示为丰田卡罗拉汽车喇叭的控制电路。当按下“喇叭”按钮时，从蓄电池电压→10 A喇叭熔断器→喇叭继电器线圈→螺旋电缆 E16 的 A8 脚→螺旋电缆 E16 的 B1 脚→转向盘上的“喇叭”按钮→搭铁。此时喇叭继电器线圈得电，其触点闭合。

其主电路从蓄电池电压→10A 喇叭熔断器→喇叭继电器触点后分两路：一路经低音喇叭 A82 后接地；另一路经高音喇叭 A83 后接地。此时高音喇叭和低音喇叭都同时得电、发声。

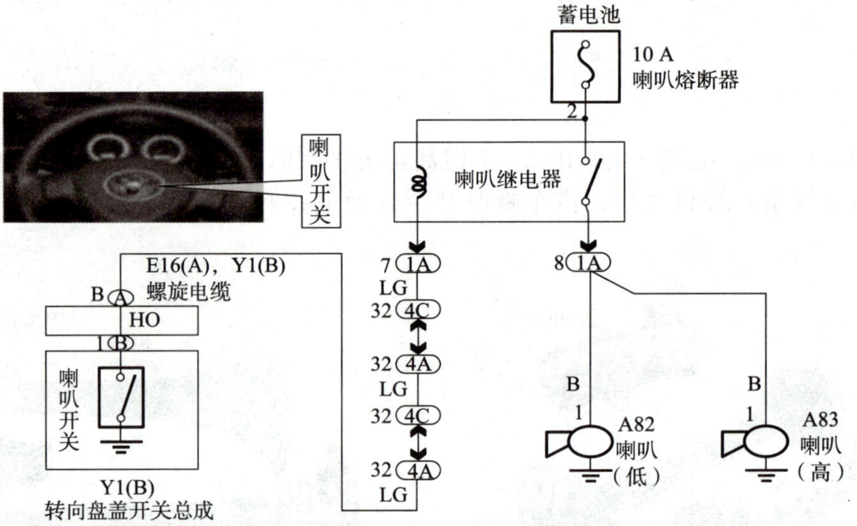


图 5.73　丰田卡罗拉汽车喇叭的控制电路

### 4. 电喇叭的调整

电喇叭的调整包括声调的调整和声量的调整。声调的调整是靠调整衔铁与铁芯间的气隙来实现的；声量的调整是靠调整喇叭内触点顶的压力（控制喇叭线圈的电流大小）来实现的。

（1）喇叭声调的调整

喇叭声调的高低与铁芯气隙有关，铁芯气隙小时，膜片的振动频率高（声调高）；铁芯气隙大时，膜片的振动频率低（声调低）；铁芯气隙值一般为 0.7～1.5 mm。

调整方法是：拧松锁紧螺母和螺柱上的螺母；然后转动衔铁，减小或增大衔铁与铁芯间的间隙。必须注意，衔铁与铁芯间的间隙不可过大或过小。过小，则两者发生碰接；过大，铁芯吸力不足，造成无声。还应注意，衔铁周围的间隙要均匀、平正，不能歪斜；否则在工作中容易发生互相碰撞，使喇叭发生杂声。螺旋形电喇叭和盆形电喇叭的调整分别如图 5.74 和图 5.75 所示。

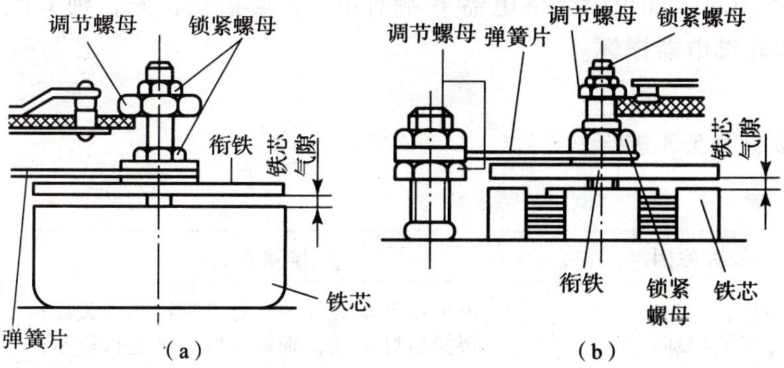


图 5.74 螺旋形电喇叭的调整

(2) 电喇叭声量的调整

电喇叭声量的大小取决于线圈中通过电流的大小。电流越大，则声量越大；反之，声量越小。其调整方法是：松开锁紧螺母，然后转动调整螺母，即可改变触点间的接触压力。当触点压力增大时，触点闭合时间增长，线圈通过的电流增大，声量增大；反之，电流减小，声量降低，分别见图 5.74 和图 5.75。

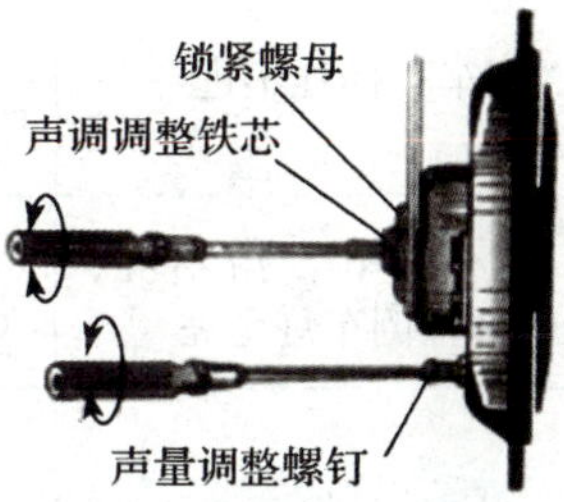


图 5.75 盆形电喇叭的调整

## 三、汽车信号系统的检修

### 1. 转向信号灯等电路的检修

转向信号灯与危险报警灯电路故障的检修，可参照表 5.2 进行。

表 5.2 转向信号灯与危险报警灯电路故障的检修

| 故障现象 | 故障原因 | 排除方法 |
|---|---|---|
| 转向灯不闪 | 电源、闪光继电器、转向开关的电源线路中有断路；<br>闪光继电器损坏；<br>转向开关损坏 | 重新接好；<br>更换继电器；<br>更换转向开关 |
| 一边转向灯闪光正常而另一边闪光变快 | 闪光快的那边灯泡功率变小；<br>闪光快的那边有灯泡不工作 | 更换不符合标准的灯泡；<br>检修不工作的灯 |
| 开转向灯时有其他灯泡一起闪亮 | 公共搭铁不良，引起电路串电 | 检修搭铁线路 |
| 接通转向开关，闪光继电器立即烧坏 | 转向开关至某一转向灯之间的线路有短路 | 检修搭铁线路 |
| 闪光次数少 | 使用了比规定功率大的灯泡；<br>电瓶电压过低；<br>闪光继电器功率过大 | 更换成标准灯泡；<br>给电瓶充电；<br>更换闪光继电器 |
| 闪光次数多 | 使用了比规定功率小的灯泡；<br>闪光快的那边有灯泡不工作；<br>闪光继电器功率过小 | 更换不符合标准的灯泡；<br>检修不工作的灯；<br>更换闪光继电器 |

闪光继电器的检修如图 5.55 所示。如果闪光继电器 B 端有电，E 端搭铁良好，则 L 端应有电输出；若无电输出，则闪光继电器损坏。

### 2. 倒车灯电路的检修

倒车灯电路故障的检修可参照表 5.3 进行。

表 5.3　倒车灯电路故障的检修

| 故障现象 | 故障原因 | 排除方法 |
| --- | --- | --- |
| 倒车灯不亮 | 灯泡损坏；<br>倒车灯开关损坏；<br>线路故障 | 可短接倒车灯开关，灯亮则说明开关坏；<br>短接后灯不亮，则检查保险丝是否烧断；<br>检修灯泡和线路 |
| “倒车”挡挂不进 | 倒车灯开关或变速器有故障 | 可旋松倒车灯开关再挂，挂进了说明倒车开关钢球卡死、垫圈漏装或垫圈太薄；重挂不进，说明变速器有故障 |
| 仅“倒车”挡不亮，其余挡位倒车灯全亮 | 常开式与常闭式倒车灯开关装反了 | 更换开关 |

【特别提示】　多数倒车灯开关有平垫可以调整，在安装维修时请注意。

### 3. 制动灯电路的检修

制动灯电路故障的检修可参照表 5.4 进行。

表 5.4　制动灯电路故障的检修

| 故障现象 | 故障原因 | 排除方法 |
| --- | --- | --- |
| 制动灯全不亮 | 灯泡损坏；<br>制动灯开关损坏；<br>线路故障 | 可短接制动灯开关，灯亮则说明开关坏；<br>短接后灯不亮，则检查保险丝是否烧断；<br>检修灯泡和线路 |
| 单边制动灯不亮 | 灯泡损坏；<br>线路故障 | 检修灯泡和线路 |
| 制动灯常亮 | 一般多为制动开关有故障 | 检查制动踏板是否回位；<br>开关中心顶柱是否偏离踏板；<br>开关常通 |

### 4. 喇叭电路的检修

喇叭电路故障的检修可参照表 5.5 进行。

表 5.5　喇叭电路故障的检修

| 故障现象 | 故障原因 | 排除方法 |
| --- | --- | --- |
| 按下喇叭，喇叭不响 | 喇叭损坏；<br>喇叭保险丝损坏；<br>喇叭插头松脱；<br>按钮故障；<br>喇叭继电器故障；<br>线路故障 | 用试灯代替喇叭接入电路，按喇叭，灯亮则说明喇叭损坏；<br>按喇叭时，检查喇叭电源是否有电。若有，则检查负极；若无，则检查保险丝是否烧断，继电器是否损坏，线路是否有故障 |

续表

| 故障现象 | 故障原因 | 排除方法 |
|---|---|---|
| 喇叭声音沙哑 | 喇叭固定螺栓松动；<br>喇叭固定支架与车身相碰；<br>膜片破裂；<br>电瓶电压或电路电压不足；<br>喇叭内部故障 | 检查喇叭的固定情况；<br>检查喇叭膜片；<br>检查电源电压是否足够，检查电路电压是否足够；<br>更换喇叭 |
| 喇叭常响 | 按钮卡死；<br>继电器触点烧结；<br>按钮、继电器线搭铁 | 先拆下喇叭保险丝，然后按故障部位逐一检查 |

喇叭声响不正常时，可能是安装支架与铁板相碰，维修时请注意。

**【特别提示】** 按喇叭是控制喇叭的搭铁线接通。部分车型喇叭按钮会经方向盘→方向柱→万向节→方向机→大梁→蓄电池负极，在维修车龄较长车辆的喇叭电路时请注意万向节可能导电不良。

### 5. 白天行驶灯电路的检修

白天行驶灯电路故障的检修可参照表 5.6 进行。

表 5.6　白天行驶灯电路故障的检修

| 故障现象 | 故障原因 | 排除方法 |
|---|---|---|
| 白天行驶灯不能正常工作 | 点火开关 ACC 无供电；<br>线束接线不正确；<br>白天行驶灯故障 | 检查 ACC 电源；<br>按图 5.66 方法接线和检修；<br>更换白天行驶灯 |
| 白天行驶灯常亮 | 白天行驶灯电源线接错或搭到电源正极 | 按图 5.66 方法接线和检修 |
| 大灯开启且近光灯不亮；白天行驶灯不能关闭 | 大灯开关故障；<br>白天行驶灯线路故障；<br>白天行驶灯继电器故障 | 检查大灯开关输出端是否有 12 V 电。若有正常电压，则必须重新接线；若没有电，则检查灯光开关和电路是否正常。<br>按图 5.66 方法接线和检修 |
| 打开大灯开关后，其中一个白天行驶灯不能关闭 | 白天行驶灯内部故障；<br>线束故障 | 更换不能关闭的白天行驶灯。开大灯，检查更换后的白天行驶灯是否正常关闭，若不能关闭，则要更换线束 |

## 典型故障案例

在掌握了汽车信号系统的维修知识后，现在可以解决前面遇到的捷达轿车转向灯不工作的故障了。

维修思路：

1）打开转向开关时，仪表板上的转向指示灯能随之点亮，但不闪光，初步认为转向开关内电路已接通，故障可能出在闪光继电器上。但更换一只完好的闪光继电器后，故障却依然存在。

2）该轿车使用的闪光继电器有三个插脚，即供电端、接地端和信号输出端。从继电器盒上拔下闪光继电器，用万用表测量其插座的供电端，发现电压为 0 V，说明其供电电路有断路之处。

3）捷达轿车转向灯控制电路如图 5.76 所示。打开点火开关后，15#线上的电流经 S17#转向熔断器从 H1/5 插座流出继电盒，经转向开关 E3 内的常闭触点和继电器盒 J/8 插座进入继电器盒，给闪光继电器供电。

4）拆下继电器盒，测量其 H1 插座的 5#接线柱 H1/5 上有 12 V 电压，但测量 J 插座的 8# 接线柱 J/8 上无电压。由此怀疑转向开关内的常闭触点接触不良。

5）换上一只同型号新的转向大灯开关 E2 后，转向灯工作恢复正常，故障排除。

经过大量的维修发现，转向开关发生故障的比率较高。另外，转向熔断路 S17 损坏或闪光继电器损坏后，也会出现打开转向开关后车外转向灯不工作，而仪表板上的转向指示灯常不熄也不闪光的故障。

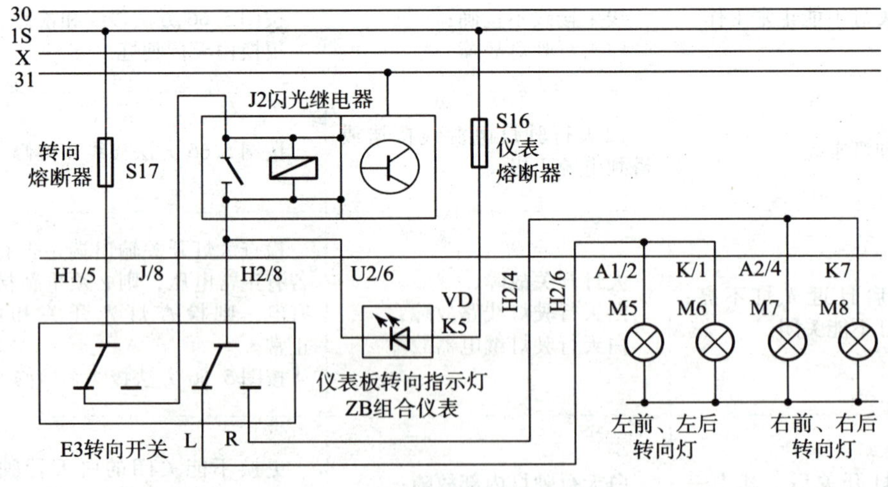


图 5.76　捷达轿车转向灯控制电路

图 5.77 所示为前照灯控制电路的组成，读者可以自己阅读。

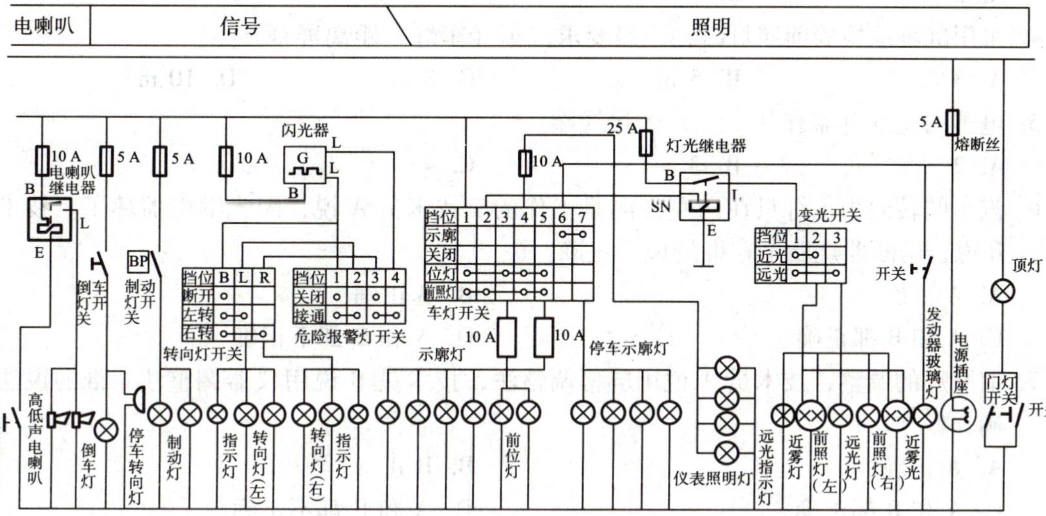


图 5.77　前照灯控制电路的组成

## 知识拓展

### 亮　度

发光物体表面发光强弱的物理量称为亮度（Luminance），物理学上用 $L$ 表示，单位为坎德拉每平方米或称平方烛光，$cd/m^2$，值越大越亮；坎德拉 Candela 为发光强度的单位，代号为 cd。发光强度的单位最初是用蜡烛来定义的，单位为烛光。1948 年第九届国际计量大会上决定采用处于铂凝固点温度的黑体作为发光强度的基准，同时将其定名为坎德拉，也曾一度称为新烛光。以一支标准蜡烛当作光源，放在一个半径为 1 m 的球体的中心位置。假设这个蜡烛会均匀发散它的全部光线，则落在球体内表面 1 $m^2$ 表面积上的所有光量为 1 个流明（Lumen），即 1 cd。

## 思考与练习

### 一、单选题

1. 传统前照灯的主要光学系统不包括（　　）。

A. 反射镜　　B. 配光镜　　C. 配光屏　　D. 灯泡

2. 前照灯远光光束右灯向左向右偏均不大于（　　）。

A. 10 cm/dam　　B. 17 cm/dam　　C. 20 cm/dam　　D. 27 cm/dam

3. 前照灯近光光束明暗截止线落地距一般为（　　）。

A. 20 m　　B. 30 m　　C. 50 m　　D. 100 m

4. 采用屏幕法检验前照灯时，一般要求汽车（车灯）距离屏幕（　　）。

A. 3 m　　B. 5 m　　C. 8 m　　D. 10 m

5. 电子闪光继电器有（　　）个接线端。

A. 2　　B. 3　　C. 4　　D. 5

6. 汽车的转向指示灯只在向左方向是工作的。技术员 A 说，闪光继电器坏了。技术员 B 说，熔断器烧断了。谁的说法正确？（　　）

A. A 正确　　B. B 正确

C. A 和 B 都正确　　D. A 和 B 都不正确

7. 前照灯的调整，技术员 A 说用屏幕调整法，技术员 B 说用仪器调整法。谁的说法正确？（　　）

A. A 正确　　B. B 正确

C. A 和 B 都正确　　D. A 和 B 都不正确

## 二、多选题

1. 前照灯检验仪的类型有（　　）。

A. 聚光式　　B. 屏幕式　　C. 直射式　　D. 自动追踪式

2. 闪光继电器的类型有（　　）。

A. 电热式　　B. 电容式　　C. 晶体管式　　D. 水银式

3. 拨动转向灯开关，左转向灯正常，而右转向灯闪光过快，则故障原因主要有(　　)。

A. 右转向灯功率小　　B. 右转向灯功率大

C. 右转向灯线接触不良　　D. 闪光继电器损坏

4. 汽车上有哪些灯采用双丝灯泡？（　　）

A. 前照灯　　B. 雾灯　　C. 前小灯　　D. 刹车灯

5. 检验前照灯前，应做好下列哪些准备？（　　）

A. 清洁配光镜表面　　B. 汽车空载

C. 确定轮胎气压符合规定　　D. 驾驶室内只允许坐一名驾驶员

6. 前照灯灯光暗淡，可能的原因有（　　）。

A. 蓄电池电压过低　　B. 配光镜沾灰　　C. 线路接触不良　　D. 灯光开关损坏

7. 汽车前照灯新技术层出不穷，比如（　　）。

A. HID 大灯　　B. LED 大灯　　C. 红外线大灯　　D. 紫外线大灯

8. 闪光继电器“B”接线柱应接________，“L”接线柱应接________，“E”接线柱应接________。（　　）

A. 电源“+”　　B. 转向灯　　C. 转向开关　　D. 搭铁

9. 接通灯光开关“一挡”，以下哪些灯亮起？（　　）

A. 前小灯　　B. 后小灯　　C. 转向灯　　D. 仪表照明灯

10. 有关汽车喇叭安装，说法正确的是（　　）。

A. 蜗牛喇叭必须安装一对

B. 喇叭口应朝下，以防止进水

C. 气喇叭安装时应防止气管弯折

D. 喇叭声音不标准有可能是由于安装导致

11. 夜间行车接通大灯时，小灯（　　）。

A. 一定亮　　B. 一定不亮　　C. 可亮可不亮　　D. 不知道

12. 夜间行车接通大灯时，白天行驶灯（　　）。

A. 一定亮　　B. 一定不亮　　C. 可亮可不亮　　D. 不知道

## 三、判断题

1. 前照灯应保证照亮车前至少 100 m 内的路面。（　　）
2. 前照灯反射镜内表面镀银、铝或铂，然后抛光。（　　）
3. 配光镜的作用是将反射镜反射出的平行光进行折射，使车前路面和路缘都有良好而均匀的照明。（　　）
4. 两灯制的前照灯，远光照射强度应不小于 15 000 cd。（　　）
5. 前照灯灯泡经常烧坏，故障主要出自发电机的电压调节器。（　　）
6. 左、右前照灯都不亮，首先应检查灯泡。（　　）
7. HID 大灯内部有远光、近光 2 组灯丝。（　　）
8. 转向信号灯的闪烁频率一般控制在 60 ~ 95 次/min。（　　）
9. 闪光继电器有 5 个接线端。（　　）
10. 闪光继电器“B”接线柱应接搭铁。（　　）
11. 在中、小型汽车上，多采用筒形和盆形电喇叭。（　　）
12. 会车时变成近光，主要是防止对面驾驶员产生眩目。（　　）
13. 白天行驶灯是在开启钥匙时就点亮。（　　）

# 第六部分
# 仪表与报警灯信号系统

一辆比亚迪 F6 点火开关开到“ON”挡时，水温表、汽油表、里程表均无指示，但其余功能正常。

要进行该故障的维修，必须先学习掌握有关汽车仪表的结构组成、工作原理、检修方法等。

# 情境一　汽车仪表

## 一、认识汽车仪表

汽车仪表是用来指示汽车运行及发动机的工作状况，以便驾驶人员能随时了解各系统的工作情况，保证汽车能安全可靠地行驶。常见的仪表有车速里程表、发动机转速表、电流表、冷却液温度表、燃油表、机油压力表等。现代汽车的仪表总成如图 6.1 所示。

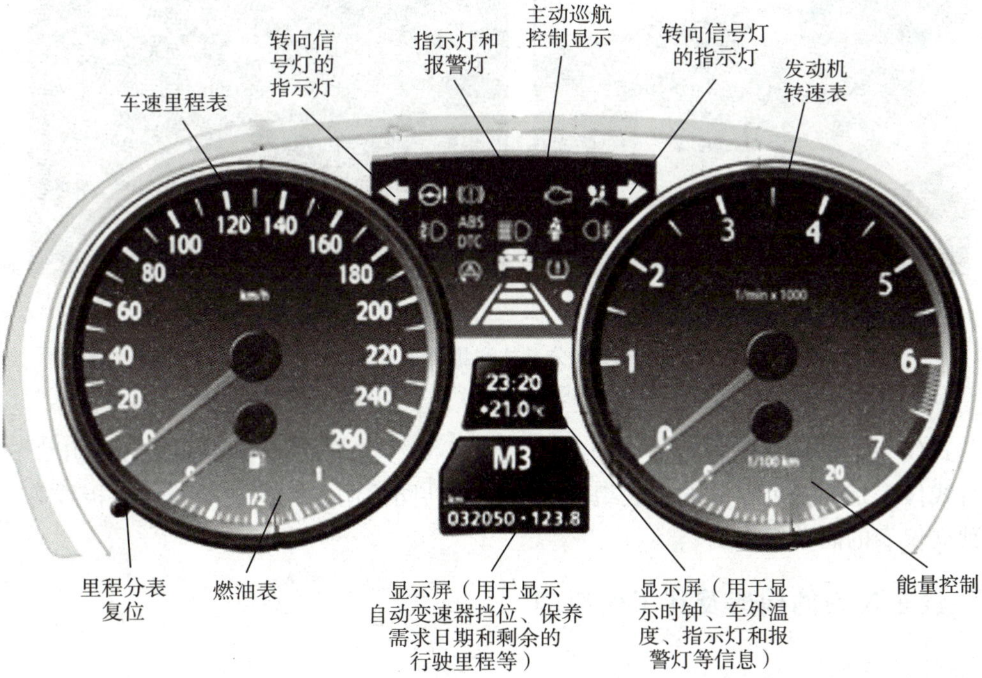


图 6.1　现代轿车的仪表总成

## 二、汽车仪表的分类

汽车仪表有许多种，可以按不同的分类方法对其进行分类。

### 1. 按工作原理分类

汽车仪表按工作原理不同分类，有机械式仪表和电子式仪表两种，如图 6.2 所示。图 6.2（a）为机械式仪表，主要用在老车型，现已淘汰；现在的汽车主要用电子式仪表，见图 6.2（b）。电子式仪表比机械式仪表漂亮，功能多，更适应现代汽车。

（a）　　　　（b）

**图 6.2　机械式和电子式仪表**

（a）机械式仪表；（b）电子式仪表

### 2. 按安装方式分类

汽车仪表按安装方式不同分类，有分装式仪表和组合式仪表两种，如图 6.3 所示。

（a）　　　　（b）

**图 6.3　分装式和组合式仪表**

（a）分装式仪表；（b）组合式仪表

分装式仪表是指每个仪表都是独立的，用在一些较老车型上，目前较少使用，已经淘汰。组合式仪表是把多个独立的仪表组合在一起，共同使用相同的电源线、负极线等，但它并不是独立仪表的简单组合。

## 三、汽车仪表的构造及其工作原理

### 1. 冷却液温度表

水温如果长期维持在高位会使汽车发动机润滑油的润滑作用降低导致发动机内部零件磨

损。水温表只要在正常的刻度范围内都正常，指针进入红色区域才是水温过高。发动机长时间水温过高会出现“开锅”现象，也就是发动机冷却液沸腾了，这会出现水箱胀裂、发动机过热受损等问题。

塞车时由于发动机的热量只靠风扇散热，故散热效果不好，水温表度数会逐渐升高。而行驶起来后流动的空气进入发动机，散热效果好了，水温自然会降低。

冷却液温度表用来显示发动机冷却液的工作温度，如图 6.4 所示。冷却液温度表的工作电路由装在仪表上的冷却液温度表和装在发动机冷却水套中的冷却液温度传感器两部分组成；常用的冷却液温度表有电热式冷却液温度表和电磁式冷却液温度表两种。

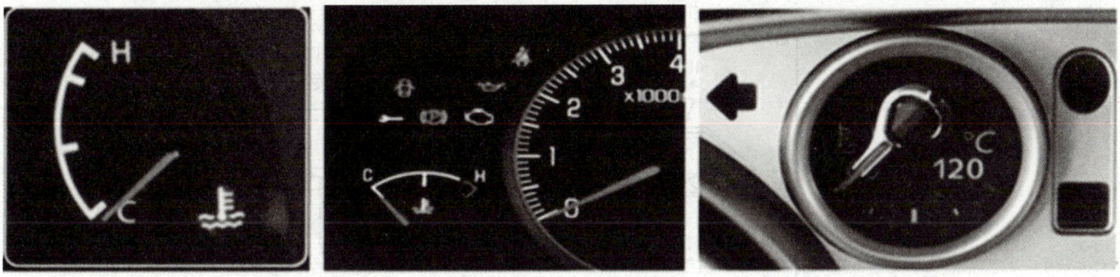


(a)　　(b)　　(c)

**图 6.4　发动机水温表**

(1) 电热式冷却液温度表

电热式冷却液温度表的工作原理如图 6.5 所示。电路接通，当冷却液温度较低时，传感器负温度系数热敏电阻阻值较大，冷却液温度表电路电流较小，冷却液温度表加热线圈温度较低，双金属片受热弯曲量较小，拉动指针指示低温区；当冷却液温度高时，负温度系数热敏电阻阻值减小，冷却液温度表电路电流增大，冷却液温度表加热线圈温度上升，双金属片受热弯曲量增大，指针向右偏转角较大而指示高温。

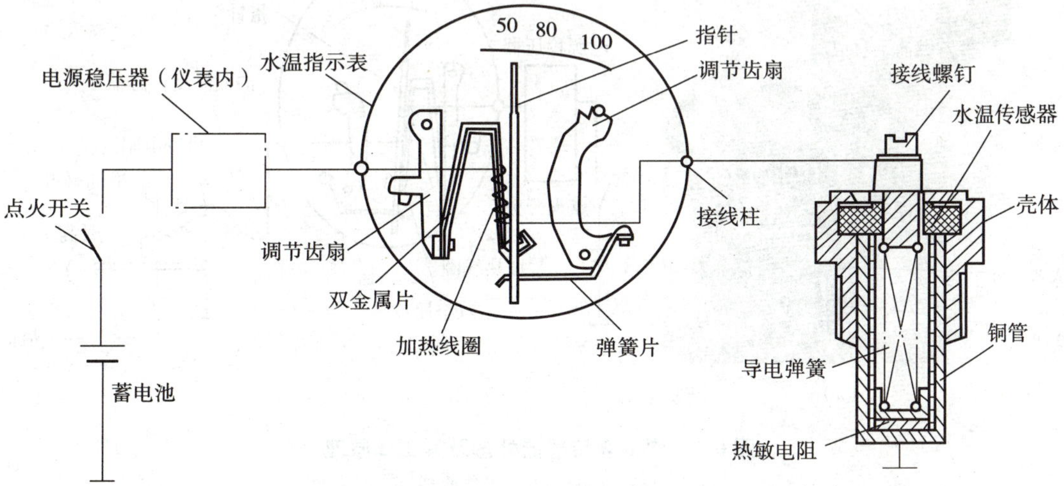


**图 6.5　电热式冷却液温度表的工作原理**

（2）电磁式冷却液温度表

电磁式冷却液温度表表壳内装有两个互成一定角度的铁芯，铁芯上分别绕有电磁线圈，其中一个与传感器串联，另一个与传感器并联，两个铁芯的下端设置带指针的衔铁。传感器内装有温度系数为负的热敏电阻，如图 6.6 所示。

当发动机冷却液温度低时，传感器阻值较大，流经 $L_1$ 和 $L_2$ 两个线圈的电流相差不多；但 $L_1$ 匝数多，产生的磁场强，两线圈合成磁场的作用下使衔铁偏转，指示低温。当发动机冷却液温度升高时，水温传感器热敏电阻阻值减小，流经 $L_1$ 的电流减小，流经 $L_2$ 的电流增大，两线圈合成磁场方向变化吸引衔铁，使指针向右偏转指向较高温度。

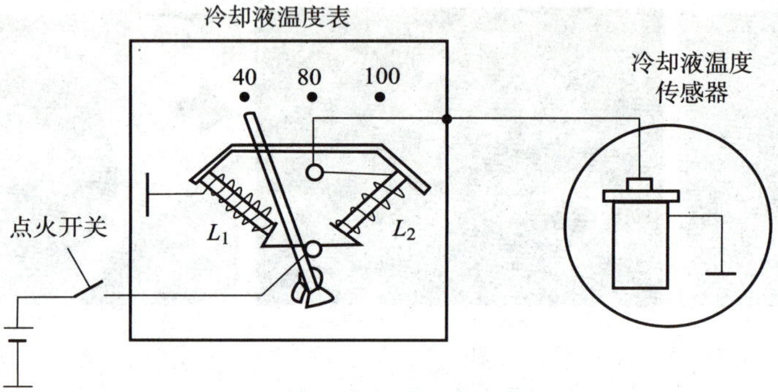


图 6.6　电磁式冷却液温度表的结构原理

## 2. 燃油表

燃油表是用来指示燃油箱内燃油储存量的仪表，它与装在油箱内的燃油传感器配套工作。燃油表分为电热式燃油表、电磁式燃油表和电子式燃油表三种。燃油表传感器安装在油箱内，主要由浮子和滑动变阻器组成，如图 6.7 所示。

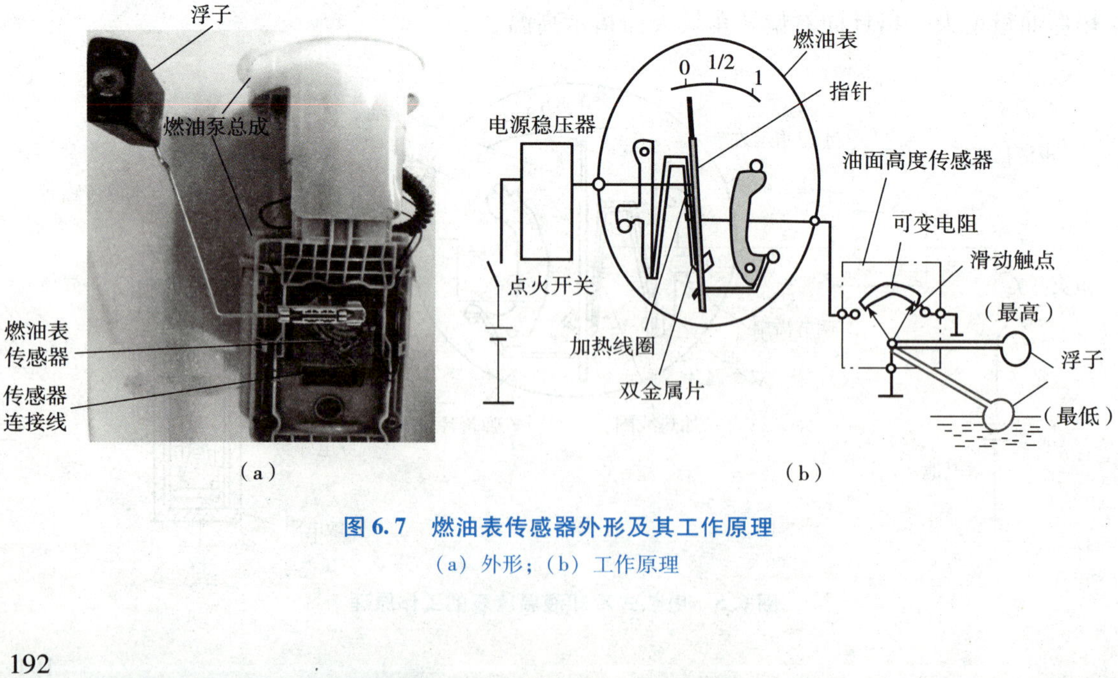


（a）　　（b）

图 6.7　燃油表传感器外形及其工作原理

（a）外形；（b）工作原理

（1）电热式燃油表

电热式燃油表的油面高度传感器为可变电阻式，由可变电阻器和与可变电阻器滑动臂相连的浮子组成，安装在燃油箱内。浮子随油面高度的变化而改变自身位置的同时，带着可变电阻的滑动臂连同触点在电阻器上滑动，从而改变串联在燃油表电路中的电阻值，见图 6.7。

（2）电磁式燃油表

电磁式燃油表内装有左、右两个线圈，转子与指针相连，并位于两个线圈之间，油面高度传感器为可变电阻式传感器，如图 6.8 所示。接通点火开关，电源的电流经左线圈后分为两条支路。一路经右线圈后搭铁；另一路经油面高度传感器的可变电阻搭铁。两个线圈中均有电流通过，并在两个线圈的周围分别产生磁场，转子连同指针在两个线圈磁场的作用下偏转，处于合成磁场的方向，指针指向燃油表的某一刻度。

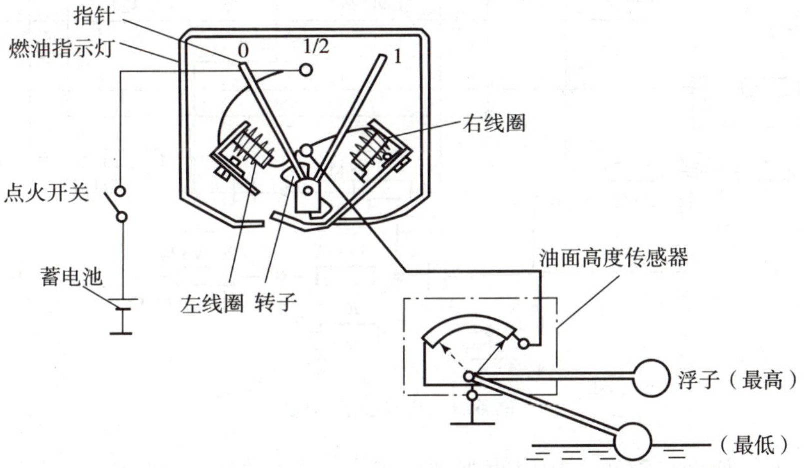


图 6.8　电磁式燃油表

接通点火开关后，电流的回路为：蓄电池正极→点火开关→燃油表→左线圈→传感器。之后分成两路：一路经右线圈→搭铁→蓄电池负极；另一路经电阻→滑片→搭铁→蓄电池负极。

当电流通过左、右两线圈时，由于两个铁芯均被磁化而形成合成磁场，于是转子就在合成磁场的作用下转动，使指针指在某一刻度上。

当油箱无油时，右线圈因浮子下降，电阻被短路，而左线圈中的电流因承受全部电压的作用而达到最大值，于是左铁芯被磁化，吸引转子并使指针指在“0”的位置上。

当油箱盛满油时，由于浮子升到最高位置而将滑片移到电阻的最左端，即电阻全部被接入电路，于是左线圈中的电流最小，右线圈中的电流最大，使转子向右偏移最大，使指针指在“1”的位置上。

（3）电子式燃油表

电子式燃油表主要由传感器 $R_x$、集成电路 LM324（两块）、LED 数字显示器和各类电阻等组成。油位测试仍采用浮筒式可变电阻传感器，在电路图中以 $R_x$ 表示，传感器 $R_x$ 阻值决定 $A$ 点的电位；燃油表显示器采用二极管色灯显示，LED 数字显示器为 7 个 LED 发光二极管，其中有 6 个绿色发光二极管和 1 个红色发光二极管，如图 6.9 中的 $VD_1 \sim VD_7$。

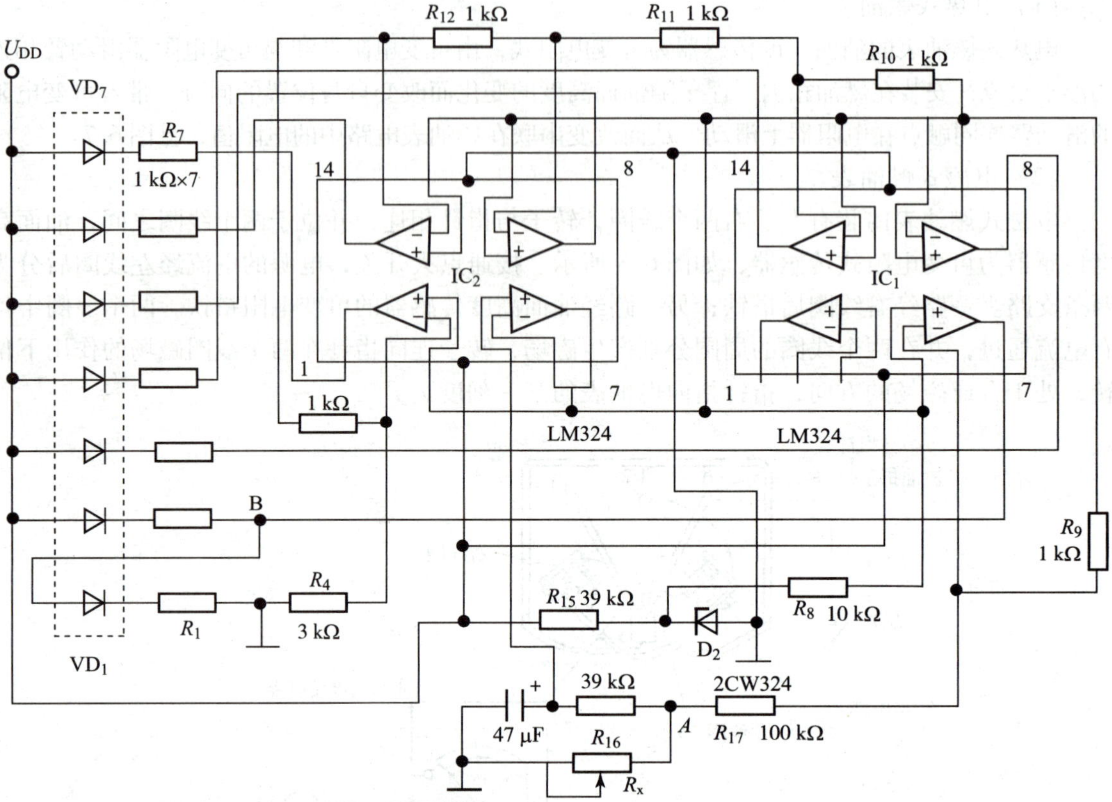


图 6.9 电子式燃油表

燃油量度表，特别是汽车上用以直观地看出燃油数值的电子燃油表，由集成电平显示驱动器、限流电阻、发光二极管、抗干扰电容器、电阻和蜂鸣器等组成。将传感器上的油位变化信号变为电信号，通过电路元件使发光二极管发出有色光，当燃油箱内油位下降到危险位置时，蜂鸣器发出报警或红色发光二极管发亮。

电子式燃油表 LED 显示器的工作情况如下：

1）当燃油满箱时，传感器 $R_x$ 的阻值越小，则 $A$ 点的电位越低，即 $IC_1$ 和 $IC_2$ 电压比较器的输出电压为低平电压。此时，6 只绿色的 LED 发光二极管 $VD_2$ ~ $VD_7$ 全部点亮，而红色发光二极管 $VD_1$ 处于熄灭的状态，表示油箱为满油状态。

2）随着油箱的燃油量逐渐地减少，绿色发光二极管点亮的个数减少。

3）当油箱无油时，传感器 $R_x$ 的阻值越大，则 $A$ 点的电位越高，集成块 $IC_2$ 的第 5 脚电位高于第 6 脚位的基准电位。此时，6 只绿色 LED 发光二极管全部熄灭，红色发光二极管 $VD_1$ 自动点亮，提醒驾驶员必须加油。

### 3. 机油压力表

在发动机工作时，机油压力表指示发动机润滑系统主油道中机油压力的大小，现今多数汽车以报警灯代替机油压力表。常用的机油压力表有双金属片式机油压力表、电磁式机油压力表和动磁式机油压力表三种。其中双金属片式机油压力表应用最为广泛。机油压力表由油压指示表和油压传感器组成；其结构及工作原理如图 6.10 所示。机油压力表安装在仪表板上，机油压力传感器安装在发动机主油道或机油粗滤器上，两者通过导线相连。

机油压力传感器内部装有弹性膜片，膜片的下油腔与发动机主油道相通，机油压力可直接作用在膜片上，膜片的上面顶着弓形弹簧片，弹簧片的一端与外壳固定搭铁，另一端的触点与双金属片端部触点接触，双金属片上绕有电热线圈，校正电阻与双金属片上的线圈并联；机油压力表内装有特殊形状的双金属片，它的直臂末端固定在调节齿扇上，另一钩形悬臂端部与指针相连，其上也绕有电热线圈，线圈的两头构成指示表的两个接线柱。

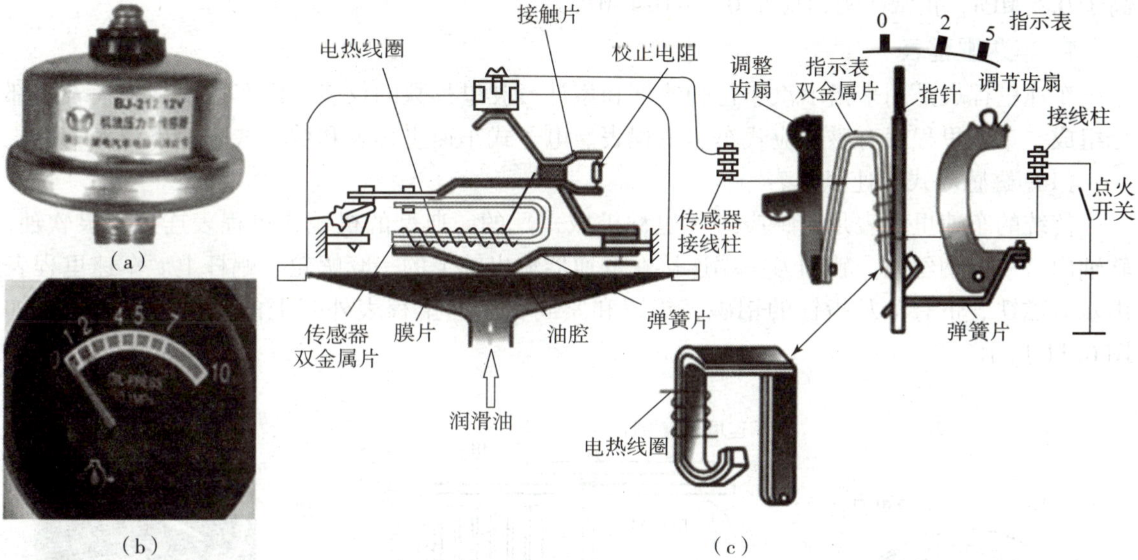


**图 6.10　机油压力表的传感器、指示表及工作原理**

(a) 传感器；(b) 指示表；(c) 工作原理

当电源开关接通时，电流由蓄电池正极→点火开关→指示表→指示表双金属片的电热线圈→传感器→接触片→分两路（一路流经传感器双金属片的电热线圈；另一路流经校正电阻→双金属片）→双金属片的触点→弹簧片→搭铁→蓄电池负极构成回路。由于电流流过双金属片和双金属片上的电热线圈，因此双金属片会受热变形。双金属片由两种膨胀系数不同的金属制成，受热时，膨胀系数大的一面向膨胀系数小的一面弯曲。

当电路中有电流通过时，绕在双金属片上的线圈产生热量，造成传感器双金属片受热弯曲，使触点断开，切断电路；而指示表双金属片受热弯曲，使指针偏转，指示机油压力的大小。当机油压力很低时，膜片几乎没有变形，这时作用在触点上的压力很小。

当电流流过温度略有上升时，双金属片就受热弯曲，使触点分开，切断电路并停止产生热量；一段时间后，双金属片冷却伸直，触点又闭合，电路又被接通。因此触点闭合时间短，而打开时间长，通过指示表电热线圈的平均电流值小，指示表双金属片因温度较低而弯曲程度小，指针偏转角度很小，即指示有较低的油压。

当机油压力升高时，膜片向上拱曲增大，加在触点上的压力增大，双金属片需要在较高温度下，即其上电热线圈通过较大电流、较长时间后，才能弯曲到使触点分开；而触点分开后稍加冷却就会很快闭合。因此触点打开时间短，而闭合时间长，通过指示表电热线圈的平均电流值大，指针偏转角度将增大，从而指示出较高的油压。为使机油压力的指示值不受外界温度的影响，双金属片都制成“ = ”形，其上绕有电热线圈的一边称为工作臂，另一边称为补偿臂。

当外界温度变化时，工作臂的附加变形被补偿臂的相应变形所补偿，使指示表的读数不变。在安装传感器时，必须使传感器壳体上的箭头向上，不应偏出 ±30°位置。这样可保证工作臂位于补偿臂之上，当工作臂产生的热气上升时，不致影响补偿臂，造成读数误差。

发动机低速运转时，机油压力不应小于 0.15 MPa；发动机高速运转时，机油压力不应高于 0.5 MPa，正常压力值应是 0.2 ~0.4 MPa。

### 4. 车速里程表

车速里程表是用来指示汽车行驶速度和累计行驶里程数的仪表，由车速表和里程表两部分组成。车速里程表有磁感应式车速里程表、电子式车速里程表和数字式车速里程表三种。

（1）磁感应式车速里程表

传统的车速里程表是磁感应式（也称机械式）的，典型的机械式里程表连接一根软轴，软轴内有一根钢丝缆，软轴另一端连接在变速器输出轴上的一套蜗轮、蜗杆上。车速里程表由永久磁铁、带有轴及指针的铝碗、铝罩和紧固在车速里程表外壳上的刻度盘等组成，如图 6.11 所示。

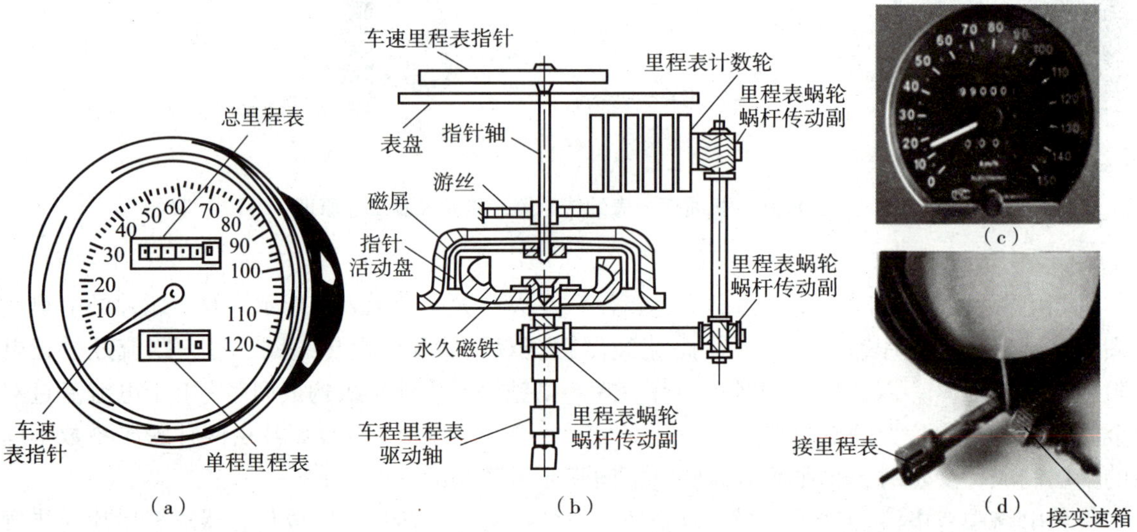


**图 6.11　磁感应式车速里程表及其软轴**

（a）表盘；（b）磁感应驱动装置；（c）车速里程表实物；（d）软轴

汽车不工作时，铝碗在游丝的作用下，使指针位于刻度盘的“0”位置。当汽车行驶时，变速器输出轴上的蜗轮、蜗杆以及软轴等带动永久磁铁转动，永久磁铁的磁力线在铝碗上引起涡流，产生转矩，使铝碗克服游丝的弹力向永久磁铁转动方向旋转。于是铝碗带动指针转过一个与汽车行驶速度大小成正比例的角度，指针便在刻度盘上指示相应的车速。车速越高，指针偏转的角度越大，指针在刻度盘上指示的车速也越高。

里程表由蜗轮、蜗杆和计数轮组成。汽车行驶时，软轴驱动车速里程表的小轴，经三对蜗轮、蜗杆带动里程表的第一计数轮转动。第一计数轮上的数字为 1/10 km，每两个相邻的计数轮之间又通过本身的内齿和进位数字轮传动齿轮，形成 1/10 的传动比。这样汽车行驶时，就可累计出行驶里程。

（2）电子式车速里程表

随着电子技术的发展，现在很多汽车仪表已经使用电子车速表。常见的一种是从变速器上的速度传感器获取信号，通过脉冲频率的变化使指针偏转或者显示数字。

电子式车速里程表由车速里程表传感器、信号处理电路、车速表和里程表等组成，如图 6. 12 所示。

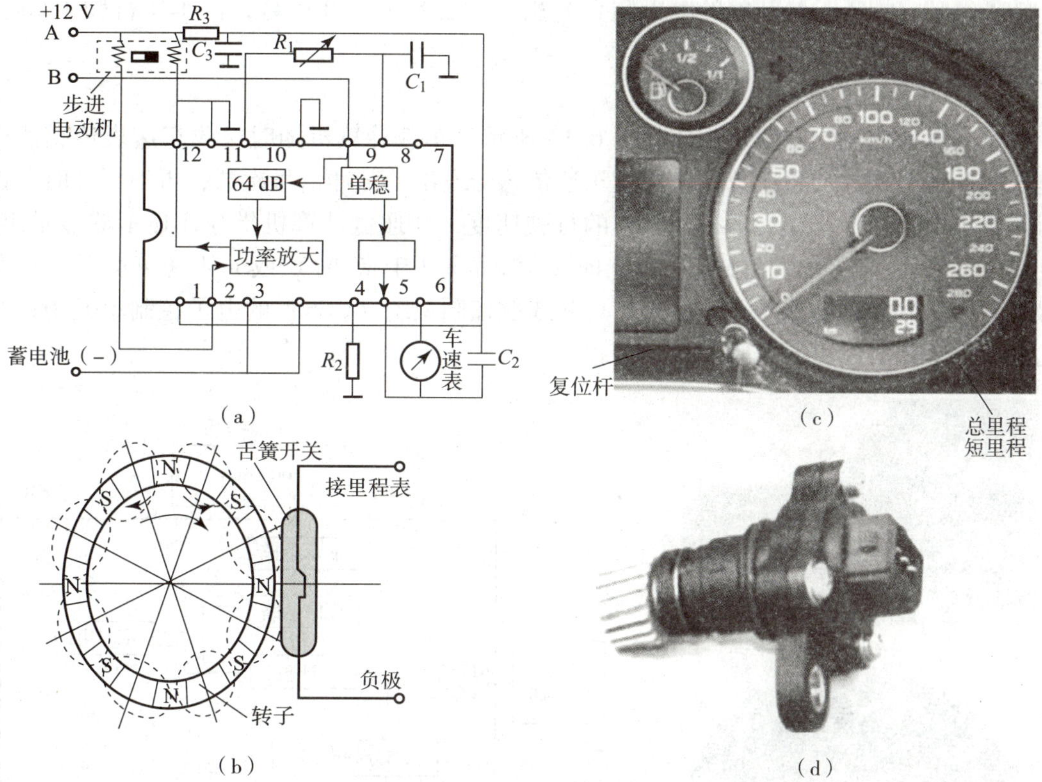


**图 6. 12　电子式车速里程表及其传感器原理和实物**

（a）里程表电路原理；（b）里程表实物；（c）传感器原理；（d）传感器实物

1）车速里程表传感器。车速里程表传感器安装在变速箱输出轴上，汽车行驶时它可以产生正比于汽车行驶速度的信号。它由具有一对或几对触点的舌簧开关和转子组成。

2）信号处理电路。在汽车运行时，信号处理电路将车速传感器输入的脉冲信号整形和处理转变为电流信号，并加以放大，以驱动车速表指示车速；同时信号处理电路还将脉冲信号经分频和功率放大，转变为一定频率的脉冲信号，以驱动里程表步进电动机的轴转动，记录汽车的行驶里程。

3）车速表。车速表以一个磁电式电流表作为指示表。汽车以不同的车速运行时，信号处理电路将车速传感器输入的脉冲信号转变为与车速成比例的电流信号，使电流表的指针偏转，指示相应的车速。

4）里程表。里程表由步进电动机、6 位十进制计数器及内传动齿轮等组成。汽车运行时车速传感器输出的脉冲信号，经信号处理电路分频和功率放大，转变为一定频率的脉冲信号，作用于步进电动机的电磁线圈；步进电动机将这一脉冲信号转变为角位移信号，使电动机轴转动，并驱动里程表十进制计数器的6个计数轮依次转动，从而记录汽车行驶的总里程和单程行驶里程。

当需要消除短程里程时，只需按一次复位杆，短里程表就会归零。

车速传感器一般采用舌簧开关式或磁感应式传感器，由变速器驱动，能够产生与汽车行驶速度成正比的电信号。舌簧开关式传感器，由一个舌簧开关和一个具有4对磁极的转子组成；转子每转一周，舌簧开关的触点闭合8次，产生8个脉冲信号，汽车每行驶1 km，车速传感器将输出4 127个脉冲信号。

（3）数字式车速里程表

数字式车速表实物与系统构成如图6.13所示。车载计算机随时接收车速表传感器送出的电压脉冲信号，并计算在单位时间里车速传感器发出的脉冲信号次数，再根据计时器提供的时间参考值，经计算、处理得到汽车的行驶速度，并通过计算机指令让显示器显示出来。速度单位通常可由驾驶员用按钮选择，即显示km/h（千米/时）或mph（英里/时）；车速信号还可传送到制动防抱死系统（ABS）和巡航控制系统（CCS）的电子控制单元中；当车速超过某极限值时还可向驾驶员发出警报。

(a)

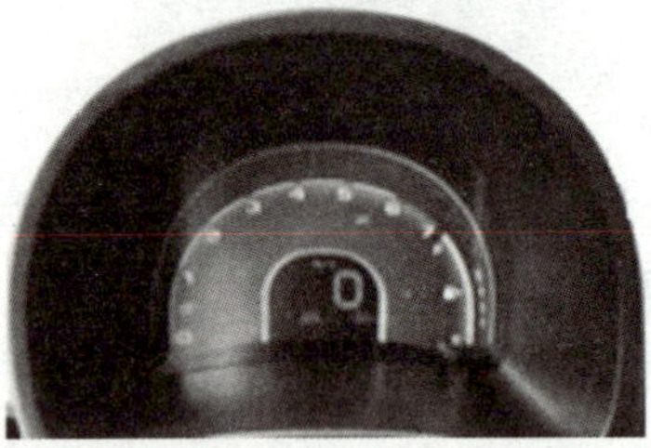

(b)

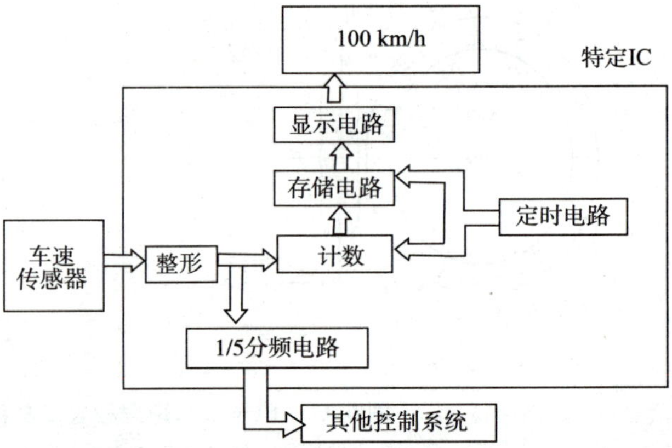


(c)

**图6.13 数字式车速表实物与系统构成**

(a)，(b) 实物；(c) 系统构成

数字式里程表显示的每次行驶里程是利用集成电路通过车速传感器所产生的脉冲信号，来计算并存储汽车所走过的里程的；累加各次行驶的里程数，便可得到总里程数。一般采用EEPROM存储器，即使蓄电池断开，也不会使存储的数据丢失。

采用集成电路的里程表，如果集成电路坏了，有的制造厂能提供替换的芯片。不过新的芯片要进行程序化处理，以显示里程表最后的读数。大多数替换的芯片会显示一个“X”“S”或“＊”，表示该里程表已经换过。集成电路里程表是不能回零的。

### 5. 发动机转速表

发动机转速表用来指示发动机的转速，是发动机工况信息的指示装置，便于驾驶员选择发动机的最佳速度范围，把握换挡时机，以及充分利用经济车速等。

发动机转速表有机械式转速表、电子式发动机转速表和数字式发动机转速表三种。电子式转速表由于结构简单、指示准确、安装方便等优点在现代车辆中被广泛应用（见图6.14），数字式发动机转速表是近些年发展起来的。

（1）电子式发动机转速表

电子式发动机转速表有汽油机用和柴油机用两种类型。前者的转速信号来自点火系统初级电路的脉冲电压或者曲轴位置传感器；后者的转速信号来自发电机中性点或者曲轴位置传感器。

图6.14所示为利用电容充放电的脉冲电子式转速表及其工作原理。转速信号取自点火系统初级电路，发动机工作时，点火控制器控制点火线圈初级电路的导通和截止，其导通和截止的次数与发动机转速成正比。

（a）

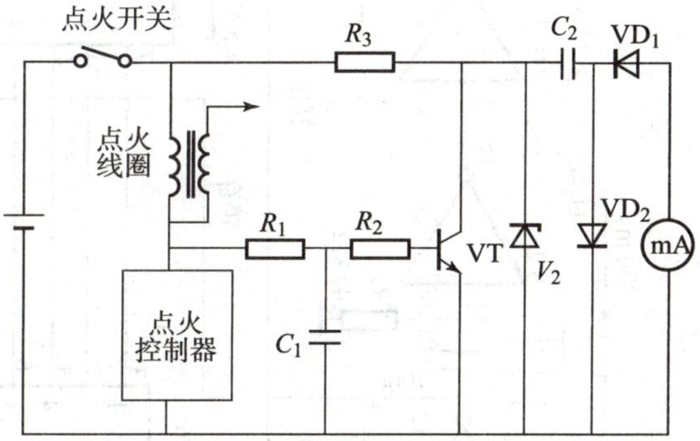


（b）

**图6.14 脉冲电子式转速表及其工作原理**

当点火线圈初级电路导通时，三极管VT处于截止状态，电容$C_2$充电。电流流向为：蓄电池正极→$R_3$→$C_2$→$VD_2$→蓄电池负极。

当点火线圈初级电路截止时，三极管VT的基极电势接近电源正极而导通，此时电容$C_2$便通过导通的三极管VT、转速表测量机构（实际上为毫安表）、$VD_1$构成放电回路，从而驱动转速表测量机构。

点火线圈初级电路不断地导通和截止，$C_2$不断地进行充放电，其放电电流的平均值与发动机的转速成正比，通过转速表可指示出发动机的转速。

（2）数字式发动机转速表

目前，一些车型上使用的发动机转速表，采用专用集成电路芯片实现信号的采集和处理，芯片的体积很小，可以安装在转速表内。

数字式发动机转速表电路如图6.15所示。这种转速表由一个$U_1$和$U_2$-a等组成的输入信号调节器、一个脉冲计数器为$U_3$、两个显示驱动器$U_4$和$U_5$带动两个电子显示装置disp1和disp2、一个主时钟$U_6$和一个电源稳压器$U_7$等组成。其输入信号取自发动机点火系脉冲信

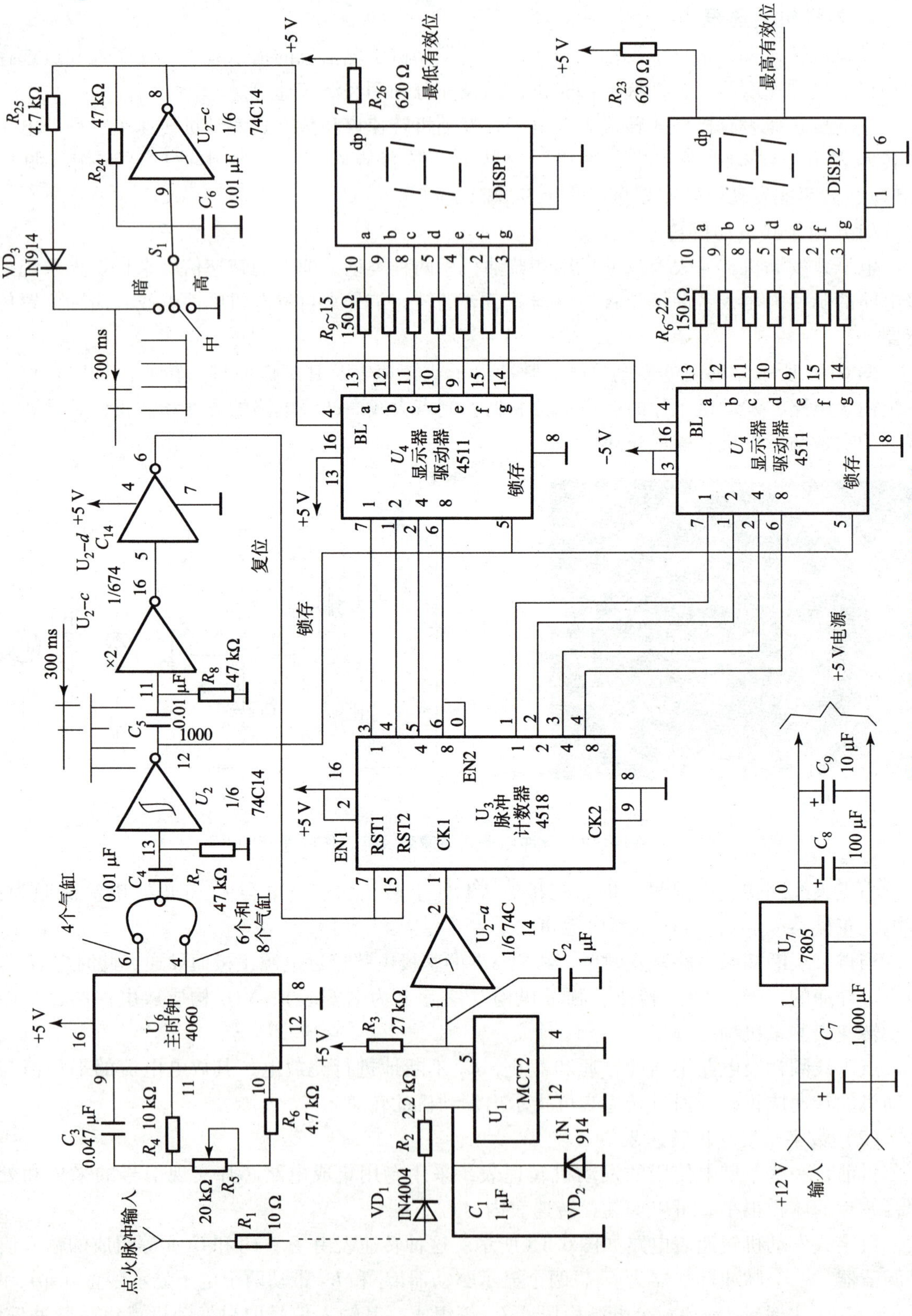


**图6.15　数字式发动机转速表电路**

号，以此作为电路触发脉冲信号；电路中所有 +5 V 电源均由稳压器 $U_7$ 提供，$U_7$ 的电源则由汽车 12 V 电源提供。

### 6. 电流表

电流表是用来显示电源系统工作状态的仪表。当蓄电池充电时，指针指向“+”的一侧；当蓄电池放电时，指针指向“-”的一侧，如图 6.16 所示。目前很多汽车不装电流表，而用充电指示灯表示电源系统的工作状态；若车辆正常行驶过程中指示灯点亮，则表示电源系统工作不正常。

(a)

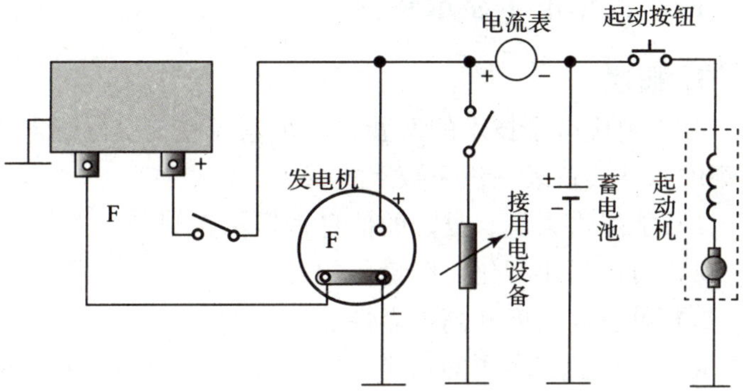

(b)

图 6.16　电流表及其在汽车电路中的位置

(a) 电流表；(b) 电流表在汽车电路中的位置

电流表按结构不同可分为电磁式电流表和动磁式电流表两种，汽车上一般用电磁式电流表。其结构和工作原理如图 6.17 所示。下面以电磁式电流表来说明其工作原理。

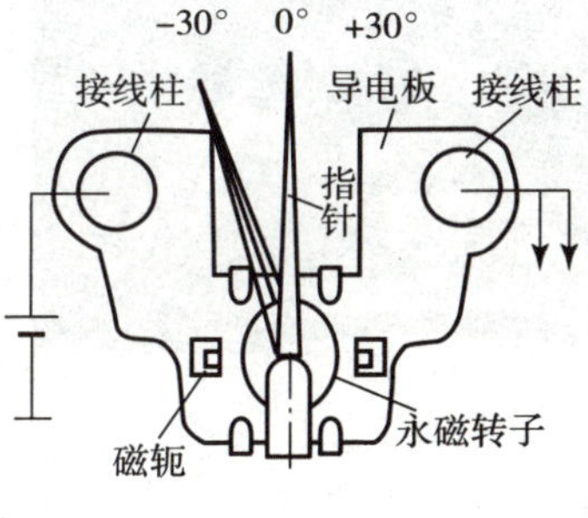

(a)

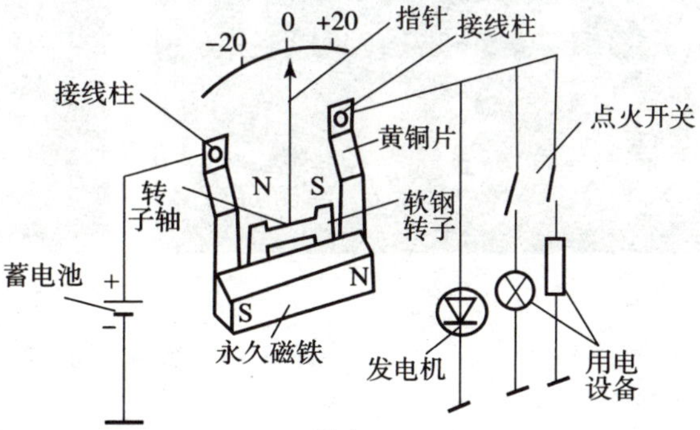

(b)

图 6.17　电流表

(a) 结构；(b) 工作原理

电流表内的黄铜片固定在绝缘底板上，两端与接线柱相连，下面夹有永久磁铁，磁铁内侧的转轴上安有带指针的软钢转子，指针安装在软钢转子中间。

当电流表中无电流通过时，软钢转子被永久磁铁磁化，由于磁性与永久磁铁的极性相反，相互吸引，使指针停在中间“0”标度上。

当发电机向蓄电池充电时，其电流通过黄铜片产生的磁场与永久磁铁形成顺时针偏转的合成磁场，使软钢转子顺时针偏转，示值为“+”；充电电流越大，合成磁场越强，偏转角度越大，指针指示读数越大。

当蓄电池放电时，其电流通过黄铜片产生的磁场与永久磁铁形成逆时针偏转的合成磁场，使软钢转子逆时针偏转，示值为“-”；放电电流越大，合成磁场越弱，偏转角度越大，指针指示读数越小。

## 四、汽车电子显示装置

### 1. 概述

随着现代电子技术的发展，汽车电气系统变得越来越复杂；汽车数字式仪表正逐步取代常规的指针式仪表。汽车数字式仪表的优点如下：

1）能提供大量、复杂的信息；显示直观。

2）可满足小型化、轻量化的要求。

3）具有高精度和高可靠性。

4）具有一表多用的功能：用一组显示器进行分时显示，并可同时显示几个信息，实用方便。

数字式仪表采用数字显示，既可用一组数字分时显示，又可同时显示几个信息，不必为每个信息设置一个指示表，故使仪表系统结构得以简化。图 6.18 所示为两种不同的数字式仪表。

(a)　　　　(b)

图 6.18　两种不同的数字式仪表

常用的显示器件有发光二极管、液晶显示器和真空荧光管。

### 2. 发光二极管（LED）

发光二极管的正、负极加上合适的正向电压后，其内半导体晶片发光，通过带颜色的塑料外壳显示出来。发光的颜色有红、绿、黄、橙等，可单独使用，也可用来组成数字、字母、发光条图。汽车上一般用于指示灯、数字符号段等的显示发光二极管及其电路如图 6.19 所示。

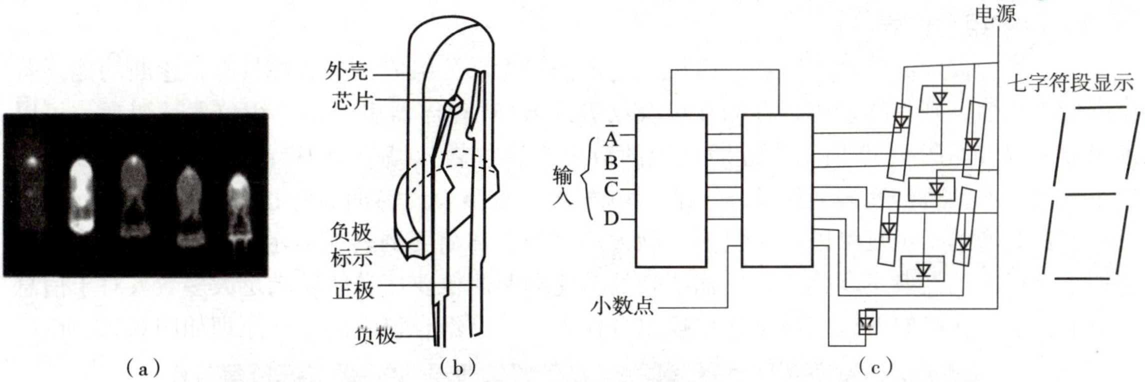


**图 6.19　发光二极管及其电路**

(a) 实物；(b) 结构；(c) 电路

## 3. 液晶显示器（LCD）

液晶是一种有机化合物，在一定的温度范围和条件下，既具有普通液体的流动性，也具有晶体的某些光学特效。液晶显示器的结构如图 6.20 所示。它有两块厚约 1 mm 的玻璃基板，基板上涂有透明的导电材料作为电极，一面电极为图形；两基板间注入 10 μm 厚的液晶，再在两玻璃基板的外表面分别贴有偏光板，并将整个显示板完全密封；当两电极通一定的电压时，位于通电电极范围内（要显示的数字、图形等）的液晶分子重新排列，这样，通电部分电极就形成了在发亮背景下的字符或图形。

## 4. 真空荧光管（VFD）

真空荧光管实际上是一种真空低压管，它由玻璃、金属材料构成，其发光原理与电视机中的显像管相似，如图 6.21 所示。当阳极（字形）接电源正极，灯丝接电源负极时，便获得正向电压；当灯丝有电流通过时，会产生热量，释放电子。由栅极控制电子流加速，射向阳极（字形）。当电子高速碰撞数字板荧光材料时，数字板发光，通过前面平板玻璃的滤色镜显示出数字。

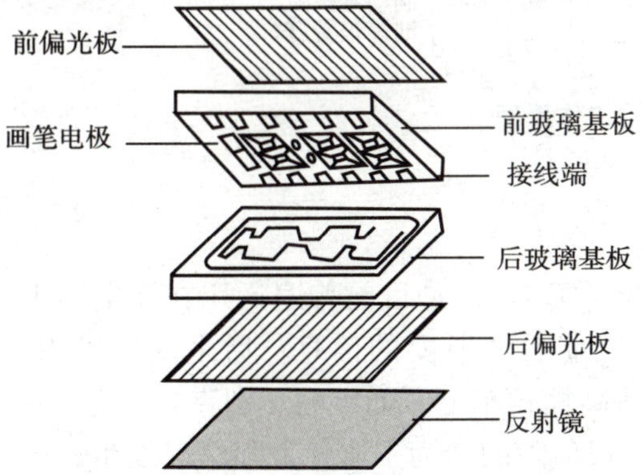


**图 6.20　液晶显示器的结构**

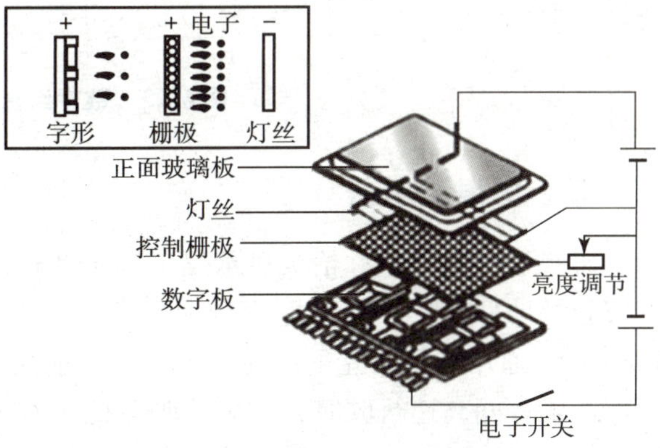


**图 6.21　真空荧光管的结构**

真空荧光管（VFD）具有色彩鲜艳、可见度高、立体感强等优点，目前是汽车上采用最多的一种显示装置。

### 5. 数字组合仪表

数字组合仪表由各种传感器、微机、显示器三大部分组成。一般都具有自诊断功能。若仪表发生故障，则其故障码会存储在组合仪表的 RAM 存储器里，用专用仪器调码后，可以读出故障内容。图 6.22 所示为近期出现的数字组合仪表长城哈弗 H7 数字组合仪表，有车速里程表、发动机转速表、机油压力表、电压表、水温表、燃油表等；组合仪表不可分解，只有普通灯泡的指示灯可以单独更换。硕大的仪表盘和简要的转速显示是哈弗 H7 全彩数字虚拟组合仪表的经典主题模式，更加清晰的车速和两侧概要信息能够满足大多数人对于信息读取的需求。在维修时，应该整体更换组合仪表。数字组合仪表的工作原理如图 6.23 所示。

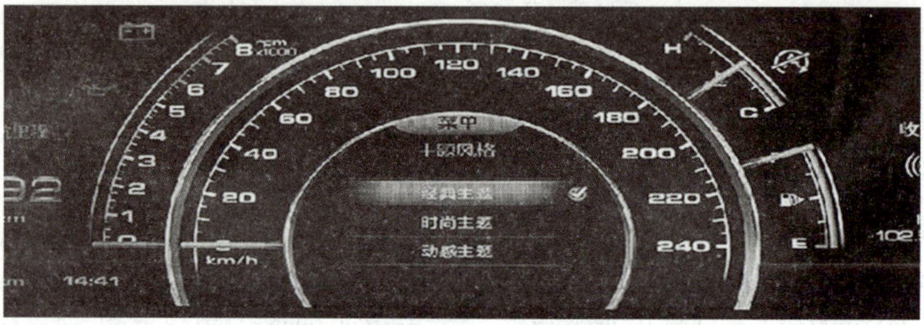


图 6.22　长城哈弗 H7 数字组合仪表

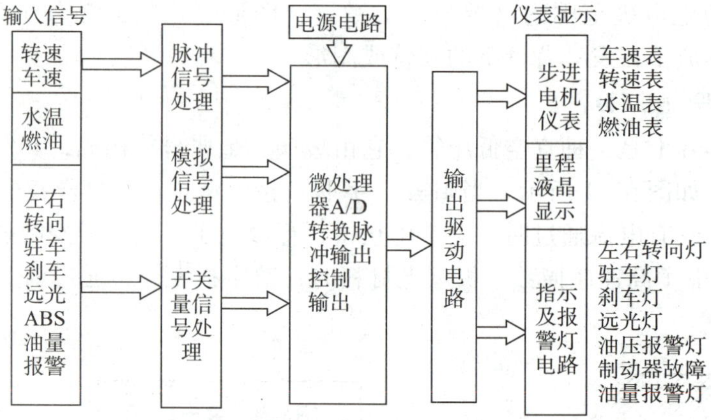


图 6.23　数字组合仪表的工作原理

## 五、平视显示器

平视显示器，也称抬头显示仪（Head Up Display，HUD），是目前普遍运用在航空器上的飞行辅助仪器。平视的意思就是飞行员不用低头就能看清所要的信息。后来逐渐民用，1988 年，通用公司首先采用在汽车上，目前用在一些高档轿车上，如宝马、别克君威等。

车辆夜间高速行驶时，如果驾驶员低头看仪表是很危险的，为了避免危险情况发生，少数车型上安装了平视显示器系统，它可以将有关信息显示到前挡风玻璃上，以便驾驶员方便观察，而且显示位置、亮度可以调节。

HUD 技术是把汽车仪表信息以图像、字符的形式，通过光学部件投射到前挡风玻璃上的光/电显示装置，不仅可以帮助新手快速控制自己的车速，避免在限速路段因超速而违章，而且它还能使驾驶员在不转移视线的情况下瞬间读数，始终保持头脑清醒的最佳观察状态。目前，该系统有原装版、手机应用版和改装版三种。

### 1. 原装版

原装版是汽车公司专门研发应用的，其 HUD 设备提供两种图像投射方式：一种是将一张透明膜片粘贴到挡风玻璃的投射位置；另一种是将一个反射透镜安装在 HUD 设备上。HUD 可以对投射亮度进行自动调节，无论是在强光下还是在夜晚，驾驶员都可以清晰地看到导航图像。

### 2. 手机应用版

很多中、低端车型还是没有车载 HUD，但是现在安卓手机市场中出现了一些 HUD 类应用，车主只需下载应用，通过蓝牙技术与 iPhone 或 Android 等智能手机连接后，将导航应用图像投射到汽车的挡风玻璃上，并将手机放置在仪表台上方，就可以达到和车载 HUD 相近的效果；不过它的缺点也很多，比如亮度不足，视角狭窄，易受路况影响等。

### 3. 改装版

车主也可以通过购买外置的车载平视显示器进行改装，该系统改装时，只要与 OBDII 诊断接头对接即可，也可以达到同样的效果。平视显示器如图 6.24 所示。

(a)

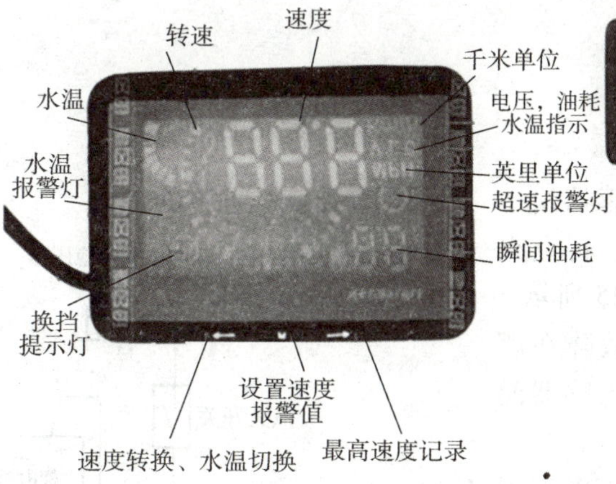


(b)

(c)

**图 6.24 平视显示器**

(a) 效果图；(b) 改装显示器；(c) 实物

将信息显示在驾驶员的平视水平范围内要比单独使用智能手机导航安全得多。2015 年 11 月 6 日，国内首款自主研发的平视及夜视仪显示装置在江西某科技园举行，填补了国内行业的空白。

## 六、仪表的拆装要点

1）拆装组合仪表时，应先拆下蓄电池负极电缆线，以免手触摸仪表板后面线束时造成线路短路。

2）拆组合仪表装饰面板时，由于固定螺钉（或卡子）是隐蔽的，因此，要仔细查找固定螺钉（或卡子），否则强行拆卸将会损坏装饰面板。

3）拆装组合仪表时，应注意仪表板后面线束插接器及车速里程表软轴接头一般都带有锁止机构，切忌强拆。

4）从电路板上拆下仪表表芯、电源稳压器、照明灯及指示灯时，不要损坏印制电路。

**【注意】** ①单独更换表芯或仪表传感器时，注意仪表与传感器必须配套使用（注意二者之间的速比）。

②拆装仪表及传感器时，注意动作要轻，不要敲打（击）。

③电热式机油压力传感器安装时有方向要求。

④仪表与传感器的接线必须可靠。

⑤电磁式仪表的接线柱有极性之分，不得接错。

## 七、仪表常见故障检修

### 1. 燃油表的检修

（1）故障现象

油箱内无论多少燃油，指针总显示无油。

（2）故障原因

1）燃油表本身故障。

2）电路有断路处。

3）表传感器故障。

4）稳压器工作异常等。

（3）维修思路

1）用 10 Ω 电阻（或者试灯）代替传感器，一端接到传感器的线束上，另一端直接搭铁；将点火开关打到“ON”挡，观察燃油表，如图 6.25 所示。

若指针向满油刻度方向移动，则说明故障在燃油表传感器；若无反应，则说明故障不在传感器而在仪表本身或稳压器或线路已断路。

2）点火钥匙开到“ON”挡，在仪表线束端用试灯一端搭铁，另一端接入传感器线路。观察油表

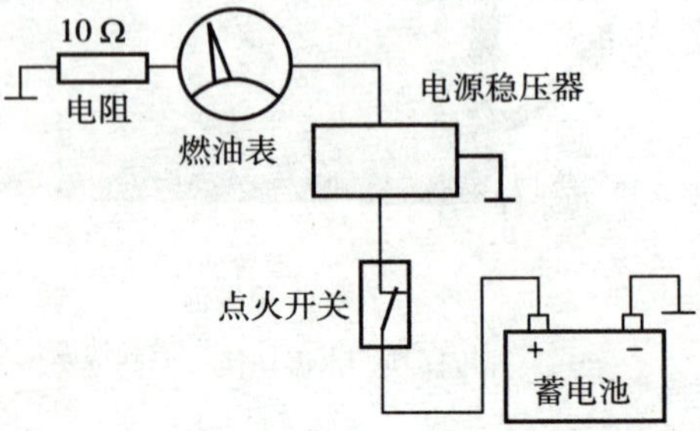


图 6.25　燃油表的故障检查接线图

是否向满的方向移动。若移动，则说明故障在线路；若不移动，进行下一步。

3）接好燃油表传感器接线插头，打开点火开关，用万用表测量仪表上的电源电压。若有12 V电压，则燃油表的内部已坏；若无电压，则说明稳压器已坏或电路线已断。

### 2. 机油压力表的检修

（1）故障现象

机油压力表指针移动不正常。

（2）故障原因

1）故障在机油压力传感器。

2）故障在机油压力表。

3）故障在电源电路等。

（3）维修思路

1）在油压传感器接线柱端串联一个与油压传感器相当阻值的电阻（或者试灯）后搭铁，观察机油压力表指针的偏转情况。若机油压力表指示正确，则说明故障在机油压力传感器，如图6.26所示。

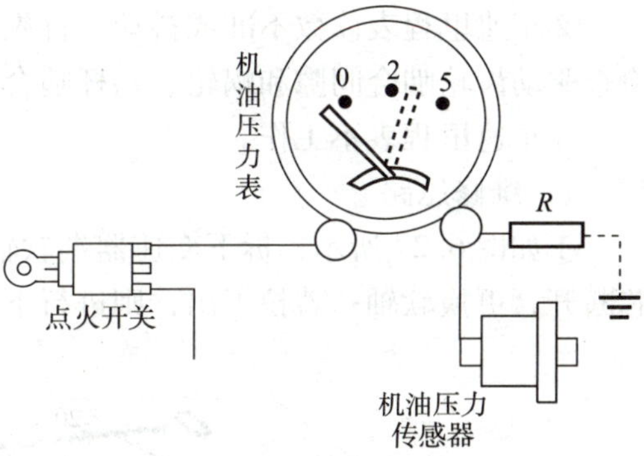


图6.26　机油压力表的检查

2）拆下机油压力传感器，用一根平头小铁棍插进传感器孔内顶压膜片，并打开点火开关到“ON”挡。若机油压力表指针移动正常，则说明是润滑油路堵塞引起传感器处无油压。

3）用万用表“电压”挡检查机油压力表电源接线柱的电压。若为0 V，则说明电源线路断路；若为12 V，则说明机油压力表已损坏。

机油压力表常见故障之一是机油压力过低，造成机油压力过低的主要原因：一是机油黏度过低；二是机油集滤器滤网或机油过滤器滤芯堵塞；三是限压阀与回油阀弹簧的弹力减弱或折断，或是阀门接合面密封不严，导致漏油泄压；四是主轴承或连杆轴承间隙过大；五是机油泵工作不良。

### 3. 冷却液温度表的检修

（1）故障现象

冷却液温度表无显示。

（2）故障原因

1）冷却液温度传感器故障。

2）冷却液温度表本身故障。

3）电路有断路处。

4）稳压器工作异常等。

（3）维修思路

1）拆下冷却液温度传感器接线柱上的导线，串接一个试灯，将试灯另一端搭铁，将点火开关置“ON”挡，观察冷却液温度表指针摆动情况。若指针摆动，则故障在传感器；若冷却液温度表指针不动，进行下一步诊断。

2）将试灯一端搭铁，另一端接冷却液温度表上“电源”接线柱，点火开关置“ON”挡，观察试灯是否亮。若不亮，则为稳压器到蓄电池间导线断路或仪表熔断器烧断；若试灯亮，进行下一步诊断。

3）将试灯一端搭铁，另一端接冷却液温度表上“传感器”接线柱，点火开关置“ON”挡，观察冷却液温度表指针摆动情况。若冷却液温度表不动，则说明冷却液温度表损坏；若冷却液温度表动，则说明冷却液温度表到传感器之间导线断路。

### 4. 车速里程表的检修

1）机械式车速里程表

1）故障现象：机械式车速里程表有噪声，指针抖动或不工作。

2）故障原因及检修：

①噪声：一般是软轴（里程表线）缺油、里程表轴磨损。

②车速里程表读数不准或抖动。首先检查软轴与其他线束是否有交错挤压的现象，然后检查驱动齿轮啮合间隙和蜗轮、蜗杆啮合间隙。

③车速里程表不工作。

3）维修思路

①如图 6.27 所示，拆下变速器端软轴接头，用手往外拉轴芯。若能拉出轴芯，则是轴芯断开，更换软轴；若拉不出，则进行下一步。

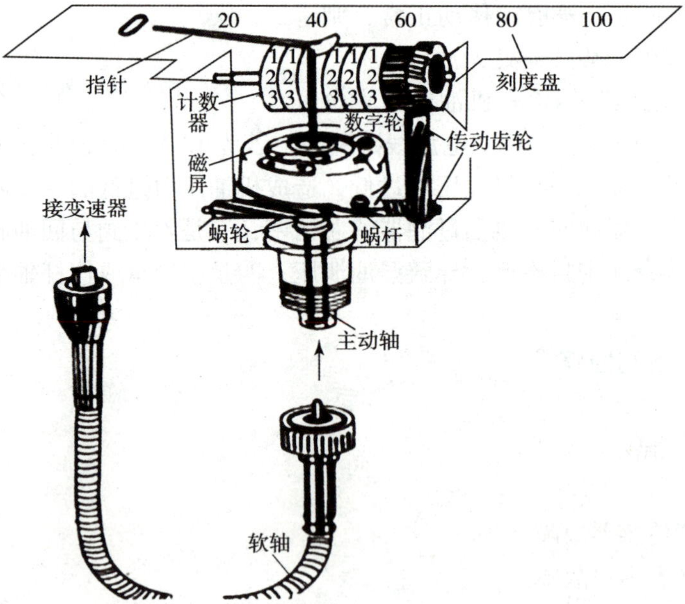


图 6.27　机械式车速里程表的检修

②用手快速转动轴芯，观察里程表是否工作，若转速表工作，则检查软轴轴头与轴孔是否磨损打滑。若磨损，则更换相应零件；若没有磨损，则是变速器内部传动齿轮损坏；若里程表不工作，则进行下一步。

③拆开里程表与软轴的接头，如图 6.27 中“主动轴”处，检查轴头与轴孔是否磨损。若磨损，则更换相应零件；若没有磨损，应是表的故障。此时可以用起子插入主动轴孔内快速转动，观察表是否工作。若表工作，则故障不在此；若表不工作，则说明是表的故障。

（2）电子式车速里程表

1）故障现象：电子式转速里程表不工作。

2）故障原因：

①里程传感器故障；

②车速里程表本身故障；

③电源改装、电路故障；

④变速器与里程传感器之间的齿轮故障。

3）维修思路：

①拆下里程传感器连接器，用一个新里程传感器代替原车的传感器，打开点火开关到“ON”挡，用手（或者平口起子）快速转动传感器的转动轴，观察里程表。

若里程表工作，则故障在传感器或齿轮，进行第二步；若里程表不工作，则进行第三步。

②更换里程传感器，进行路试。若里程表工作，则是传感器故障；若里程表仍不工作，则故障在齿轮。要分解变速器才能更换齿轮。

③用万用表测量传感器电源电压，若为 0 V，则进行第四步；若为 9 V（或者 12 V），则进行第五步。

④打开点火开关到“ON”挡，用万用表测量里程表至传感器输出电源电压，若为 0 V，则是仪表故障或电源故障，进行电源故障检查；若为 9 V（或者 12 V），则为线路故障，进行第五步。

⑤用万用表测量里程表至传感器之间的 3 条连接线是否断线。

### 5. 两个或两个以上仪表不工作

1）检查熔断器，若熔断器正常，再检查电源稳压器。

2）检查传感器的接线是否完好，如正常，可将传感器的接线断开，用万用表检测传感器的接线是否有 12 V 电。如没有 12 V 电，应检查传感器到仪表及蓄电池的电路。

## 典型故障案例

在掌握了汽车仪表系统维修知识后，现在可以解决前面遇到的比亚迪 F6 点火开关打到“ON”挡时，水温表、汽油表、里程表均无指示的故障问题。

### 案例一：水温表、汽油表、里程表均无指示

**故障现象：**一辆比亚迪 F6 点火开关打到“ON”挡时，水温表、汽油表、里程表均无指示，其余功能正常。

**故障诊断：**

一般情况下三块表同时损坏的可能性较小，估计是它们相关的公共线路有问题，打开仪表盘护罩取出仪表盘总成，检查发现供三块表的 12 V 正电源线的紧固螺丝松动而使工作电压加不上，旋紧螺丝后装回电路中，打开点火开关时水温表和里程表已正常，但汽油表的表针呈反向走动。

该汽油表是由相互垂直的两组线圈组成，有三个连接端子：一个端子接 12 V；一个端子接地搭铁；一个端子串联汽油箱内的浮子带动的滑动电阻，接收滑动电阻所送来的可变电压。测量电源为 12 V，浮子信号电压也正常，但表针呈反向走动，可以肯定汽油表已经损坏。

只因汽油表损坏而更换仪表盘总成太可惜，也会给用户增加经济负担，所以决定进行试修复。拆开仪表盘面板取下汽油表，在放大镜下观看发现有一个线圈的引出线至引脚处断开了。用镊子小心把断头拔出来，用 800 号细砂打掉漆皮，再将线头绕到引脚上，重新焊接好，装回仪表盘，接入电路，打开点火开关到“ON”挡，上述三个仪表都正常了，故障排除。

## 案例二：发动机水温高

**故障现象：**

一辆捷达轿车，冷车刚起动，冷却液温度表指针就指向高温区，冷却液温度报警灯闪亮，而此时发动机却并不过热。

**维修过程：**

1）从故障现象上看，发动机不热但冷却液温度表报警灯却闪亮，显然这是一种误报警，说明电路中存在故障元件，而冷却液温度传感器是重点怀疑对象，可由此入手进行检查。冷却液温度传感器实物及其特性如图 6.28 所示。

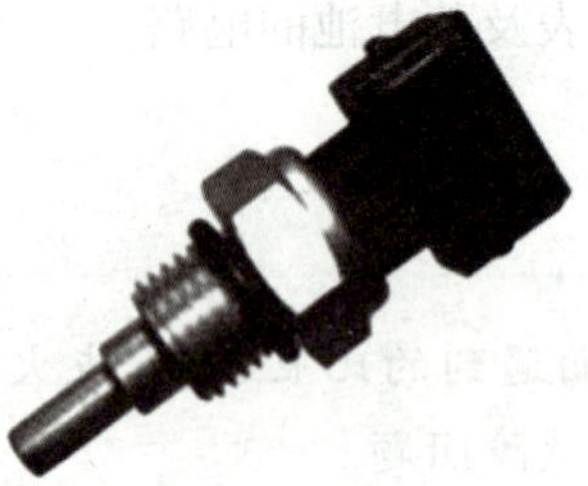

（a）

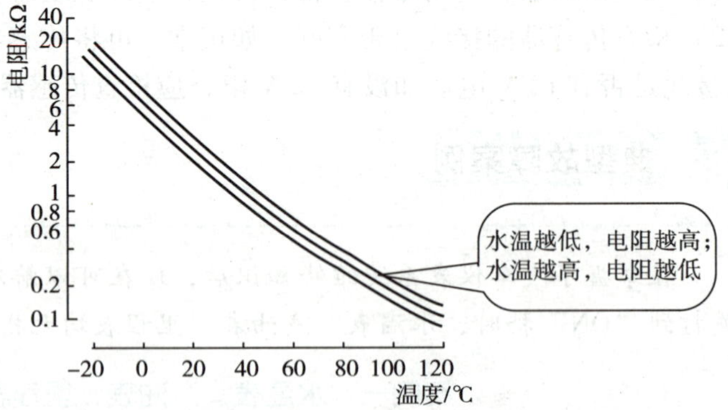


（b）

**图 6.28　冷却液温度传感器实物及其特性**

（a）实物；（b）特性

2）拔下冷却液温度传感器的接线插头，报警灯熄灭，更换传感器后，起动汽车报警灯仍然熄灭，由此说明该传感器已损坏。

该传感器是负温度系数热敏电阻，随着温度的升高电阻会变小；测量拆下来的冷却液温度传感器的电阻值仅为 40 Ω，查其特性曲线图可知此时的冷却液温度约为 120 ℃。这样，控制单元接到此错误信号后，就会误认为冷却液温度超过 108 ℃而控制发光二极管闪亮报警；同时冷却液温度表的指针也指向高温区，从而导致了上述现象。

一辆丰田卡罗拉轿车，起动后机油压力报警灯不熄灭。要维修该故障，先应学习并掌握汽车仪表报警装置的报警图形符号、了解报警装置的结构、组成、工作原理、检修方法等。

# 情境二 汽车报警装置

## 一、认识汽车报警灯

为了保证行驶安全和提高车辆的可靠性，现代汽车安装了许多报警装置。报警装置由报警传感器、指示灯和线路等组成。报警灯与指示灯通常安装在仪表上，一般采用1～5 W的小功率灯泡，也有的采用发光二极管。当汽车或发动机的某一系统处于不良或特殊状况时，报警指示灯点亮，以提示驾驶员注意。

目前汽车仪表上的指示灯比较多，一般来说，指示灯可分为以下三种类型：

第一类是状态指示灯，如远近光指示灯、转向指示灯、雾灯指示灯等，用来指示车辆处在什么工作状态，一般灯光颜色为蓝色或绿色。

第二类是故障指示灯，如指示燃油不足、制动片磨损、清洗液不足等。这类指示灯的灯光一般为黄色，可以告诉驾驶员车辆某个系统的功能失常，要尽快处理此类指示灯，但一般不影响行驶安全。

第三种为报警灯，如冷却液温度指示灯、机油压力指示灯、充电指示灯等。一般出现故障会显示红色，此时警示车辆出现故障或异常情况，引起驾驶员高度重视，提醒驾驶员必须及时进行处理。常见的报警灯图形符号如表6.1所示。

表6.1 常见的报警灯图形符号

| 图形符号 | 名称 | 符号说明 | 图形符号 | 名称 | 符号说明 |
| --- | --- | --- | --- | --- | --- |
| 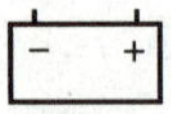 | 充电指示灯 | 发电机不发电时，灯亮 |  | 驻车制动指示灯 | 驻车制动起作用时，灯亮 |
| 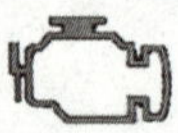 | 发动机故障报警灯 | 发动机电控系统有故障时，灯亮 |  | 发动机防盗锁止报警灯 | 发动机防盗系统报警时，灯亮 |

续表

| 图形符号 | 名称 | 符号说明 | 图形符号 | 名称 | 符号说明 |
| --- | --- | --- | --- | --- | --- |
|  | 示宽灯指示灯 | 打开示宽灯时，灯亮 |  | 转向指示灯 | 打开转向灯和应急灯时，灯亮 |
|  | 远光指示灯 | 打开远光灯时，灯亮 |  | 前后雾灯指示灯 | 打开前后雾灯时，灯亮 |
|  | 防抱死系统故障报警灯 | 防抱死系统出现故障时，灯亮 |  | 安全气囊系统故障报警灯 | 安全气囊系统出现故障时，灯亮 |
|  | 安全带报警灯 | 安全带未扣时，灯亮 |  | 车辆牵引力控制系统指示灯 | 车身稳定控制系统不工作时，灯亮 |
|  | 燃油量过少报警灯 | 燃油余量不足时，灯亮 |  | 车门未关报警灯 | 车门未关时，灯亮 |
|  | 电子节气门故障报警灯 | 电子节气门系统故障时，灯亮 |  | 燃油经济指示灯 | 打开燃油经济模式时，灯亮 |
|  | 机油压力过低报警灯 | 机油压力小于 30 kPa 时，灯亮 |  | 定速巡航指示灯 | 进入定速巡航模式时，灯亮 |
|  | 冷却液温度报警灯 | 冷却液温度过高时，灯亮 | 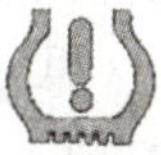 | 胎压过低报警灯 | 胎压过低时，灯亮 |
|  | 制动系统报警灯 | 制动系统有故障时，灯亮 |  | 下坡行驶辅助指示灯 | 打开下坡行驶辅助功能时，灯亮 |
|  | 制动片磨损报警灯 | 制动片磨损超过极限值时，灯亮 |  | 转向助力系统故障报警灯 | 转向助力系统故障时，灯亮 |
|  | O/D 挡指示灯 | O/D 挡已经锁止时，灯亮 |  | 发动机预热指示灯 | 柴油车冷车起动时，灯亮 |

续表

| 图形符号 | 名称 | 符号说明 | 图形符号 | 名称 | 符号说明 |
|---|---|---|---|---|---|
|  | 雨刮水报警灯 | 雨刮水量过少时，灯亮 |  | 行李厢门未关指示灯 | 行李厢门未关好时，灯亮 |
|  | 保养指示灯 | 车辆需要进行保养时，灯亮 |  | 制动踏板未踩下指示灯 | 起动前制动踏板未踩下时，灯亮 |
|  | 燃油滤清器报警灯 | 燃油滤清器过脏发生堵塞时，灯亮 |  | 机油油位过低报警灯 | 机油量过少时，灯亮 |
|  | 空气滤清器报警灯 | 空气滤清器过脏时，灯亮 |  | 车身过低报警灯 | 车身过低时，灯亮 |

## 二、报警灯的构造原理

### 1. 机油压力报警灯

机油压力报警灯是指当发动机润滑系统机油压力降低到一定值时，报警灯会亮起，以引起驾驶员的注意。机油压力报警装置有弹簧管式机油压力报警灯和膜片式机油压力报警灯两种，其中最常见的是弹簧管式机油压力报警装置。

（1）弹簧管式机油压力报警灯

弹簧管式机油压力报警灯（见图 6.29），是由装在发动机主油道的弹簧管式传感器和装在仪表板上的报警灯两部分组成的。

传感器内的管形弹簧一端与发动机主油道连接，另一端与动触点连接，静触点经导电片与接线柱连接。当润滑系统机油压力低于允许值（低于 0.05 ~ 0.09 MPa）时，管形弹簧几乎无变形，动、静触点闭合，报警灯中有电流通过，灯亮以示警告；当润滑系统机油压力达到允许值（高于 0.05 ~ 0.09 MPa）时，管形弹簧变形程度增大，使动、静触点分开，报警灯中无电流通过，灯灭以示机油压力正常。

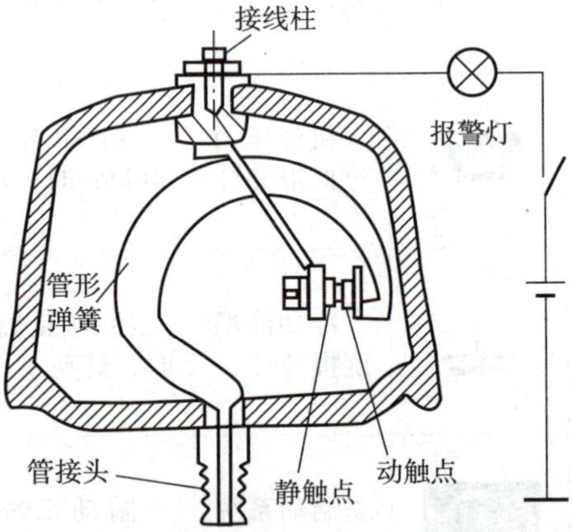


图 6.29　弹簧管式机油压力报警灯及电路

（2）膜片式机油压力报警灯

机油压力开关安装在油底壳内或气缸体上。检测主油道中的压力，当油压为低值时，即发动机停机或油压低于规定值时，机油压力开关内膜片向下弯曲使触点闭合，机油压力报警灯点亮。

当油压为高值时，即当发动机起动时，或油压高于规定值时，油压推动机油压力开关内的膜片，其结果是使触点断开。此时，机油压力报警灯熄灭，如图 6.30 所示。

## 2. 冷却液温度报警灯

冷却液温度报警灯的作用是当冷却系统水温升高到一定限度（如95~98 ℃，不同车型设定值不一样）时，报警灯会自动亮起，以示警告。

图6.31 所示为常见的冷却液温度报警灯及电路，它由双金属片式温度传感器、仪表板上的冷却液温度报警灯两部分组成。

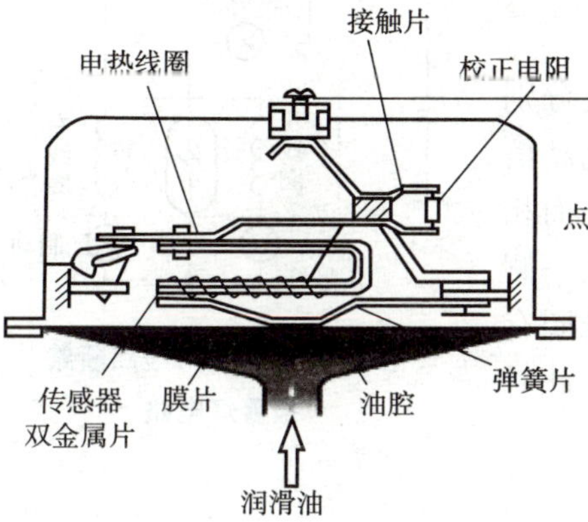


图6.30 膜片式机油压力报警灯及电路

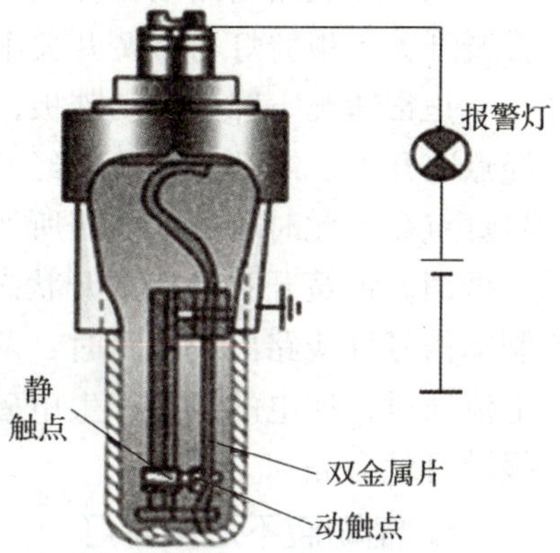


图6.31 冷却液温度报警灯及电路

当发动机冷却液的温度正常（低于95~98 ℃）时，传感器内双金属片受热温度较低，变形程度小，其内动、静触点断开。此时，报警灯不亮。当发动机冷却液的温度达到或超过极限温度（高于95~98 ℃）时，传感器内双金属片受热温度高，变形程度大，其内动、静触点闭合，报警灯中有电流通过。此时，灯亮以示报警。

## 3. 燃油量过少报警灯

当燃油箱内燃油减少到某一规定值以下时，燃油油量警告装置会点亮燃油量过少报警灯，以引起驾驶员的注意。热敏电阻式燃油量过少报警灯及电路（见图6.32），是由负温度系数热敏电阻传感器、仪表板上的燃油量过少报警灯两部分组成的。

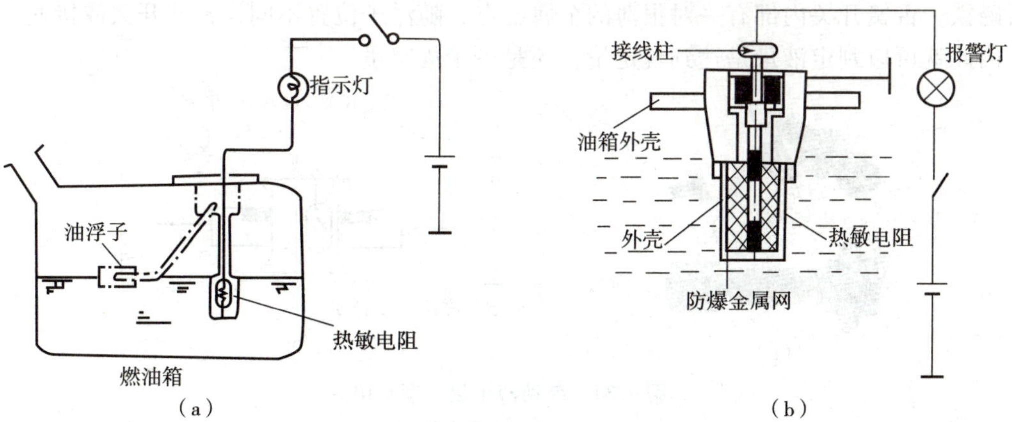


图6.32 热敏电阻式燃油量过少报警灯及电路原理
(a) 示意图；(b) 电路原理图

当油箱测量燃油较多时，热敏电阻完全浸泡在燃油中，由于其散热快，温度低，阻值大，相当于在报警灯电路中串联了一个很大的电阻，此时流过报警灯的电流很小，报警灯处于熄灭状态；当燃油量减少到规定值（剩余 3 ~ 8 L）以下时，热敏元件露出油面，由于热敏电阻温度升高，散热慢，电阻值减小，此时流过报警灯的电流增大，报警灯点亮以示报警。

### 4. 制动灯线路断路报警灯

制动灯线路断路报警灯电路中接有两个电磁线圈和一个舌簧开关，报警灯与舌簧开关串联，如图 6.33 所示。

正常情况下踩下制动踏板，制动灯开关闭合，电流分别经点火开关、制动灯开关流经两个并联的线圈，左右制动信号灯点亮。此时若两个线圈所产生的磁场吸力方向相反而相互抵消，舌簧开关维持常开状态，报警灯就不亮；当某一侧制动信号灯线路出现断路时，两个线圈中就只有一个线圈有电流通过，通电的线圈产生电磁吸力使舌簧开关闭合，此时报警灯就会亮。

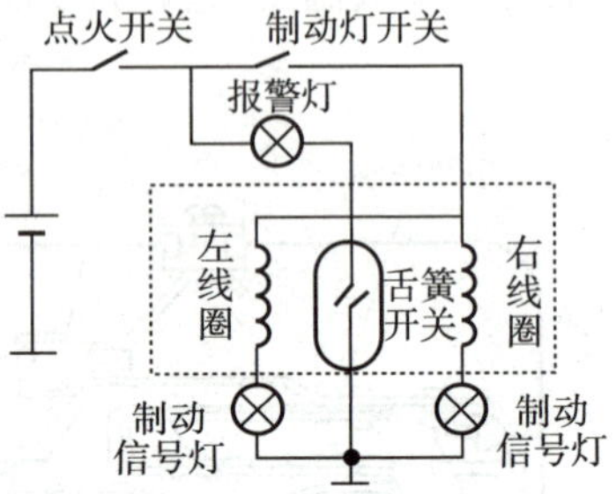


图 6.33　制动灯线路断路报警灯电路

### 5. 制动液不足报警灯

制动液不足报警灯的作用是当制动液液面过低时，发出报警信号，以提醒驾驶员注意。图 6.34 所示为制动液不足报警灯电路，它由安装在制动液储液罐内的浮子式舌簧液位开关传感器和报警灯两部分组成。

制动液充足时，浮子式舌簧液位开关传感器随制动液上浮，处于较高位置，其内永久磁铁与舌簧开关较远，对舌簧开关的吸引力较弱，故舌簧开关仍处于常开状态，报警灯电路无法接通，报警灯不亮。当制动液不足时，浮子式舌簧开关液位传感器随制动液下浮，当下浮到规定值以下时，永久磁铁便接近舌簧开关，使舌簧开关触点闭合，此时报警灯电路被接通，报警灯亮。

浮子式舌簧开关液位传感器是由树脂圆管制成的轴和可沿轴上下移动的环状浮子组成的（见图 6.34）。圆管状轴内装有由易磁化的强磁性材料制成的触点（舌簧开关），浮子内嵌有永久磁铁。舌簧开关内部有一对很薄的金属触点，随浮子位置不同，舌簧开关或接通，或断开，由此就可以判定液量是达到规定量，还是少于规定量。

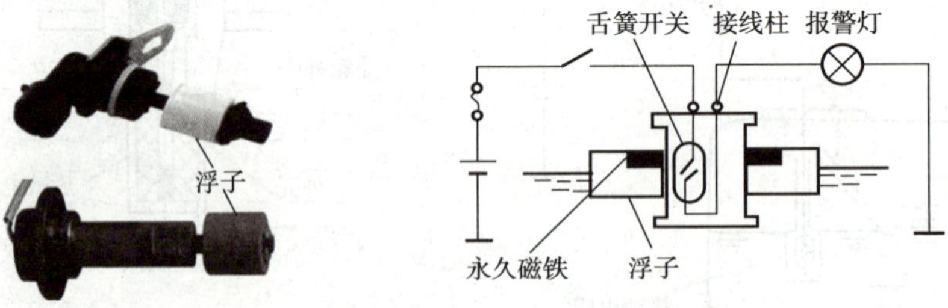


（a）　　（b）

图 6.34　制动液不足报警灯电路

（a）浮子式舌簧液位开关传感器实物；（b）原理

浮子式舌簧开关液位传感器可以用于检测制动油油量、发动机机油油量、洗涤液液位、水箱冷却液液位以及检测沉淀物内的含水量等。

### 6. 制动蹄衬片磨损过量报警装置

制动蹄衬片的磨损使用限值为：厚度不小于 1 mm；铆钉距衬片表面的高度不小于 0.6 mm。当衬片磨损过甚而超过限值时，其铆钉直接与制动鼓或制动盘发生摩擦，相对产生高速切削运动，造成制动鼓或制动盘的损坏，致使制动性能下降，甚至可使汽车完全失去制动性能。

采用制动蹄衬片磨损过量报警装置，是一种防止因磨损过度而造成事故的手段，其原理如图 6.35 所示。

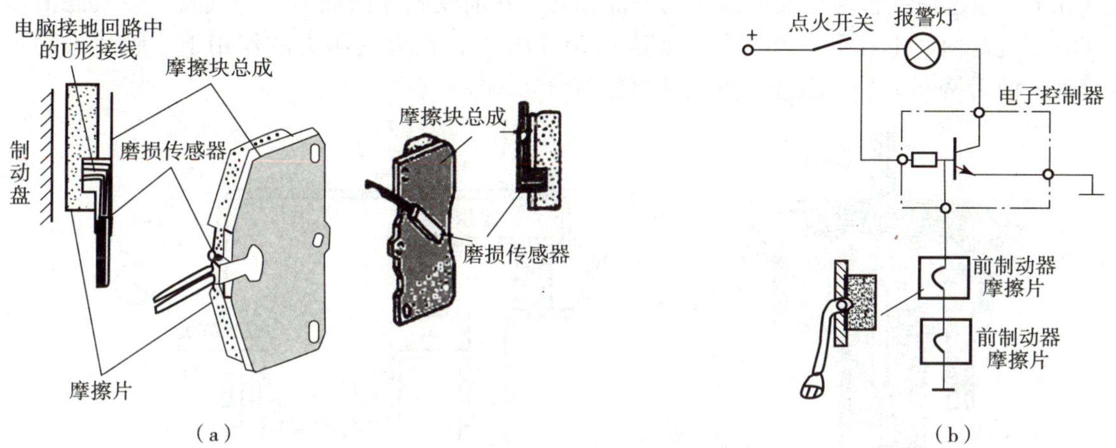


图 6.35　制动蹄衬片磨损报警灯

制动蹄衬片磨损报警装置的工作原理：在制动蹄片上安有一金属接触片（或嵌入一金属丝），相当于传感器，其高度（接触片的最高点与制动蹄表面的垂直高度）略大于衬片的磨损限值；用导线引出至驾驶室，与报警灯或报警蜂鸣器的一端相连，灯泡的一端与蓄电池的正极相连，当摩擦片这端的导线搭铁时，灯泡便发亮，以提醒驾驶员。

### 7. 制动系统低气压报警灯

气压制动的汽车当制动系统气压过低时，制动系统低气压报警灯即发亮，以引起驾驶员注意。低气压报警传感器装在制动系储气筒或制动阀压缩空气输入管路中，红色报警灯装在仪表板上，图 6.36 所示为制动系统低气压报警装置的电路原理。

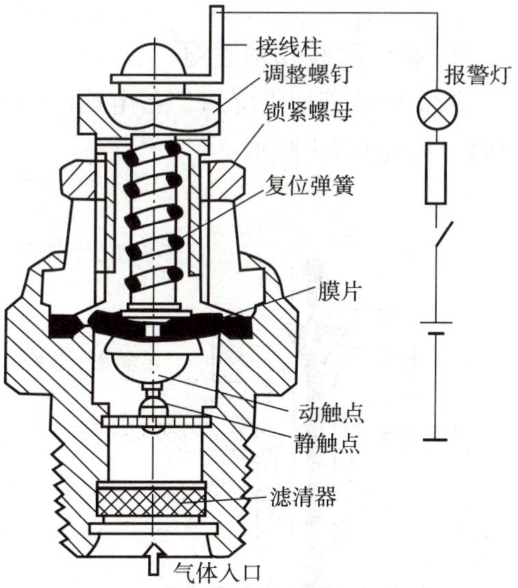


图 6.36　制动系统低气压报警电路原理

电源接通后，当制动系统储气筒内的气压下降到 340 ~ 370 kPa 时，由于作用在报警传感器膜片上的压力减小，于是膜片在复位弹簧的作用下向下移动而使触点闭合。此时，电路接通，低气压报警灯发亮。

当储气筒中的气压升高到 400 kPa 以上时，由于传感器中的膜片所受的推力增大，使复位弹簧压缩，触点打开，于是电路断开。

### 8. 空气滤清器堵塞报警灯

进气管的进气畅通与否，直接影响充气效率。当进气管堵塞时，空气滤清器堵塞报警灯就会点亮，以示警告。

空气滤清器堵塞报警灯主要用在货车上。图6.37所示为东风汽车的空气滤清器堵塞报警传感器的内部结构，它由外壳、膜片、舌簧开关、弹簧、电源接线等组成。外壳的前部装有感受压力差的膜片，并靠底板压固，底板上开有小孔A与进气管相通，外壳的下部设有通气孔B，通过输气管与空气滤清器的下部相通，从而使其壳内成为一个气盒。空气滤清器堵塞时，气盒内产生真空，当其真空度达到51 kPa时，在大气压力的作用下，膜片推动弹簧移动，使舌簧开关触点闭合，点亮其报警灯。

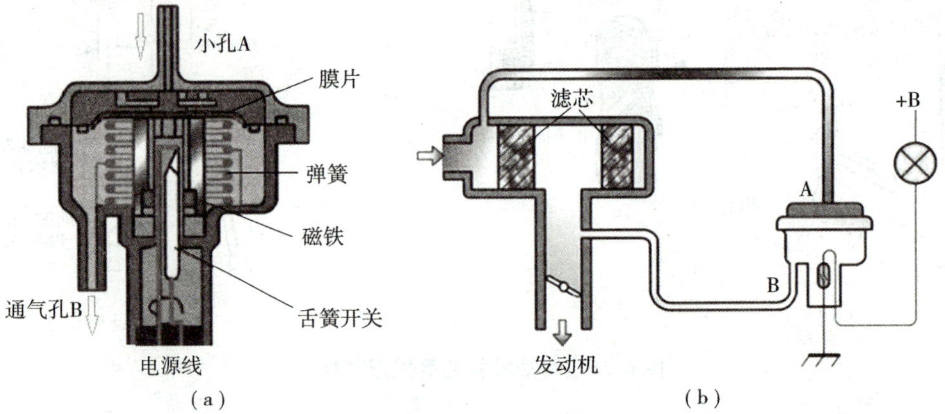


图6.37　东风汽车的空气滤清器堵塞报警传感器的内部结构及工作原理

(a) 内部结构；(b) 工作原理

### 9. 蓄电池液面报警灯

当蓄电池液面下降后，蓄电池液面报警灯便会发出警告，以提醒维护蓄电池液面报警灯电路，如图6.38所示。

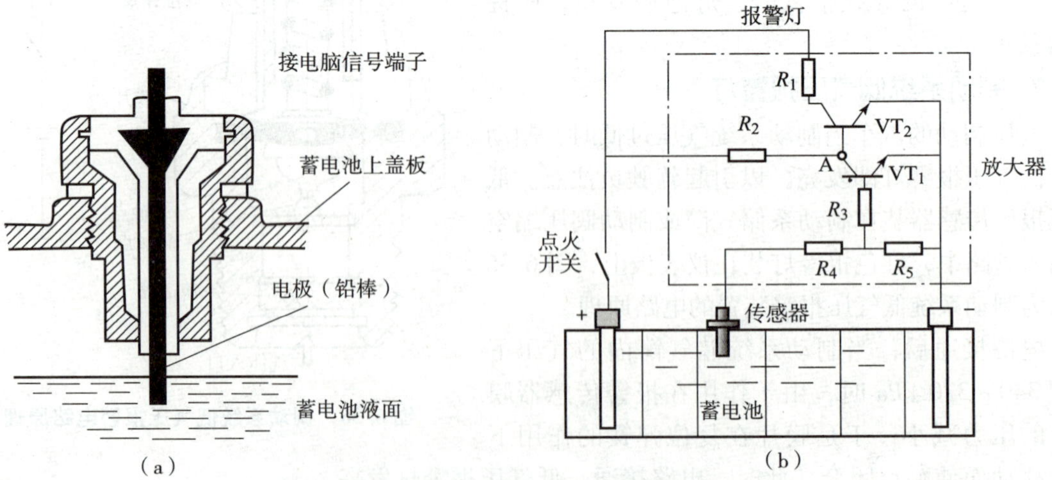


图6.38　蓄电池液面报警灯的内部结构及工作电路

(a) 内部结构；(b) 工作电路

蓄电池液面报警系统利用电极式液面高度传感器来测量液面高度，该传感器装在蓄电池盖板上作为电极铅棒的构成。当蓄电池液面低于规定量时，报警灯点亮，向驾驶员发出蓄电池液量不足的报警信号。当蓄电池液面正常时，传感器侵入蓄电池液中产生电动势，晶体管 $VT_1$ 处于导通状态，电流从蓄电池“+”→点火开关→晶体管 $VT_1$→流向蓄电池负极。由于 A 点电势接近于 0，晶体管 $VT_2$ 处于“OFF”截断状态，报警灯不亮。当蓄电池液面不足时，由于传感器未侵入蓄电池液中，不产生电动势，晶体管 $VT_1$ 处于“OFF”状态，同时由于 A 点电势升高，晶体管 $VT_2$ 基极有电流通过，$VT_2$ 处于导通状态，电流从蓄电池“+”→点火开关→报警灯→晶体管 $VT_2$→流向蓄电池负极。此时，报警灯点亮，向驾驶员发出蓄电池液量不足的报警信号。

### 10. 轮胎气压报警灯

轮胎气压报警系统用来在车辆行驶中检测轮胎的气压状态。当轮胎气压超出标准值时仪表板的报警信号灯将会点亮，以向驾驶员发出警告。轮胎气压报警系统如图 6.39 所示。

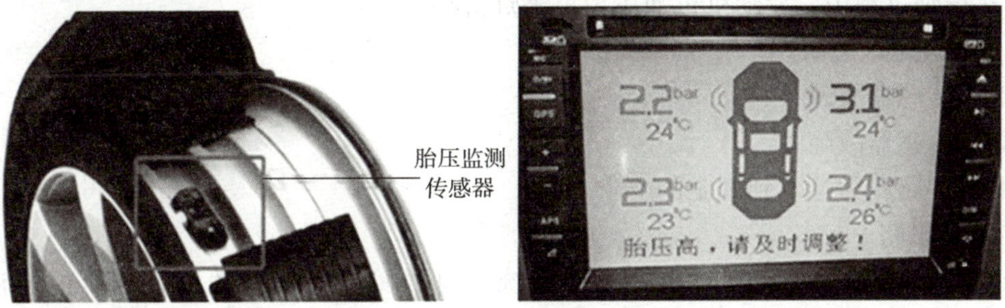


(a)　　(b)

**图 6.39　轮胎气压报警系统**

(a) 传感器安装位置；(b) 胎压显示

轮胎气压报警系统是利用汽车在行驶中其 4 个充气轮胎的弹簧常数会随轮胎气压变化而发生变化的动力学原理而设计的。系统根据此原理，先求出轮胎气压和弹簧常数之间的关系，当轮胎气压低时，弹簧常数也低；然后再利用 ABS 用的车轮传感器，根据轮胎转速信号的变化算出轮胎的弹簧常数，从而实时监测轮胎气压。

车辆行驶时轮胎会旋转，因此轮胎气压不能直接用气压表测定，只能用轮胎弹性变化的振动频率来检测。可利用 4 个车轮上安装的 ABS 车轮传感器产生的波形信号并经过 VSC (Vehicle Stability Control System) 控制单元处理，求出轮胎的共振频率，由共振频率可求出轮胎的弹簧常数，最后求出轮胎气压。

**【注意】** 轮胎气压报警系统会对行驶中车辆的轮胎气压进行实时监测，而车辆停止时则不监测轮胎气压，所以尽管有此系统，还是有必要对轮胎气压进行日常检查。当报警灯点亮时，要确认轮胎气压，并按指定的值进行调整。如果系统正常，调整后车辆以 30 km/h 以上运行 2 min 后，报警灯会自然熄灭。更换轮胎后，会导致轮胎气压控制器误动作，所以应对系统进行初始设定。

以下因素会导致系统误动作：

1) 安装了指定类型以外的轮胎或多种轮胎混装；

2）4 个轮胎磨损程度不同；

3）使用了备胎、快速安装螺钉胎和雪地胎；

4）安装了防滑链；

5）使用高压轮胎；

6）行驶中爆胎后，使用气压极低的轮胎；

7）越野行驶，以及行驶在冰冻路面和非常滑的路面；

8）停车过程中速度低于 30 km/h；

9）指定轮胎气压外的胎压设定。

## 三、常见故障的检修

### 1. 机油报警灯常亮

（1）故障现象

汽车在行驶过程中，发动机机油压力报警灯常亮。

（2）故障原因

1）低压传感器故障；

2）高压传感器故障；

3）润滑油路压力达不到规定的要求。

（3）维修思路

首先要区分是润滑系统故障还是报警系统自身故障。通常采用测量油压的方法进行诊断。

1）在用二极管测试灯连接到蓄电池正极及低压传感器之间时，二极管测试灯被点亮。起动发动机，慢慢提高转速，在压力达到 15～45 kPa 时，二极管测试灯应熄灭；如果不熄灭，说明低压传感器有故障。使发动机怠速运转，机油压力应大于 45 kPa，发光二极管应熄灭；如果压力低于 15 kPa，说明润滑系统有故障。

2）将二极管测试灯连接到蓄电池正极及高压传感器上，慢慢提高发动机转速，当机油压力达到 160～200 kPa 时，发光二极管应被点亮；如果不亮，说明高压传感器有故障。进一步提高发动机转速，转速达到 2 000 r/min 时，机油压力至少应达到 200 kPa；如果达不到，说明润滑系统有故障。

### 2. 冷却液报警灯常亮

（1）故障现象

汽车在行驶过程中，无论是冷车还是热车，冷却液报警灯常亮。

（2）故障原因

1）储液罐中冷却液液面过低；

2）冷却液液位开关故障；

3）冷却液温度报警开关故障；

4）报警灯线路有搭铁处。

（3）维修思路

1）检查发动机冷却液温度是否真的过高；制动液液面是否过低。

2）上述检查都正常，拔下冷却液液位开关；如果警报灯熄灭，说明冷却液位开关有故障。

3）如果警报灯仍然亮，接好液位开关插头，拔下冷却液温度报警开关插头；如果警报灯熄灭，说明冷却液温度报警开关有故障。

4）如果警报灯仍然亮，说明报警灯线路有搭铁处。

### 3. 制动报警灯常亮

（1）故障现象

汽车在正常行车中，制动报警灯亮。

（2）故障原因

1）制动液液面过低；

2）制动液液位开关有故障；

3）驻车制动开关有故障；

4）报警灯线路有故障。

（3）维修思路

1）检查制动液液面是否过低。

2）如果液面正常，拔下制动液位开关插头；如果报警灯熄灭，说明制动液液位开关有故障。

3）如果报警灯仍然亮，拔下驻车制动开关插头。如果报警灯熄灭，说明驻车制动开关有故障；如果报警灯仍然亮，说明线路有搭铁短路处。

## 典型故障案例

在掌握了汽车报警装置的维修知识后，现在就可以一起来解决前面遇到的丰田卡罗拉轿车起动后，机油压力报警灯不熄灭的故障问题了。

**故障分析：**

1）发动机机油压力报警灯电路故障分析。

发动机机油压力报警灯正常情况下应在打开点火开关后点亮，在起动发动机后就应该熄灭。如果发动机起动后报警灯不熄灭，可能存在三个方面的原因：发动机机油压力不足，机油压力传感器故障，线路或仪表灯故障。此时应该及时将发动机熄火，避免发动机因润滑不良而损坏。如果经压力表测得发动机运行时机油压力在正常范围内，那么造成发动机机油压力报警灯不熄灭的原因就在传感器、电路方面。

2）丰田卡罗拉轿车发动机机油压力报警灯电路分析。

图 6.40 所示为丰田卡罗拉轿车发动机机油压力报警灯电路，该电路由机油压力开关和报警灯串联组成。其工作原理是：当发动机没有起动时，发动机润滑系统中没有压力，机油压力开关闭合而接通报警灯的电路报警灯点亮；当发动机起动后，润滑系统中有压力并达到机油压力开关的工作压力，机油压力开关切断机油压力报警灯的电路，报警灯熄灭。

图 6.40　丰田卡罗拉轿车发动机的机油压力报警灯电路

**故障原因：**

根据电路原理图及故障现象分析，造成发动机机油压力报警灯不熄灭的原因可能有：

1）机油压力开关故障；常通。

2）机油压力开关至组合仪表的线束连接器 E46-38（S）的引脚导线短路。

3）仪表灯故障或仪表灯线路故障。

**故障排除：**

1）拔下发动机机油压力开关插头并起动发动机，观察机油压力报警灯是否熄灭。

2）如果熄灭，说明机油压力开关已损坏，更换 1 只同型号的开关即可。

3）如果不熄灭，说明线路有短路现象。

## 思考与练习

### 一、单项选择题

1. 电流表“－”接线柱与（　　）相接。

A. 蓄电池“＋”　B. 蓄电池“－”　C. 发电机“＋”　D. 发电机“－”

2. 燃油表一般采用（　　）类型的传感器。

A. 双金属式　B. 热敏电阻式　C. 可变电阻式　D. 磁感应式

3. 汽油机用的电子式转速表，其信号取自（　　）的脉冲电压。

A. 充电系统　B. 点火系统　C. ABS 系统　D. 自动变速器

4. 拔下车钥匙后，（　　）仍能工作。

A. 转向灯　B. 示宽灯　C. 倒车灯　D. 危险报警灯

5. 电流表的指示值过大，可能是因为（　　）。

A. 接线柱松动　B. 磁铁磁性减弱

C. 电压过高　D. 润滑油老化变质

6. 水温表传感器多采用负温度系数电阻，其特性是：温度越高，电阻越________，导致电流越________。（　　）

A. 大，小　B. 大，大　C. 小，小　D. 小，大

7. 对于普通仪表，当只有燃油表不工作时，下列说法哪个是错误的？（　　）
   A. 可能是燃油表有故障　　B. 可能是燃油表传感器有故障
   C. 可能是燃油表及传感器的线路有故障　　D. 可能是仪表稳压器有故障

8. 当出现机油表读数不正确时，最可能的故障原因是：（　　）
   A. 发送装置电路中有断路故障　　B. 仪表电路中存在断路故障
   C. 发送装置电路中有电阻　　D. 仪表电路中有短路故障

9. 燃油传感器的电阻会随着燃油油面高度的增加而（　　）。
   A. 减小　　B. 不变　　C. 增加　　D. 增加或减小

## 二、多项选择题

1. 常见的汽车电子仪表显示器有哪几种类型？（　　）
   A. LED　　B. VED　　C. CRT　　D. LCD

2. 微机控制汽车仪表由哪些部分组成？（　　）
   A. 传感器　　B. 微机系统　　C. 显示器　　D. 键盘

3. 磁感应式车速里程表不工作的原因有哪些？（　　）
   A. 二级传动齿与变速箱输出齿间磨损　　B. 钢丝拉线中间断开
   C. 钢丝方头磨圆　　D. 里程表内部损坏

## 三、判断题

1. 油压表传感器一般装在发动机主油道或细滤器上。（　　）
2. 水温传感器一般装在发动机气缸盖上。（　　）
3. 燃油油量报警灯采用的是热敏电阻式传感器。（　　）
4. 发动机起动后，“”灯点亮说明刹车片磨损到极限。（　　）
5. 检修电子仪表时，一般不能用蓄电池的全部电压加于仪表板的任何输入端。（　　）
6. 车速里程表有磁感应式和电子式两种。（　　）
7. 汽车音响一般采用 10 Ω，直径为 4 ~6 英寸①的扬声器。（　　）
8. 轮胎气压报警装置与轮胎压力传感器用导线连接。（　　）
9. 当制动液面上升时，制动液液面传感器舌簧管断电关闭，切断报警灯电路。（　　）
10. 车速传感器转子每转一周，舌簧开关中的触点闭合 8 次，产生 8 个脉冲信号。（　　）
11. 水温传感器温度越高电阻越小。（　　）

---

① 1 英寸 =25.4 毫米。

# 第七部分
# 辅助电气设备

一辆五菱荣光车的风窗刮水器不动作，要求给予维修。

要维修该故障，需熟悉电动刮水器的组成及工作原理，掌握电动刮水器故障的检修方法。

# 情境一　电动刮水器与风窗洗涤器

刮水器的功用是确保驾驶员在雨天、雪天和雾天有良好的视线。一般汽车的前风窗玻璃上都装有两个刮水片，部分汽车在后窗玻璃上还装有一个刮水片，许多汽车还安装有风窗清洗装置和除霜装置。

## 一、电动刮水器的组成与工作原理

### 1. 电动刮水器的组成

电动刮水器主要由直流电动机、蜗轮减速机构、拉杆、摆杆、刮臂、刮水片等组成，如图 7.1 所示。

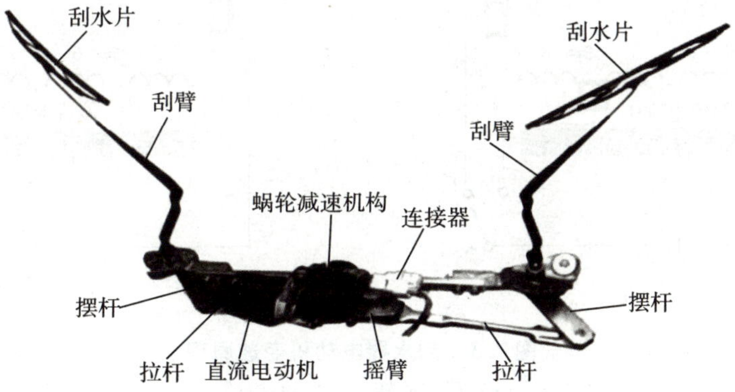


图 7.1　电动刮水器的组成

刮水器电动机是整个刮水器系统的动力来源，是整个系统的核心部件。常见的刮水器电动机（见图 7.2）主要包括电枢和蜗轮蜗杆传动系统两大部分。

直流电动机旋转，带动蜗轮减速机构运转，使与蜗轮轴相连的摇臂带着两侧拉杆往复运动；拉杆通过摆杆带着左、右刮臂往复摆动。此时，安装在刮臂上的雨刮片便刮去玻璃上的

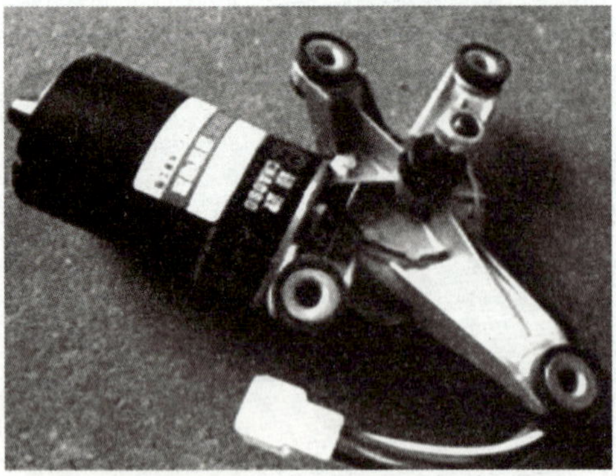

(a)

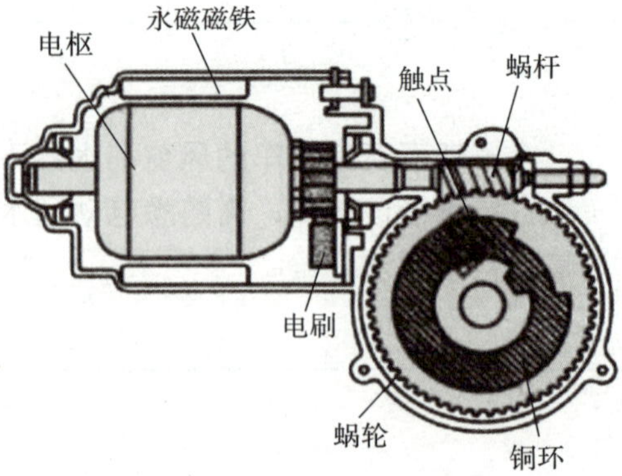


(b)

图 7.2 刮水器电动机

(a) 外形；(b) 结构

雨水、雪水和灰尘等。

### 2. 刮水器电动机的变速原理

刮水器电动机按其磁场结构不同分为绕线式刮水器电动机和永磁式刮水器电动机两种，目前永磁式刮水器电动机应用广泛。下面将以永磁式刮水器电动机为例来讲解其变速原理。

永磁式刮水器电动机是通过改变电刷间的导体数目来进行变速的，如图 7.3 所示。永磁式刮水器电动机采用三电刷式结构。其中，正电刷 $B_1$ 为低速运转电刷，负电刷 $B_2$ 为高速运转电刷，偏置电刷 $B_3$ 为公共电刷。

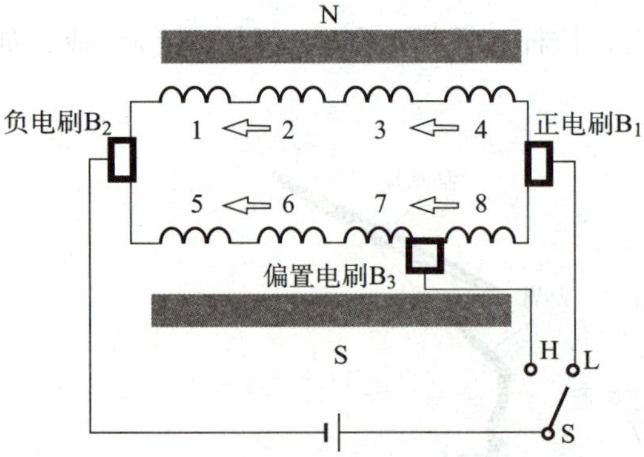


(a)

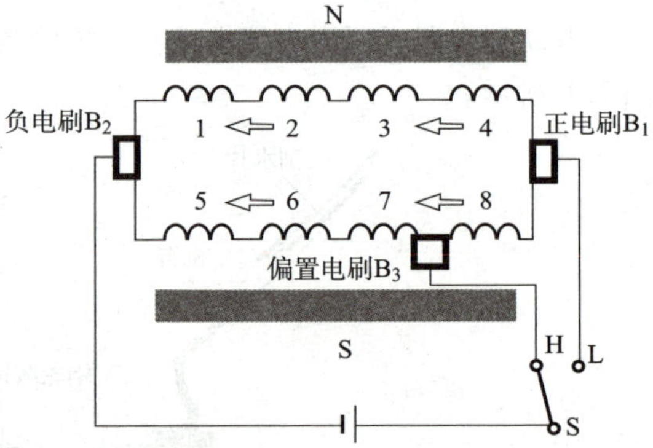


(b)

图 7.3 刮水器电动机变速原理

(a) 低速旋转；(b) 高速旋转

当电动机工作时，在电枢线圈内同时产生与电枢电流方向相反的反电动势，其大小与转速成比例。只有当外加电压等于反电动势时，电枢的转速才趋于稳定。

(1) 低速旋转

当开关拨向 L（“低速”挡）时［见图 7.3（a）］，电源电压加在 $B_1$ 与 $B_3$ 电刷之间，在电刷 $B_1$ 和 $B_3$ 之间有两条并联的电枢绕组支路。一条是由绕组 1、2、3、4 串联的支路；

另一条是由绕组5、6、7、8串联的支路。每条回路中串联的有效线圈各有4个，串联线圈（导体）数相对较多，故反电动势较大，电动机以较低转速运转。

（2）高速旋转

当开关拨向H（“高速”挡）时［见图7.3（b）］，电源电压加在 $B_2$ 与 $B_3$ 电刷之间，在电刷 $B_2$ 和 $B_3$ 之间同样有两条并联的电枢绕组支路。一条是由绕组1、2、3、4、8串联的支路；另一条是由绕组5、6、7串联的支路。由于绕组8产生的反电动势与绕组4产生的反电动势互相抵消，只有三个绕组的反电动势与电源电压平衡，故反电动势较小，电动机以较高转速运转。

### 3. 刮水器的自动复位

刮水器的自动复位是指在任何时刻切断刮水器电动机的电路时，刮水片都能自动停止在风窗玻璃的下部（部分货车上的刮水片会停在玻璃侧面边缘）而不影响驾驶员的视线，如图7.4所示。在直流电动机减速机构的蜗轮上嵌有铜环，此铜环分为两个部分。其中，面积较大的一片与电动机外壳相连接搭铁。

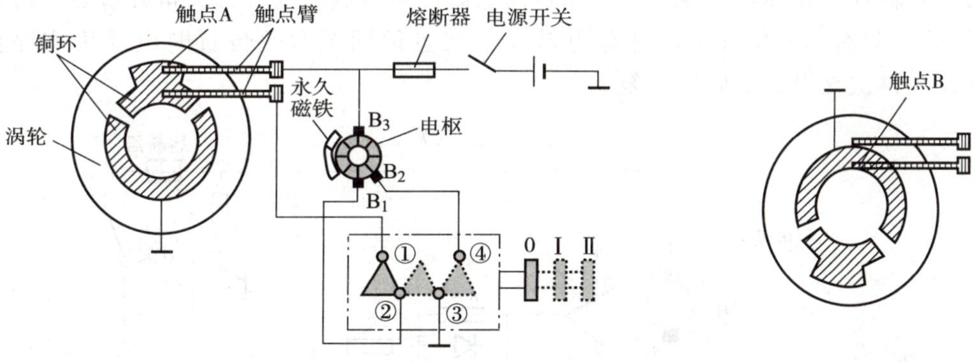


图7.4　刮水器的自动复位工作原理

（a）“0”位置；（b）“非0”位置

当刮水器开关退回到“0”位时，如果刮水片没有停止到规定位置，由于触点B与铜环相接触［见图7.4（b）］，则电流继续流入电枢。其电路为：蓄电池正极→电源开关→熔断器→电刷 $B_3$→电枢绕组→电刷 $B_1$→接线柱②→接触片→接线柱①→触点臂→触点B→铜环→搭铁→蓄电池负极。此时，电动机仍以低速运转，直到蜗轮转到图7.4（a）所示的特定位置，电路中断。由于电枢的运动惯性，电动机不能立即停止转动，此时电动机以发电机方式运行，其电路为：从电刷 $B_3$→触点臂→触点A→铜环→触点B→触点臂→接线柱①→接触片→接线柱①→电刷 $B_1$→电枢绕组，形成回路。电枢绕组所产生的反电动势的方向与外加电压的方向相反，产生制动扭矩，电动机迅速停止转动，使刮水片复位到风窗玻璃下部。

### 4. 刮水器的间歇控制

当汽车在毛毛细雨或浓雾天行驶时，因风窗玻璃表面形成的是不连续水滴，如果刮水片仍按一定的速度连续刮拭，则微量的水分和灰尘就会形成发黏的表面，使玻璃模糊不清，影响驾驶员的视线。为此，现代汽车刮水器都装有间歇控制系统，使刮水器能按一定的周期刮水，以使驾驶员有更好的视线。

电动刮水器的电子间歇控制按其间歇时间能否调节可分为可调式电子间歇控制和不可调式电子间歇控制。下面以同步振荡电路控制的间歇刮水器为例介绍其工作过程。

同步间歇刮水器控制电路如图 7.5 所示。当刮水器开关置于“0”挡，且间歇开关闭合时，电流由蓄电池“+”→点火开关→熔断器→复位开关常闭触点→电阻 $R_1$→电容 $C$→搭铁→蓄电池“-”，形成充电回路，使电容 $C$ 两端电压上升；当达到一定值时，$T_1$ 导通，$T_2$ 随之导通，继电器 J 中有电流通过，回路为从蓄电池“+”→点火开关→熔断器→$R_5$→$T_2$→继电器 J→间歇开关→搭铁→蓄电池“-”；继电器磁化线圈通电使常闭触点断开（实线位置），使常开触点闭合（虚线位置），刮水器电动机电路被接通，回路为从蓄电池“+”→点火开关→熔断器→公共电刷 $B_3$→电枢绕组→低速电刷 $B_1$→刮水开关“0”位→继电器常开触点→搭铁→蓄电池“-”，使刮水器电动机低速工作。当复位开关常闭触点被复位装置顶开至常开位置时，回路为电容 $C$→二极管 D→复位开关常开位置→搭铁，电容 $C$ 快速放电；一段时间后，$T_1$ 截止，$T_2$ 截止，继电器 J 断电，其触点复位；但这时电动机仍运转，回路为从蓄电池“+”→点火开关→熔断器→公共电刷 $B_3$→电枢绕组→低速电刷 $B_1$→刮水器开关“0”位→继电器常闭触点→复位开关常开触点→搭铁→蓄电池“-”。只有当复位开关常开触点被复位装置顶回至常闭位置时电动机才停止。此时，电容 $C$ 再次充电，如此周而复始。

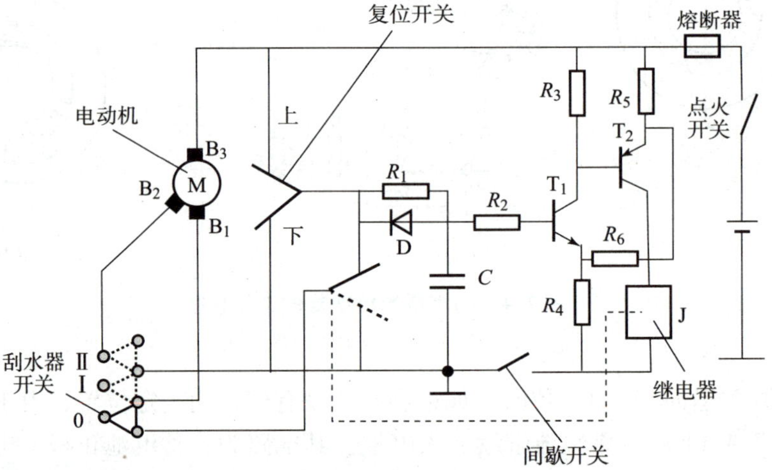


图 7.5　同步间歇刮水器控制电路

### 5. 电动刮水器的电路分析

下面以丰田卡罗拉轿车的电动刮水器电路为例进行分析，如图 7.6 所示。其中，组合开关 HI 为“高速”挡，LO 为“低速”挡，INT 为“间歇”挡，OFF 为“关闭”，MIST 为“喷洗”挡。当点火开关处于 $IG_1$ 时，电源通过挡风玻璃刮水器开关，控制前刮水器电动机及清洗器电动机的动作。

1）当挡风玻璃刮水器开关打在“OFF”挡时，前刮水器电动机不运转。

2）当挡风玻璃刮水器开关打开在“LO”挡时：

前刮水器开关的“+B”端子和“+1”端子导通，经点火开关后的蓄电池电压→25 A 刮水器熔断器→挡风玻璃刮水器开关“+B”端子→前刮水器开关→挡风玻璃刮水器开关

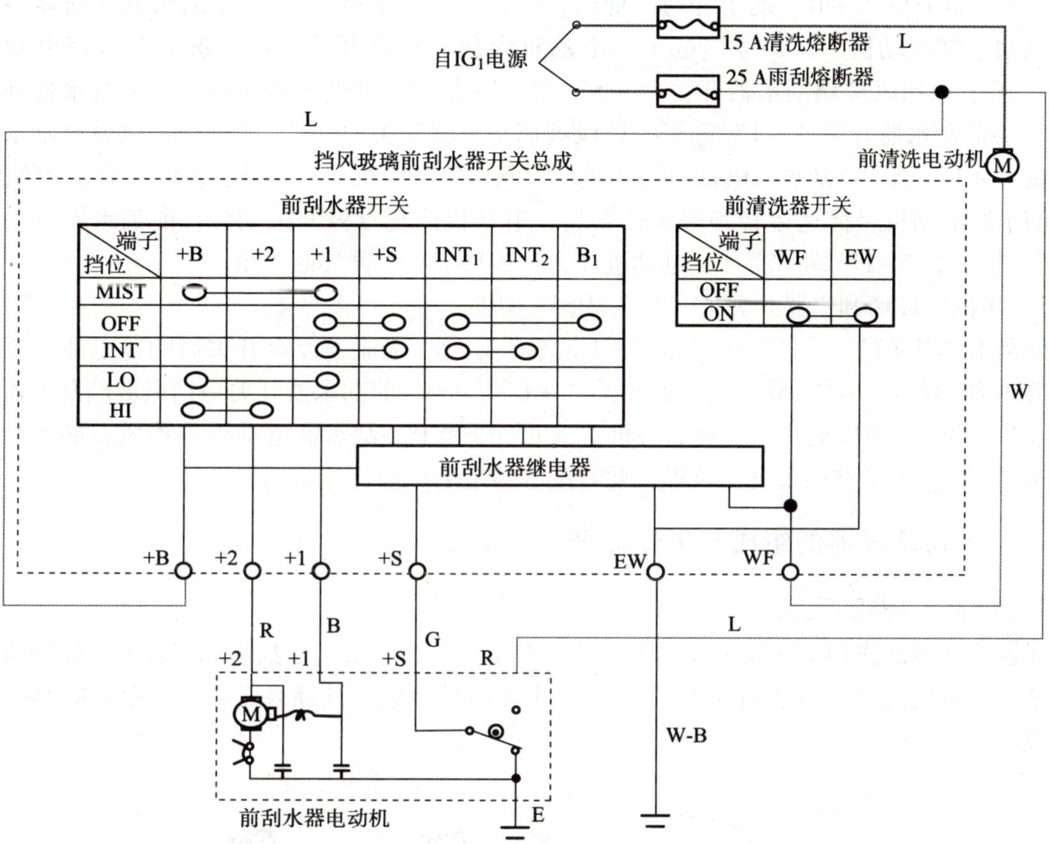


图 7.6　卡罗拉轿车电动刮水器和洗涤器电路

“+1”端子→挡风玻璃刮水器电动机“+1”端子→刮水器电动机→挡风玻璃刮水器电动机“E”端子搭铁→蓄电池负极。此时刮水器电动机呈低速运转。

3）当挡风玻璃刮水器开关打开在“HI”挡时：

前刮水器开关的“+B”端子和“+2”端子导通，经点火开关后的蓄电池电压→25 A刮水器熔断器→挡风玻璃刮水器开关“+B”端子→前刮水器开关→挡风玻璃刮水器开关“+2”端子→挡风玻璃刮水器电动机“+2”端子→刮水器电动机→挡风玻璃刮水器电动机“E”端子搭铁→蓄电池负极。此时刮水器电动机呈高速运转。

4）当挡风玻璃刮水器开关打开在“INT”挡时：

前刮水器开关的“+S”端子和“+1”端子导通，$INT_1$ 端子和 $INT_2$ 端子导通，刮水器继电器内部线圈得电，使其常开触点闭合，常闭触点断开，蓄电池电压→25A 刮水器熔断器→刮水器继电器常开触点→前刮水器开关“+S”端子→前刮水器开关“+1”端子→挡风玻璃刮水器开关“+1”号端子→挡风玻璃刮水器电动机“+1”端子→刮水器电动机→挡风玻璃刮水器电动机“E”端子搭铁→蓄电池负极。此时刮水器电动机呈低速运转。几秒钟后，刮水器继电器线圈失电，使其常开触点闭合，常闭触点闭合，刮水器电动机停止运行，等待下一个循环的开始。

当刮水器电动机未停在停止位置时，电动机凸轮盘做开关动作，挡风玻璃刮水器电动机“+S”端子与“+B”端子导通。此时，电流从蓄电池电压→25 A 刮水器熔断器→挡风玻璃刮水器电动机“+B 号”端子→电动机内部凸轮盘开关→挡风玻璃刮水器电动机“+S”端子→挡风玻璃刮水器开关“+S”端子→刮水器继电器常闭触点→前刮水器开关“+S”→前刮水器开关“+1”端子→挡风玻璃刮水器开关“+1”端子→挡风玻璃刮水器电动机“+1”端子→刮水器电动机→挡风玻璃刮水器电动机“E”端子搭铁→蓄电池负极。此时刮水器电动机呈低速运转到停止位置后，电动机凸轮盘做开关动作，前刮水器电动机“+2”端子与“+1”端子断开，电动机停止，等待下一个循环的开始。

5）当挡风玻璃刮水器开关打开在“MIST”挡时

前刮水器开关的“+B”端子和“+1”端子导通，电流经点火开关后的蓄电池电压→25 A 刮水器熔断器→挡风玻璃刮水器开关“+B”端子→前刮水器开关→挡风玻璃刮水器开关“+1”端子→挡风玻璃刮水器电动机“+1”号端子→刮水器电动机→挡风玻璃刮水器电动机“E”端子搭铁→蓄电池负极。此时刮水器电动机呈低速运转。

## 二、风窗洗涤器的组成与工作原理

### 1. 风窗洗涤器的组成

风窗洗涤器的作用是向风窗玻璃表面喷洒专用清洗液或水，在刮水片配合下，保持风窗表面洁净。风窗洗涤器的结构（见图 7.7），主要由储液罐、洗涤泵、软管、单向阀与喷嘴等组成。

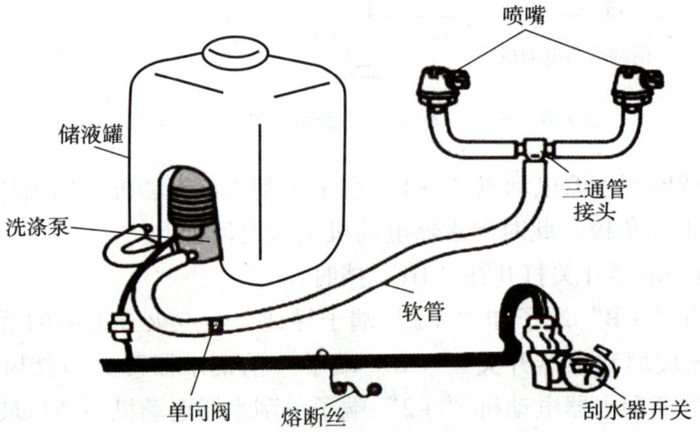


图 7.7　风窗洗涤器的结构

储液罐由塑料制成，内装用水、酒精或洗涤剂等配制的清洗液。洗涤泵俗称喷水电动机，由直流电动机和离心泵组成，其作用是将清洗液加压，通过软管和喷嘴喷洒到挡风玻璃表面。

### 2. 风窗洗涤器的工作原理

一般风窗洗涤器会与刮水器配合工作，因此，二者采用同一控制电路，见图 7.6。

当前洗涤开关在“ON”挡时，挡风玻璃刮水器开关的“WF”端子与“EW”端子导通，经点火开关后的蓄电池电压→15A 清洗熔断器→挡风玻璃洗涤器电动机总成→挡风玻璃刮水器开关的“WF”，经挡风玻璃洗涤开关“EW”端子后，分两路。一路搭铁→蓄电池负极，此时洗涤电动机运转，位于发动机盖下的两个喷嘴向风窗玻璃喷射清洗液；另一路进入刮水器继电器，由继电器控制刮水器电动机低速运转。

当驾驶员松开控制手柄时，前洗涤开关将自动复位回到“OFF”挡，挡风玻璃刮水器开关的“WF”端子与“EW”端子断开，切断洗涤泵的控制电路，洗涤器电动机停止运转，喷嘴停止喷射清洗液，同时前刮水器电动机停止运转。

## 三、自动刮水器的工作原理

汽车自动刮水器就是感应雨刷，其基本原理是通过感应器控制汽车刮水器工作。目前应用较广的两种传感器分别是光学式传感器和电容式传感器。下面以光学式传感器为例介绍自动刮水器的工作原理及优势。

光学式传感器是根据光的折射原理工作的。在光学式传感器中有一个发光二极管，发出一束锥形光线，这束光能穿过前挡风玻璃。当挡风玻璃上没有雨水、处于干燥状态的时候，几乎所有的光都会反射到一个光学传感器上。

当下雨的时候，挡风玻璃上会存有雨水，一部分光线就会偏离，这就造成了传感器接收到光的总量发生变化，从而检测到了雨水的存在。光学式传感器能够接收反射光的面积越大，得到的信息就越详尽。光学式传感器十分精确，甚至有可能准确地判断出落在被感应区域上的雨点数目。

### 1. 自动刮水器的工作原理

到达接收器的光越少，刮水器工作速度就越快，如图 7.8 所示。必须注意的是，当取下点火开关以后，要将系统复原。当雨刮工作时间延长（七个来回以上）时，雨水探测器将自动点亮前大灯（依据车型而定）。

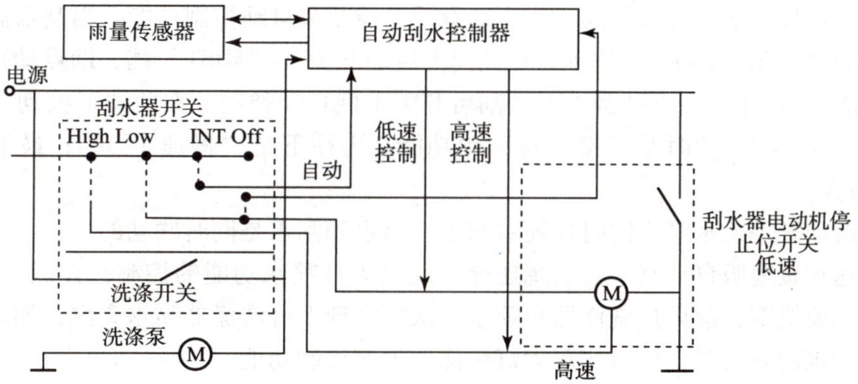


图 7.8　自动刮水器的工作原理

### 2. 自动刮水器的优势

可提高驾驶的安全性和舒适性。雨量传感器控制的刮水系统能根据雨滴的密集程度自动调节刮水器的刮水速度，给驾驶者带来最大程度的便利。

下面以新马自达 6 轿车的自动刮水器系统为例来说明其工作原理。

新马自达 6 轿车所配备的先进刮水器系统一改传统刮水器的结构，能自动刮去风挡上的雨滴，保证行车的安全性，并且在操控上更加简捷。只需将刮水器开关旋在“自动（AUTO）”挡的位置，一切都可由刮水控制系统自动完成，如图 7.9 所示。

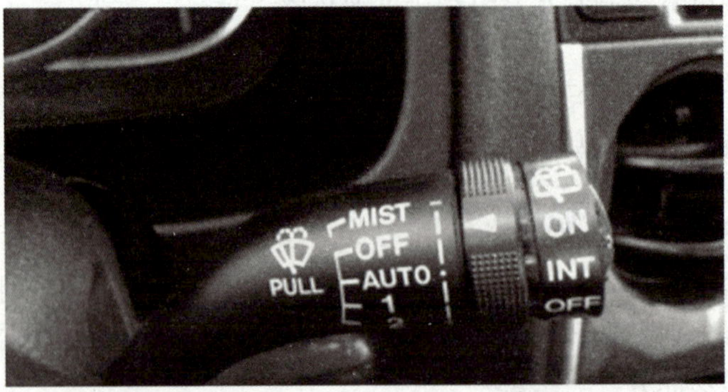


图 7.9　新马自达 6 的刮水器开关

(1) 新马自达6 刮水器系统的构成

新马自达6 刮水器系统是由位于车内后视镜上前风挡正上方的雨量传感器，位于方向盘右侧的带有自动挡位（AUTO）的刮水器开关，位于前风挡下的刮水器电动机、刮水器片及相关控制线路，位于仪表台内的刮水器控制单元组成。

(2) 新马自达6 自动刮水器系统的工作原理

新马自达 6 自动刮水器系统的工作原理是根据集成的刮水器传感器来感知是否下雨的。将自动刮水器系统的刮水器开关旋转到“AUTO”位置，当雨量传感器利用光电原理来感知到下雨时，会通过刮水器控制单元控制刮水器电动机进行刮雨动作。另外，在刮水器开关上有一个调节刮水器传感器的灵敏度的开关，它可以在合理的范围内灵敏地感知雨量大小，并进行适时控制。

新马自达 6 自动刮水器系统的工作原理有手动控制和自动控制功能。当刮水器开关手柄位于最上端的“关闭（OFF)”位置，在此向上扳动开关（“MIST”挡，即点动功能，又称去除薄雾功能)，每单触一下即刮一下，刮后开关手柄自动弹回；在此向下扳动一个挡位是“自动（AUTO)”挡，此时是自动实现刮雨功能；再往下是“慢速 1”挡；最下端位置是“快速 2”挡。

在向内扳动开关喷水时，同时伴随着刮水。喷水和刮水是同时联动的。

新马自达 6 旗舰版自动刮水器系统还能实现前大灯喷水功能的控制，在点火开关开启、前大灯打开的前提下，前风挡洗涤器每喷水 5 次可实现大灯洗涤器喷水 2 次；如果连续 2 次快速向内扳动雨刮开关时，也可实现大灯洗涤器喷水控制功能。

(3) 新马自达6 自动刮水器系统的优点

新马自达 6 自动刮水器系统是现代高级轿车的先进装备，体现了高级轿车的先进性和人性化，它能够及时有效地刮掉风挡上的雨滴，可靠地保证行车安全。

## 四、除霜装置的结构与工作原理

在雨、雪天气，由于气温较低，风窗玻璃上易结霜；又因车厢内、外温差较大，车厢内的水蒸气也易凝结于风窗玻璃上而结霜，霜层严重影响驾驶员的视线。因此汽车上都安装除霜装置。

对于汽车前挡风玻璃上的霜层，通常是利用空调系统中产生的暖气来清除的；后挡风玻璃多使用除霜热线。

后挡风玻璃大多通过除霜热线来对其加热达到除霜的目的。除霜热线是指把电热线（镍铬丝）一条一条地粘在后窗玻璃内部，以两端相接形成并联电路。当在两端加上电压后，即可给玻璃加温，从而除去或防止结霜。除霜热线的电路控制方式分手动和自动两种，一般自动式的除霜器是由开关、自动除霜传感器、自动除霜控制器、除霜热线和连接线路等组成。

自动除霜传感器安装在后风窗玻璃上，采用热敏电阻，结霜越厚，阻值越小。电热线则采用正温度系数的细小镍铬丝，自身具有一定的电流调节功能。后风窗玻璃除霜装置电路如图 7. 10 所示。

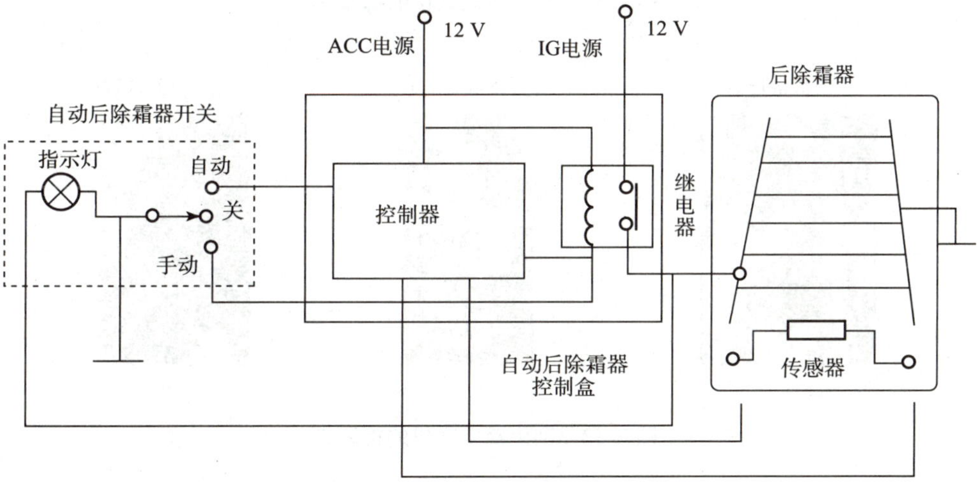


图 7. 10　后风窗玻璃除霜装置电路

除霜装置的工作过程如下：

1）将除霜开关置于“关”位置，控制电路及指示灯电路被断开，除霜装置及指示灯均不工作。

2）将除霜开关置于“手动”位置，继电器线圈可经手动开关直接搭铁，此时继电器触点闭合，使除霜电路及指示灯接通，除霜装置及指示灯工作。

3）将除霜开关置于“自动”位置，若结霜达到一定厚度，传感器电阻值急剧减小到某一设定值，则控制电路使继电器线圈通电，使继电器触点闭合。此时由点火开关 IG 接线柱向电阻丝供电，同时点亮仪表板上的指示灯，表示除霜装置正在工作。当玻璃上结霜减少到某一程度后，传感器电阻值增大控制电路切断继电器线圈回路，触点断开，电阻丝断电，除霜装置停止工作，同时指示灯熄灭。

## 五、刮水器电动机与雨刮片的更换

### 1. 刮水器电动机的拆装（以雪佛兰赛欧为例）

1）拆下刮水臂罩盖（2 个盖），拆下前刮水臂和刮水片总成，如图 7. 11 所示。

2）拆下发动机罩密封条，拆下 3 个进风罩固定卡子，拆下发动机罩左侧通风孔百叶窗，如图 7. 12 所示。

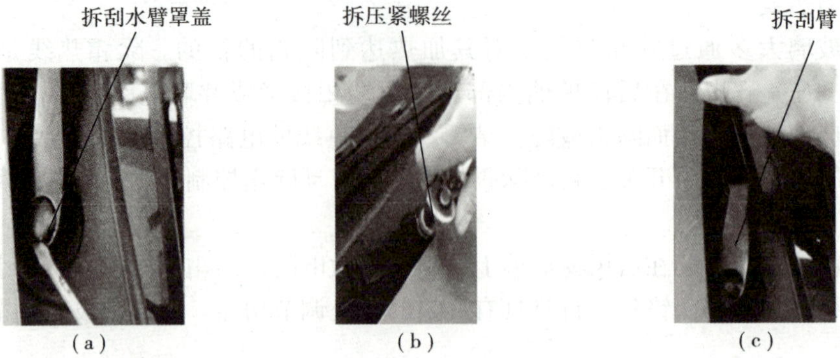


图 7.11　刮水器电动机的拆装一

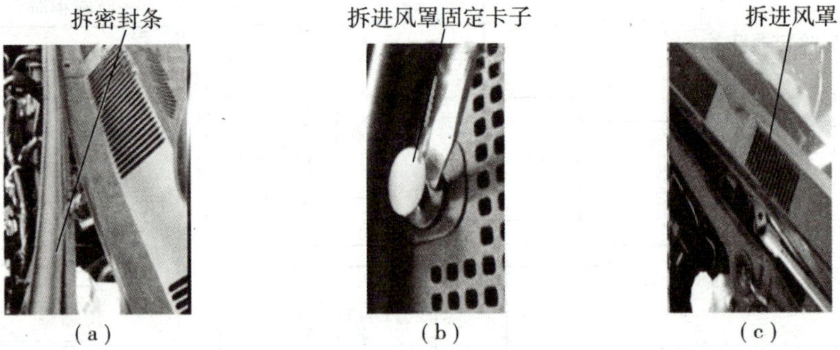


图 7.12　刮水器电动机的拆装二

3）断开连接器，拆下 3 个固定螺栓，拆下刮水器连杆总成，如图 7.13 所示。

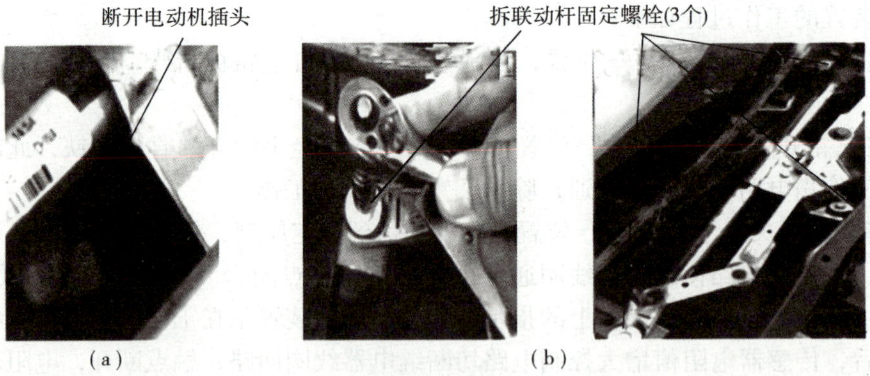


图 7.13　刮水器电动机的拆装三

4）拆下拐臂固定螺栓，拆下电动机 3 个固定螺栓，拆下挡风玻璃刮水器电动机总成，如图 7.14 所示。

5）按照与拆卸相反的顺序进行安装。

**2. 刮水器雨刮片的拆装**

1）把雨刮片向上拉起，使雨刮片离开玻璃。

图 7.14 挡风玻璃刮水器电动机总成的拆装四

2）使雨刮片与雨刮臂成 90°，在刮水片中部找到卡子，用手指按压卡子，如图 7.15（a）所示。

3）把雨刮片顺着雨刮臂的 U 形槽向下拉。这时，雨刮片就会与雨刮臂分离，如图 7.15（b）所示。

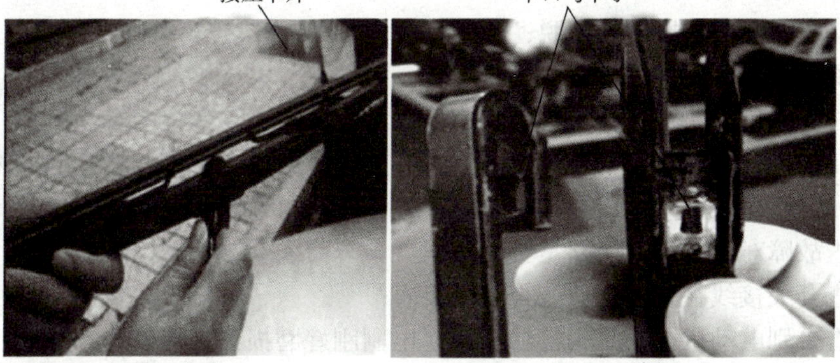


图 7.15 刮水器雨刮片的拆装

4）按照与拆卸相反的顺序进行安装。

## 六、电动刮水器故障检修

刮水器常见的故障有刮水器不工作、个别挡位不工作、无法自动停“0”位等。

### 1. 刮水器不工作

（1）故障现象

接通点火开关后，刮水器开关置于各挡位刮水器均不工作。

（2）故障原因

1）熔断器断路；

2）刮水电动机或开关有故障；

3）机械传动部分锈蚀卡死或与电动机脱开；

4）连接线路断路或插接件松脱。

(3) 故障诊断与维修

可参照下列步骤进行诊断检查并视情维修。

1) 打开刮水器开关，听查是否有电动机运转声音。若有，则检查电动机与机械传动部分的连接情况；若无，则关掉刮水器开关，进行下一步。

2) 断开电动机与联动杆之间的拐臂，检查雨刮联动杆是否锈蚀卡死。若卡死，则视情检修或更换电动机与联动杆；若没有卡死，则检查熔断器有无断路，线路有无松脱。

3) 检查刮水器电动机及开关的电源线和搭铁线，是否接触良好，有无断路。

4) 检查开关各个接线柱在相应挡位能否正常接通。

【特别提示】 机械部分卡死是电动机损坏的主要原因。

## 2. 个别挡位不工作

(1) 故障现象

接通点火开关后，刮水器个别挡位（“低速”“高速”或“间歇”挡）不工作。

(2) 故障原因

1) 刮水器电动机或开关有故障；

2) 间歇继电器有故障；

3) 连接线路断路或插接件松脱；

4) 个别电动机电刷接触不良。

(3) 故障诊断与维修

如果刮水器是“高速”挡或“低速”挡不工作，可参照下列步骤进行诊断检查并视情维修。

1) 检查故障对应挡位的线路是否正常；

2) 检查开关接线在相应挡位能否正常接通；

3) 检查个别电动机电刷是否接触不良（电刷刚好磨损到临界值）。

如果刮水器在“间歇”挡不工作，应顺序检查间歇开关（或刮水器开关的“间歇”挡）、线路和间歇继电器。

## 3. 不能自动停在“0”位

(1) 故障现象

断开刮水器开关或在“间歇”挡工作时，刮水器不能自动停止在设定的“0”位置。

(2) 故障原因

1) 安装的固定螺栓松动，联动杆转轴卡滞。

2) 雨刮臂安装、调整不当或雨刮联动杆拐臂安装调整不当。

3) 刮水器电动机自动复位机构损坏。

4) 线路连接错误；刮水器开关损坏。

(3) 故障诊断与排除

可参照下列步骤进行诊断检查并视情维修。

1) 首先检查安装的固定螺栓是否松旷，若松旷则进行坚固。

2) 断开拐臂，检查联动杆转轴是否卡滞，若卡滞则维修润滑；否则检查雨刮臂的安装是否在设定的“0”位置。

3）检查电动机自动停位机构的触点是否接触良好，并视情进行维修。

4）检查刮水器开关在相应挡位的接线能否正常接通。

5）检查刮水器开关线路连接是否正确。

## 七、风窗洗涤器的检修

风窗洗涤器的故障大都是因输液系统而引起，因此应首先拆下泵体上的水管，然后使洗涤泵工作。如果洗涤泵能够喷出清洗液，则故障在输液管路；否则，按照下列步骤查找故障：

1）打开洗涤器开关，同时观察洗涤泵是否有运转声音。如果洗涤泵工作但不喷液，检查储液罐内的液体存储量是否足够，检查泵内有无堵塞，去除泵体内的异物；如果没有堵塞，需更换洗涤泵。

2）如果洗涤泵不运转，用电压表或试灯检查开关闭合时洗涤泵电动机上有无电压。若有电压，用欧姆表检查搭铁回路。若搭铁回路良好，则可轻微振动洗涤泵，然后检查泵是否出水。若出水，则是洗涤泵内的电刷卡滞，可继续使用。

3）若轻微振动洗涤泵后仍然无水泵出，则需更换洗涤泵。

4）在第2）步中，若洗涤泵上无电压，需沿线路向开关查找。检查熔断器和线路连接是否良好，检测开关工作是否正常。如果开关有电压输入，但无电压输出，需更换开关。

## 八、除霜装置的检修

除霜装置的常见故障是除霜装置不工作。

### 1. 故障原因

1）熔断器或控制线路断路。

2）加热丝或开关损坏。

### 2. 故障诊断与排除

1）首先检查熔断器是否正常，然后将开关接通后检查加热丝电源侧电压是否正常。

2）如果电压为零或低于电源电压，应检查开关和电源线路；否则，检查电热丝是否断路，若电热丝断路，可用润滑脂清理加热丝，并用蜡和硅脱膜剂清理加热丝断路点，再用专用修理剂进行修补，将断点处连接起来，冷却后即可使用。

## 典型故障案例

在掌握了电动刮水器维修知识后，现在一起来解决前面遇到的五菱荣光汽车刮水器不工作的故障问题了。

**故障分析：**五菱荣光汽车的刮水控制系统电路如图7.16所示。从图中可以看出，当挡位在“间歇”挡（INT）时，电路Y和BW导通，并通过刮水器继电器得到间歇信号，电路W和LR导通，触点2、3接触，前刮水电动机做间歇运动；当挡位在

“低速”挡位（LOW）时，BW通过继电器电路与LW、LR形成回路，此时触点2、3接触，刮水电动机实现低速刮刷；当挡位在“高速”挡位（HIGH）时，BW通过继电器电路与LW、LB形成回路，此时触点2、3接触，刮水电动机实现高速刮刷；当挡位在“停止”位（OFF）时，W与LR接通，但触点2、3断开，刮水器电动机停止运动。

**故障原因：**

可能是熔断器F14熔断，导线接触不良或短路，刮水器继电器损坏，电动机损坏或传动机构损坏。

**维修过程：**

1）检查熔断器F14。熔断器已熔断，更换同规格的熔断器；换新熔断器后开刮水器又立即熔断。这说明熔断器后线路搭铁。

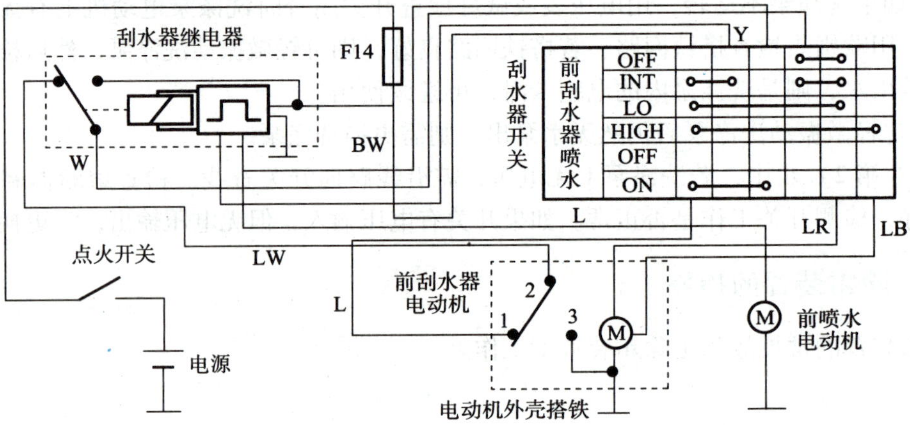


图7.16　五菱荣光汽车的刮水控制系统电路

2）断开刮水器电动机连接器，更换同规格熔断器后接通控制开关LOW，检查发现熔断器不会熔断；再开控制开关其他各挡，熔断器均不会熔断。说明线路应无短路处。

3）检查刮水器电动机。用鼻子闻刮水器电动机，发现有烧焦味，于是拆解电动机，打开后发现电动机线圈已烧焦，这说明电动机损坏；再检查传动机构，结果发现其卡死转不动。可见，电动机的烧坏是由于传动机构卡死而导致。

4）经前面几步的检查，发现是电动机损坏。更换电动机，在传动机构经过除锈、润滑维修后，故障排除。

# 情境二　电动后视镜

## 一、电动后视镜的组成与工作原理

### 1. 电动后视镜的组成

后视镜可帮助驾驶员观察车辆后方、侧方和下方的情况，使驾驶员的视线更广。后视镜分为外后视镜和内后视镜，这里指外后视镜。外后视镜又分为手动后视镜和电动后视镜。

电动后视镜分为三类：电动调节镜片后视镜、电动调节镜片 + 电加热后视镜、电动调节镜片 + 电加热 + 自动折叠后视镜。

电动后视镜由直流电动机、连接机构、电动开关等组成。其实物及安装位置如图 7.17 所示。在左右两个后视镜的背面各装有两套双向永磁微型电动机驱动系统。其中一套电动机控制后视镜的上下运动；另一套电动机控制后视镜的左右运动。后视镜的运动方向受开关控制，开关位于不同的位置，流经电动机的电流方向就不同，电动机的转动方向也就不同。

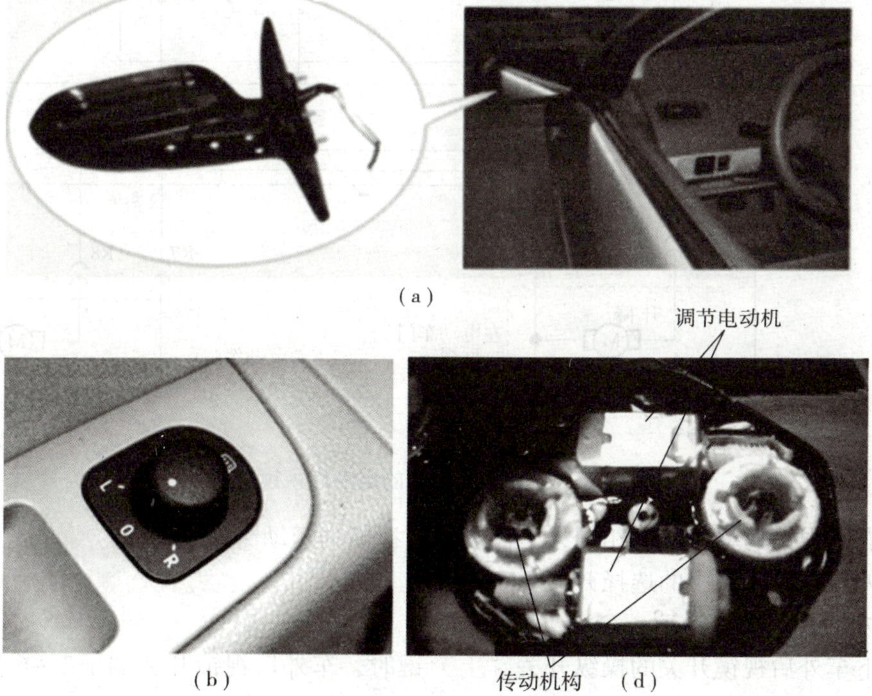


**图 7.17　电动后视镜实物及其安装位置**

(a) 后视镜总成；(b) 调节开关；(c) 安装位置

### 2. 电动后视镜的工作原理

图 7.18 所示为上海别克轿车的电动后视镜电路。当点火开关处于 ACC 挡时，蓄电池电压通过 10 A 熔断器供电给电动后视镜电路，操作外后视镜开关的上/下、左/右键，控制后视镜电动机做相应动作，从而带动车外后视镜做上/下或左/右运动。

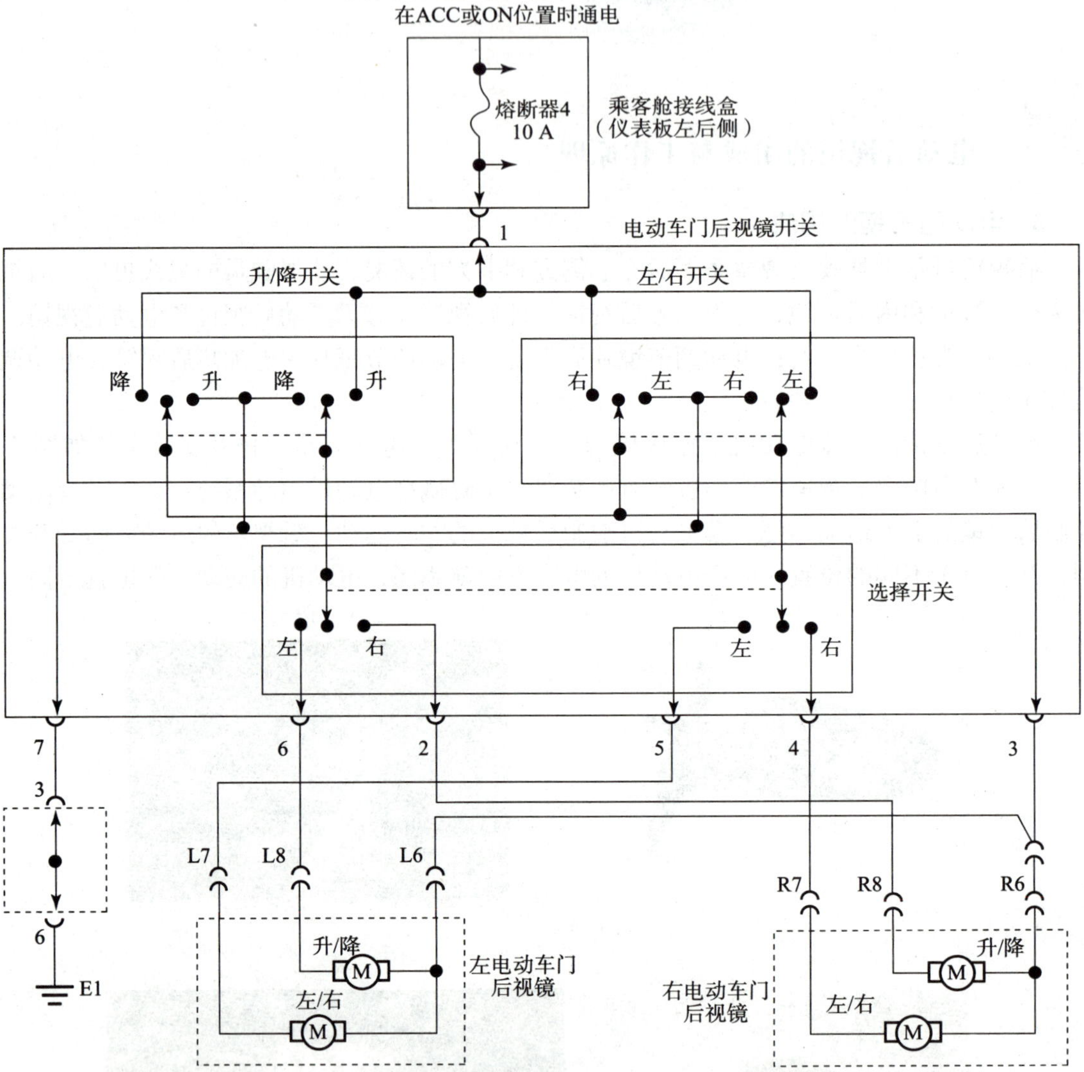


图 7.18　上海别克轿车的电动后视镜电路

左、右后视镜的动作基本相同，下面以左后视镜的运动为例做分析。

将车外后视镜开关中的选择开关置于“左”。

（1）左后视镜向上运动

当按下车外后视镜开关的操纵开关“上”键时，车外后视镜开关端子 1－6 接通，3－7 接通，电流方向为：经过 10 A 熔断器后的蓄电池电压→车外后视镜开关端子 1→车外后视镜开关端子 6→左外后视镜电机端子 L8→左外后视镜电动机端子 L6→车外后视镜开关端子 3→车外后视镜开关端子 7→E1 搭铁→蓄电池负极。此时，左外后视镜向上运动。

（2）左后视镜向下运动

当按下车外后视镜开关的操纵开关“下”键时，车外后视镜开关端子 1 - 3 接通，6 - 7 接通，电流方向为：经过 10 A 熔断器后的蓄电池电压→车外后视镜开关端子 1→车外后视镜开关端子 3→左外后视镜电动机端子 L6→左外后视镜电机端子 L8→车外后视镜开关端子 6→车外后视镜开关端子 7→E1 搭铁→蓄电池负极。此时，左外后视镜向上运动。

（3）左后视镜向左运动

当按下车外后视镜开关的操纵开关“左”键时，车外后视镜开关端子 1 - 5 接通，3 - 7 接通，电流方向为：经过 10 A 熔断器后的蓄电池电压→车外后视镜开关端子 1→车外后视镜开关端子 5→左外后视镜电机端子 L7→左外后视镜电机端子 L6→车外后视镜开关端子 3→车外后视镜开关端子 7→E1 搭铁→蓄电池负极。此时，左外后视镜向左运动。

（4）左后视镜向右运动

当按下车外后视镜开关的操纵开关“右”键时，车外后视镜开关端子 1 - 3 接通，5 - 7 接通，电流方向为：经过 10 A 熔断器后的蓄电池电压→车外后视镜开关端子 1→车外后视镜开关端子 3→左外后视镜电动机端子 L6→左外后视镜电动机端子 L7→车外后视镜开关端子 5→车外后视镜开关端子 7→E1 搭铁→蓄电池负极。此时，左外后视镜向右运动。

## 二、后视镜电动折叠

后视镜电动折叠（见图 7.19）是指汽车两侧的后视镜在必要时可以折叠收缩起来。这种功能在城市路边停车时特别有用，后视镜折叠后能节省很大的空间，在通过狭窄路段时可以收缩起来，提高了车子的通过性。在驾驶员离开车子的时候，也可以把后视镜折叠起来。这不仅可以保护镜面，还可以缩小停车泊位空间；同时也可避免自己的爱车受“断耳”之痛。

（a） （b）

图 7.19 后视镜电动折叠

（a）实物图；（b）折叠开关

多数情况下，后视镜折叠按钮位于主驾驶位控制玻璃升降按钮区域附近，但也有些车型是例外，比如换挡底座区域。

后视镜电动折叠的工作原理：后视镜电动的折叠是通过电动后视镜的伸缩开关完成的，该开关控制继电器动作，使左、右两侧镜的伸缩电动机工作来完成伸缩功能，如图 7.20 所示，在此不再赘述。

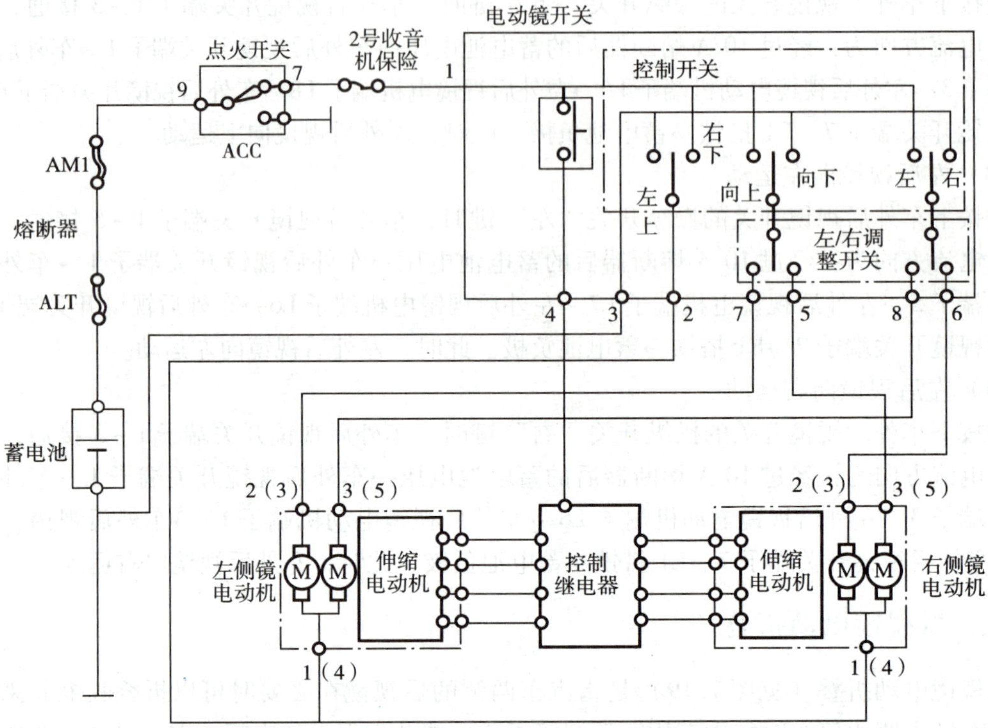


图 7.20　后视镜电动折叠的工作原理

有的汽车的后视镜控制电路具有存储功能，由驱动位置存储器、回复开关和位置传感器等组成，上述操作功能的数据被自动存储在存储器中，如果需要，可直接调出存储器中存储的数据使用。

## 三、电动后视镜的故障检修

电动后视镜常见的故障有：电动后视镜都不工作，电动后视镜部分功能不正常。

### 1. 电动后视镜都不工作

（1）故障原因

一般是由于保险丝熔断，电源线路或搭铁线路断路引起，也可能是控制开关有故障。

（2）维修思路

1）检查保险丝是否正常。

2）检查控制开关线头有无脱落、松动，电源线路或搭铁线路是否正常。

3）检查控制开关各接点通断情况。

### 2. 电动后视镜部分功能不正常

（1）故障原因

由线路断路引起，也可能是控制开关或电动机有故障。

（2）维修思路

1）检查线路的连接情况。

2）检查开关。

3）检查电动机。

## 四、后视镜主要部件的检查

这里以图 7.18 所示的左电动车门后视镜为例进行过程。

### 1. 检查电动机的工作情况

1）将蓄电池正极（+）导线接至端子 L7，负极（-）导线接至端子 L6，此时后视镜应转向左侧。

2）交换电极检查，此时后视镜应转向右侧。

3）将蓄电池正极（+）导线接至端子 L8，负极（-）导线接至端子 L6，此时后视镜应向上转。

4）交换电极，此时后视镜应向下转。

### 2. 检查后视镜开关

将选择开关置于“左”，用万用表检测：

当按下车外后视镜开关的操纵开关“上”键时，车外后视镜开关端子 1-6 接通，3-7 接通。

当按下车外后视镜开关的操纵开关“下”键时，车外后视镜开关端子 1-3 接通，6-7 接通。

当按下车外后视镜开关的操纵开关“左”键时，车外后视镜开关端子 1-5 接通，3-7 接通。

当按下车外后视镜开关的操纵开关“右”键时，车外后视镜开关端子 1-3 接通，5-7 接通。

一辆2011年产宝来1.8 L轿车，行驶里程为13.4万km，其驾驶员电动座椅无记忆功能，手动调整也无法进行。

要维修该故障，需要熟悉电动座椅的组成及其工作原理，掌握电动座椅故障的检修方法。

# 情境三 电动座椅

## 一、电动座椅的组成

为了提高汽车乘坐的舒适性，减小驾驶人员长时间驾驶的疲劳，现代轿车都安装有电动座椅调整装置。现代轿车调节功能增多，出现了对座椅前、后滑动调节，在座椅前进行垂直调节，在座椅后进行垂直调节，对靠背进行调节，对腰部支撑进行调节，对头枕进行调节；进行电加热等功能。

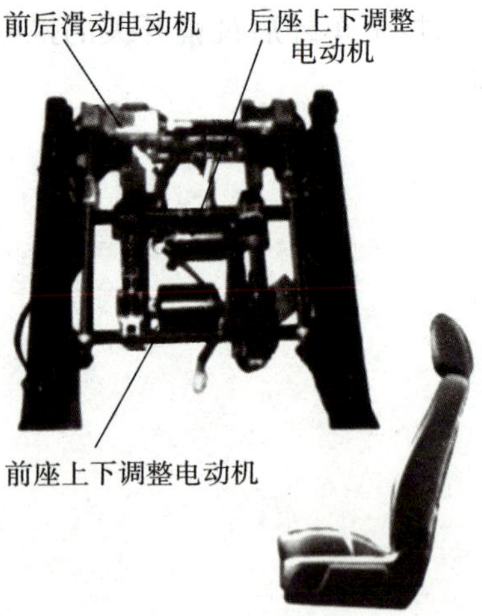


图7.21 可六方位调节的电动座椅

电动座椅由双向直流电动机、座椅调节开关、传动机构、执行机构、控制装置（ECU）及骨架、泡棉、蒙皮等附属设备组成。

电动座椅按是否有记忆功能可分为普通电动座椅和记忆电动座椅两种。

双向直流电动机可用来调节座椅的动力，采用双向电动机，即电枢旋转方向随电流的方向改变而改变。电动座椅一般使用三个电动机实现6个不同方向的调节，即前、后、上、下、前倾、后倾，如图7.21所示。为了防止电动机过载，大多数永磁式电动机内都装有热过载保护断路器。

座椅调节开关一般由控制装置接收调节开关的指令，由控制执行机构完成相应的调整。调节装置及其在座椅上的布置，如图7.22所示。

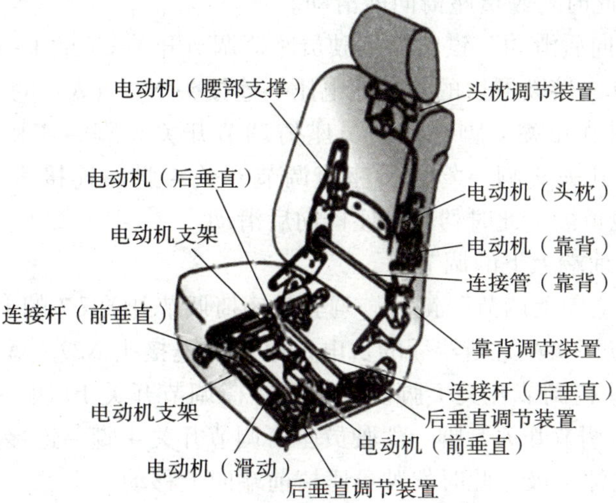


图 7.22　电动座椅的调节装置及其在座椅上的布置

传动机构负责传递电动机的动力和改变其方向，其结构如图 7.23 所示。

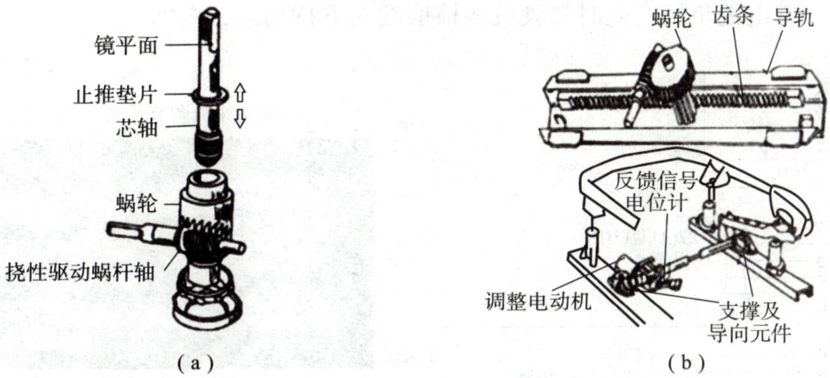


图 7.23　传动机构的结构

（a）高度调整机构；（b）纵向调整机构

## 二、电动座椅的工作原理

### 1. 电动座椅的基本工作原理

图 7.24 所示为丰田凯美瑞驾驶员座椅的调节电路。丰田凯美瑞驾驶员座椅带有 8 个方向的电动调节功能，并且带有双向电动调节的腰部支撑，其工作原理如下。

（1）驾驶员座椅前后的滑动

当按下座椅的“向前滑动”键时，驾驶员座椅调节开关 U7 的 1 - 9 脚接通、6 - 4 接通，电流方向为：经过 30 A 熔断器后的蓄电池电压→连接头 N27（A）的 A6→连接头 N27（A）的 B8→驾驶员座椅调节开关 1 脚→驾驶员座椅调节开关 9 脚→座椅靠背前后滑动电动机 U1→驾驶员座椅调节开关 6 脚→驾驶员座椅调节开关 4 脚→连接头 N27（A）的 B4 号端子→E2

搭铁→蓄电池负极。此时驾驶员座椅向前滑动。

当按下座椅的“向后滑动”键时，驾驶员座椅调节开关 U7 的 1－6 脚接通、9－4 接通，电流方向为：经过 30 A 熔断器后的蓄电池电压→连接头 N27（A）的 A6→连接头 N27（A）的 B8→驾驶员座椅调节开关 1 脚→驾驶员座椅调节开关 6 脚→座椅靠背前后滑动电动机 U1→驾驶员座椅调节开关 9 脚→驾驶员座椅调节开关 4 脚→连接头 N27（A）的 B4 号端子→E2 搭铁→蓄电池负极。此时驾驶员座椅向后滑动。

（2）驾驶员座椅前端上下的调节

当按下座椅前端“向上调节”键时，驾驶员座椅调节开关 U7 的 1－10 脚接通、5－4 接通，电流方向为：经过 30 A 熔断器后的蓄电池电压→连接头 N27（A）的 A6→连接头 N27（A）的 B8→驾驶员座椅调节开关 1 脚→驾驶员座椅调节开关 10 脚→座椅靠背前后滑动电动机 U2→驾驶员座椅调节开关 5 脚→驾驶员座椅调节开关 4 脚→连接头 N27（A）的 B4 号端子→E2 搭铁→蓄电池负极。此时驾驶员座椅前端向上移动。

当按下座椅前端“向下调节”键时，驾驶员座椅调节开关 U7 的 1－5 脚接通、10－4 接通，电流方向为：经过 30 A 熔断器后的蓄电池电压→连接头 N27（A）的 A6→连接头 N27（A）的 B8→驾驶员座椅调节开关 1 脚→驾驶员座椅调节开关 5 脚→座椅靠背前后滑动电动机 U2→驾驶员座椅调节开关 10 脚→驾驶员座椅调节开关 4 脚→连接头 N27（A）的 B4 号端子→E2 搭铁→蓄电池负极。此时驾驶员座椅前端向下移动。

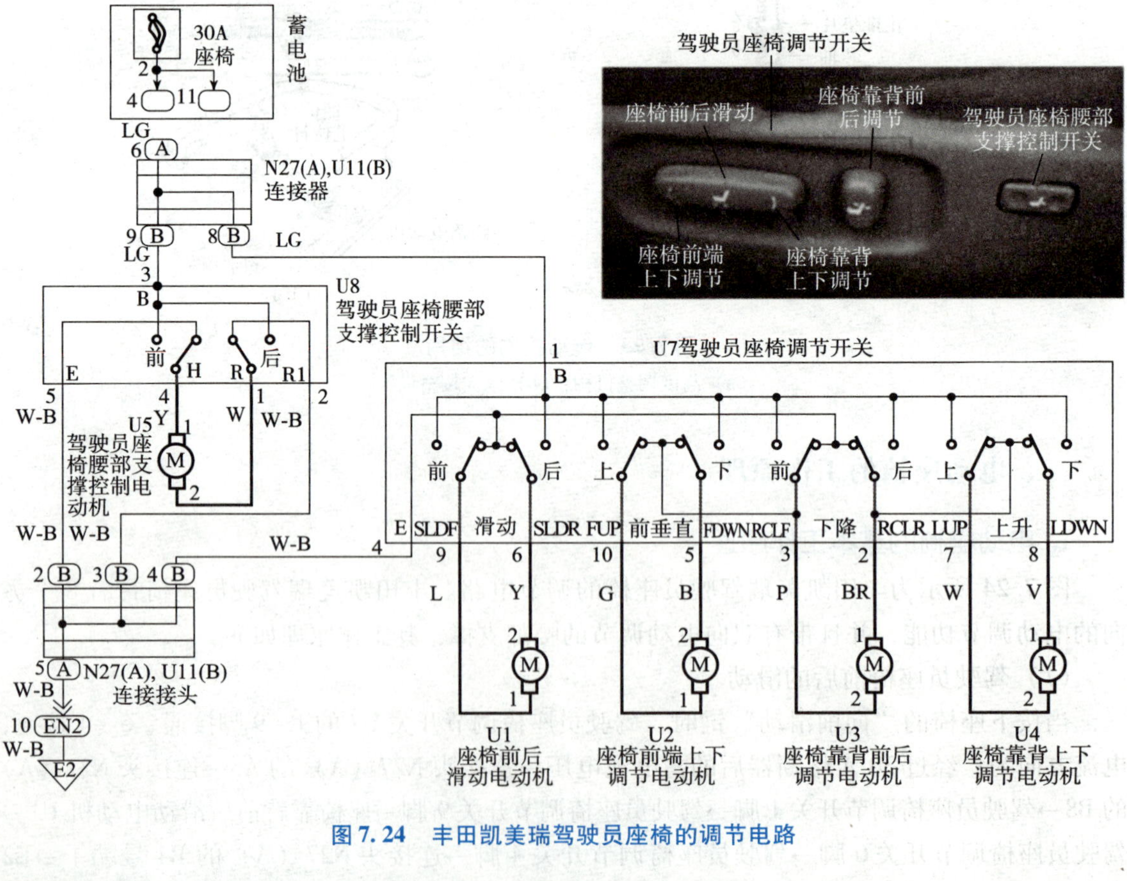


图 7.24　丰田凯美瑞驾驶员座椅的调节电路

（3）驾驶员座椅靠背前后的调节

当按下座椅靠背“向前调节”键时，驾驶员座椅调节开关 U7 的 1－3 脚接通、2－4 接通，电流方向为：经过 30 A 熔断器后的蓄电池电压→连接头 N27（A）的 A6→连接头 N27（A）的 B8→驾驶员座椅调节开关 1 脚→驾驶员座椅调节开关 3 脚→座椅靠背前后滑动电动机 U3→驾驶员座椅调节开关 2 脚→驾驶员座椅调节开关 4 脚→连接头 N27（A）的 B4 号端子→E2 搭铁→蓄电池负极。此时驾驶员座椅靠背向前移动。

当按下座椅靠背“向后调节”键时，驾驶员座椅调节开关 U7 的 1－2 脚接通、3－4 接通，电流方向为：经过 30 A 熔断器后的蓄电池电压→连接头 N27（A）的 A6→连接头 N27（A）的 B8→驾驶员座椅调节开关 1 脚→驾驶员座椅调节开关 2 脚→座椅靠背前后滑动电动机 U3→驾驶员座椅调节开关 3 脚→驾驶员座椅调节开关 4 脚→连接头 N27（A）的 B4 号端子→E2 搭铁→蓄电池负极。此时驾驶员座椅靠背向后移动。

（4）驾驶员座椅靠背上下的调节

当按下座椅靠背“向上调节”键时，驾驶员座椅调节开关 U7 的 1－7 脚接通、8－4 接通，电流方向为：经过 30 A 熔断器后的蓄电池电压→连接头 N27（A）的 A6→连接头 N27（A）的 B8→驾驶员座椅调节开关 1 脚→驾驶员座椅调节开关 7 脚→座椅靠背前后滑动电动机 U4→驾驶员座椅调节开关 8 脚→驾驶员座椅调节开关 4 脚→连接头 N27（A）的 B4 号端子→E2 搭铁→蓄电池负极。此时驾驶员座椅靠背向上移动。

当按下座椅靠背“向下调节”键时，驾驶员座椅调节开关 U7 的 1－8 脚接通、7－4 接通，电流方向为：经过 30 A 熔断器后的蓄电池电压→连接头 N27（A）的 A6→连接头 N27（A）的 B8→驾驶员座椅调节开关 1 脚→驾驶员座椅调节开关 8 脚→座椅靠背前后滑动电动机 U4→驾驶员座椅调节开关 7 脚→驾驶员座椅调节开关 4 脚→连接头 N27（A）的 B4 号端子→E2 搭铁→蓄电池负极。此时驾驶员座椅靠背向下移动。

（5）驾驶员座椅腰部支撑的调节

当按下座椅腰部支撑控制“向前调节”键时，驾驶员座椅腰部支撑控制开关 U8 的 3－4 脚接通、1－2 接通，电流方向为：经过 30 A 熔断器后的蓄电池电压→连接头 N27（A）的 A6→连接头 N27（A）的 B9→驾驶员座椅腰部支撑控制开关 3 脚→驾驶员座椅腰部支撑控制开关 4 脚→座椅腰部支撑控制电动机 U5→驾驶员座椅腰部支撑控制开关 1 脚→驾驶员座椅腰部支撑控制开关 2 脚→连接头 N27（A）的 B3 号端子→E2 搭铁→蓄电池负极。此时驾驶员座椅腰部支撑控制向前移动。

当按下座椅腰部支撑控制“向后调节”键时，驾驶员座椅腰部支撑控制开关 U8 的 3－1 脚接通、4－5 接通，电流方向为：经过 30 A 熔断器后的蓄电池电压→连接头 N27（A）的 A6→连接头 N27（A）的 B9→驾驶员座椅腰部支撑控制开关 3 脚→驾驶员座椅腰部支撑控制开关 1 脚→座椅腰部支撑控制电动机 U5→驾驶员座椅腰部支撑控制开关 4 脚→驾驶员座椅腰部支撑控制开关 5 脚→连接头 N27（A）的 B2 号端子→E2 搭铁→蓄电池负极。此时驾驶员座椅腰部支撑控制向后移动。

电动座椅里面的电器件除了电动机、调节开关外，还有线束、加热垫、乘员探测传感器等。

副驾驶座线束如图 7.25 所示。

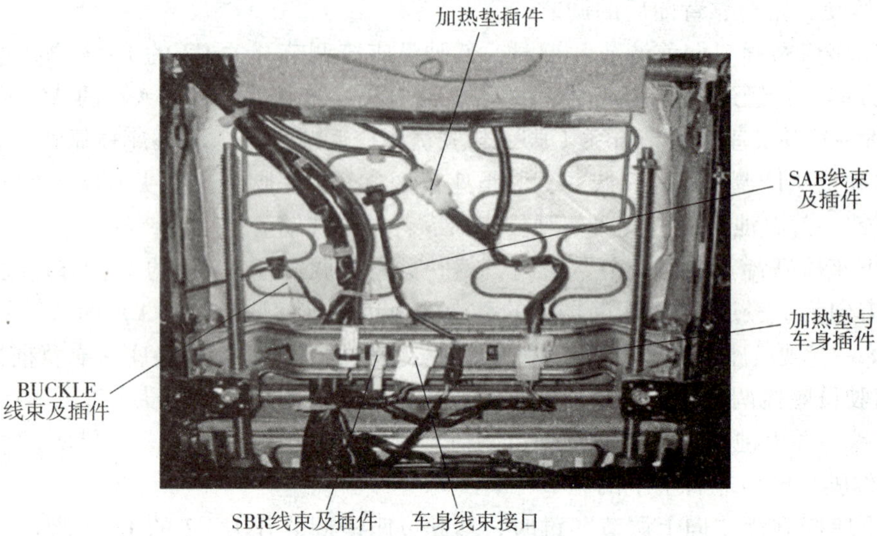


图 7.25　副驾驶座线束

座椅加热垫是通过高、低挡开关来实现座椅和靠背的加热的，并由内部的温控器实现热保护功能。电动座椅加热电路及其开关如图 7.26 所示。

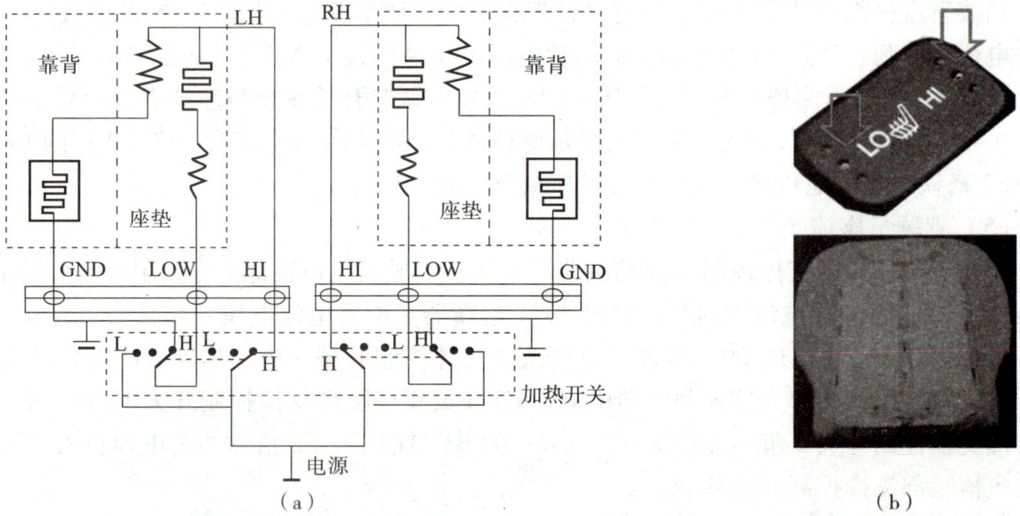


图 7.26　电动座椅加热电路及其开关

(a) 加热电路；(b) 开关实物

乘员探测传感器（SBR）的作用是探测副驾座上是否有人占用，之后 ECU 会结合安全带信号判断并发出安全带未系的提醒信号，并在仪表上显示。

## 2. 带存储功能电动座椅的工作原理

带存储功能的电动座椅系统有存储器，具有记忆功能。当按下“记忆”按钮时，它能够将设定的座椅调节位置进行记录；使用时只要按指定的按键开关，座椅就会自动地调节到预先设定的座椅位置。带存储功能的电动座椅系统控制示意图及“记忆”按钮实物，如图 7.27 所示。

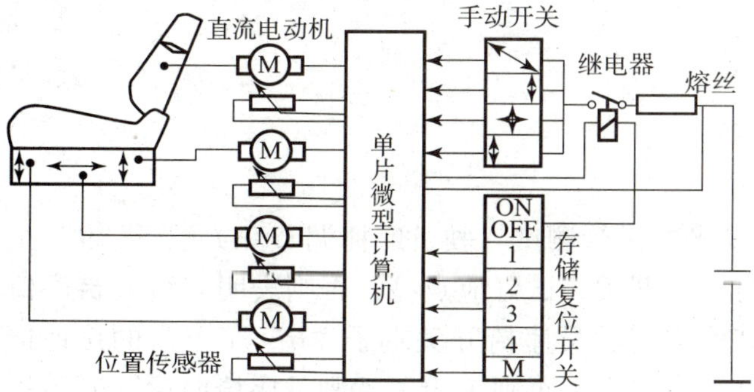


（a）

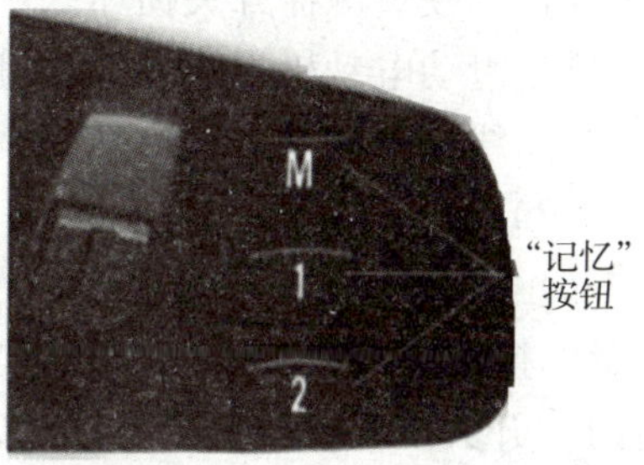


（b）

**图 7.27　带存储功能的电动座椅系统控制示意图及“记忆”按钮实物**

（a）系统控制电路；（b）“记忆”按钮实物

电动座椅主要由座椅开关和位置传感器、电子控制器 ECU、执行机构的驱动电动机三大部分组成。开关和位置传感器包括座椅各位置，如头枕、靠背、腰部、滑动、前垂直、后垂直的电动开关，座椅各位置传感器，安全带扣环传感器及转向盘倾斜传感器等。ECU 包括转向柱倾斜与伸缩 ECU 和电动座椅 ECU。执行机构主要包括调整座椅、调整安全带扣环及转向盘倾斜的驱动电动机等，这些电动机均可进行正反转，以执行各种装置的调整功能。

4 个位置传感器用来检测座椅的设定位置。当座椅位置设定时，驾驶员按下存储器的按钮，单片微型计算机就把这些电压信号记忆在存储器中，作为重新调整位置时的基准；使用时，只要一按相应的按钮，就能按存储的座椅位置要求调整座椅位置。

## 三、电动座椅的故障检修

电动座椅最常见的故障是座椅不能前后运动，不能上升、下降；背部支撑不动作；等等。下面以凯美瑞电动座椅电路为例，介绍电动座椅故障的检修。

### 1. 驾驶员座椅所有调节都不动作

（1）故障原因

1）座椅保险丝熔断。

2）搭铁点松落。

3）线束断路。

（2）维修思路

1）检查控制电路的供电。用万用表测量连接器 N27 的 A6 端子（正极）与车身接地点（负极）的电压，正常值应为 12 V（蓄电池电压）；否则，应检查蓄电池电压、30 A 保险丝以及蓄电池至保险丝之间的线束是否断路。

2）检查控制电路的搭铁。用万用表“电阻”挡测量 N27 的 A5 端子与搭铁点 E2 之间是否导通，正常情况应导通，否则检查 N27 的 A5 端子与搭铁点 E2 之间连接是否牢固。

3）检查连接器。用万用表“电阻”挡测量 N27 的 A6 端子与 B8、B9 之间是否导通，正常情况应导通，否则应更换连接器 N27。

### 2. 电动座椅不能向前或向后移动

（1）故障原因

1）驾驶员座椅开关损坏。

2）滑动电动机损坏或电动机被卡死。

3）线束断路等。

（2）维修思路

1）检查驾驶员座椅开关。用试灯或发光二极管测试驾驶员座椅调节开关端子“9”至车身的接地情况，且按住“驾驶员座椅向前”开关，试灯应点亮；否则表明“驾驶员座椅向前”开关损坏，应更换。然后，用试灯检查驾驶员座椅开关端子“6”至车身的接地情况，且按住“驾驶员座椅向后”开关，试灯应点亮；否则表明“驾驶员座椅向后”开关损坏，应更换。

2）检查连接线束。用万用表检查驾驶员座椅调节开关“9”至座椅滑动电动机“1”，驾驶员座椅调节开关“6”至座椅滑动电动机“2”间的线束导通情况。如不导通，则说明线束断路或与端子连接不良，应更换或检修。

3）检查滑动电动机。用试灯两端分别接滑动电动机插件端子“1”与“2”，并分别按下座椅调节“向前”“向后”开关，试灯应分别点亮；否则说明接插件接触不良。试灯分别点亮说明滑动电动机损坏或电动机被卡死，应检修或更换。

### 3. 电动座椅不能升降

（1）故障原因

1）驾驶员座椅开关损坏。

2）升降电动机损坏或电动机被卡死。

3）线束断路等。

（2）维修思路

1）检查驾驶员座椅开关。用试灯或发光二极管测试驾驶员座椅开关端子“10”至车身的接地情况，并按住“驾驶员座椅上升”开关，试灯应点亮；否则表明“驾驶员座椅上升”开关损坏，应更换。然后，用试灯检查驾驶员座椅开关端子“5”至车身的接地情况，且按住“驾驶员座椅下降”开关，试灯应点亮；否则表明“驾驶员座椅向后”开关损坏，应更换。

2）检查连接线束。用万用表检查驾驶员座椅调节开关“10”至座椅滑动电动机“1”，驾驶员座椅调节开关“5”至座椅升降电动机“2”间的线束导通情况。如不导通，则说明线束断路或与端子连接不良，应更换或检修。

3）检查滑动升降电动机。用试灯两端分别接升降电动机插件端子“1”至“2”，并分别按下座椅“向下”“向上”调节开关，试灯应分别点亮；否则说明接插件接触不良。试灯分别点亮说明滑动电动机损坏或电动机被卡死，应检修或更换。

### 4. 座椅靠背不能前后调节

（1）故障原因

1）驾驶员座椅开关损坏。

2）靠背前后电动机损坏或电动机被卡死。

3）线束断路等。

（2）维修思路

1）检查驾驶员座椅开关。用试灯或发光二极管测试驾驶员座椅调节开关端子“3”至车身的接地情况，且按住“驾驶员座椅靠背向前”开关，试灯应点亮；否则表明“驾驶员座椅靠背向前”开关损坏，应更换。然后，用试灯检查驾驶员座椅调节开关端子“2”至车身的接地情况，并按住“驾驶员座椅靠背向后”开关，试灯应点亮；否则表明“驾驶员座椅靠背向后”开关损坏，应更换。

2）检查靠背前后电动机。用试灯两端分别接靠背前后电动机插件端子“1”至“2”，并分别按下座椅“向后”“向前”调节开关，试灯应分别点亮；否则说明接插件接触不良。试灯分别点亮说明滑动电动机损坏或电动机被卡死，应检修或更换。

3）检查连接线束。用万用表检查驾驶员座椅调节开关“3”至座椅靠背前后调节电动机“2”，驾驶员座椅调节开关“2”至座椅靠背前后电动机“1”间的线束导通情况。如不导通，则说明线束断路或与端子连接不良，应更换或检修。

### 5. 座椅靠背不能上下调节

（1）故障原因

1）驾驶员座椅调节开关损坏。

2）靠背上下电动机损坏或电动机被卡死。

3）线束断路等。

（2）维修思路

1）检查驾驶员座椅调节开关。用试灯或发光二极管测试驾驶员座椅开关端子“7”至车身的接地情况，并按住“驾驶员座椅靠背向上”开关，试灯应点亮；否则表明“驾驶员座椅靠背向上”开关损坏，应更换。然后，用试灯检查驾驶员座椅调节开关端子“8”至车身的接地情况，并按住“驾驶员座椅靠背向下”开关，试灯应点亮；否则表明“驾驶员座椅靠背向下”开关损坏，应更换。

2）检查靠背上下电动机。用试灯两端分别接靠背前后电动机插件端子“1”至“2”，并分别按下座椅“向上”“向下”调节开关，试灯应分别点亮；否则说明接插件接触不良。试灯分别点亮说明滑动电动机损坏或电动机被卡死，应检修或更换。

3）检查连接线束。用万用表检查驾驶员座椅调节开关“7”至座椅靠背上下调节电动机“2”、驾驶员座椅调节开关“8”至座椅靠背上下电动机“1”间的线束导通情况。如不导通，则说明线束断路或与端子连接不良，应更换或检修。

### 6. 座椅腰部支撑不能调节

（1）故障原因

1）驾驶员座椅腰部支撑控制开关损坏。

2）驾驶员座椅腰部支撑控制电动机损坏或电动机被卡死。

3）线束断路等。

（2）维修思路

1）检查驾驶员座椅腰部支撑控制开关。用试灯或发光二极管测试驾驶员座椅腰部支撑控制开关端子“4”至车身的接地情况，并按住“驾驶员座椅腰部支撑控制向前”开关，试灯应点亮；否则表明“驾驶员座椅腰部支撑控制向前”开关损坏，应更换。然后，用试灯检查驾驶员座椅腰部支撑控制开关端子“1”至车身的接地情况，并按住“驾驶员座椅腰部支撑控制向后”开关，试灯应点亮；否则表明“驾驶员座椅腰部支撑控制向后”开关损坏，应更换。

2）检查驾驶员座椅腰部支撑控制电动机。用试灯两端分别接腰部支撑控制电动机插件端子“1”至“2”，并分别按下驾驶员座椅腰部支撑控制“向前”“向后”开关，试灯应分别点亮；否则说明接插件接触不良。试灯分别点亮说明滑动电动机损坏或电动机被卡死，应检修或更换。

3）检查连接线束。用万用表检查驾驶员座椅腰部支撑控制调节开关“1”至座椅腰部支撑控制前后调节电动机“2”，驾驶员座椅腰部支撑控制调节开关“8”至座椅腰部支撑控制电动机“1”间的线束导通情况。如不导通，则说明线束断路或与端子连接不良，应更换或检修。

## 典型故障案例

在掌握了汽车电动座椅的维修知识后，可以解决前面遇到的宝来1.8 L驾驶员电动座椅无记忆功能，手动调节也无法调整的故障问题了。

**故障分析：**

车主反映该故障已修理了好几次，最后确定座椅调节控制单元损坏。座椅调节控制单元车主已经买到，只要装上就可以。该车座椅带有记忆功能，带座椅和后视镜的8度调节记忆功能。座椅和后视镜的调节位置被存储在座椅调节控制单元存储器内，每个存储器按钮都可以记忆某一个人的不同位置。换驾驶员时，按下相应的按钮，座椅和后视镜将自动移动到所设定的位置。该记忆功能也可以通过遥控钥匙实现；记忆系统在任何时候都可以用红色开关关闭，此时座椅可以通过开关手动调整。

接车后按动开关，座椅无反应，连接V. A. G5051，选择地址码36，进入座椅调节控制单元，读取故障码为01008，紧急切断开关无操作/偶然。根据故障现象，该故障码不会造成座椅调节功能完全丧失。在车主的一再要求下，更换了车主购买的座椅调节控制单元并匹配，但是故障依旧。按动开关，能听到座椅调节控制单元内部继电器动作的声音。造成这种故障现象的主要原因为座椅调节控制单元搭铁或供电不良。

**故障排除：**

1）T2b/2是负极，取下T2b插头，用万用表一端接蓄电池的负极，另一端接插头T2b/2，测量电阻为0 Ω，说明搭铁正常。

2）T2b/1是常电，量取T2b/1的电压为8.0 V，电压不正常；利用灯泡检查，发现灯泡不亮；直接给T2b/1提供12 V电源，座椅调节功能正常。由此说明T2b/1电源电压不良。

3）根据电路查找 T6g 红色插头，发现在座椅下方；测量 T2b/1 与 T6g/3 之间的红蓝线，导通正常；根据电路图，发现 T6g/3 红白线与 S44 熔断器片相连。S44 是座椅调节熔断器，装在附加熔断器支架上。然后取下 S44，测量电阻为 34.6 Ω，新熔断器片的电阻为 0.6 Ω，取下有故障的熔断器片的外壳，发现熔断器片内部触点烧蚀，造成接触电阻变大，导致供给座椅调节控制单元的电压不足。

更换相同规格的熔断器片，试车发现座椅调节功能恢复正常。

一辆行驶 18.2 万 km，为手动变速器，2010 年产长安福特福克斯 1.8 L 轿车，用户反映，该车偶尔会出现电动车窗玻璃无法升降的故障，要求给予维修。

要维修该故障，需熟悉电动车窗的组成及工作原理，了解车窗升降器总成的拆装要点，掌握电动车窗故障的检修方法。

# 情境四 电动车窗与电动天窗

## 一、传统电动车窗的组成与工作原理

### 1. 传统电动车窗的组成

电动车窗是指用伺服电动机驱动玻璃的升降，它取代了传统的转动摇柄升降玻璃，使得玻璃的升降更加轻松。

电动车窗又称电动门窗。驾驶员或乘客可在座位上操纵控制开关，利用电动机驱动玻璃升降器来实现车窗玻璃的升降。电动车窗主要由玻璃升降器、直流电动机、控制开关（主控开关、分控开关）等组成，如图 7.28 所示。

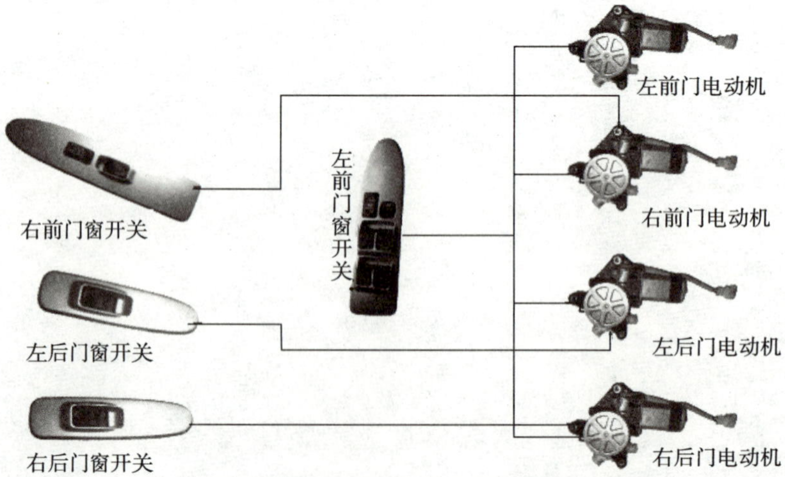


图 7.28　电动车窗的组成

（1）玻璃升降器

常用的玻璃升降器有齿扇式玻璃升降器、钢丝滚筒式玻璃升降器和齿条式玻璃升降器三种，如图 7.29 所示。

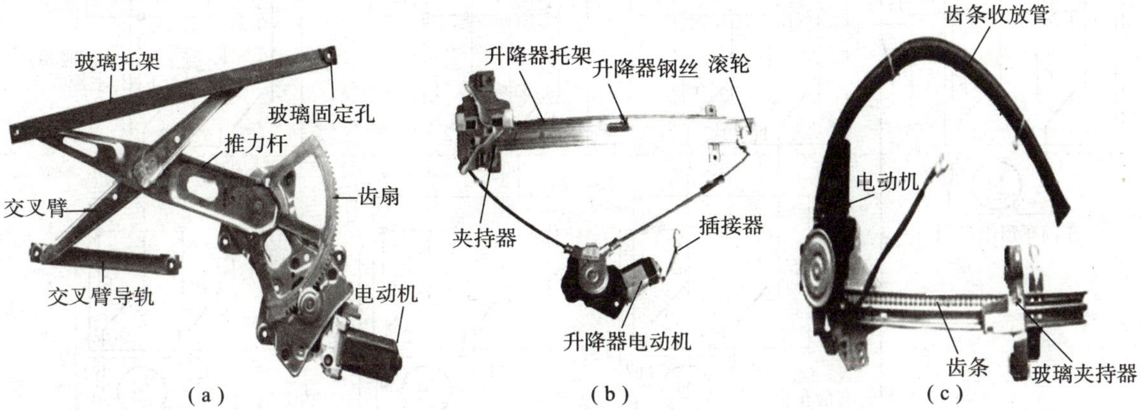


**图 7.29　玻璃升降器**

（a）齿扇式玻璃升降器；（b）钢丝滚轮式玻璃升降器；（c）齿条式玻璃升降器

1）齿扇式玻璃升降器。齿扇式玻璃升降器［见图 7.29（a）］，其双向直流电动机带动蜗轮蜗杆，经减速改变方向后驱动齿扇从而使玻璃做上下移动。齿扇上安有螺旋弹簧，当门窗下降时螺旋弹簧收缩，吸收能量；当门窗上升时螺旋弹簧伸展，放出螺旋能量，以减轻电动机的负荷，从而使直流电动机无论是上升还是下降，都能达到双向负荷平衡的目的。

2）钢丝滚筒式玻璃升降器。钢丝滚筒式玻璃升降器［见图 7.29（b）］，其在双向直流电动机前端安装有减速机构，其上装有一个绕有钢丝的滚筒，将玻璃卡座固定在钢丝上即可在滑动支架上移动。

3）齿条式玻璃升降器。齿条式玻璃升降器采用柔性齿条和小齿轮［见图 7.29（c）］。当电动机转动时，蜗轮蜗杆将动力传给小齿轮，小齿轮使齿条移动，齿条通过拉绳带动车窗升降。

（2）直流电动机

电动车窗上采用的电动机为双向永磁式电动机，每个车窗都安装一个电动机。

采用永磁式电动机时，电动机不直接搭铁，电动机的搭铁由开关控制，通过改变电动机的电流方向来改变电动机的转向，从而实现车窗的升降。其控制电路如图 7.30 所示。

为了防止电动机过载，在电路或电动机内装有双金属片式热敏断路器，用以控制电动机中的电流，它会自动断路，防止电动机因卡死或长时间通电而导致大电流烧坏。

（3）控制开关

所有车窗系统都有两套控制开关（见图 7.28）：一套是主控开关，安装在驾驶员侧车门扶手上或仪表板上，驾驶员可以通过它控制所有玻璃的升降；另一套是分控开关，安装在乘客侧车门中部，可由乘客操纵。主控开关上还安装有控制分开关的安全开关 K（见图 7.30）。如果断开它，分开关就不起作用。

向上按开关玻璃上升，向下按开关玻璃下降；有的开关还可以点动，即轻点一下就可连

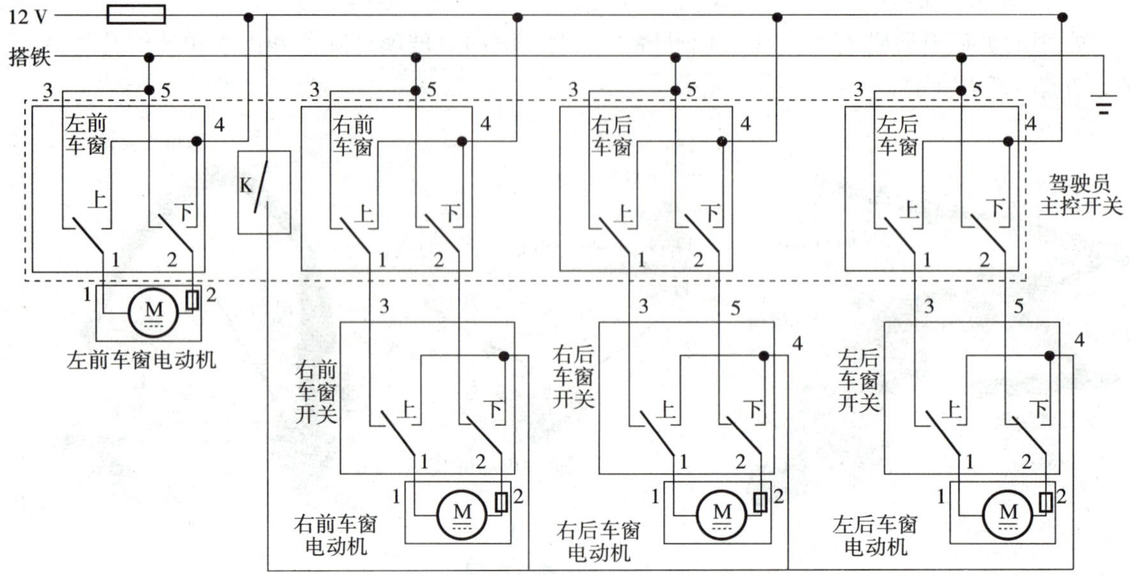


**图 7.30　电动机的控制电路**

续上升或下降。在收费站交费时，这个功能就比较有用。

## 2. 电动车窗的工作原理

（1）电动车窗的结构与接线原理

1）手动控制开关。电动车窗开关的结构有多种，如图 7.31 所示。

（a）　　　　（b）

**图 7.31　电动车窗开关的结构**

（a）直列式接线开关；（b）整体式开关的正反面

电动车窗开关的接线原理如图 7.32 所示。其中，5 脚接电源“+”极，1、2 脚并联接电源“-”极，3、4 脚接电动机，不能接错。

2）自动控制开关。自动控制开关的结构如图 7.33 所示。不按开关时，触点 A、B 处于“中立”位置［见图 7.33（a）］；向前按下手动旋钮后，触点 A 与 UP（向上）接点相连，触点 B 处于原来状态［见图 7.33（b）］，电动机按 UP 箭头方向通过电流，车窗玻璃上升至关闭。当把手离开旋钮时，开关在自身回复力的作用下回到中立位置。若把手动旋钮推向车辆后方，触点 A 保持原位不动，而触点 B 则与 DOWN（向下）接点相连，电动机按 DOWN 箭头方向通过电流，电动机反转，实现车窗玻璃向下移动，直到下降到底。

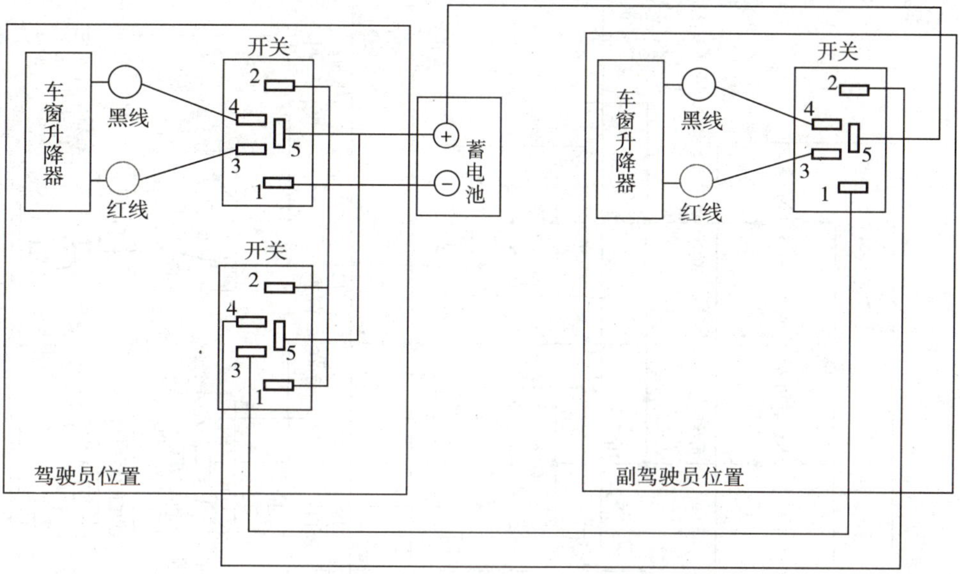


图 7.32　电动车窗开关的接线原理

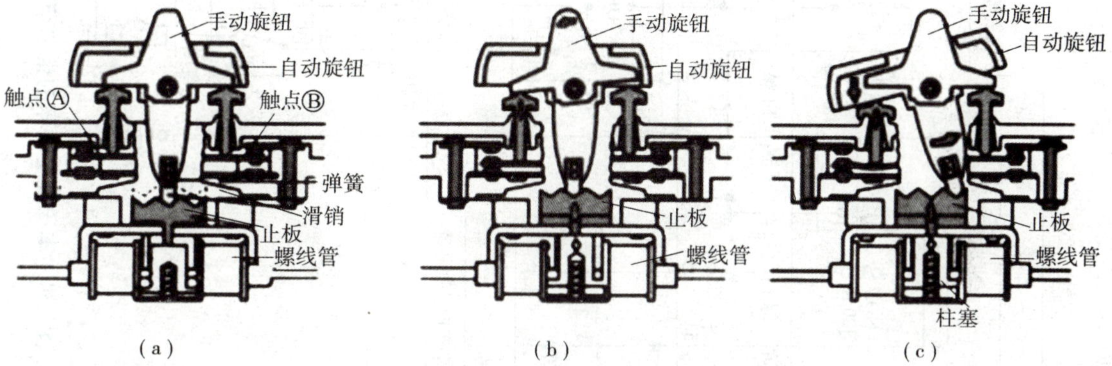


图 7.33　自动控制开关

(a)“中立”位；(b)“UP”位；(c)“DOWN”位

（2）本田飞度轿车的电动车窗控制系统

图 7.34 所示为本田飞度轿车的电动车窗控制系统电路，它采用永磁双向直流电动机驱动车窗玻璃升降。

当点火开关处于 $IG_1$ 时，电动车窗继电器线圈通电，常开触点接通，蓄电池电源至各车窗控制开关的线路接通。此时，位于驾驶员侧的主控开关能控制各车窗的动作，其他车窗控制开关只能控制相应的车窗动作；同时，驾驶员侧车窗具有自动升降功能。

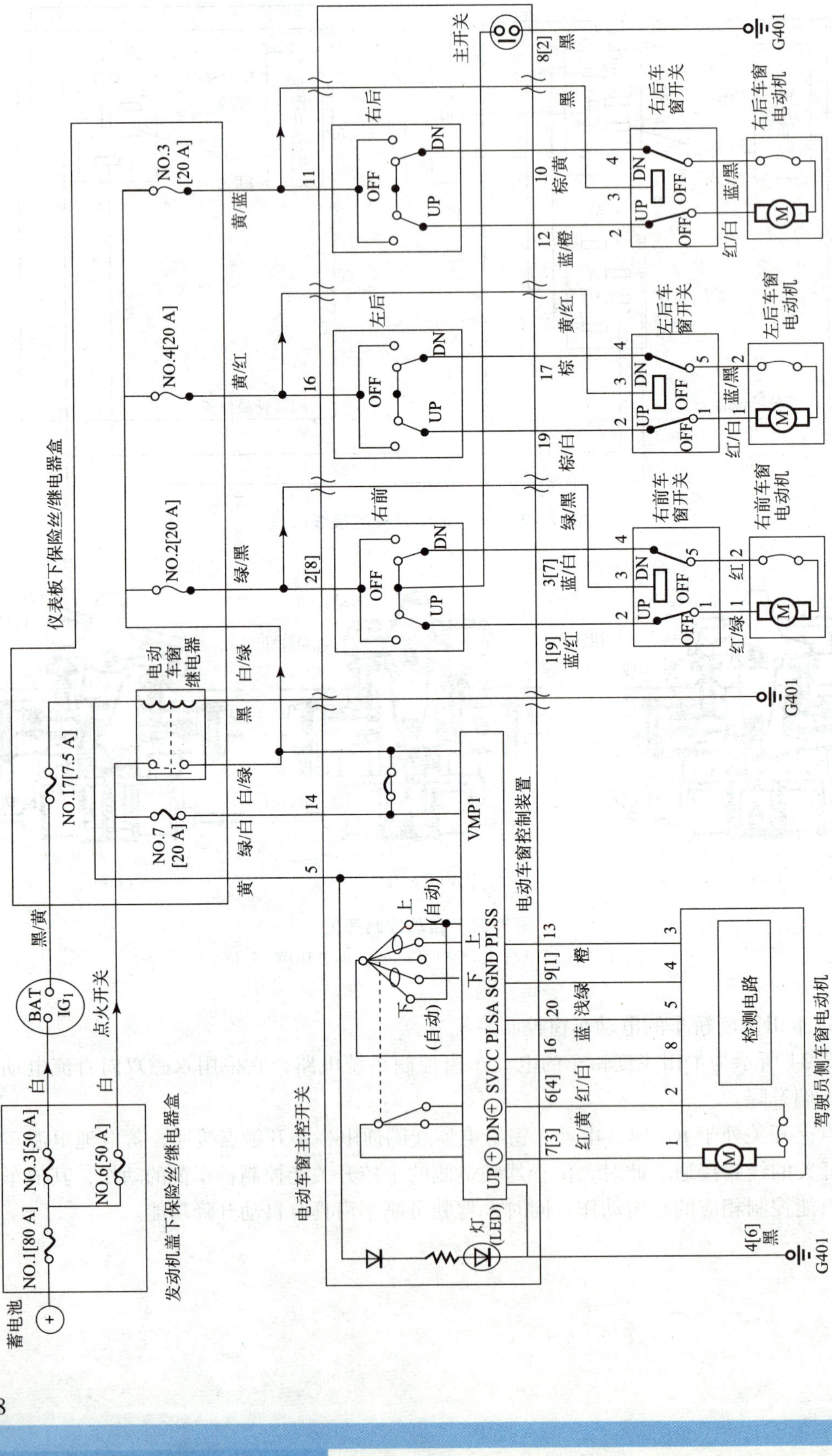

图7.34 本田飞度轿车的电动车窗控制系统电路

1）驾驶员侧车窗的控制。驾驶员侧车窗由主控开关内的电动车窗控制装置控制。电动车窗控制装置接收驾驶员侧车窗的开关信号，控制电动机的正转或反转。飞度自动车窗带有防夹功能，当选择自动升降模式时，检测电路随时检测电动机控制电流的变化，并反馈给电动车窗控制装置控制电动机的运转。

2）乘客侧车窗的控制。乘客侧车窗的控制前提条件是主开关闭合，接通搭铁的电路。以前排乘客车窗控制为例，前排乘客车窗的控制方式可分为主控开关控制和前排乘客开关控制两种。

①主控开关控制。

UP：当主控开关内控制前乘客侧的熔断器开关选择“UP”时，主控开关端子2［8］-1［9］、3［7］-8［2］接通。电流从蓄电池电源→熔断器1（80 A）→熔断器6（50 A）→电动车窗继电器→熔断器2（20 A）→主控开关端子2［8］→主控开关1［9］→前排乘客车窗开关2→右前车窗电动机1→右前车窗电动机2→前排乘客车窗开关4→主控开关3［7］→主控开关8［2］→接地G401。电动机控制回路接通，电动机正转工作，带动车窗玻璃升降器向上运动。

DN：当主控开关内控制前乘客侧的开关选择“DN”时，主控开关端子2［8］-3［7］、1［9］-8［2］接通。电流从蓄电池电源→熔断器1（80 A）→熔断器6（50 A）→电动车窗继电器→熔断器2（20 A）→主控开关2［8］→主控开关3［7］→前排乘客车窗开关4→车窗电动机2→车窗电动机1→前排乘客车窗开关2→主控开关1［9］→主控开关8［2］→接地G401。电动机控制电流反向接通，电动机反转工作，带动车窗玻璃升降器向下运动。

②前排乘客开关控制。

UP：当前排乘客车窗开关选择“UP”时，开关端子3-1、5-4接通。蓄电池电源→熔断器1（80 A）→熔断器6（50 A）→电动车窗继电器→熔断器2（20 A）→前排乘客车窗开关3→前排乘客车窗开关1→右前车窗电动机1→右前车窗电动机2→前排乘客车窗开关5→前排乘客车窗开关4→主开关→主控开关8［2］→接地G401。电动机控制回路接通，电动机正转工作，带动车窗玻璃升降器向上运动。

DN：当前排乘客车窗开关选择“DN”时，前排乘客开关端子3-5、1-2接通。蓄电池电源→发动机盖下熔断器1（80 A）→熔断器6（50 A）→电动车窗继电器→熔断器2（20 A）→前排乘客车窗开关3→前排乘客车窗开关5→右前车窗电动机2→右前车窗电动机1→前排乘客车窗开关1→前排乘客车窗开关2→主开关→主控开关8［2］→接地G401。电动机控制电流反向接通，电动机反转工作，带动车窗玻璃升降器向下运动。

左后车窗及右后车窗的控制电路分析可参考前排乘客侧车窗电路的分析。

## 二、LIN总线控制电动车窗系统

LIN总线是一种用于汽车电子系统的新型低成本串行通信网络，其目标是为现有汽车网络（如CAN总线）提供辅助功能。LIN总线主要用在一些低端方面，在这些应用中每个节点的通信成本都大大低于CAN，而且不需要CAN的高性能、高带宽和多功能等。它相对于CAN的成本小的主要原因是采用单线传输、硅片中硬件或软件的成本低，以及在从属节点中无须使用石英或陶瓷谐振器等。

相对于发动机和底盘系统控制，车身附件系统控制对安全性和可靠性等要求并不高，而车身附件的各种开关，正是车辆线束复杂的重要原因。LIN 总线能大量节省线束，且易于升级换代和便于实现诊断功能，这些特点正使它成为车身电子最重要的发展方向。

车门模块网络的工作原理：由于驾驶员车门除了要控制本车门上的车窗升降，还需控制乘客车门上的车窗升降，所以将驾驶员车门的车窗控制模块作为主节点，其他乘客车门的车窗控制模块作为从节点。考虑成本和软件设计的方便性，乘客车门的车窗控制模块采用了相同的硬件。

在 LIN 网络中，主节点（驾驶员车门模块）的主要任务是采集 4 个车窗的上升和下降信号，另加一个儿童锁和一个点火开关信号，同时控制整个网络通信的发起，即各数据帧之间的时间间隔。在硬件设计中，每个微动开关都占用一个 I/O 口，默认无效的状态为高电平，当按下或拔起相应的开关时，对应的 I/O 输入端变为低电平。为了实现驾驶员车窗的自动下降功能，将其对应的输入接到了定时器模块的输入捕捉通道上，这样就可以通过捕捉下降沿来开始计时，从而区别出手动和自动状态（按键时间 $<300$ m/s，自动）；只有在点火开关的信号有效时，各车窗才可以升降，而在点火开关关闭的 60 s 内，仍认为其处于有效状态。另外，还将点火开关和儿童锁信号的有效性通过 LIN 总线数据位的某些数据值体现出来，从节点通过判断这些数据位的数值便可得到相应的状态信息，从而控制相应的电动机动作。

从节点的主要功能是通过接收由主节点发来的控制信息和本身从微动开关所采集到的状态信息，控制相应的车窗电动机工作。

在整个的控制逻辑中，当驾驶员按下儿童锁后，不能通过控制其他三个车门的按键来控制车门上升和下降，所对应的工作指示灯也熄灭，表明从节点自己不可控制自己电动机的升降。从节点通过判断 LIN 数据的变化情况，来确定是自动下降或点动下降以及点动上升。

车窗开关的结构如图 7.35 所示。车窗开关由外壳、后盖及电路板组成。电动车窗开关电路属于 LIN 总线控制型，里面有集成电路板，不能用传统的方法检测。集成电路板背面的触点应保持清洁，如有灰尘会造成开关失灵。驾驶员侧开关比较复杂，右前、右后与左后三个车窗开关结构相似，比驾驶员侧开关简单，但不能互换。

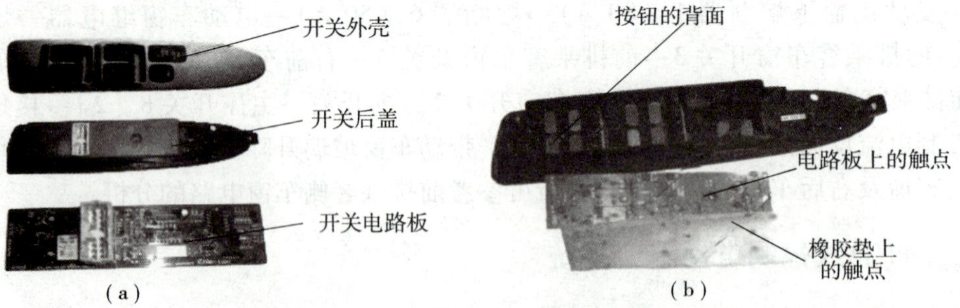


图 7.35　车窗开关的结构

(a) 结构组成；(b) 按钮触点结构

下面以长城哈佛轿车的 LIN 总线控制系统的工作原理来说明 LIN 总线的应用，如图 7.36 所示。

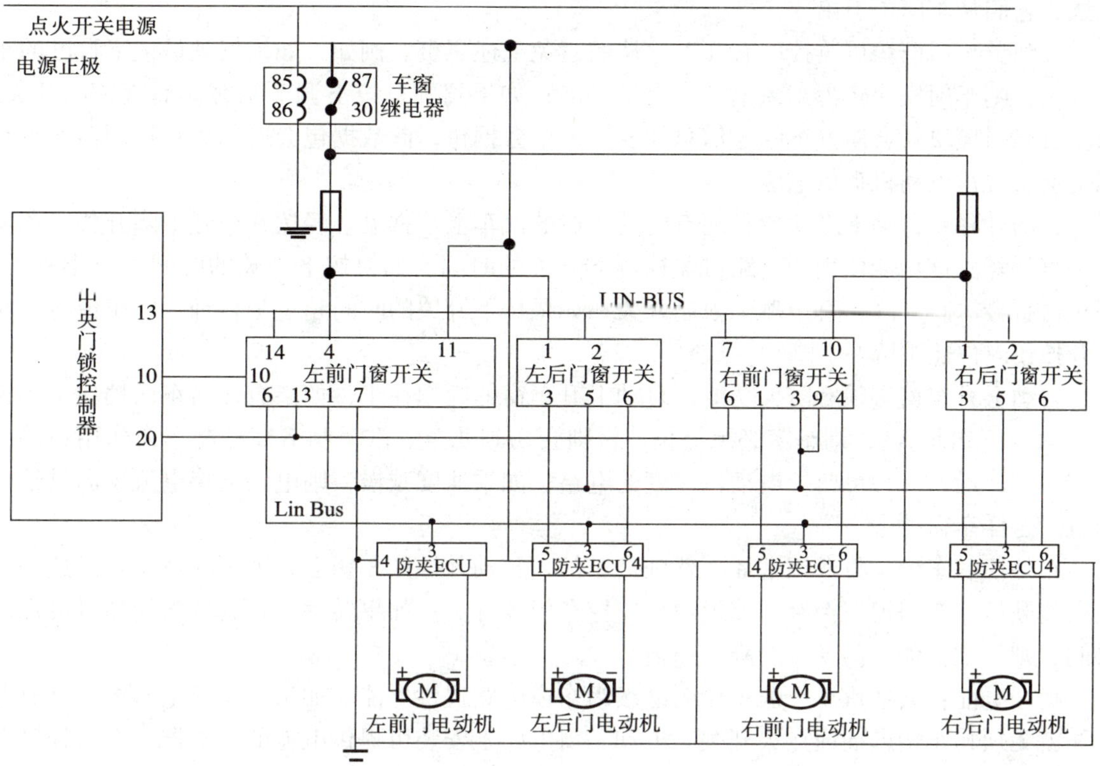


图 7.36　长城哈佛轿车 LIN 总线控制系统的工作原理

左前门窗开关电路原理：按下或拔起左前门窗开关时，电流由电源线经 11 号端子，经继电器后从 4 号端子进入开关，开关控制电动机正反向通电，最终通过 7 号端子搭铁，实现电动机的正反转。驾驶员还可以通过开关 14 号端子及 LIN 总线向其他三个门窗开关发送信号控制乘客侧玻璃自动升降。

右前门窗开关电路原理：当乘员按下或拔起右前门窗开关按钮时，电流经继电器后从 10 号端子进入开关，开关控制电动机正反向通电，最终通过开关 3 号、9 号端子搭铁，实现右前门车窗电动机的正反转。右前门窗开关 7 号端子还接收主开关经 LIN 总线发送来的信号，由驾驶员控制玻璃的升降。

左后门窗开关电路原理：按下或拔起门窗开关按钮时，电流经继电器后从 1 号端子进入开关，开关控制电动机正反向通电，最终通过开关 5 号端子搭铁，实现左后门窗电动机的正反转。左后门窗开关 2 号端子还接收主开关经 LIN 总线发送来的信号，由驾驶员控制玻璃的升降。

右后与左后门窗开关工作原理相似。

在某些汽车上，电动车窗的工作方式与传统电动车窗则完全不同；开关与车中的多个电子模块之一（一般汽车都包含有 25 个模块）连接，电动机的电能不直接经过开关。某些汽车的驾驶员车门中不仅有一个电子模块，而且还有一个被称为车身控制器的中央模块。

车门上配有大量控件的汽车就使用上述配置。有些汽车将电动车窗控制器、电动后视镜控制器、中控动力锁控制器，甚至电动座椅控制器全部装在车门上，这将导致电线太多，而无法将它们从车门中引出。

驾驶员车门模块可监控所有开关，从而避免上述累赘。例如，如果驾驶员按下自己的车窗开关，则车门模块将为车窗电动机提供电能；如果驾驶员按下调节乘客侧后视镜的开关，驾驶员车门模块就会向汽车的通信总线发送一个数据包，此数据包会通知车身控制器向乘客侧电动后视镜电动机提供电能。

自动升降：自动下降功能在配有电动车窗的汽车上很常见。轻按并松开下降开关，车窗会一直下降。该功能使用的电路可监控按下开关的时间。如果按下开关的时间不足半秒钟，则车窗将会一直下降，直至碰到限制开关；如果按下开关的时间超过半秒钟，则车窗将会在松开按钮时停止下降。

自动上升车窗必须有防夹功能。自动上升车窗的问题在于，如果有任何东西挡住了车窗的运动（例如儿童），则车窗必须停止，否则会伤到儿童。汽车制造商控制车窗作用力的一种方法是，设计一种可监控电动机速度的电路。如果速度减慢，则电路会将电流反向供给电动机，这样车窗就会下降。

车外控制车窗：将车钥匙插入驾驶员车门，转动并握住车钥匙，即可降下车窗。这一功能由驾驶员侧车门模块控制，该模块可监控车门锁开关；如果转动车钥匙的时间超过设定的时间，则驾驶员侧车门模块会降下车窗。

赠送电能：某些汽车在熄火后会继续为车窗电路提供电能。如果忘记摇上车窗，拥有此功能就无须将车钥匙插回点火开关。电动车窗电路上安装可提供电能的继电器，车身控制器会使继电器保持关闭的时间延长 1 min 左右。

遥控控制功能：当车门关好后，按下遥控器的闭（开）锁键，中央门锁控制器向玻璃升降器的主开关发送闭（开）窗信号；主开关接收到此信号后，通过 LIN-BUS 向四门升降器发送关（开）窗指令；四门电动机按左前、右前、左后、右后的顺序依次上升（下降）。如果车门没有完全关闭，自动闭窗功能将不起作用。

## 三、电动天窗的组成与工作原理

### 1. 电动天窗的组成

现在越来越多的中、高档轿车都装备了电动天窗。汽车电动天窗可以依靠汽车在行驶过程中气流在汽车顶部的快速流动，增加新鲜空气的进入，使车内空气流通，为车主带来健康、舒适的享受。天窗的作用是开阔视野，也常用于满足移动摄影摄像的拍摄需求。

电动天窗安装于车顶，是利用电动机驱动的。按下开关按钮天窗就会自动打开或关闭。汽车天窗可分为外滑式、内藏式、全景式和窗帘式等。

电动天窗主要由天窗电动机、控制开关、限位开关、滑动机构、连接机构、控制模块等组成，如图 7. 37 所示。

(1) 天窗电动机

天窗电动机通过传动装置向天窗提供开闭的动力，它能双向转动，即通过改变电流的方向改变旋转方向，实现天窗的开闭。

(2) 控制开关

控制开关主要包括滑动开关和斜升开关，如图 7. 38 所示。滑动开关有滑动打开、滑动

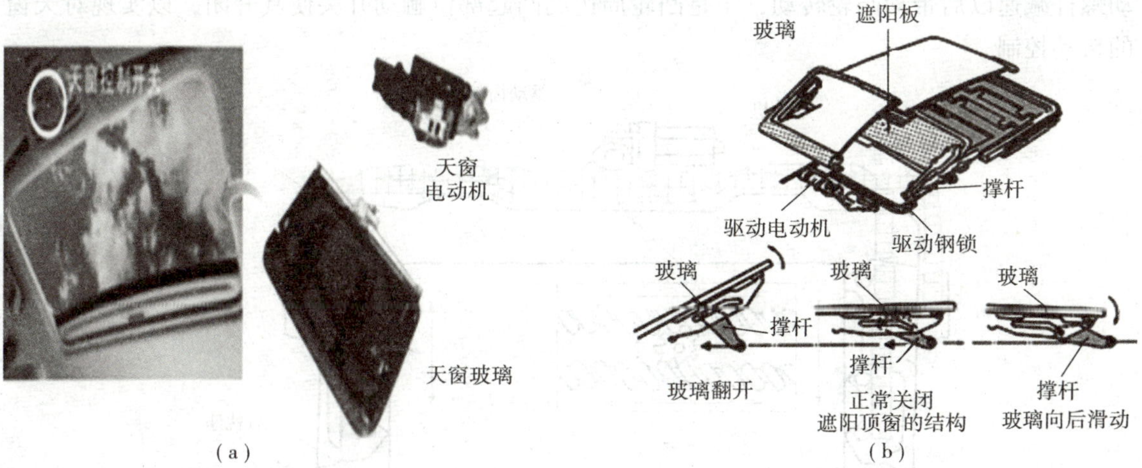


**图 7.37 电动天窗**

(a) 实物图；(b) 结构图

关闭和断开（中间位置）三个挡位。斜升开关也是有斜升、斜降和断开（中间位置）三个挡位。操作这些开关，令天窗驱动机构的电动机实现正反转，在不同状态下正常工作。工作中它们将开关信号送至电子控制器 ECU。滑动开关推向打开一侧，车顶玻璃便滑动打开；推向关闭一侧时它就做滑动关闭。在滑动关闭中，即使滑动开关处于关闭一侧，但运行至全关闭位置前约 200 mm 时，车顶玻璃的滑动便会立即停止，此时限位开关起作用。当放松或再次推动滑动开关时，车顶玻璃便会完全关闭。

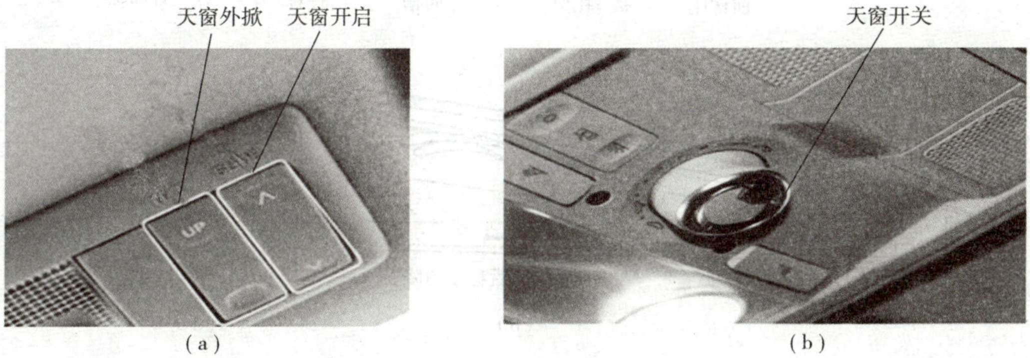


**图 7.38 控制开关**

当倾斜开关推向斜升（UP）一侧时，车顶玻璃就会斜升；推向斜降（DOWN）一侧时，车顶玻璃就会斜降；车顶玻璃是不会在同一时刻既做倾斜又做滑动运动的。其工作过程可参考图 7.39 所示的天窗滑动机构和图 7.40 所示的天窗连接机构。

（3）限位开关

限位开关主要是用来检测天窗所处的位置。限位开关有 2～3 个，它们的闭合与断开是靠凸轮来实现的。限位开关可以检测车顶玻璃所处的位置，然后将此检测信号送给电子控制器 ECU。凸轮安装在驱动机构的动力输出端。当电动机将动力输出时，通过驱动齿轮和滑动螺杆减速以后带动凸轮转动，于是凸轮周边的凸起部位触动开关使其开闭，以实现对天窗的自动控制。

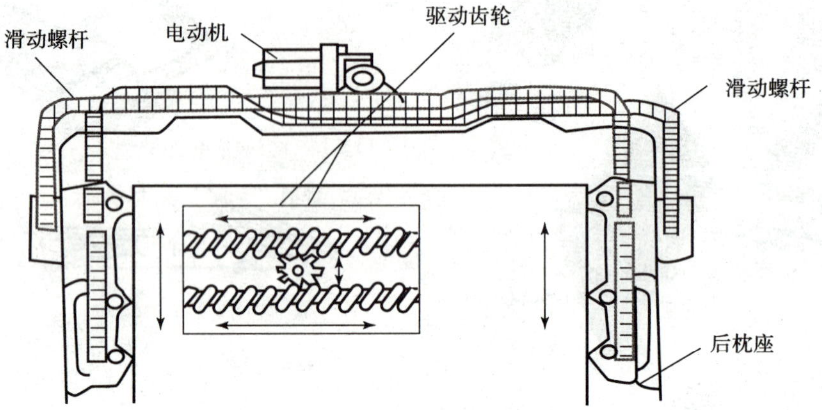


图 7.39　天窗滑动机构

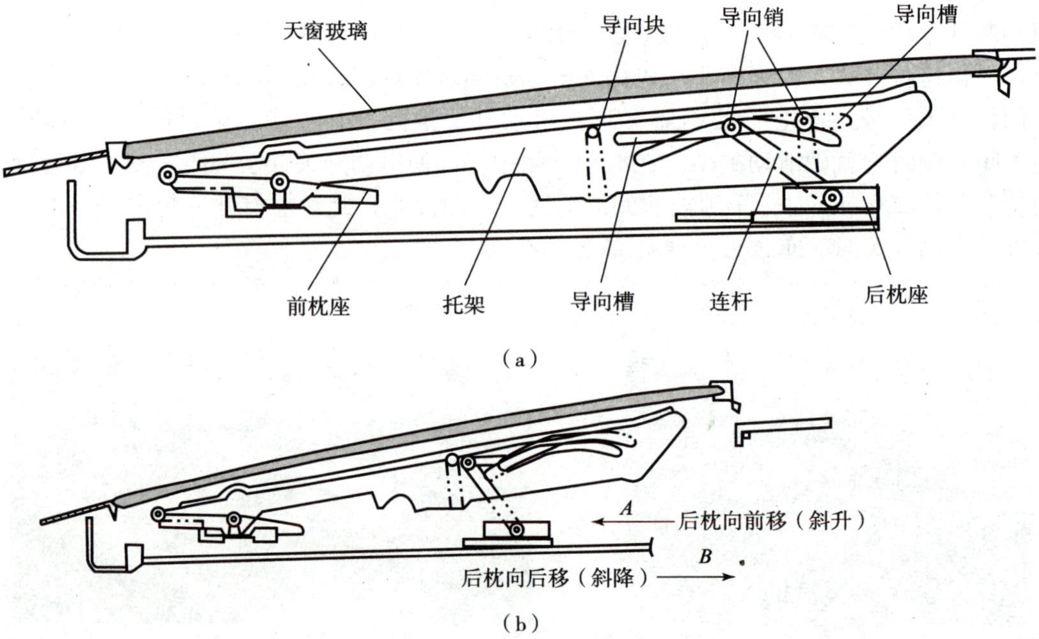


图 7.40　天窗连接机构

（a）结构图；（b）工作示意图

（4）控制模块

控制模块是一个数字控制电路，并设有定时器、蜂鸣器和继电器等，其作用是接收开关输入的信息，通过数字电路进行逻辑运算，确定继电器的动作，控制天窗开闭。

## 2. 电动车窗的控制电路

电动车窗的控制电路如图 7.41 所示。

（1）天窗打开

当接通点火开关且天窗开关按至“OPEN”位置时，信号从天窗开关送到天窗控制模块

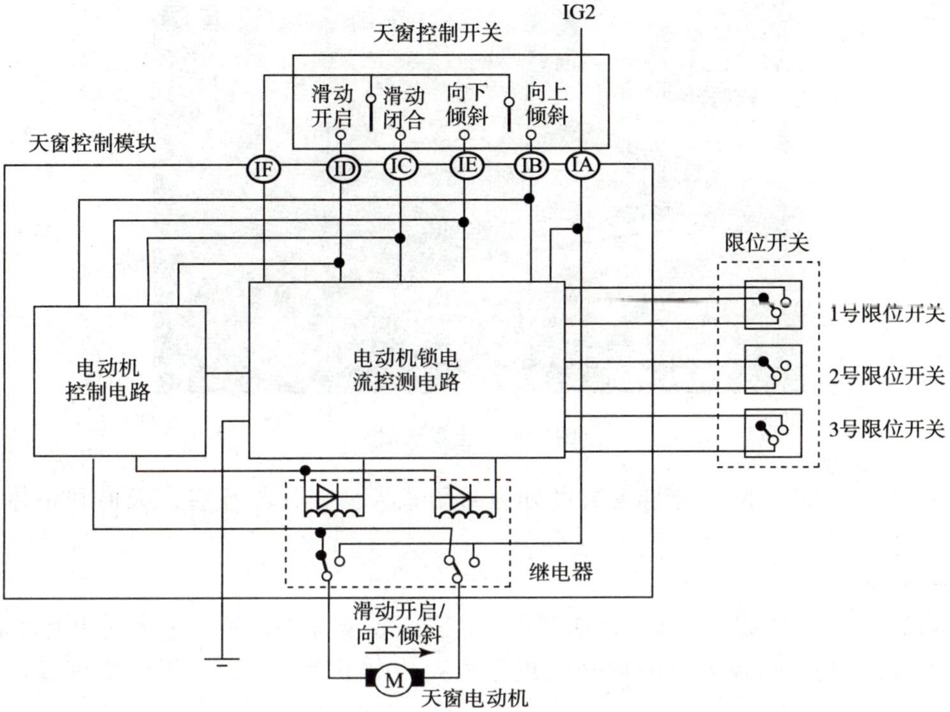


图 7.41　电动天窗的控制电路

ECU。此时天窗 2 号限位开关接通，继电器工作，电动机转动，打开天窗。

（2）天窗关闭

接通点火开关，天窗打开且 1 号限位开关和 2 号限位开关均接通。当天窗开关按至“CLOSE”位置时，信号从天窗开关送到天窗控制模块 ECU，继电器工作，电动机转动，关闭天窗。

（3）向上倾斜

接通点火开关，天窗关闭。当天窗开关按在“向上倾斜”位置，信号从天窗开关送到天窗控制模块 ECU，继电器工作，电动机转动，天窗向上倾斜。

（4）向下倾斜

接通点火开关，1 号限位开关和 2 号限位开关均断开。当天窗开关按在“向下倾斜”位置时，信号从天窗开关送到天窗控制模块 ECU，继电器工作，电动机转动，天窗向下倾斜。

（5）倾斜提示系统

天窗处于向上倾斜状态时，将点火开关从“ON”挡转至“ACC”挡或“OFF”挡，则天窗控制模块接通蜂鸣器，蜂鸣器响起以提醒驾驶员天窗处于倾斜状态。

## 四、全景天窗

全景天窗实际上是相对于普通天窗而言的。一般而言，全景天窗面积较大，甚至是整块玻璃的车顶，坐在车中可以将上方的景象一览无余。目前较多的全景天窗为前后两块单独的玻璃，分别使得前后座位都有天窗的感受，如图 7.42 所示。

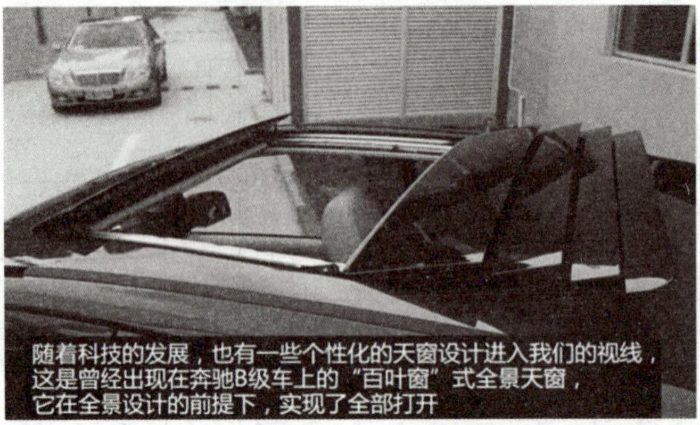


图 7.42　全景天窗

按照开启形式的不同，全景天窗可分为封闭式天窗、分段开启式天窗和整体开启式天窗。

（1）封闭式天窗

封闭式天窗由整块玻璃构成，无法开启。这种天窗实际上就是一个大面积的玻璃车顶。由于没有分段结构，车顶天窗的透光面积也很大；由于无法开启，无法实现通风换气的功能。

（2）分段开启式天窗

分段开启式天窗又分为双天窗式全景天窗和拼接式全景天窗。双天窗式全景天窗，是指在前座顶部，仍然是与标准天窗一样的普通天窗，然后在后座顶部，设计师再加入一个不可开启的“天窗”，从而可以给车内带来更多的透光量，达到类似全景天窗的效果。拼接式全景天窗由前后两个天窗组成，只不过前后两个天窗重叠，且重叠量很小，类似一个整体；天窗面积很大。因此也可以把这类天窗归为整体开启式全景天窗。

（3）整体开启式天窗

整体开启式天窗有着全景天窗大面积的采光能力，在功能上又不输普通天窗，但是由于结构原因，它的面积往往比拼合式的要小，面积一般不超过车顶面积的一半。整体式天窗的好处在于中间没有隔断，具备外掀和滑动的功能。

配备全景天窗的常见车型有别克君越、第八代索纳塔、萨拉毕加索、雷诺风景、欧宝雅特 GTC、起亚 k5、日产天籁、上海通用凯迪拉克 XTS 等。

## 五、车窗升降器的拆装

### 1. 车窗升降器的拆解

1）拆下车窗玻璃开关的紧固螺钉，如图 7.43 所示。

2）取出车窗玻璃开关总成，并断开其线束插头，分别如图 7.44 和图 7.45 所示。

3）拆下车门内拉手的固定螺钉，拆下车门内拉手，如图 7.46 所示。

4）取下车门护板总成后，露出车门护垫如图 7.47 所示。

5）拆下车门护板支撑架，取下防水膜，如图 7.48 所示。

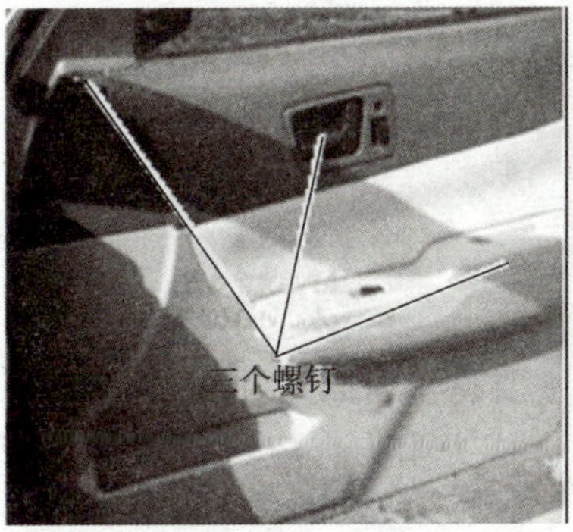


图 7.43　拆下车窗玻璃开关的紧固螺钉

图 7.44　取出车窗玻璃开关总成

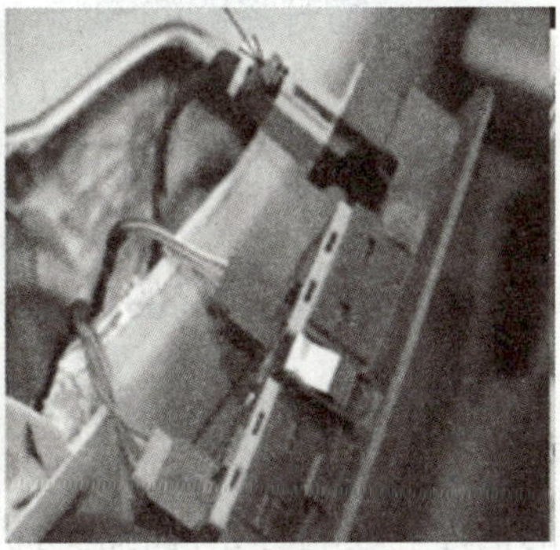

图 7.45　断开线束插头

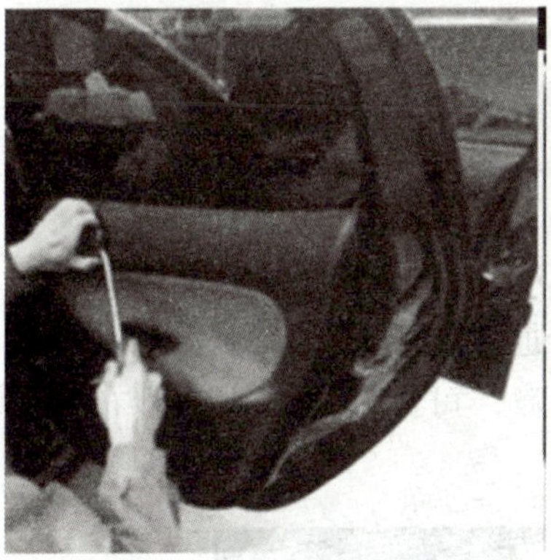

图 7.46　拆下车门拉手

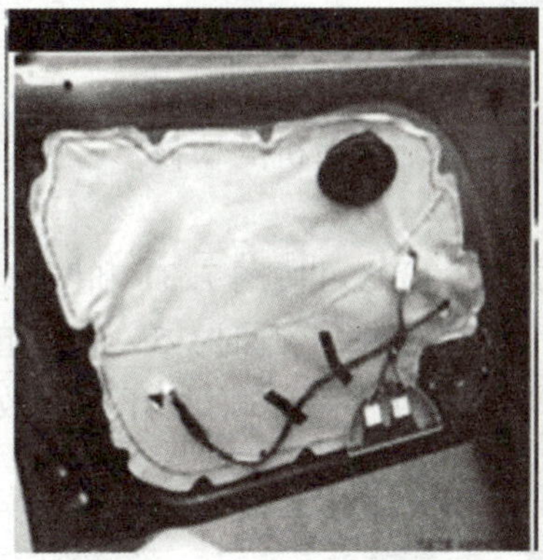

图 7.47　拆下车门内饰

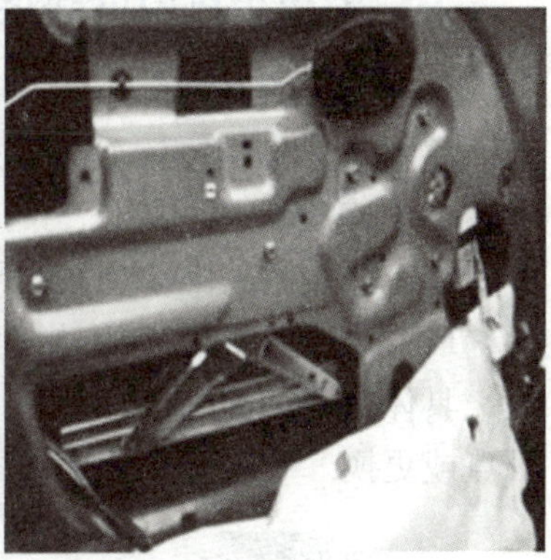

图 7.48　取下防水膜

6）将玻璃升降开关与线束重新连接好，然后将门窗玻璃升到相应位置，如图 7.49 所示。

7）拆下车窗玻璃升降器与玻璃的紧固螺钉，取出车窗玻璃，如图 7.50 所示。

8）断开车窗玻璃升降器线束插头。

9）取出车窗玻璃升降器，如图 7.51 所示。

图 7.49　插头对插

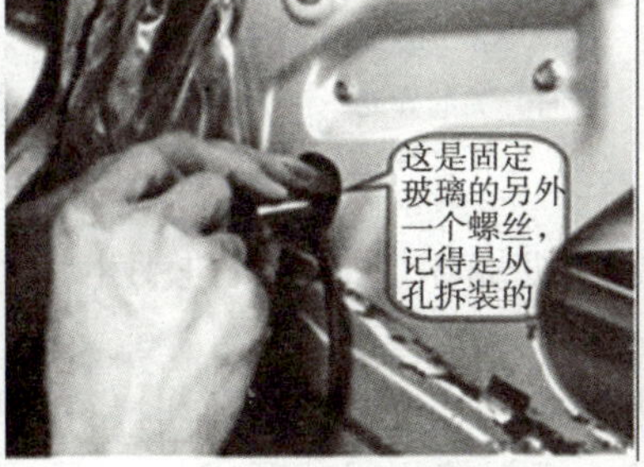


图 7.50　拆固定螺钉

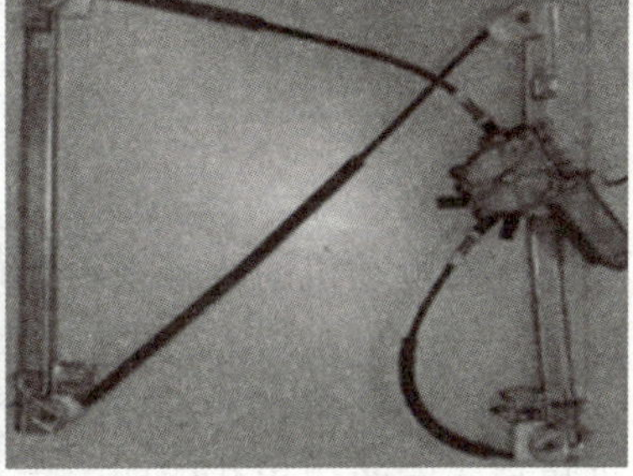

图 7.51　取出车窗玻璃升降器

### 2. 车窗升降器的安装

按拆卸相反的顺序进行安装。

**【特别提示】** 安装、调整完后，应确保车窗玻璃能平稳、顺利地上升和下降。

## 六、电动车窗的保养

1）电动车窗的耗电量很大，所以电池较弱的汽车，注意不要将车窗同时开或关。

2）为使玻璃顺利滑动，要尽量减少阻力；玻璃的污损也会成为阻力，应经常保持车窗的洁净。玻璃与导轨的滑动状况差时，可涂上橡胶保养剂。

3）要注意车窗机械部分的润滑及清洁。电动车窗动作不顺畅的原因多为车门内部升降机里的油分耗尽，此时应往车窗的升降器各活动部位涂抹润滑油。

## 七、电动车窗的故障检修

### 1. 零部件的检修

零部件的检修包括车窗开关和车窗电动机的检修。

（1）车窗开关的检修

车窗开关的故障多为触点烧蚀，检修可按图 7.31 和图 7.32 的原理进行。当不按压开关时，1－2 脚相通，3－4 脚相通；当按开关上升时，5－3 脚相通，按开关下降时，5－4 脚相通，具体检测如图 7.52 所示。如与标准不符，则是开关有故障，可分解开，用细砂布打磨触点或更换。

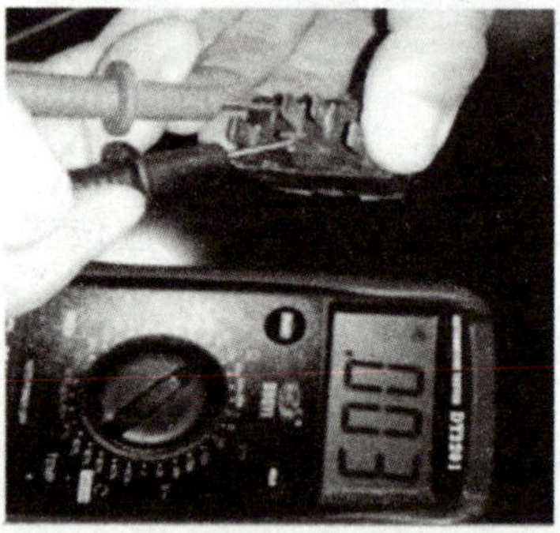

（a）

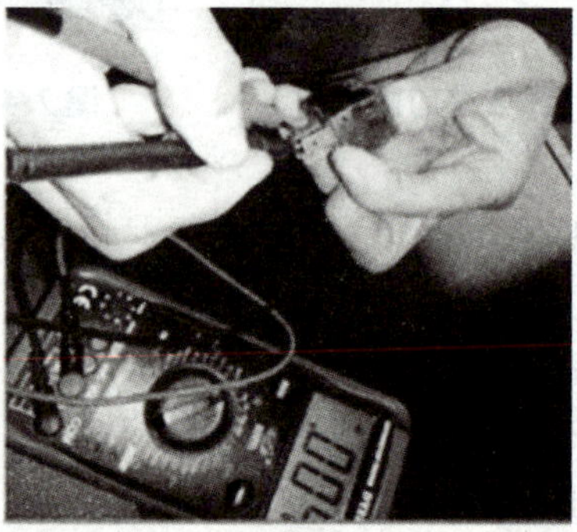

（b）

图 7.52 玻璃升降开关的检测

（a）测量上升时开关的导通；（b）测量下降时开关的导通

（2）车窗电动机的检修

车窗电动机的故障主要有电动机烧坏、电动机进水生锈、电动机电刷因磨损而接触不良等。

判断电动机是否有故障的方法是：当车窗不工作时，用试灯（最好用灯泡做）代替电动机接入电路，当分别按压开关上升和下降时，若试灯都亮，则证明电动机有故障；若试灯都不亮或只有一个方向亮，则证明开关或线路有故障。

### 2. 电动车窗常见的故障

电动车窗常见的故障有所有车窗均不能升降、部分车窗不能升降、车窗只能上升或只能下降、电动车窗有异响等。

（1）所有车窗均不能升降

1）故障原因：

①熔断器断路。

②线路断路，接触不良；搭铁点锈蚀、松动。

③主控开关损坏。

④直流电动机损坏。

2）维修思路：

①检查熔断器是否断路。

②若熔断器良好，则应将点火开关接通，检查点火开关接线柱上的电压是否正常。若电压为零，则应检查电源线路；若电压正常，则应检查搭铁线是否良好。

③若搭铁不良时，应清洁、紧固搭铁线；若搭铁良好，应对主控开关、直流电动机进行检查，可参考开关、电动机的检修方法进行检修。

（2）部分车窗不能升降

1）故障原因：

①该车窗按键开关损坏。

②该车窗电动机损坏或者升降器机械方面出现故障。

③连接导线断路。

④主控开关损坏。

2）维修思路：

①检查主控开关中的安全开关是否正常，该车窗的按键开关工作是否正常。

②检查该车窗的电动机正反转是否运转稳定。

③检查连接导线。若车窗只能向一个方向运动，一般是按键开关故障或部分线路断路或接错。

④进行机械方面的检查，具体包括轨道的固定是否松动、轨道槽是否出现卡滞或变形、钢丝是否断裂、玻璃胶条是否脏污、车门是否变形等。

（3）电动车窗只能有一个方向工作

1）故障原因：

①车窗开关故障。

②线路故障。

2）维修思路：

①开关故障可按本部分零件故障检修方法进行检修。

②线路故障可参考电动机的检修方法进行。当试灯都不亮或只有一个方向亮时，可用试灯一端搭铁，另一端分别测试电动机的两端接线是否有电或搭铁来判断故障所在。

（4）电动车窗有异响

1）故障原因：

①传动机构调整不当。

②卷丝筒内铜丝绳脱槽。

③电动机盖板或固定架与车窗玻璃碰擦。

2）维修思路：

①检查调整各部件连接情况。

②检查调整钢丝绳的位置。

③检查安装的支架弧度是否正确。

对电动天窗系统故障可按表 7.1 所示进行故障诊断。

表 7.1　电动天窗系统故障诊断表

| 故障现象 | 故障部位 |
| --- | --- |
| 天窗系统不工作 | 天窗保险丝熔断，继电器故障，线束故障 |
| | 天窗限位开关故障 |
| | 驱动电动机齿轮损坏，传动齿条损坏 |
| | 天窗控制模块故障 |
| | 天窗滑动导轨有灰尘、污物堵塞 |
| 滑动天窗系统运行一半后停止工作 | 天窗开关故障 |
| | 天窗限位开关故障 |
| | 天窗滑动导轨有灰尘、污物堵塞 |
| | 天窗驱动齿轮故障，传动齿条损坏 |

## 典型故障案例

在掌握了汽车电动车窗的维修知识后，现在就可以一起来解决前面遇到的福克斯偶尔出现电动车窗玻璃无法升降的故障问题了。

**故障现象：**

用遥控器打开、关闭几次全部车窗玻璃后，发现电动车窗玻璃有只能下降不能上升的现象，同时安全气囊报警灯点亮，外界温度无显示。

**维修过程：**

接车后，对该车进行试车，发现确实存在客户反应的故障。同时还发现，当通过总控开关单独控制右后电动车窗玻璃几次后，也会出现全部电动车窗玻璃无法升降的现象；而用总控开关控制其他车门电动车窗玻璃，则不会出现此现象。

福克斯轿车的车身电气控制系统中，4 个电动车窗玻璃分别由 4 个门控单元控制，玻璃电动机与门控单元组合在一起，4 个门控单元通过 CAN 网络进行通信。根据维修经验，该车的电动车窗控制系统可能存在的问题有多功能模块故障，网络故障，门控单元故障，相关线路、开关或电动机故障。

结合该车的故障症状，分析认为可能是CAN网络的原因。因为如果是个别车门控单元、电动机或开关出现问题，不会引起所有车窗功能全部失效。连接诊断仪进行检测，显示了以英文字母U和P开头的多个故障码，内容是关于仪表和PCM的。鉴于有CAN网络的相关故障码，怀疑CAN网络电压异常，于是决定在诊断口处测量CAN网络电压。根据该车的网络图在诊断口处测量CAN网络电压，测量发现HS-CAN网络电压及电阻均正常；MS-CAN的“+”“-”端子均无电压，终端电阻为60 Ω。在该车网络系统中，2个终端电阻分别安装在通用电器模块（GEM）和仪表控制单元（ICM）上，为此决定对它们进行重点检查。经检查发现，为GEM供电的F46熔断器熔断，但检查相关线路并未发现有短路的地方。更换该熔断器后，起初反复试车，车窗玻璃的升降功能正常，但经过多次操作后上述故障再次出现。此时再次检查F46熔断器，正常；再次利用诊断仪进行检测，又显示了多个故障码。但这些故障码与先前的故障码有所不同，出现了与GEM、RCM（安全气囊控制模块）及门控单元相关的故障码。鉴于GEM、RCM及门控单元均是MS-CAN网络中的控制单元，外界温度的信号传递也是先通过线路传送至GEM，再通过MS-CAN网络传送到组合仪表，而故障出现时又恰好仪表板上的安全气囊警告灯点亮，外界温度无显示，由此断定故障应出在MS-CAN网络上。于是决定再次测量MS-CAN线的电压。测量MS-CAN的2根数据线电压，H线的电压为0 V，继续测量诊断插接器端子3和端子4间的电阻，也接近0 Ω，这说明MS-CAN的H线搭铁短路。

那么短路点会在哪儿呢？根据该车的网络图，先将C112号插接器断开，此时MS-CAN网络的H线不会搭铁短路。重新连接好C112线插接器后，再继续断开其后的门控单元导线侧的插接器进行检查，发现当切断右后门控制单元的C54插接器时，H线不会搭铁短路，看来问题就在此处。于是拆开右后门内饰板，检查发现门内数据线线束的卡扣没有固定好，其中一根已经被玻璃托架磨破了，从而导致MS-CAN网络的H线搭铁短路。因此对磨破的MS-CAN网络H线进行修复、固定后故障排除。

原因分析：由于该车装备为多路控制，一旦网络系统出现故障，往往会出现“群死群伤”、完全瘫痪的现象。

一辆 2014 年产帕萨特 B5 1.8T 轿车，该车中控锁和玻璃升降器不能正常工作，要求给予维修。

要维修该故障，需熟悉汽车中控门锁的结构与工作原理、了解汽车中控门锁的拆装要点，掌握汽车中控门锁故障的检修方法。

# 情境五 汽车中控门锁

汽车中控门锁就是锁上驾驶员侧车门时，其他车门也同时锁上，免除了一个个地去锁车门的麻烦。

中控，就是中央控制的简称，在驾驶座门上有个按钮，按下去后，其他三个门的门锁和玻璃就不能单独控制了，就只能由驾驶员在驾驶座的门上一个人操控；反之，就可以单独操控。其主要功能是防止儿童行驶时误开车门和防止坏人从车外面把门打开。

中控门锁的工作原理就是通电产生电磁，利用电磁吸力来达到控制车门上锁、开锁的目的。

## 一、中控门锁的功能

### 1. 中央控制功能

驾驶员车门锁扣一上锁，其余车门及行李厢门即被自动锁定；用钥匙锁门，也可同时锁好其他三个车门和行李厢门。

### 2. 速度控制功能

车速感应式中控门锁设定有上锁车速（一般为 10 km/h）。当车速达到上锁车速时，门锁自动上锁。

### 3. 单独控制功能

驾驶员车门扣拉起时，其余车门及行李厢门锁都能同时打开，车室内个别车门需打开时，可分别拉开各自的锁扣。

### 4. 两级开锁功能

在钥匙联动开锁功能中，一级开锁操作，只能以机械方法打开钥匙插入的门；两级开锁操作，则能同时打开其他车门。

### 5. 钥匙占用预防功能

防止钥匙插入点火开关时，不用钥匙而将车门锁住，造成人被锁在车外的尴尬情况。

## 二、汽车中控门锁和遥控门锁系统的组成

### 1. 汽车中控门锁的组成

汽车中控门锁系统主要由控制开关、门锁控制器和门锁执行机构等组成。

(1) 控制开关

控制开关主要有门锁控制开关、钥匙控制开关、门锁开关、触摸开关、行李厢门打开开关等。图 7. 53 所示为门锁控制开关在车上的位置示意图；图 7. 54 为东风风光 370 智能款各门锁开关。

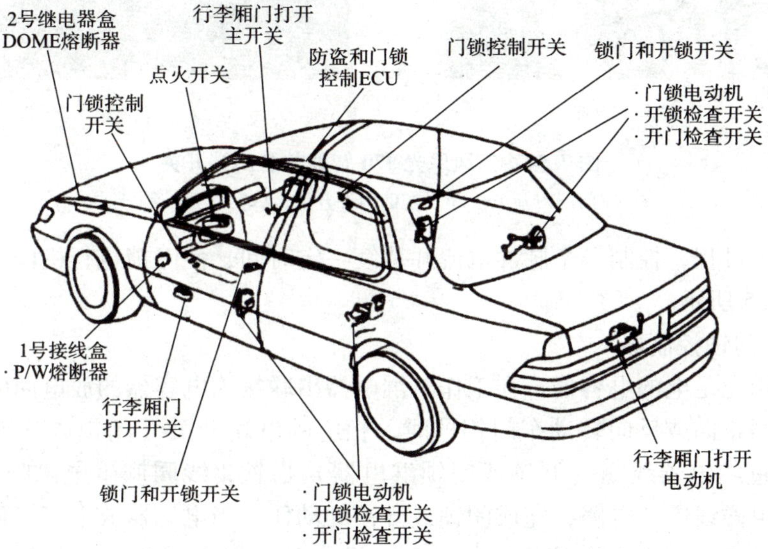


图 7. 53　门锁控制开关在车上的位置示意图

1) 门锁控制开关。门锁控制开关安装在左门和右门的扶手上，图 7. 54 (a)。将开关推向前是锁门，推向后是开门。

2) 钥匙控制开关。钥匙控制开关安装在每个前门的钥匙门上，见图 7. 54 (b)。当从车外面用钥匙开门和关门时，钥匙控制开关便发出开门或锁门的信号给门锁 ECU。

3) 行李厢门打开开关。行李厢门打开开关用来开启行李厢。按压此开关便能打开行李厢门，见图 7. 54 (c)。

4) 门锁开关。门锁开关用于检测车门的开闭情况。当车门关闭，门锁开关断开；当车门开启，门锁开关接通 (门边灯点亮)。

5) 触摸开关。触摸开关安装在驾驶员车门的外拉手上，见图 7. 54 (b)。当钥匙在汽车附近时，从车外面用手触摸该开关时，触摸开关便发出开门或锁门的信号给门锁 ECU，门锁 ECU 便控制所有车门锁的开、关。

(2) 门锁控制器

门锁控制器为门锁执行机构提供开锁和闭锁脉冲电流，有晶体管式门锁控制器、电容式门锁控制器和车速感应式门锁控制器三种。

1) 晶体管式门锁控制器

晶体管式门锁控制器内部设有闭锁和开锁两个继电器，由晶体管开关电路控制，利用电

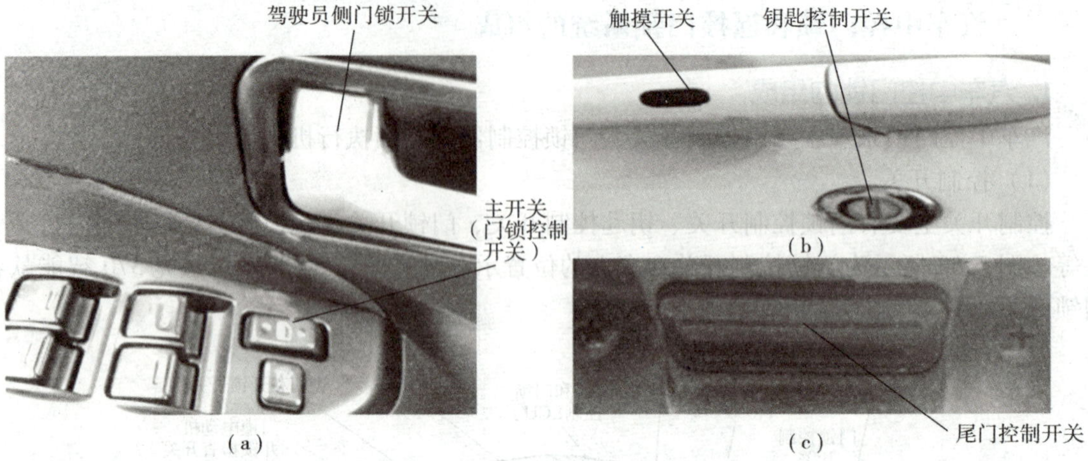


**图 7.54　东风风光 370 智能款各门锁开关**

(a) 左前门内开关；(b) 左前门外开关；(c) 尾门控制开关

容器的充、放电过程，控制一个脉冲电流并持续一定时间，使门锁执行机构完成闭锁和开锁动作，如图 7.55 所示。

2）电容式门锁控制器

该系统利用充足电的电容器，在工作时继电器串联接入电容器的放电回路，使继电器触点适时闭合。当正向或反向转动车门钥匙时，相应的电路开关（闭锁或开锁）接通，电容器放电电流通过继电器线圈（开锁或闭锁继电器）搭铁，线圈产生电磁吸力，触点闭合，接通执行机构电磁线圈的电路，完成闭锁或开锁的动作。当电容器放电完毕后，继电器触点断开，中央门锁系统断电机电停止工作。此时另一只电容器被充电，为下一次操纵做好准备，如图 7.56 所示。

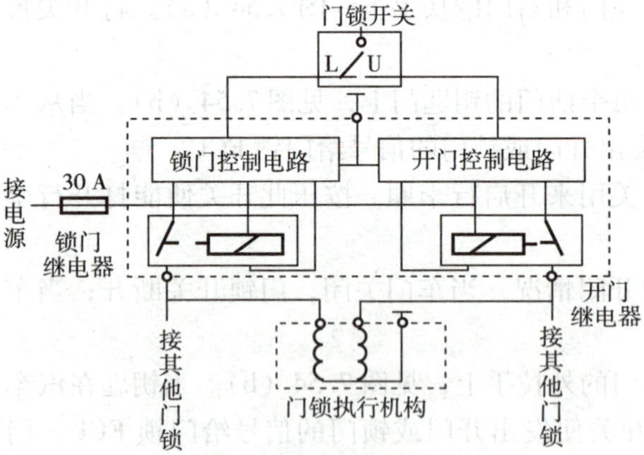


**图 7.55　晶体管式门锁控制器**

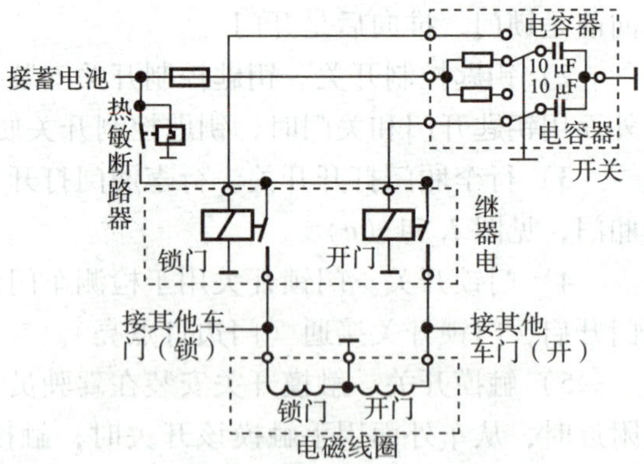


**图 7.56　电容式门锁控制器**

3）车速感应式门锁控制器

车速感应式门锁控制系统电路如图 7.57 所示。当点火开关接通时，电流流经报警灯可使三个车门的报警开关（此时车门未锁）搭铁，报警灯亮。若按下门锁开关，定时器使 $T_2$ 导通一下，在 $T_2$ 导通期间，锁定继电器线圈 $L_1$ 通电，动合触点闭合，门锁执行机构通正向电流，执行锁门动作；当按下开锁开关，定时器使 $T_1$ 导通一下，在 $T_1$ 导通期间，锁定继电器线圈 $L_2$ 通电，动合触点闭合，门锁执行机构通反向电流，执行开门动作。

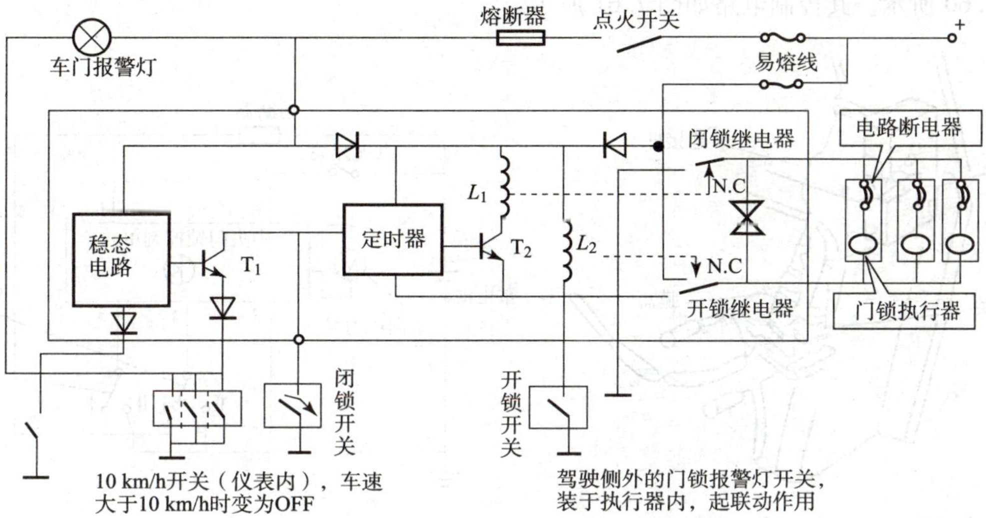


图 7.57　车速感应式门锁控制系统电路

车速感应式门锁控制器设定的上锁车速一般为 10 km/h，在中央门锁系统中加装一车速感应开关，当汽车行驶速度达 10 km/h 以上时，10 km/h 感应开关断开，此时稳态电路给 $T_1$ 提供基级电流，$T_1$ 导通，定时器触发经 $T_1$ 和车门报警开关搭铁，如同按下门锁开关一样，使车门锁定，从而保证行车安全。

（3）门锁执行机构

汽车电子门锁的执行机构分为电磁铁式门锁执行机构、直流电动机式门锁执行机构和双向空气压力泵式门锁执行机构三种。

1）电磁铁式门锁执行机构。图 7.58 所示为一种双线圈电磁铁式门锁执行机构。当给锁门线圈通电时，衔铁带动连杆左移，即锁门；当给开门线圈通电时，衔铁带动连杆右移，即开锁。

2）直流电动机式门锁执行机构。电动机式门锁执行机构如图 7.59 所示。它由双向永磁电动机以及齿轮和齿条等组成，电机旋转带动齿条伸出或缩回完成开锁和闭锁动作。

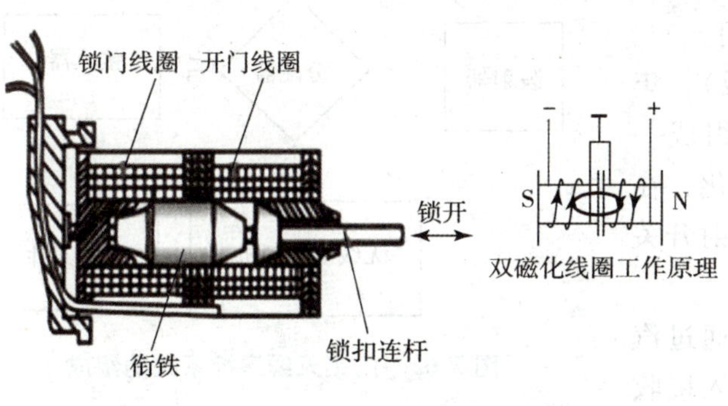


图 7.58　电磁铁式门锁执行机构

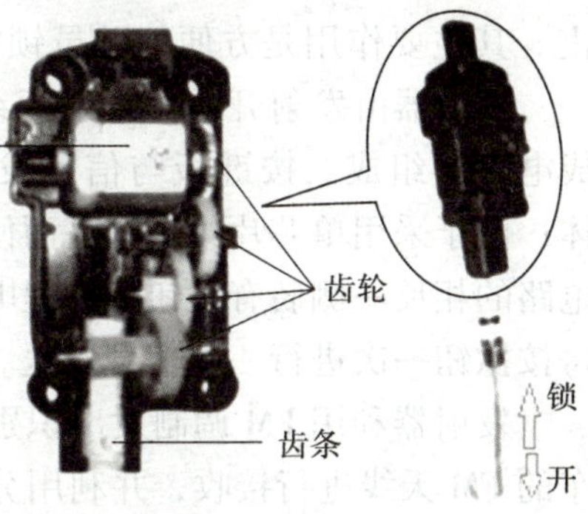


图 7.59　直流电动机式门锁执行机构

3）双向空气压力泵式门锁执行机构。双向空气压力泵式门锁执行机构是利用双向空气泵来产生压力或真空，通过膜盒来完成门锁的启、闭动作。双向空气压力泵式门锁执行机构如图 7.60 所示。其控制电路如图 7.61 所示。

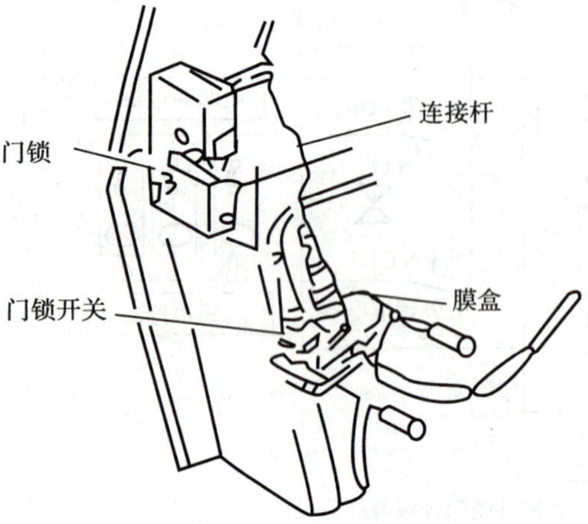


图 7.60　双向空气压力泵式门锁执行机构

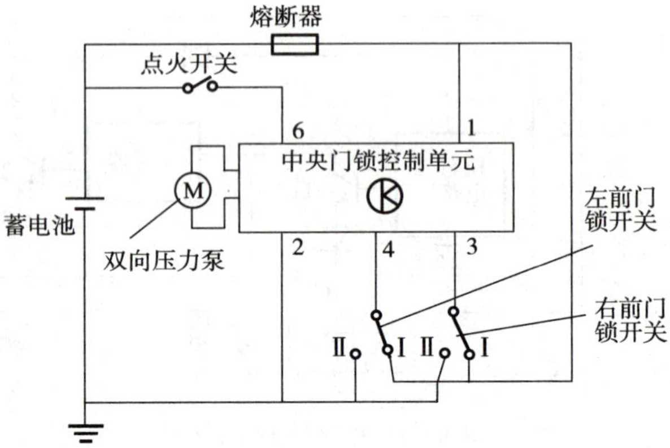


图 7.61　双向空气压力泵式门锁执行机构的控制电路

当用钥匙开锁或拉出（压下）两前门的任一门锁操纵杆时，连接杆被向上（下）拉起（压下），门锁开关中开（闭）锁触点Ⅰ（Ⅱ）闭合。控制单元收到此信号之后，立即控制双向压力泵运转，系统管路气压为正（负）压，气体进入（抽吸）4 个车门及行李厢的执行元件——膜盒（中的空气形成真空），膜片推（拉）动连接杆向上（下）运动将门锁打开（锁住）。

## 2. 汽车遥控门锁系统的组成

遥控门锁系统的作用是不使用钥匙，利用遥控器在一定距离内完成车门的打开或锁止。遥控门锁系统能控制驾驶员侧车门、其他三个车门和行李厢门。遥控门锁系统由发射器、接收器及执行器等组成，如图 7.62 所示。

门锁遥控系统通常由一个便携式发射器和一个车内接收器组成，从发射器发出的微弱电波，由接收器接收并解码，驱动门锁打开或锁止。其主要作用是方便驾驶员锁门或开门。

发射器由发射开关、发射天线（键板）、集成电路等组成。按键板与信号发送电路组成一体；由于采用单芯片集成电路而使其小型化，在电路的相反一侧装有揿钮型的锂电池；发射开关每按揿钮一次进行一次信号发送。

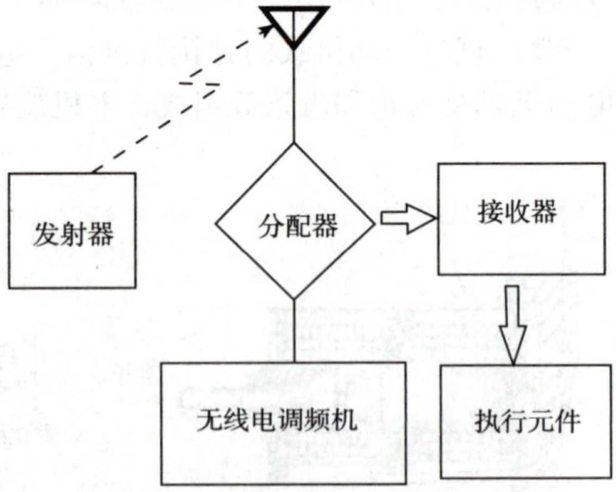


图 7.62　门锁无线遥控系统的组成

发射器利用 FM 调制发出识别代码，通过汽车的 FM 天线进行接收，并利用分配器进入接收机 ECU 的 FM 高频增幅处理器进行解调，与被解调节器的识别代码进行比较。如果识别对比后的代码一致，ECU 就把信号输入控制电路并使执行器完成相应的动作。

用户可以通过设置门锁遥控 ECU 的开锁密码实现对自己汽车的保护，并在出现非法打开车门时进行声、光报警。目前许多系统采用无线电波或红外线作为识别信号的传授媒介，有持钥匙型（分开型）和整体型（组合型）两种，如图 7.63 所示。

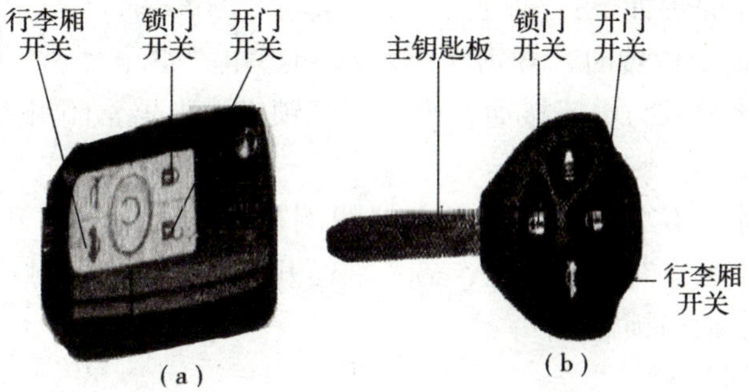


图 7.63　发射器

（a）分开型；（b）组合型

## 三、汽车中控门锁的工作原理

### 1. 电控门锁的工作原理

电控门锁的作用是通过电磁铁式执行机构或直流电动机式执行机构来打开及锁上车门锁；由门锁执行机构及联动机构、门锁控制开关、门锁控制继电器等主要部分组成。目前，多数轿车采用的是自动锁门式，它是在可以手动控制门锁开、闭的基础上，还可以根据汽车车速自动锁好车门。

（1）电控门锁电路

图 7.64 所示为一种电控门锁电路，驾驶员或乘客利用门锁开关可以接通或断开门锁继电器，门锁继电器包括锁定和开锁两个继电器。

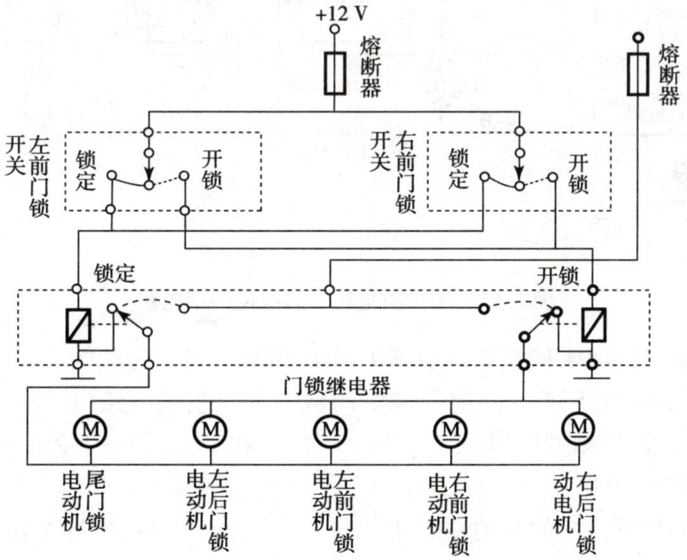


图 7.64　电控门锁电路

门锁开关都不接通时，所有电动机两端都通过继电器直接搭铁，电动机不转。

门锁开关接通（开锁或闭锁）时，一个继电器通电，使电动机一端不再搭铁而与电源接通，不同的继电器工作，可以改变电动机中电流的方向，使门锁电动机的转向改变，实现开锁和锁定。具体工作原理如下：

当开关置于“开锁”位置时，开锁继电器线圈得电，继电器常开触点闭合，常闭触点打开，电动机一端经该触点与电流接通，另一端经锁定继电器常闭触点接地，电动机转动把门打开。

当开关置于“锁定”位置时，锁定继电器线圈得电，继电器常开触点闭合，常闭触点打开，电动机一端经该触点与电流接通，另一端经开锁继电器常闭触点接地，电动机向相反方向转动，电动机转动把门锁定。

（2）电控门锁电路举例

图 7.65 所示为丰田威驰轿车的电控门锁电路。其电路工作原理如下：

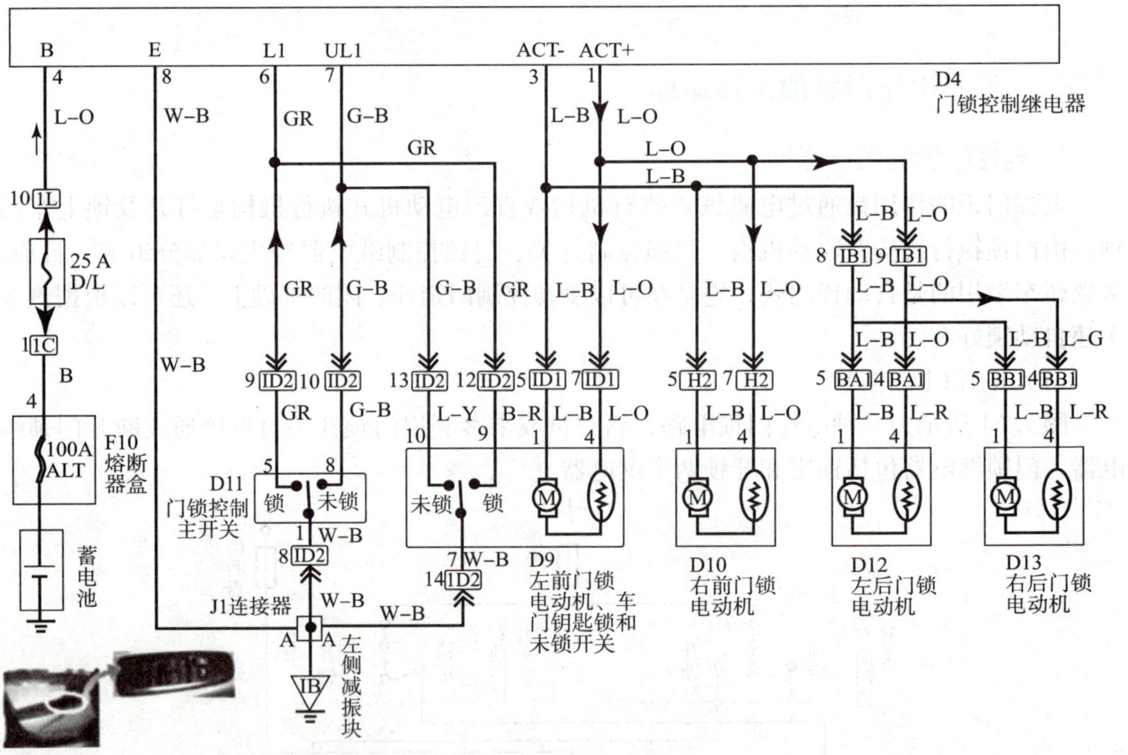


图 7.65　丰田威驰轿车的电控门锁电路

电控门锁控制继电器 D4 接收来自主开关 D10 和左前门车门锁的信号，然后驱动门锁电动机，其中左前门锁电动机 D9、右前门锁电动机 D10、左后门锁电动机 D12、右后门锁电动机 D13 并连接入门锁控制继电器的 3（ACT－）脚和 1（ACT＋）脚，ACT＋和 AVT－为门锁电动机控制信号输出端。

当门锁开关 D11（或 D9 的开关）置于“锁”位置时，门锁控制继电器的 6 脚输入搭铁信号，门锁控制继电器识别为锁门信号，继电器动作，从其 1 脚输出蓄电池电压，分别经左前门锁电动机 D9、右前锁电动机 D10、左后门锁电动机 D12、右后门锁电动机 D13 后回到门锁控制继电器的 3 脚。此时左前门、右前门、左后门、右后门电动机转动，同时上锁。

当门锁开关 D11（或 D9 的开关）置于“未锁”位置时，门锁控制继电器的 7 脚输入搭铁信号，门锁控制继电器识别为开锁信号，继电器动作，从其 3 脚输出蓄电池电压，分别经左前门锁电动机 D9、右前锁电动机 D10、左后门锁电动机 D12、右后门锁电动机 D13 后回到门锁控制继电器的 1 脚。此时左前门、右前门、左后门、右后门电动机转动，同时开锁。

### 2. 遥控车门系统的工作原理

电控单元根据钥匙开关、门锁控制开关的位置及车速传感器的信号发出锁门或开锁指令，通过执行器实现锁门或开锁。若驾驶员未从点火开关中拔出钥匙就锁上车门，则电控单元根据钥匙开关提供的信号自动实现开锁，使所有车门门锁打开。

图 7.66 所示为丰田威驰轿车遥控车门电路。对其电路分析如下：

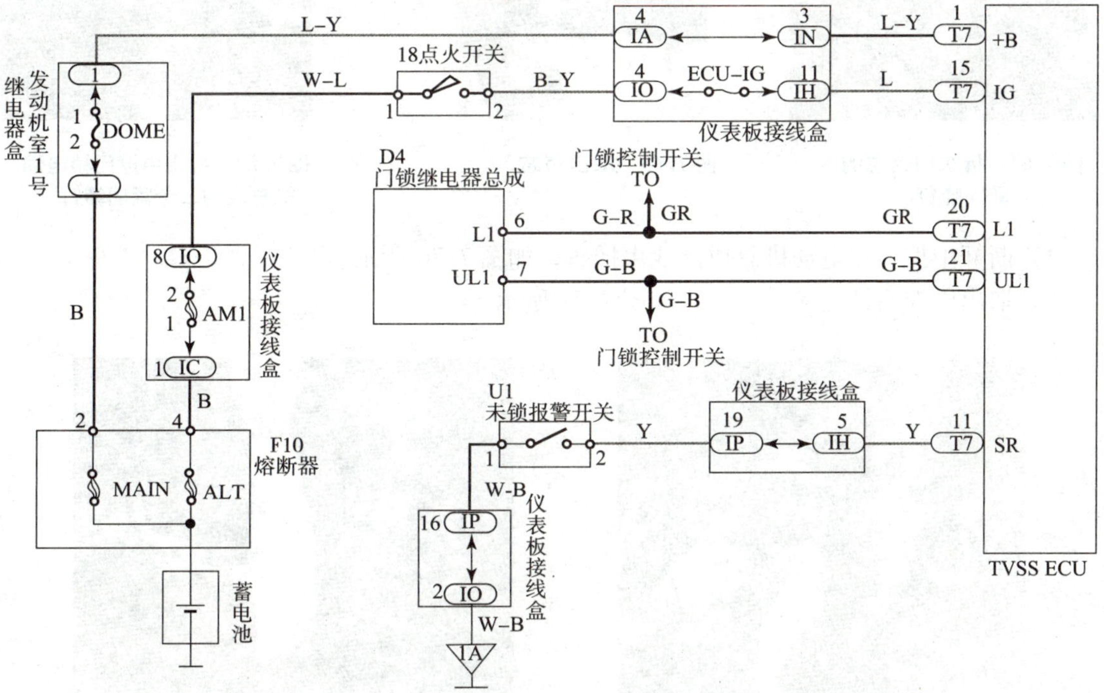


图 7.66　丰田威驰轿车遥控车门电路

蓄电池电压→MAIN 熔断器→DOME 熔断器→仪表板接线盒→防盗系统（TVSS）ECU 的 1 脚，此为常电源电路；当点火开关闭合时，蓄电池电压→ALT 熔断器→AM1 熔断器→点火开关→仪表板接线盒的 ECU-IG 熔断器→防盗系统 ECU 的 15 脚。

防盗系统 ECU 接收来自发射器的信号，并通过其 20 脚、21 脚（其中 20 脚输出的是上锁信号，21 脚输出的是开锁信号）把这个信号发送给门锁控制继电器总成 D4，门锁控制继电器总成向每个门锁电动机发出上锁/开锁信号实现控制。具体上锁/开锁电路分析参见图 7.64。

其中防盗系统（TVSS）ECU 的 11 脚外接未锁报警开关，该开关用来检测点火开关钥匙是否插入。当钥匙插入时，未锁报警开关闭合（车门不会自动上锁）；当钥匙拔出时，未锁

报警开关断开（车门关上后会自动上锁）。（在进行汽车维修时要特别注意这个功能）

## 四、汽车中控门锁的拆装

### 1. 汽车中控门锁的拆解

1）拆除车门内饰件，拧出车门锁芯的三个紧固螺钉，如图 7.67 所示。

2）取出锁芯（见图 7.68）以及车门外拉手，取下车门外把手密封垫。

3）拧出中控门锁电动机总成的三个紧固螺钉，如图 7.69 所示。

图 7.67　拆车门锁芯的紧固螺钉

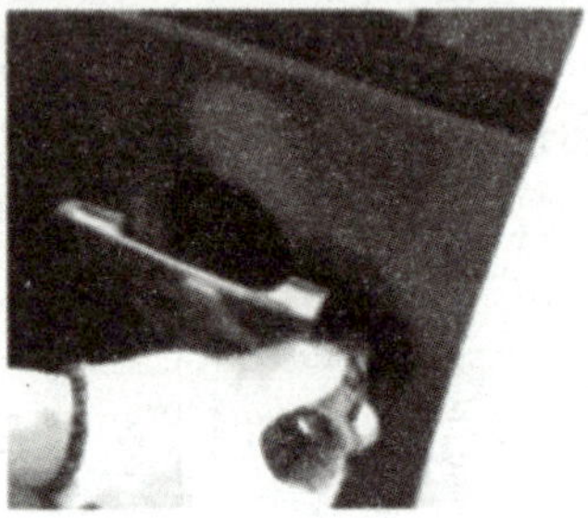

图 7.68　取出锁芯

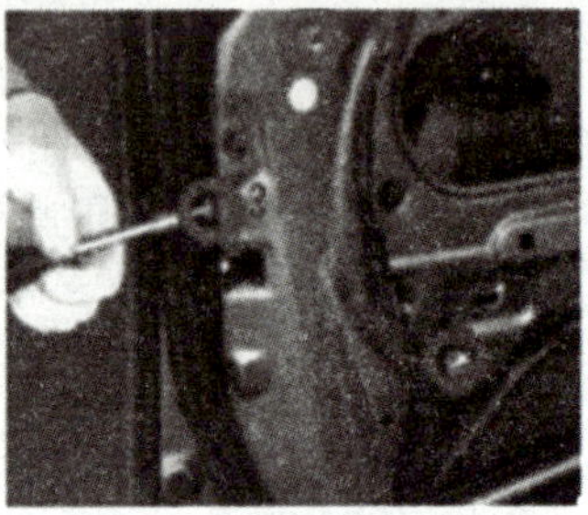

图 7.69　拧出中控门锁电动机总成的三个紧固螺钉

4）断开中控门锁电动机总成的线束插头，如图 7.70 所示。

5）取出中控门锁电动机总成，如图 7.71 所示。

图 7.70　拆断开线束插头

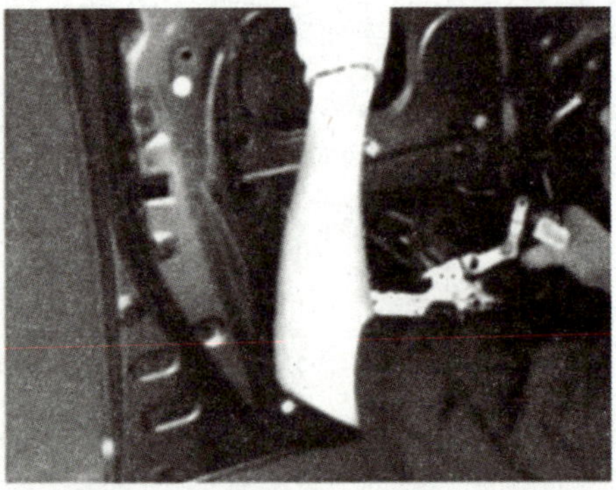

图 7.71　取出中控门锁电动机总成

### 2. 汽车中控门锁的安装

按与拆卸相反的顺序进行安装。

## 五、汽车中控门锁的故障检修

### 1. 全部门锁都不工作

（1）故障原因

1）熔断器断路。

2）继电器损坏。

3）门控开关触点烧蚀或者门控开关损坏。

4）搭铁处锈蚀或松动。

5）连接线路断路、松动等。

（2）维修思路

1）检查熔断器是否断路。若熔断器良好，则应将门控开关接通，检查电动机接线柱上的电压是否正常。

2）若电压为零，则应检查继电器和电源线路；若电压正常，则应检查搭铁线是否良好。

3）若搭铁不良，则应清洁、紧固搭铁点；若搭铁良好，则应对门控开关和门锁电动机进行检测。

### 2. 部分门锁不能工作

（1）故障原因

该门锁电动机损坏或对应开关、连接导线断路、短路等。

（2）维修思路

先检查线路是否正常，再检查门控开关和门锁电动机。

### 3. 遥控器不能控制门锁工作

（1）故障原因

1）遥控器电池缺电。

2）遥控器损坏。

3）熔断器断路。

4）继电器损坏。

5）未锁报警灯开关总成烧蚀、短路。

6）电控单元损坏。

7）线束断路。

（2）维修思路

1）检查遥控器发光二极管是否闪亮：按三次开关，检查发射器发光二极管是否亮三次。如果正常，说明遥控器无故障；如果不正常，则更换遥控电池后，按三次开关，检查发射器发光二极管是否亮三次。如果不正常，更换遥控发射器；如果正常，则说明是遥控器电池缺电。

2）检查熔断器是否断路、接触不良等。

3）检查无线门锁功能。遥控器正对驾驶员一侧的车门外侧把手，距离车辆 1 m，按遥控器开关 1 s，如果门锁功能正常，则是无线门锁故障；如果不正常，转到下一步骤。

4）检查未锁报警开关总成的导通性。如果不正常，更换未锁警告灯开关总成。

5）检查门锁继电器。

6）检查线束或连接器。

## 典型故障案例

在掌握了汽车中控门锁的维修知识后，现在解决前面遇到的2014年产帕萨特B5 1.8T轿车中控门锁和玻璃升降器不能正常工作的故障问题。

**维修过程：**

接车后，反复操作发现：包括用钥匙开锁或闭锁在内，也只有左前门的中控锁和左前门电动玻璃升降器可以正常工作，其他车门都不工作；但是按动其他门窗上的玻璃开关，玻璃升降均正常。

1）根据经验判断，这种故障现象多为车载网络故障。用V. A. G. 5052解码器进行检查，进入中央舒适系统查询故障码显示：

①与左前门窗控制模块没有通信；

②与右前门窗控制模块没有通信；

③与左后门窗控制模块没有通信；

④与右后门窗控制模块没有通信；

⑤与CAN数据总线诊断接口J533没有通信；

⑥舒适系统数据总线单纯运行模式；

⑦控制模块不正确编码。

2）重新进入舒适系统单元模块，查看模块版本信息，编码为00017，确实不正确。接头进行正确的00259编码。清码后，第⑥、⑦故障码记录已经清除，其他故障无法清除。帕萨特B5的4个车门模块、中央舒适系统控制模块和数据诊断接口之间的信号是通过CAN数据总线传递，CAN数据总线通过两根相互绞合的信号线同时传递数据，一根为CAN－H（橙/绿色），一根为CAN－L（橙/黄色）；且两根线路上所传递的脉冲信号相同，但是电势相反。如果CAN总线无法正常通信，就会导致左前门控制模块无法传递到其他三个车门控制模块，且所有车门控制模块只能接收到该模块的各门电动玻璃升降器开关信号。

3）为了确定各模块间总线连接情况，通过V. A. G. 5052进A46-08-012，观察数据组测量值，四组数据用“1”“0”表明总线通、断情况。此时4组数据均为“0”，说明各个车门模块与总线间通信确实有故障，但无法确定具体的故障点。为了确定CAN无法通信的原因，在驾驶位地板下拆卸中央控制模块时，发现该车是已经修复的事故车，部分CAN线束被修理过，于是对相关线束进行重点检查，但是线束正常。为了验证中央控制模块是否有故障，更换一个新的控制模块，之后发现只有与左后、右后车门控制模块无法通信。再次进入A46-08-012查看CAN总线的连接状况数据组，为4个“1”，说明总线连接正常。

4）为什么还有两个模块无法通信，数据组却显示正常呢？再次检查中控锁和电动玻璃升降器又不工作了，故障如初。查询故障码，仍然有7个；这说明中央控制模块没有故障。

经过上述检查说明：各个模块没有故障，故障应在总线上，而后门的可能性比较大。结合上述得出的结论，只要分别断掉各个车门的 CAN 数据总线的连接，即可确定是哪个车门模块与中央控制模块的数据总线有故障。断开左后车门模块的两根数据总线，经过反复操作试验，故障依旧。当断开右后车门模块的数据总线时，其他三个门锁突然有锁门动作，此时除了右后门不工作外，其他车门工作一切正常；查询故障码，也只有右后门无法通信。然后接回右后门控制模块，反复操作中控锁和电动玻璃升降器，以前的故障重新出现，从而确定右后门 CAN 总线有故障。

5）检查右后门窗单元线束，发现控制模块插头后的 CAN-H（橙/绿色）线路有一处已经接近断路，接触不良。将该处连接、包扎好，再连接事先断掉的 CAN 总线。进行各项功能试验，均正常；也没有故障记录了，故障排除。

**故障分析：**

由于右后门控制模块到中央控制模块的 CAN-H 线路接触不良，接触不良的点会使通信中断或产生不规律的信号脉冲，从而干扰 CAN 总线的正常通信，中央控制模块的信息无法可靠传递给其他模块，并记录这些故障，最终停止通信，从而出现该车故障。

## 思考与练习

### 一、单选题

1. 以下关于电动刮水器，哪项说法是错误的？（　　）

A. 电动刮水器具有变速、自动复位，间歇刮水等功能

B. 自动复位装置有铜环式和凸轮式两种

C. 绕线式电动机是通过改变正负电刷之间串联的线圈数来实现变速的

D. 永磁式电动机是通过改变正负电刷之间串联的线圈数来实现变速的

2. 以下关于电动车窗，哪项说法是错误的？（　　）

A. 由车窗（玻璃）、升降器、继电器、开关组成

B. 系统一般装有两套控制开关，主（总）开关可控制每个车窗的升降

C. 在主开关上有断路开关，可切断分开关的电路

D. 为防止电路过载，系统中装有热敏断路开关

3. 电动刮水器的间歇功能主要靠（　　）来实现？

A. 刮水器开关　B. 刮水电动机　C. 间歇控制器　D. 间歇执行器

4. 带伸缩功能的后视镜内部有几个电动机？（　　）

A. 1　B. 2　C. 3　D. 4

5. 在检测电动车窗不能升降时，按开关上升和下降时电动机正、反线都有电；单独给

电动机通电，正反方向都工作。技术员 A 认为开关有故障，技术员 B 认为搭铁线有故障。谁的说法正确？（　　）

A. A 正确　　B. B 正确

C. A 和 B 都正确　　D. A 和 B 都不正确

6. 汽车导线颜色代号中，不正确的有（　　）

A. W——WHITE 白色　　B. Y——YELLOW 黄色

C. R——RED 红色　　D. B——BLACK 紫色

## 二、多选题

1. 汽车车窗玻璃除雾、除霜可采用下列哪些方式？（　　）

A. 空调暖风　　B. 电热丝加热　　C. 刮水器清扫　　D. 洗涤器清洗

2. 电控中央门锁的执行机构有哪几种？（　　）

A. 电磁铁式　　B. 步进电动机式

C. 双向空气压力泵式　　D. 直流电动机式

3. 前挡风刮水器有一个刮水片正常运转，而另一个不运转，原因不可能是（　　）。

A. 刮水臂压紧螺栓松动

B. 刮臂与连杆转轴间的锥形齿磨损

C. 连动杆可能断裂，可能脱落

D. 电动机烧坏

4. 属于汽车电路控制继电器的是（　　）。

A. 闪光继电器　　B. 大灯继电器

C. 刮水器间歇继电器　　D. 喇叭继电器

5. 汽车线束在安装时应注意几点？（　　）

A. 线束应用卡箍固定，以免松动磨损

B. 线束不可拉得太紧

C. 线穿孔或过锐角时，应有保护套

D. 各接头必须坚固，接触良好

6. 汽车线路中熔断器的作用是防止在电路中发生（　　）时，熔断器会熔断而保护整个电路电气。

A. 断路　　B. 短路　　C. 过电压　　D. 过大电流

## 三、判断题

1. 刮水器电动机大多采用永磁式结构。（　　）

2. 为保证安全使用，刮水器的橡胶刮片应该每 2 年更换一次。（　　）

3. 洗涤泵连续工作时间应不超过 1 min。（　　）

4. 电动车窗系统中的热敏断路开关能够控制升降器电动机停止工作。（　　）

5. 永磁式刮水电动机是通过改变正负电刷之间串联线圈的个数来实现变速的。（　　）

7. 雨刮不能喷水时进行检测，用试灯两端接入喷水电动机的正负极时按喷水开关，试灯会亮，则电动机坏。（　　）

## 综合故障案例

一汽丰田卡罗拉 GL1.6AT 轿车无法起动的故障诊断与排除

### 1. 故障现象验证

无论在冷车或热车状况下，打开点火开关，转动点火开关至“起动”位置，经10次以上起动，发动机都未能着车，出现这种现象，应属发动机无法起动故障。具体故障现象体现在以下几个方面：转动点火开关时，起动机无任何动作；起动机有动作但不能带动发动机运转，或能带动但转动缓慢；起动机能带动发动机正常运转，但不能起动，且无着车迹象；有着车迹象，但不能起动。

### 2. 故障原因分析

造成发动机无法起动故障的系统原因主要有起动系统、防盗系统、点火系统、燃油系统、进排气系统、机械系统及 ECU 和传感器故障。

（1）起动系统故障

对于发动机无法起动这类故障，首先着手考虑的是发动机起动系统的电路。蓄电池电压不足，起动电动机、电磁开关、起动继电器、点火开关、空挡起动开关损坏或控制电路故障以及连接电路的保险丝或易熔线有问题，都会引起发动机无法起动。

（2）防盗系统故障

车载防盗系统故障如电脑防盗锁死、不是原车钥匙、点火锁故障、更换防盗系统的模块而没有对它进行正确的初始化处理，同样会导致汽车无法起动。在某些特定情况下，如当点火钥匙丢失时，如果不更换多功能控制器，也不能让发动机正常起动。

（3）点火系统故障

点火系统的低压电路、点火线圈、火花塞、控制电路熔断器、点火信号发生器等有故障，都会导致无火或弱火而不能起动发动机。

（4）燃油系统故障

燃油系统主要包括燃油供给系统和喷油器及控制电路系统两部分。燃油供给系统故障主要是油箱无油、油泵损坏、油泵继电器损坏、油泵电路故障、燃油滤清器堵塞、油管破裂或堵塞、燃油压力过低等引起。喷油器及控制电路系统故障主要是控制电路的熔断器熔断，喷油器不工作，喷油器漏油，喷油器堵塞，等等。这些原因都有可能造成喷油嘴不喷油或混合气过浓，从而无法起动发动机。

（5）机械故障

发动机飞轮与起动机卡死，气缸压力过低、拉缸、烧瓦抱轴，进排气门关闭不严、气门组件工作不良或不工作，正时皮带出现打滑或跳齿，凸轮轴正时控制阀卡滞等，都可能导致发动机无法起动。

（6）进排气系统有故障

空气滤清器堵塞、怠速控制阀堵塞或卡死、进气管有异物堵塞、排气管或三元催化转化器堵塞等，同样可能导致发动机无法起动。

(7) ECU和传感器故障

电控发动机中点火和喷油都受ECU直接控制。如果ECU没有工作电源、内部损坏、搭铁不良，有些传感器如水温传感器、进气温度传感器、节气门体、曲轴位置传感器、凸轮轴位置传感器等元件损坏或电路故障。因为这些传感器为ECU提供信号，同时这些传感器的电源供给和搭铁均由ECU控制，形成闭合回路。当这些元件传感器或线路有故障时，ECU就无法控制执行元件工作，便造成ECU工作紊乱，甚至内部电路失衡而不工作，同样也导致了发动机不着车的现象。

总之，导致发动机无法起动这类故障现象，就其具体原因而言，主要有以下几个方面：机械系统故障、起动系故障、ECU不工作、曲轴凸轮轴信号失常、火花塞不点火、喷油器不喷油、配气相位失准和气缸压力偏低等。发动机无法起动故障的因果图，如图7.72所示。

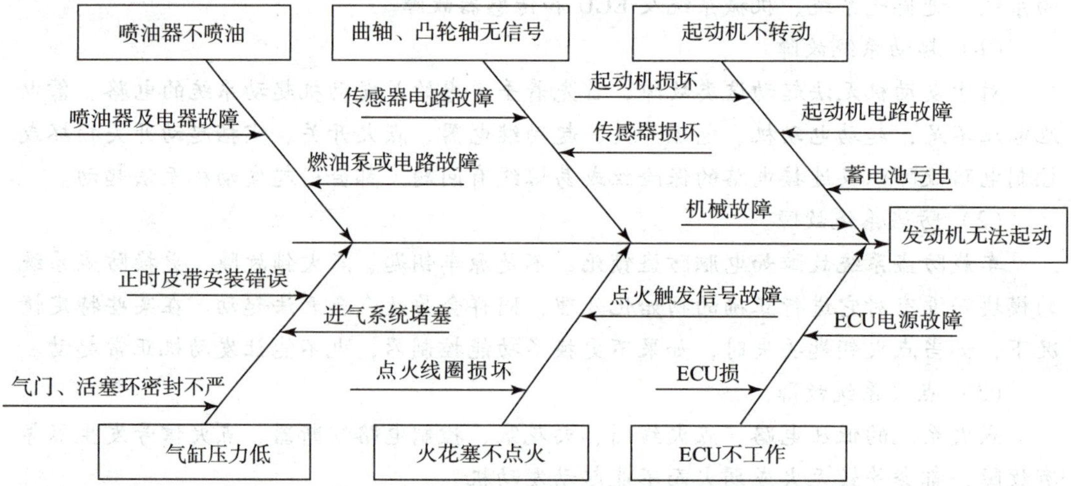


图7.72 发动机无法起动故障的因果图

### 3. 诊断思路

验证好故障现象，做好前期准备工作和安全检查后，进行目视检查：检查线束接头是否松动、脱落，检查仪表指示情况，检查进气管连接情况等。对于电喷发动机无法起动的故障，诊断流程主要是按以下总体思路来进行。

首先连接解码器，读取故障码。

1) 如果有故障码，按故障码含义进行检修。

2) 如果无故障码，进行起动试验，观察起动机的动作情况确定诊断思路。

①起动机无动作，重点检查蓄电池电量、控制电路、起动机与飞轮是否卡死以及防盗系统。

②起动机有动作，但发动机转速偏低而无法起动，重点检查蓄电池电压，起动电缆连接、搭铁状况，起动机电磁开关，发动机拉缸是否烧瓦抱轴等。

③发动机运转正常但不着车。

有火无油时，重点检查燃油喷射控制系统。

有油无火时，主要检查点火系统。

有火有油时，主要检查配气正时、气缸压力和进气漏气。

无油无火时，主要应检查曲轴位置传感器信号和凸轮轴位置传感器信号是否丢失，发动机控制单元的供电和搭铁是否良好。发动机无法起动故障诊断的基本思路故障树，如图7.73所示。

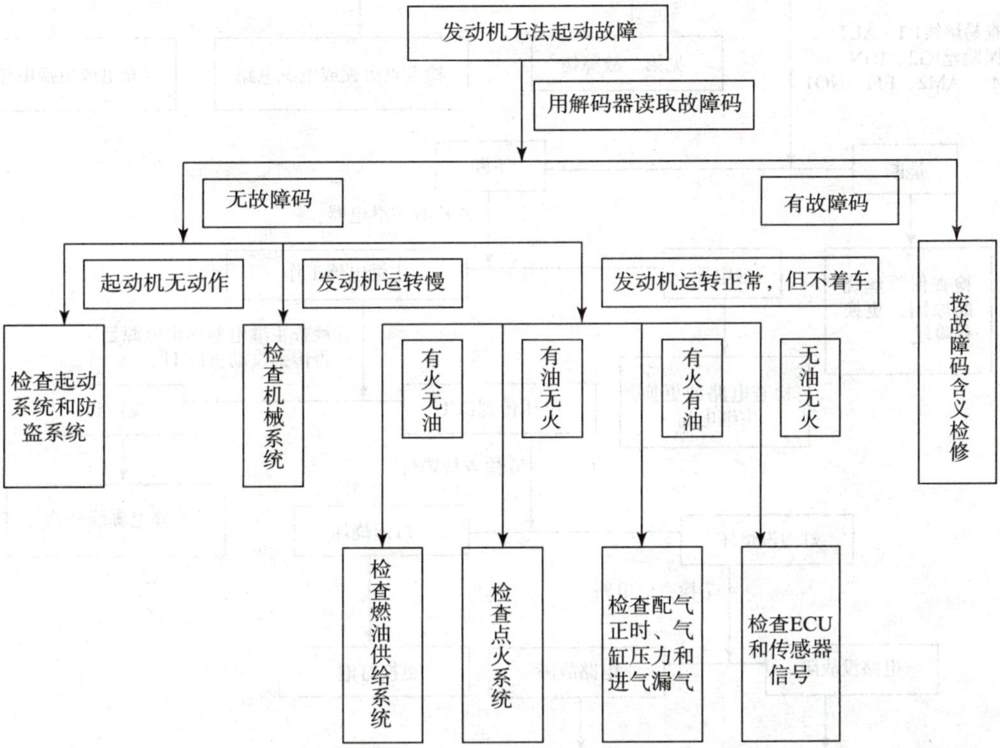


图7.73 发动机无法起动故障诊断的基本思路故障树

具体诊断方法要结合一汽丰田卡罗拉GL 1.6AT轿车维修手册中相关电路图和技术参数，并按以下故障树思路逐一进行检测与诊断，如图7.74和图7.75所示。

### 4. 故障排除确认

对于汽油车发动机无法起动故障，应该从起动系统、防盗系统、燃油供给系统、点火系统、进排气系统、机械系统以及ECU和传感器逐一进行检测、诊断、排除。不管是哪种原因引起的发动机无法起动故障，最终故障排除检查时，发动机若能顺利起动，且怠速、中速、加速各工况良好，说明故障已经排除。

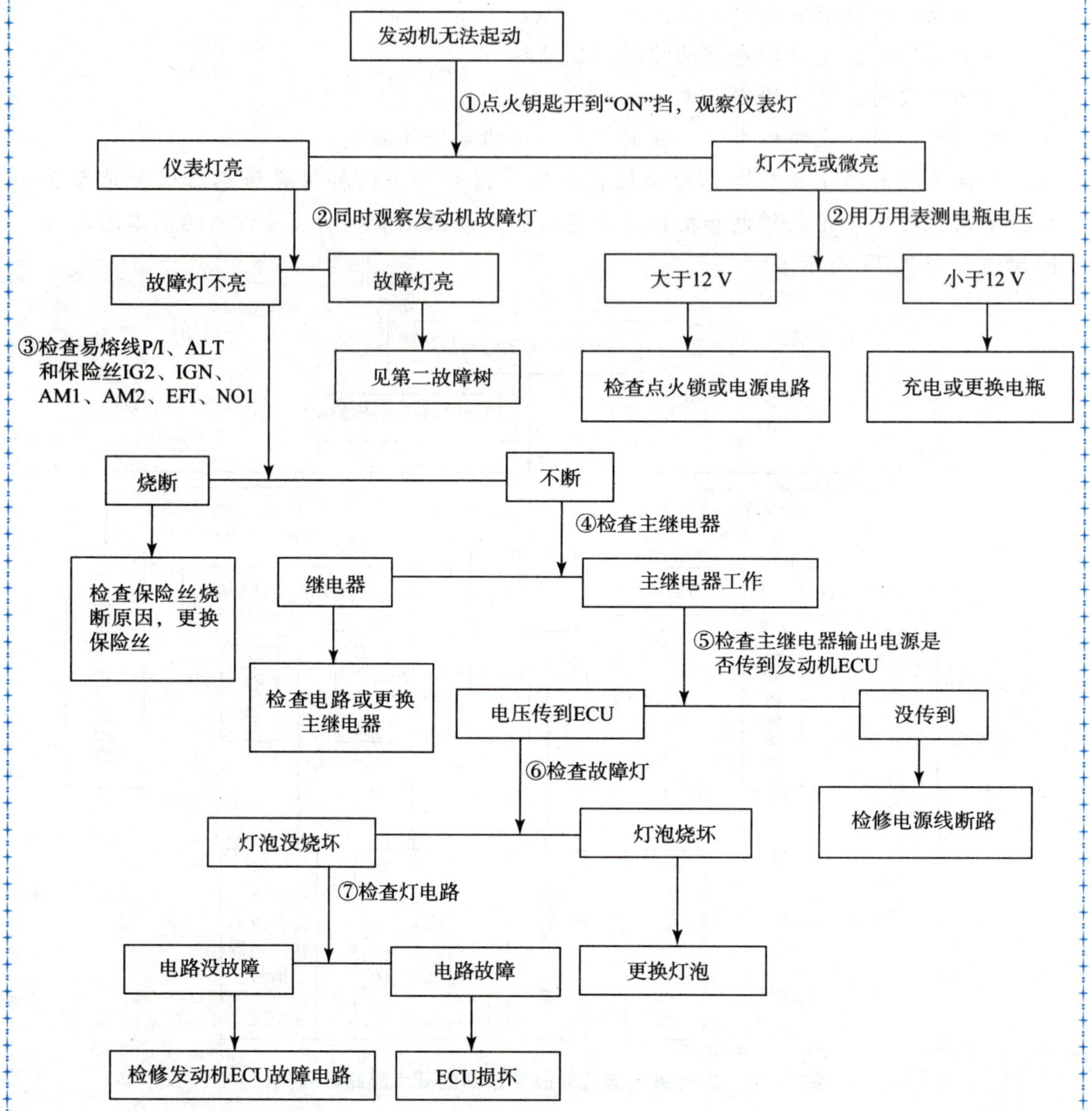
发动机无法起动
①点火钥匙开到“ON”挡，观察仪表灯
仪表灯亮
灯不亮或微亮
②同时观察发动机故障灯
②用万用表测电瓶电压
故障灯不亮
故障灯亮
大于12 V
小于12 V
见第二故障树
检查点火锁或电源电路
充电或更换电瓶
③检查易熔线P/I、ALT和保险丝IG2、IGN、AM1、AM2、EFI、NO1
烧断
不断
④检查主继电器
检查保险丝烧断原因，更换保险丝
继电器
主继电器工作
检查电路或更换主继电器
⑤检查主继电器输出电源是否传到发动机ECU
电压传到ECU
没传到
⑥检查故障灯
检修电源线断路
灯泡没烧坏
灯泡烧坏
⑦检查灯电路
电路没故障
电路故障
更换灯泡
检修发动机ECU故障电路
ECU损坏

图 7.74　故障树（一）

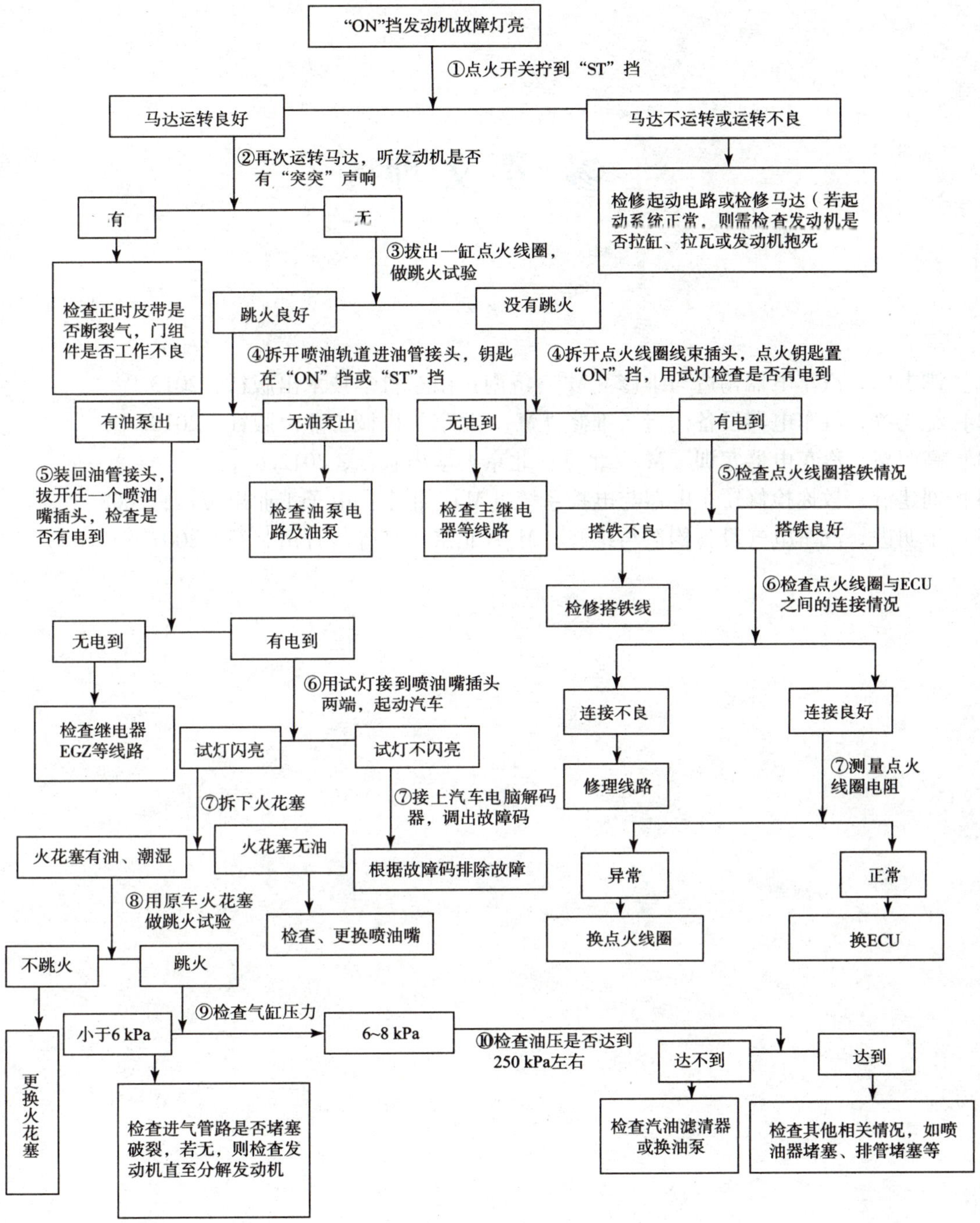
"ON"挡发动机故障灯亮
①点火开关拧到"ST"挡
马达运转良好
马达不运转或运转不良
检修起动电路或检修马达（若起动系统正常，则需检查发动机是否拉缸、拉瓦或发动机抱死
②再次运转马达，听发动机是否有"突突"声响
有
无
检查正时皮带是否断裂气，门组件是否工作不良
③拔出一缸点火线圈，做跳火试验
跳火良好
没有跳火
④拆开喷油轨道进油管接头，钥匙在"ON"挡或"ST"挡
④拆开点火线圈线束插头，点火钥匙置"ON"挡，用试灯检查是否有电到
有油泵出
无油泵出
无电到
有电到
检查油泵电路及油泵
检查主继电器等线路
⑤检查点火线圈搭铁情况
⑤装回油管接头，拔开任一个喷油嘴插头，检查是否有电到
搭铁不良
搭铁良好
检修搭铁线
⑥检查点火线圈与ECU之间的连接情况
无电到
有电到
检查继电器EGZ等线路
⑥用试灯接到喷油嘴插头两端，起动汽车
连接不良
连接良好
修理线路
⑦测量点火线圈电阻
试灯闪亮
试灯不闪亮
⑦拆下火花塞
⑦接上汽车电脑解码器，调出故障码
火花塞有油、潮湿
火花塞无油
根据故障码排除故障
异常
正常
换点火线圈
换ECU
⑧用原车火花塞做跳火试验
检查、更换喷油嘴
不跳火
跳火
⑨检查气缸压力
小于6 kPa
6~8 kPa
⑩检查油压是否达到250 kPa左右
达不到
达到
更换火花塞
检查汽油滤清器或换油泵
检查其他相关情况，如喷油器堵塞、排管堵塞等
检查进气管路是否堵塞破裂，若无，则检查发动机直至分解发动机

图 7.75　故障树（二）

# 参 考 文 献

［1］ 谭本忠．汽车电器构造与维修［M］．济南：山东科学技术出版社，2013.
［2］ 纪光兰．汽车电器设备构造与维修［M］．北京：机械工业出版社，2010.
［3］ 高照亮．汽车电器实训［M］．北京：北京大学出版社，2012.
［4］ 刘建清．教你检修轿车电器与电控系统［M］．北京：电子工业出版社，2008.
［5］ 于明进．汽车电气设备构造与维修［M］．北京：高等教育出版社，2007.